COURS

DE

DROIT PUBLIC

(LICENCE)

COURS

DE

DROIT PUBLIC

(LICENCE)

PROFESSÉ

à la Faculté de Droit de Paris pendant le 2ᵉ Semestre 1923-1924

PAR

Gaston JÈZE

Professeur à la Faculté de Droit de l'Université de Paris

Retrait des actes juridiques. — Autorité de la chose jugée.
Actes non susceptibles de recours juridictionnels.
Le service public. — Établissements publics et d'utilité publique.

PARIS

MARCEL GIARD

LIBRAIRE-ÉDITEUR-

16, rue Soufflot, et 12, rue Toullier

1924

TABLE DES MATIÈRES

La technique juridique du droit public français

CHAPITRE PREMIER

Un acte juridique a été *régulièrement* accompli. La volonté s'est manifestée dans les conditions légales ; elle émane d'un individu ayant le pouvoir légal et l'ayant exercé selon les prescriptions légales ; l'effet juridique voulu s'est produit : une situation juridique *générale* a été *régulièrement créée*, une règle de droit a été édictée (acte législatif, réglementaire) ; — ou bien une situation juridique *individuelle* a été *régulièrement créée*, une créance, une obligation ont *régulièrement* pris naissance (acte unilatéral ou contrat, créateurs de situation juridique individuelle) ; — ou bien une situation juridique *générale* a été *régulièrement appliquée* à un individu (acte-condition) ; — ou bien une situation juridique, un fait a été *régulièrement constaté* avec force de vérité légale (acte juridictionnel).

La situation juridique — générale ou individuelle — *régulièrement* créée, amenée ou constatée, peut-elle être *modifiée, supprimée ?*

L'acte juridique *régulier* peut-il être *retiré, rapporté*, en tout ou en partie ?

I. — Et d'abord, quel est le résultat que cherche à obtenir celui qui retire ou rapporte un acte ? Il se propose *toujours* de supprimer *pour l'avenir*, en tout ou en partie, les effets juridiques produits par cet acte. *Parfois* aussi, il peut vouloir supprimer *dans le passé* ces effets, de façon à ce que les choses soient comme si l'acte n'avait jamais été accompli. Par exemple, en retirant, en rapportant une loi, un règlement, on veut *toujours, nécessairement*, faire cesser *pour l'avenir* les effets de la règle de droit inscrite dans cette loi, dans ce règlement, la situation juridique générale créée par cette loi, ce règlement ; mais on peut vouloir aussi effacer les effets juridiques déjà produits par cette règle de droit modifier *dans le passé* la situation juridique générale. — De même, en retirant, en rapportant un acte-créateur de situation juridique individuelle, on veut *nécessairement* faire cesser cette situation *pour l'avenir* ; mais on peut aussi vouloir que les choses soient comme si cette situation n'avait jamais été créée. — De même, en retirant, en rapportant un acte-condition, — par exemple, un acte qui a investi un individu d'une situation juridique générale (nomination, révocation, mariage, etc.), — on veut *nécessairement* que *dans l'avenir* cette situation générale cesse de s'appliquer à cet individu ; mais on peut aussi vouloir que les choses soient remises en l'état, comme si l'acte-condition n'était jamais intervenu, comme si l'individu n'avait *jamais* été investi de la situation juridique générale. — Enfin, si nous considérons l'*acte juridictionnel*, c'est-à-dire la constatation avec force de vérité légale d'une situation juridique ou d'un fait, on peut vouloir que les effets de cette constatation cessent *dans l'avenir* ; mais on peut vouloir aussi que les choses soient remises en l'état, comme si cette constatation n'était jamais intervenue.

Tous ces effets divers que l'on veut obtenir en retirant l'acte, en le rapportant, sont-ils *juridiquement possibles ?* Par quels *moyens juridiques* peuvent-ils être légalement obtenus ?

Voilà le problème à résoudre.

II. — Qu'on le remarque bien ; il ne s'agit pas d'un acte juridique *irrégulier*, qu'une autorité juridictionnelle ou administrative *annule*, après avoir constaté le vice qui l'entache (1) ; il ne s'agit pas *non plus* d'une décision qui n'est pas encore devenue exécutoire, soit qu'elle ait été arrêtée dans les délais impartis par la loi avant qu'elle devienne exécutoire, soit qu'une approbation nécessaire n'ait pas été obtenue (2). Il s'agit d'un acte juridique, *définitif* et *parfaitement régulier*, que l'on veut, en totalité ou en partie, paralyser ou même détruire soit *pour l'avenir*, soit même *pour le passé*. Cela est-il juridiquement possible ? Et par quels moyens juridiques peut-on obtenir ces résultats ?

III. — Avant de dégager les idées générales qui dominent la solution du problème, il faut observer que des expressions variées sont employées pour désigner le retrait des actes juridiques. Par exem-

---

(1) Sur ce point, C. d'E., 3 novembre 1922, *Cachet*, avec les conclusions de M. Rivet, dans *R. D. P.*, 1922, p. 552 et s.

(2) Exemple : C. d'E., 18 novembre 1910, *hospices de Cosne, Rec.*; p. 808. — Voyez *ma* note R. D. P., 1911, p. 62.

ple, on dit qu'une loi est *abrogée*, qu'un règlement est *abrogé, rapporté, retiré* ; qu'un *contrat* est *anéanti*, est à considérer comme *nul et non avenu* ; qu'une nomination, une révocation est *retirée, rapportée* ; enfin, s'il s'agit de l'acte juridictionnel, on dit que la condamnation est *effacée*, etc.

Il faudra, toutes les fois que l'on aura à résoudre la difficulté en examen, rechercher ce qui, au juste, se cache derrière ces expressions différentes. Ici comme en beaucoup de matières, bien des difficultés seraient évitées si la terminologie était moins imprécise, et si l'on ne s'en tenait pas aux apparences, aux mots.

IV. — Ceci posé, il semble que l'observation attentive des faits permette de dégager, pour le droit public français actuel, les idées générales suivantes :

1º Il est juridiquement *possible* de modifier *pour l'avenir* une situation juridique *générale* ou *individuelle*, supprimer *pour l'avenir* un acte juridique, et de faire cesser ainsi *pour l'avenir* les effets d'un acte juridique régulier *quelconque*. Il y a alors deux situations juridiques successives ; il y a deux actes juridiques successifs : le premier acte a produit ses effets jusqu'au moment où le deuxième acte est intervenu ; puis, le deuxième acte, seul, subsiste et seul produit, désormais, des effets juridiques (1).

2º Il *n'est pas possible* juridiquement de supprimer, *pour le passé*, les effets qu'a produits régulièrement un acte juridique régulier, de dire qu'une situation juridique régulièrement née n'a pas existé.

Cela n'est pas plus possible que de supprimer dans le passé les effets d'un acte matériel, de le faire considérer comme s'il n'avait jamais été accompli. Il est impossible d'affirmer qu'est non avenue la blessure occasionnée par le coup de couteau reçu par un individu ; il n'est pas davantage possible d'affirmer qu'est non avenu l'effet juridique qu'a produit un acte juridique. Tout ce qui est juridiquement possible, c'est d'accomplir *des actes juridiques nouveaux*, appropriés, choisis de manière à *créer*, à *appliquer* des situations juridiques nouvelles de nature à remettre, *autant que possible*, les choses en l'état.

____

(1) Pour la simplicité du raisonnement, je vais supposer que l'on a voulu faire cesser *tous* les effets d'un acte juridique, substituer à une situation juridique une situation absolument nouvelle. La solution et l'argumentation seraient les mêmes, si le but poursuivi était une cessation *partielle* de ces effets, une modification *partielle* de la situation juridique.

Voilà les idées générales dont il faut vérifier l'exactitude, pour les différentes situations juridiques et pour les différents actes juridiques qui les *créent*, qui les *amènent* ou qui les *constituent*.

§ 1

Du retrait de l'acte législatif ou réglementaire (1).

I

L'acte législatif ou réglementaire peut *juridiquement* être retiré *pour l'avenir* : c'est l'*abrogation*, quelque nom qu'on lui donne.

I. — Le *moyen juridique* d'obtenir ce résultat est de faire une loi nouvelle, un règlement nouveau. L'acte qui abroge une loi, un règlement est lui-même une loi, un règlement : il édicte une règle nouvelle, soit *expressément* en *substituant* une règle nouvelle à la règle ancienne, soit *implicitement* en supprimant purement et simplement la loi sans y rien mettre à la place : est-ce alors à dire que la règle désormais applicable sera la règle ancienne, celle qu'avait remplacée la loi abrogée, le règlement rapporté ? Il y aura là une interprétation à faire de la volonté du législateur. Ce n'est pas une question de science juridique ; c'est une difficulté de *commentaire* d'un texte (2).

(1) Duguit, *Tr. Dr. Const*, II, 2ᵉ édition, 1923, p. 199 et s. ; — Guillois, *Recherches sur l'application dans le temps des lois et règlements ; de l'application immédiate des lois et règlements aux pouvoirs généraux d'ordre matériel*, Paris, 1912 (125 pages).

(2) Une loi, un règlement ne cessent-ils de produire leurs effets juridiques *pour l'avenir* qu'autant qu'ils ont été abrogés par une loi, par un règlement ? La question est discutée en France. En particulier, on se demande si l'apparition d'un état de choses nouveau n'abroge pas *automatiquement* une règle de droit incompatible avec le nouvel état de choses.

Incontestablement, il en est ainsi en matière de lois et d'institutions *politiques* ou *administratives*. En France, une révolution victorieuse a un effet, reconnu, incontestable : elle abroge *ipso facto*, de plein droit, automatiquement, toutes les règles politiques et administratives en contradiction avec le nouveau régime politique. Cpr. Esmein, *Droit const.*, 5ᵉ édition, p. 518 et s. Jèze, *Elém. du droit public et administratif*, 1910, p. 37 et 38. Cpr. Duguit, *Traité de Droit const.*, 2ᵉ édit., I, p. 189.

En dehors de cette hypothèse, la question est douteuse : c'est le gros **problème de l'abrogation des lois par le *non usage*** ou par application

II. — L'abrogation d'une loi, d'un règlement sont possibles *à toute époque*. La caractéristique de la situation juridique générale, impersonnelle, et de l'acte qui la crée est de pouvoir être modifiée *à tout moment*. Politiquement il est absurde, chimérique et criminel de vouloir enfermer les générations successives dans des institutions politiques, administratives, sociales, etc., même si elles sont en contradiction absolue avec l'idéal du moment, la morale à la mode, la justice en faveur, les besoins politiques, économiques, etc. C'est acculer une génération à la révolution et à la violence. Si une génération quelconque émettait, par l'organe de son Parlement, la prétention grotesque de régler *ne varietur* le sort et la conduite des générations successives sur tel ou tel point, sa volonté n'aurait aucune valeur *politique*, ni aucune valeur *juridique*. Elle aurait exercé un pouvoir qui, politiquement, juridiquement, ne lui appartient pas, qui ne peut pas lui appartenir (1). Il faut donc considérer comme sans aucune valeur *juridique* les interdictions formulées, *par quelque autorité que ce soit*, de modifier la règle de droit avant une certaine époque. Ce sont de simples **conseils** donnés aux législateurs futurs. Il doit y avoir, dans tout pays, un moyen *juridique* pour modifier les institutions politiques, économiques, sociales, pour les mettre en harmonie avec les besoins matériels ou moraux de la population. Ce serait même une faute politique, une provocation à la révolution, que d'inscrire dans une loi cette proposition, sans valeur juridique, que telle règle ne pourra pas être changée, ne pourra pas être modifiée avant un certain temps.

Les exemples les plus connus sont les promesses *générales* d'exemp-

de la règle *rebus sic stantibus*. Les civilistes sont, en général, hostiles à l'abrogation des lois par le non usage, et ils ont raison pour les lois de *droit privé*. COLIN et CAPITANT, *Droit civil*, 2e édition, 1919, I, p. 58 (Cass. Ch. réunies, 31 janvier 1901, S. 1902-1-157). Les publicistes sont, en général, favorables à l'abrogation des lois par le *non usage*, et ils ont raison pour les lois de *droit public*. Cpr. sur ce point HAURIOU. *Droit adm.*, 9e édition, 1919, p. 100, note 1 ; BARTHÉLEMY. *R. D. P.*, 1907, p. 295 et s. ; DUGUIT, *Droit const.*, 2e édition, 1921, I, p. 92 et s.

(1) C'est ce que déclare expressément, *pour les règles d'organisation politique*, la Constitution de 1791, titre VII, art. 1er : « L'Assemblée nationale déclare que la Nation a le droit *imprescriptible* de changer sa constitution... » La Constitution de 1793 donne une formule *générale* très satisfaisante (Déclaration, art 28) : « Un peuple a *toujours* le droit de revoir, de réformer et de changer sa constitution. *Une génération ne peut assujettir à ses lois les générations futures* ».

tion d'*un* impôt : telle l'immunité fiscale de la rente française. *Juridiquement*, cette règle ne lie pas les Parlements ultérieurs, bien qu'il puisse être d'*opportunité politique* de ne pas abroger l'immunité (1).

II

L'abrogation de la loi, du règlement ne peut pas juridiquement avoir pour effet de supprimer, *dans le passé*, les effets qu'elle a régulièrement produits pendant qu'elle était en vigueur. La loi, le règlement avaient créé des situations juridiques générales, des pouvoirs généraux. Tout ce qui a été *régulièrement* fait en vertu de ces pouvoirs généraux est régulier. Après coup, le législateur ne peut pas *juridiquement* dire que ces pouvoirs généraux n'ont pas été *régulièrement* exercés, que les effets juridiques produits par les actes accomplis en exercice de ces pouvoirs généraux n'ont pas pu se produire.

Tout ce que *juridiquement* on peut tenter de faire, c'est, par des actes juridiques nouveaux, de créer ou d'appliquer des situations juridiques qui, *pour l'avenir*, remettront les choses en l'état.

Il faut, d'ailleurs, bien prendre garde que très souvent la loi nouvelle réglemente en réalité l'*avenir*, alors qu'un examen superficiel donne l'impression que la loi nouvelle revient sur le passé. C'est ici que l'analyse attentive des situations juridiques est nécessaire et qu'il faut préciser soigneusement la nature de la situation juridique visée par la loi nouvelle : situation *générale*, situation *individuelle*.

Prenons des exemples.

A. — *Pouvoir légal de faire naître une dette à la charge d'un individu ou d'un patrimoine administratif.*

Il est des cas dans lesquels la loi organise, au profit de certains individus, le pouvoir de faire naître, par leur manifestation unilatérale de volonté, une dette à la charge d'un individu ou d'un patrimoine administratif.

1° Cela se produit, d'abord, dans le cas de la *responsabilité* : *responsabilité délictuelle*, demande en dommages et intérêts intentée

---

(1) JÈZE, *Le Budget*, 1910, p. 327 et s. — *Cours de sc. des finances*, 6ᵉ édition, 1922, *Budget et comptabilité publique*, p. 107 et s. — *Cours de sc. des finances*, 1924, *la Technique du crédit public*, p. 51 et s.

par la victime d'un délit ou quasi-délit civil ; responsabilité pour *risque*.

2° Cela se produit aussi dans le cas *d'impôt* : création de la dette d'impôt, à la charge du contribuable, par la manifestation unilatérale de volonté des agents du fisc.

Quel est l'effet, *dans le temps*, d'une loi créant, modifiant ou supprimant ce pouvoir légal ?

Examinons d'abord l'hypothèse d'une *modification au régime légal de la responsabilité*.

I. — Lorsqu'une loi modifie le régime juridique de la responsabilité pécuniaire (soit pour la créer, soit pour la supprimer, soit pour l'étendre ou la restreindre), incontestablement elle modifie, *pour l'avenir*, les pouvoirs et devoirs généraux des individus.

Prenons un exemple. Voici un fait qui, d'après la législation en vigueur, n'engage pas la responsabilité pécuniaire de son auteur. Puis une loi intervient qui déclare le fait de nature à engager cette responsabilité.

Incontestablement, la loi nouvelle s'applique à tous les faits qui s'accompliront *postérieurement* à la publication de la loi nouvelle.

II. — Quid des faits *antérieurs ?* La loi nouvelle peut-elle organiser une responsabilité pécuniaire à raison de faits antérieurs ; peut-elle la supprimer à raison de ces faits ?

La question s'est récemment présentée *devant le Parlement* et *devant les tribunaux*. Ex. : loi du 9 avril 1898 sur les accidents du travail ; loi du 16 avril 1914 modifiant les articles 106 à 109 de la loi municipale du 5 avril 1884, relatifs à la responsabilité des communes pour dommages causés par des émeutes.

Juridiquement, la responsabilité délictuelle constitue une situation *juridique*, *générale*, *impersonnelle*, pouvant être modifiée *à tout instant* par la loi. Rien ne s'oppose donc à ce que, *dans l'avenir*, le nouveau pouvoir soit exercé *à raison de faits antérieurs à la loi*. Ce que le Parlement ne pourrait pas décider, c'est qu'il sera touché à des situations juridiques *individuelles* déjà créées en vertu du pouvoir général existant avant la loi nouvelle.

III. — D'ailleurs, du point de vue *politique*, il y a des arguments très forts pour que la loi nouvelle ne modifie pas le régime général de responsabilité *à raison de faits antérieurs*.

En effet, les patrimoines individuels ont besoin de *stabilité*. Il faut que chacun puisse connaître à tout moment l'état de ses créances et surtout de ses dettes. Après coup, le législateur, par une modification du régime juridique de responsabilité, ne doit pas permettre la création de dettes auxquelles les individus pouvaient raisonnablement ne pas s'attendre à raison de l'ancienneté des faits : sinon, il n'y a pas de budget familial ou industriel dont l'équilibre soit assuré.

Il faut des raisons *politiques, économiques* ou *sociales*, de la plus haute gravité pour que le nouveau régime de responsabilité permette aux victimes de faire naître à leur profit des créances, à raison de faits *antérieurs à la publication de la loi nouvelle*.

Tel est le point de vue *politique*. Du point de vue de la *technique juridique*, le législateur ne violerait pas la règle de la non-rétroactivité des lois, en décidant que la responsabilité de l'auteur d'un acte préjudiciable sera engagée, même *pour des faits qui, au moment où ils ont été accomplis, ne permettaient pas à la victime de réclamer une indemnité*.

IV. — Etant donné la gravité de cette mesure, peut-être convient-il d'interpréter la volonté du législateur en ce sens que cette conséquence ne se produira que si le Parlement l'a dit *expressément*. En cas de silence, le législateur sera censé avoir voulu que la responsabilité pécuniaire n'existe que pour les faits *postérieurs* à la publication de la loi nouvelle. Il n'y a là qu'une question d'interprétation de la volonté du législateur. Aucun principe juridique n'est en jeu.

V. — Au cas où le débiteur éventuel est non pas un individu, mais un patrimoine administratif, la volonté du législateur pourrait être raisonnablement interprétée en sens contraire. Le nouveau régime de responsabilité est plus *juste*, plus *équitable*. Il ne risque pas de déséquilibrer des budgets individuels. Il faut donc l'appliquer à des *faits antérieurs* à la loi nouvelle.

Tout ceci est parfaitement raisonnable du point de vue *politique*. La technique *juridique* n'élève aucune objection.

VI. — On remarquera que lorsque le Conseil d'Etat, par sa jurisprudence nouvelle, au début du XX° siècle, a changé le régime de la responsabilité des patrimoines administratifs à raison du fonctionnement des services publics, le nouveau régime s'est appliqué à des *faits antérieurs à cette jurisprudence*, à tous ceux qui n'étaient pas couverts par la déchéance quinquennale s'il s'agissait de la responsabilité de l'Etat, ou par la prescription ordinaire s'il s'agissait des départements et des communes.

Ainsi le régime nouveau *jurisprudentiel* de responsabilité s'applique sans difficulté à des faits *antérieurs*. Pourquoi en serait-il autrement du régime nouveau de responsabilité lorsqu'il est établi par la loi ?

Des esprits subtils fourniront peut-être une explication de la différence, en disant que les tribunaux *constatent* les règles existantes et ne les créent pas (1). Mais cette explication manque de précision dans le cas qui nous occupe. D'ailleurs, pour certains, le rôle du législateur est exactement le même que celui de la jurisprudence (2).

VII. — *Inversement*, pour le cas de *suppression ou de restriction du régime général de la responsabilité*, la loi nouvelle s'applique-t-elle à des faits antérieurs ? C'est encore une question d'interprétation de la volonté du législateur.

On peut dire, *du point de vue politique*, que le régime légal existant est *mauvais*. Il faut donc le faire disparaître le plus vite possible. L'individu qui, victime d'un fait préjudiciable, n'a pas encore manifesté avant la loi nouvelle sa volonté créatrice de situation juridique individuelle, ne pourra plus le faire. Pour qu'il en soit autrement, il faudra que le législateur l'ait dit expressément.

Cette solution ne découle d'aucun principe *juridique*. Il faut rechercher, étant donné les circonstances *politiques*, *économiques* ou *sociales*, quelle a été la volonté du législateur.

____

(1) Duguit, *Traité de Droit const.*, 2ᵉ édition, I, p. 82 et s. : « Les tribunaux saisis d'un litige doivent s'attacher à découvrir la norme juridique suivant laquelle ce litige doit être tranché, et, pour cela, ils doivent procéder comme les juristes : examiner les faits, rechercher les aspirations et les tendances du moment, les besoins de la solidarité sociale et la solution que demande le sentiment de justice. Saisis à plusieurs reprises de la même question litigieuse, les juges arriveront à la même solution et appliqueront naturellement la même règle. *Leurs décisions apparaîtront à l'observateur superficiel comme la création d'une norme juridique nouvelle. Il n'en est rien.* Les juges ne sont que des interprètes ; *ils ont mis au jour une règle de droit, il est vrai ; mais cette règle est antérieure à leurs décisions ;* elle s'imposait à eux .... Les juges peuvent être des inspirateurs et des initiateurs ; ils ne sont jamais et ne peuvent jamais être des créateurs ».

(2) Duguit, *Droit const.*, 2ᵉ édition, I, p. 88 : « Si l'on étudie la loi au point de vue de la formation et de la constatation du droit objectif, on ne voit pas dans le rôle du législateur quelque chose de spécifiquement différent du rôle que nous avons reconnu à la coutume et à la jurisprudence. Seulement, *la loi positive constitue un mode de constatation de la norme juridique beaucoup plus précis que la coutume et la jurisprudence* ».

VIII. — Ces idées générales exposées, appliquons-les à des cas concrets.

1er cas. — Loi du 9 avril 1898 organisant un nouveau régime de responsabilité à raison des accidents du travail.

Cette loi établit un régime spécial de responsabilité, reposant sur les idées de *risque professionnel* et d'*indemnité forfaitaire*. Cette loi donne aux ouvriers victimes d'accidents du travail un pouvoir légal de réclamer des indemnités, dans des conditions tout à fait différentes des conditions antérieures. La question s'est alors posée de savoir si ce pouvoir pouvait être exercé en vue de réclamer des indemnités à raison d'*accidents survenus antérieurement à la loi.*

Juridiquement, aucune objection ne se dresse contre la solution *affirmative.*

Mais *politiquement,* le nouveau régime de responsabilité a, pour les patrons, des conséquences plus onéreuses que celles du régime antérieur. Pour ces raisons d'ordre *économique,* le Parlement a formellement refusé de faire peser, sur les patrons, les charges nouvelles à raison d'accidents antérieurs. La loi du 24 mai 1899 décide, art. 2 : « La loi du 9 avril 1898 *ne sera appliquée qu'un mois après le jour où la caisse des accidents aura publié ses tarifs au Journal officiel et admis les industriels à contracter des polices, et où ces tarifs auront été approuvés par décret* ».

De ce texte, il résulte que « pour tous les accidents antérieurs au 1er juillet 1899 (les industriels n'ont été admis à contracter des polices qu'à partir du 1er juin 1899), c'est le régime ancien, basé sur la responsabilité patronale, qui a continué à s'appliquer » (1).

On a dit que cette solution était conforme au principe de la non-rétroactivité des lois. C'est inexact. *Juridiquement,* le principe de la non-rétroactivité des lois n'a rien à voir ici. Il s'agit non d'une situation *individuelle,* mais d'une situation juridique générale et impersonnelle, modifiable à tout instant par la loi. Le législateur aurait pu décider que la loi nouvelle s'appliquait aux accidents antérieurs à la loi. Aucun principe *juridique* ne s'y opposait. Ce qui est vrai, c'est que le législateur, *pour des considérations d'ordre économique et politique,* a fixé le point de départ du nouveau régime de responsabilité au 1er juillet 1899. Si l'on critique cette solution, c'est une discussion *d'opportunité qui s'engage.*

D'ailleurs, le Parlement a complété la loi du 24 mai 1899 (art. 2),

____

(1) Pic, *Traité élémentaire de législation industrielle,* n° 1071 *bis.*

favorable aux patrons, en édictant une disposition favorable aux ouvriers, de façon à contenter les deux parties. Etant donné la publication, à l'*Officiel* du 1er mars 1899, des décrets réglementaires d'application de la loi de 1898, on a dit que les ouvriers avaient dû compter sur la mise en vigueur du régime nouveau à dater du 1er juin 1899. En conséquence, le Parlement a voté des crédits spéciaux en vue d'allouer aux victimes d'accidents du travail, survenus du 1er juin au 1er juillet 1899, le paiement intégral des pensions et indemnités prévues par la loi du 9 avril 1898 (1). au 1er juillet 1899, Cela signifie que le nouveau régime de responsabilité a, du 1er juin fonctionné à la charge du Trésor public.

2e cas. — Loi du 16 avril 1914, établissant un nouveau régime de la responsabilité pécuniaire des patrimoines administratifs de l'Etat et des communes, à raison des troubles et émeutes.

D'après la législation antérieure (loi du 5 avril 1884), la ville de Paris échappait à toute responsabilité. En effet, la ville de Paris n'a pas la disposition de la police locale (cette police est confiée au préfet de police, agent de l'Etat). On en concluait (2) que la ville de Paris n'encourait aucune responsabilité envers les victimes de troubles ou d'émeutes. L'Etat n'était pas davantage responsable (3).

La loi de 1914 a *créé* un nouveau régime de responsabilité, auquel la ville de Paris est soumise.

Ce n'est pas tout. La loi de 1914 met les dommages-intérêts prononcés au profit des victimes de troubles et d'émeutes, à la charge des communes *et de l'Etat,* dans une certaine proportion ; auparavant (loi de 1884), la charge incombait à la commune *seule* ; l'Etat n'était point responsable.

La loi de 1914 ne permet plus aux communes d'échapper à toute responsabilité en prouvant qu'elles ont pris toutes les mesures qui étaient en leur pouvoir à l'effet de prévenir les attroupements et rassemblements et d'en faire connaître les auteurs (art. 108, loi du

---

(1) Pic, *op. cit.,* n° 1071 *bis.*

(2) Rolland, *La responsabilité des communes en cas de troubles et d'émeutes, R. D. P.* 1913, p. 350 et s.; 1914, p. 639 et s. et surtout p. 653 et s.

(3) Michoud, *La responsabilité des communes, R. D. P.,* 1897, p. 82 et s.; et *Rapport au Congrès des sciences administratives de Bruxelles de 1910,* section 1-2 4. Cassation, 10 août 1869, S. 1870-1-153 ; — Cass., 4 mai 1881, S. 1871-1-361 et la note.

5 avril 1884). D'après la loi de 1914, la victime a droit à une indemnité, même dans cette hypothèse.

Enfin, à titre transitoire, d'après l'article 3, « *les communes qui ont été déclarées responsables des dégâts et dommages visés par l'article 106 de la loi du 5 avril 1884 et qui ne se sont pas encore acquittées du montant des dommages-intérêts et des frais mis à leur charge*, sont autorisées à se libérer de leur dette ou pourront y être contraintes dans les conditions de l'article 106 modifié par l'article 1er de la présente loi (c'est-à-dire répartition des dépenses entre les contribuables, émission d'un emprunt, création de ressources nouvelles, spontanément ou d'office par décret en Conseil d'Etat). — Les communes qui *seront* déclarées responsables des mêmes dégâts *commis antérieurement* à la promulgation de la présente loi bénéficient de cette disposition transitoire, à laquelle s'ajoutera le bénéfice de l'article 108 de la présente loi (contribution de l'Etat au paiement des dommages-intérêts et frais). — Les dispositions de l'article 108 sont applicables aux communes *déjà condamnées*, mais qui ne se sont pas *encore* acquittées du montant des dommages-intérêts et des frais mis à leur charge ».

Cette loi a donné lieu, tant devant le *Parlement* que devant les *tribunaux*, à des discussions touchant la *rétroactivité*.

1o *Devant le Parlement*, on a discuté la question de savoir si la loi pouvait, par l'article 3, régler la situation des communes dans lesquelles des dégâts et dommages par émeutes s'étaient *déjà* produits *avant la publication de la loi*. Certains affirmaient que la loi, de ce chef, serait entachée du vice de *rétroactivité* (1). En effet,

---

(1) Sur ce point voyez ROLLAND, *op. cit.*, *R. D. P.* 1914, p. 634 et 635 : « Du point de vue de la technique juridique, il n'y a rien à dire aux dispositions transitoires de la loi nouvelle. Elles seraient incorrectes si elles modifiaient des situations juridiques individuelles créées sous l'empire des anciens articles 106 et s. Tel n'est pas le cas. L'article 3 fait deux choses : 1o Il déclare que les procédés nouveaux de paiement de l'indemnité mise à la charge de la commune s'appliquent tout de suite. La chose n'avait même pas besoin d'être dite. *Les lois modifiant* les procédures ou le statut légal des citoyens et des contribuables s'appliquent du jour de la promulgation (JÈZE, *Cours de droit public*, 1913, p. 13, et 88 et s. *Principes généraux du droit adm.*, 2e édition, 1914, p. 13, 88 et s.) ; — 2o Il déclare que l'Etat paiera une partie de l'indemnité qui, sans cela, eût été supportée intégralement par les communes condamnées. Ceci n'allait pas de soi. Mais le Parlement était le maître de décider que le budget national assistera des communes dont la situation lui paraît

a-t-on dit, la situation des communes doit être régie, *pour ces faits antérieurs à la loi*, par la législation antérieure, c'est-à-dire par la loi du 5 avril 1884. En d'autres termes, les communes devaient payer *seules* (sans la contribution de l'Etat) et se procurer les ressources d'après les procédés prévus par la loi de 1884.

L'objection est sans valeur.

1° L'art. 3 prescrit d'abord une nouvelle procédure de paiement des *indemnités déjà prononcées* par les tribunaux. Cette procédure est une situation juridique générale et impersonnelle, donc modifiable à tout instant par le législateur. Non seulement la loi de 1914 (art. 3) n'est pas rétroactive, mais encore le Parlement n'avait pas besoin de donner expressément la solution : elle allait de soi.

2° L'art. 3 prescrit ensuite que l'Etat prendra à sa charge une partie de la dépense qui, d'après la loi de 1884, incombait aux communes seules. Ceci constitue à la fois une *restriction* de la responsabilité des communes et une création de responsabilité pour l'Etat. Le Parlement a mis à la charge du budget de l'Etat une dépense qui, d'après la loi de 1884, ne lui incombait pas. C'est tout à fait de la compétence du Parlement (1).

Il fallait le dire expressément pour écarter toute incertitude de la volonté du législateur.

2° *Devant les tribunaux*, la question a été d'abord posée de savoir si, des actes de violence et de déprédation ayant été commis en janvier 1910 *à Paris*, la ville de Paris pouvait être déclarée responsable par application de l'art. 2 de la loi de 1914, alors que, d'après la législation antérieure en vigueur en 1910, la ville de Paris n'encourait aucune responsabilité.

interessante. Politiquement et financièrement, on peut trouver cela dangereux pour les finances et fâcheux comme précédent. Juridiquement la décision ainsi prise est correcte. L'article 3 serait incorrect s'il décidait que des communes poursuivies pour troubles et émeutes antérieurs à la loi nouvelle *et déclarées irresponsables* par application des anciens articles 106 et s., devront, conformément à l'article 108 nouveau, supporter cependant une partie (20 0/0 au maximum) de l'indemnité. Mais précisément il se garde bien de le faire ».

(1) A la Chambre, le député professeur Paul Beauregard a écarté l'objection de rétroactivité, comme suit :

En principe, a-t-il dit en substance, les lois sont rétroactives ; la règle de la non-rétroactivité n'est établie que pour empêcher les lois nouvelles d'enlever aux particuliers des droits acquis. Or, en la matière il ne s'agit pas de cela (Ch. des députés, séance du 21 janvier 1914. *J. O.* Ch. *Débats*, p. 120). — Cette argumentation manque de précision.

C'est un cas de *création* de responsabilité.

La loi de 1914 doit s'analyser juridiquement comme l'article 1382 du Code civil. Dans les deux cas, il y a organisation, au profit des individus victimes de certains dommages (faute dans le cas de l'art. 1382 ; troubles et émeutes dans la loi de 1914), un pouvoir général de réclamer une indemnité ; en d'autres termes, les victimes ont le pouvoir général de faire naître à leur profit une *créance*, c'est-à-dire une situation juridique *individuelle* (1). Avant la loi de 1914, ce pouvoir général n'existait pas en cas d'émeutes à Paris ; en 1910, date des faits dommageables, la victime n'avait donc pas le pouvoir général. Elle ne pouvait donc pas à ce moment faire naître de créance à son profit ; elle ne pouvait pas créer, à la charge de la ville de Paris, la situation juridique individuelle de débiteur. Mais la créance prend naissance du jour où la victime manifeste sa volonté d'obtenir des dommages-intérêts, en exercice de son pouvoir général. Le pouvoir général étant créé en 1914, peu après les émeutes de 1910, les victimes de ces émeutes pouvaient-elles user de ce pouvoir général ? Voilà la question.

C'est une question d'interprétation de la volonté du législateur.

Deux interprétations sont soutenables.

On peut dire : *En l'absence d'une disposition expresse à cet égard*, la victime qui, au jour du dommage, n'avait pas le pouvoir général de créer une situation juridique individuelle en réclamant une indemnité, ne peut pas créer ultérieurement cette situation juridique individuelle. Sinon, les finances des communes seraient bouleversées (2).

---

(1) G. Jèze, *Principes généraux du droit adm.*, 3ᵉ édition, p. 66.

(2) La Cour de cassation s'est prononcée en ce sens (Cass. Ch. civile, 11 juillet 1922, *ville de Paris* (D. 1923-1-148), en invoquant *à tort*, d'après moi, le principe de la non-rétroactivité : « Les lois nouvelles n'ont pas d'effet rétroactif au préjudice des droits acquis et des situations juridiques antérieurement établies, *à moins que le législateur n'en ait autrement ordonné*. Des actes de violence et de déprédation ayant été commis au mois de janvier 1910 par des attroupements dans les magasins du sieur D..., il a assigné en réparation du dommage qu'il avait subi l'État et la ville de Paris, en vertu des articles 106 à 109 de la loi du 5 avril 1884 modifiée par celle du 16 avril 1914. La ville et la commune lui ont opposé une fin de non-recevoir fondée sur le principe de la non-rétroactivité des lois. Le jugement attaqué (Trib. civil de Senlis, 25 mai 1917) a repoussé ces conclusions, en déclarant que la loi du 16 avril 1914 produit un effet rétroactif, puisqu'elle appelle à bénéficier de l'article 108,

Inversement, on peut dire que la loi de 1914 met fin à une iniquité sociale et qu'elle doit recevoir la plus large application.

Au surplus, la loi de 1914 n'a-t-elle pas manifesté expressément la volonté du législateur ? Art. 1er : « *A partir de la promulgation de la présente loi,* les articles 106, 107, 108 et 109 de la loi du 5 avril 1884 *seront* modifiés ainsi qu'il suit... » Ce texte n'implique-t-il pas que la victime de 1910 ne peut pas agir en indemnité ?

Du point de vue de la *technique juridique,* il n'y a pas de question. La loi aurait pu décider que les victimes qui reçoivent le pouvoir général de réclamer une indemnité, pourront exercer ce pouvoir à raison des faits antérieurs à la loi nouvelle (1).

3° La question s'est posée encore dans les circonstances suivantes : en avril 1911, des troubles ont éclaté dans la ville d'Ay et à Epernay. Des dégâts ont été causés à des propriétés privées. Postérieurement à la loi du 16 avril 1914, une action en responsabilité a été engagée contre les communes d'Ay et d'Epernay. Fallait-il appliquer la loi de 1884 ou la loi de 1914 ? La Cour d'appel de Paris a jugé que la loi de 1914 s'appliquait aux faits d'avril 1911. Elle a donc condamné la commune en refusant d'admettre l'exception opposée par elle et tirée de la législation de 1884, d'après laquelle une commune pouvait échapper à la responsabilité en prouvant qu'elle a pris toutes les mesures en son pouvoir pour empêcher les troubles (2). D'ailleurs, la Cour de Paris a invoqué la volonté exprimée

organisant la participation de l'Etat aux réparations, les communes qui seraient déclarées responsables des dégâts commis antérieurement à sa promulgation ; que l'article 3 de la loi du 16 avril 1914 est conçu en termes généraux et ne fait aucune distinction à l'égard de la ville de Paris. Mais cette disposition introduite par faveur dans l'intérêt des communes responsables en vertu de l'ancienne législation, afin de diminuer les conséquences de leur obligation, n'est pas applicable à la ville de Paris. En effet, la ville de Paris, avant la promulgation de la loi du 16 avril 1914, était placée sous un régime d'exception, et la responsabilité établie par la loi du 5 avril 1884 ne pouvait être invoquée contre elle. Cette situation juridique a été modifiée par l'article 2 de la loi du 16 avril 1914 ; la ville de Paris est désormais soumise aux mêmes obligations que les autres communes ; mais, sans un texte précis, sa responsabilité ne saurait être étendue rétroactivement à des faits qui, à la date où ils ont été commis, ne pouvaient légalement l'engager. Dès lors, la décision attaquée a violé le texte susvisé. Par ces motifs casse ».

(1) La loi peut déclarer que tel fait, *licite au moment de son accomplissement,* entraine désormais des conséquences *défavorables.*

(2) La loi du 5 avril 1884 article 108 portait : « Les dispositions des

en ce sens par le législateur, dans l'article 108 (nouvelle rédaction) (1). On peut toutefois se demander si l'argument tiré du texte de l'article 3 est très convaincant (2).

articles 106 et 107 ne sont pas applicables (pas de responsabilité) : 1° lorsque la commune peut prouver que toutes les mesures qui étaient en son pouvoir ont été prises à l'effet de prévenir les attroupements ou rassemblements et d'en faire connaître les auteurs ».

(1) Cour d'appel de Paris (1re Ch.), 1er février 1924, *ville d'Ay* c. *Mutuelle du commerce* (*Gaz. des Tribun.*, 21 et 22 mars 1924) : « Tentant de se dégager de cette responsabilité en vertu de l'article 106 de la loi du 5 avril 1884, la ville d'Ay a soutenu que toutes les mesures qui étaient en son pouvoir avaient été prises à l'effet de prévenir les attroupements et d'en faire connaître les auteurs. Elle a, d'autre part, mis en cause 50 communes dont les habitants auraient pris part aux désordres causés sur son territoire, en vue d'exercer contre elles le recours prévu par l'article 107 de la loi de 1884...

« ... Le tribunal (civil de Reims) a jugé que la municipalité d'Ay ... n'avait, ni ce jour-là ni la veille, rempli aucune des obligations qui lui incombaient...

« En statuant ainsi, le tribunal a appliqué les dispositions de la loi du 5 avril 1884, *sans avoir égard à celles de la loi du 16 avril 1914, obéissant par là au principe de la non-retroactivité des lois*. Mais dans son article 3, sous le titre « Dispositions transitoires », la loi du 16 avril 1914 consacre de formelles dérogations à ce principe. Visant d'abord les communes déclarées responsables en vertu de la loi et qui ne se seront pas encore acquittées des dommages-intérêts mis à leur charge, elle les autorise à se libérer suivant les conditions nouvelles qu'elle a prévues ; puis, dans le paragraphe qui suit, dispose en ces termes : « Les mêmes dégâts commis antérieurement à la promulgation de la présente loi bénéficieront de cette disposition transitoire à laquelle s'ajoutera le *bénéfice de l'article 108 de la présente loi. — Par ce texte*, l'art. 108 nouveau est, sans aucun doute, rendu applicable à la ville d'Ay. Ces dispositions excluent d'ailleurs celles de l'article 108 ancien et sont incompatibles avec elles, *spécialement en ce qui concerne les sanctions prévues par l'un et l'autre texte à l'égard des municipalités qui failliront à leurs devoirs*. Ainsi disparaît le fondement légal de l'exception soulevée par la ville d'Ay sur laquelle avait porté le débat de 1re instance. — *Aux termes de l'article 108 nouveau*, l'Etat doit, pour moitié, contribuer au paiement des dommages-intérêts mis à la charge des communes...

« La responsabilité de la ville d'Ay étant reconnue *dans les conditions édictées par l'article 108 nouveau*, l'Etat doit assumer une partie des charges qui en résultent ».

(2) L'art. 3 § 2 de la loi de 1914 porte : « Les communes qui seront déclarées responsables des mêmes dégâts commis antérieurement à la promulgation de la présente loi *bénéficieront* de cette disposition transi-

L'essentiel, pour la présente discussion, est de constater qu'aucun principe *juridique* n'est en jeu. C'est une question d'interprétation de la volonté du législateur.

B. — *Pouvoir d'établir des impôts pour une période antérieure.*

Il arrive parfois qu'une loi établit un impôt *pour une période déjà écoulée.*

1o Par exemple, la loi du *29 décembre 1920* a autorisé la Ville de Paris à percevoir à *partir du 1er janvier 1920* : une taxe sur les employeurs à raison des domestiques à leur service, une taxe sur les employeurs de précepteurs, préceptrices et gouvernantes, une taxe sur les pianos possédés à la date du 1er janvier 1920.

Incontestablement le législateur pouvait frapper les individus qui, *dans l'avenir*, après la promulgation de la loi, emploieraient des domestiques ou des précepteurs, posséderaient des pianos.

Pouvait-il correctement frapper les individus qui au 1er janvier 1920, c'est-à-dire un an avant la publication de la loi, employaient des domestiques ou des précepteurs, possédaient des pianos ? N'y a-t-il pas là un vice de rétroactivité ?

Au point de vue *juridique*, il faut répondre *négativement*. Le Parlement peut parfaitement établir des impôts à raison de faits passés. Il ne touche à aucune situation juridique *individuelle*. Le fait que, au 1er janvier 1920, l'emploi de domestiques ou de précepteurs ou la possession de pianos ne permettait pas aux agents du fisc de réclamer aux individus un impôt ne constituait pas, pour ces individus, une situation juridique *individuelle*. Lorsque la législation organise, pour les agents du fisc, la compétence de créer, à la charge de ces individus, une dette envers le fisc, elle ne modifie donc aucune situation juridique *individuelle*. L'immunité fiscale des possesseurs de pianos, avant le 1er janvier 1920, était une situation juridique générale et impersonnelle. Elle pouvait être modifiée à tout instant par le législateur ; celui-ci pouvait décider, *correcte-*

toire à laquelle s'ajoutera le *bénéfice* de l'article 108 de la présente loi. Les dispositions de l'article 108 seront applicables aux communes déjà condamnées, mais qui ne se sont pas encore acquittées du montant des dommages-intérêts et des frais mis à leur charge ». — Il est certain que ce texte vise *uniquement la contribution de l'État* à la dépense (ce qui est vraiment un *bénéfice*), mais non la suppression de l'*exception d'irresponsabilité* (ce qui n'est pas un *bénéfice*).

Jèze. Cours 1924   2

ment du point de vue juridique, que la dette pourrait être créée par les agents du fisc à la charge de ceux qui possédaient des pianos au 1er juin 1920, comme il aurait pu le faire pour les possesseurs de pianos au 1er janvier 1900.

Du point de vue de *l'opportunité politique, économique et sociale*, la solution peut être tout à fait différente suivant les cas. Lorsque le Parlement établit un impôt, il doit prendre en considération ce fait que les assujettis, avant d'arranger leurs affaires, avant de faire telle ou telle dépense, se préoccupent des impôts qu'ils auront à payer. Il est donc bon que la loi d'impôt ne s'applique pas à des faits passés, à des affaires déjà réglées, sinon tous les calculs des individus seraient faussés. Cette objection ne porte évidemment pas pour un impôt de quelques francs comme l'impôt sur les pianos ou sur les domestiques : pour les contribuables touchés, c'est une *surprise désagréable*, et c'est tout ; il n'y a pas un bouleversement de leur budget.

Considérons, au contraire, des *droits de douane* ou des droits *sur les boissons, sur les sucres*, etc. L'importateur de marchandises, le marchand de boissons, le marchand de sucre vont les inscrire dans leur prix de vente, d'après les tarifs qu'ils ont subis eux-mêmes.

Si, après coup, le législateur modifie les tarifs et réclame un supplément de droit à raison d'importations déjà effectuées, de boissons et de sucres déjà vendus, les calculs de l'importateur, des marchands seront faussés. On leur fera supporter un impôt qu'ils pouvaient légitimement vouloir rejeter sur le consommateur. Ce serait là un trouble très grave apporté au commerce, à l'industrie, à la stabilité désirable des opérations juridiques.

De même, si, en 1924, le législateur avait décidé que les tarifs de *l'impôt sur le revenu* (impôts cédulaires ou impôt complémentaire) seraient majorés *pour l'année 1923*, il aurait troublé profondément les affaires des individus : ceux-ci, en déterminant leurs dépenses en 1923, ont tenu compte des tarifs d'impôts pour 1923. Si, après coup, on leur réclamait un supplément, l'équilibre de leur budget familial ou industriel serait gravement compromis.

Ces considérations sont décisives au point de vue de *l'opportunité politique, économique et sociale*. Mais, elles sont complètement étrangères à la technique juridique. Du point de vue juridique, aucun obstacle ne s'oppose à l'établissement d'un impôt à raison de faits passés. **Il n'y a là aucune atteinte à une situation juridique individuelle.**

La force des considérations d'opportunité politique est telle, en matière fiscale, que, *dans le doute*, il faut dire que l'impôt nouveau ou la modification du tarif ne s'applique qu'aux faits qui se produiront *après la promulgation de la loi* : importations *postérieures* à la nouvelle loi de douane : successions ouvertes *après* la publication de la loi fiscale, etc. Pour qu'il en soit autrement, il faut une disposition formelle de la loi d'impôt (1).

C'est ainsi que la loi du 29 décembre 1920 précitée a pris soin de dire : La Ville de Paris est autorisée à percevoir, *à partir du 1er janvier 1920*, une taxe sur les employeurs de domestiques, sur les possesseurs de pianos. Si la loi ne l'avait pas dit, on l'aurait interprétée comme s'appliquant uniquement à ceux qui, *à partir du 1er janvier 1921*, c'est-à-dire après la publication de la loi, emploieraient des domestiques ou posséderaient des pianos.

De même, en ce qui concerne la *majoration d'un double décime par la loi du 22 mars 1924*, l'article 4 dispose formellement que la majoration s'applique à l'impôt sur le revenu (cédulaire ou global) à compter du 1er janvier 1924. Art. 4 : « En ce qui concerne les *impôts directs*, le double décime institué par la présente loi sera applicable à *partir du 1er janvier 1924* ».

Il n'y a pas là vice juridique de rétroactivité. Du point de vue de *l'opportunité politique, économique et sociale*, on peut dire que, au moment du vote de la loi, l'année n'était pas assez avancée pour que les particuliers n'aient pas pu en tenir compte dans l'arrangement de leurs affaires.

(1) En réponse à une question écrite qui lui a été adressée, et qui portait sur le point de savoir si les nouveaux impôts auraient un effet rétroactif, le ministre des finances a écrit une lettre dans laquelle il donne les explications suivantes (*Temps*, 23 mars 1924) :

« Outre l'impossibilité matérielle à laquelle on se heurterait si l'on cherchait à percevoir rétroactivement la plupart des *impôts indirects*, il convient de remarquer qu'*une disposition fiscale ne peut avoir un effet rétroactif que si le législateur a nettement fixé son intention à cet égard et précisé exactement la date d'entrée en vigueur des textes envisagés*. Or cette précision n'existe, dans le texte voté par la Chambre des députés, que pour les *impôts directs* qui, étant perçus annuellement, subiront le double décime à partir du 1er janvier 1924. *Pour les autres taxes*, le double décime sera dû, conformément aux règles générales qui régissent l'assiette de l'impôt, *soit à partir de la date de la promulgation de la loi actuellement en discussion, soit postérieurement*, selon notamment les dispositions des articles 15, 16, 17 et 26 votés par la Chambre des députés, si ces dispositions sont maintenues ».

La solution est donc correcte, même du point de vue *politique*.

Mais considérons la perception de la majoration touchant l'*impôt sur le revenu des valeurs mobilières*. Cet impôt est perçu à la source par les établissements débiteurs des revenus (sociétés, établissements financiers, villes, etc.). Ces établissements ont, du 1er janvier au 22 mars 1924, payé les porteurs de coupons, en prélevant l'impôt d'après les tarifs non majorés, sans tenir compte du double décime. Le fisc ne doit pas le leur réclamer après coup, car il mettrait les établissements débiteurs dans l'impossibilité de le recouvrer sur les porteurs de coupons, lesquels sont les véritables débiteurs de l'impôt. Cette solution résulte de l'interprétation de la volonté du législateur Si le législateur avait voulu décider le contraire, il aurait dû le dire formellement ; il aurait, d'ailleurs, pu le faire sans violer aucun principe *juridique*. Il aurait simplement commis une faute *politique, économique* (1).

Au surplus, la loi du 22 mars 1924 déclare expressément, pour un certain nombre d'impôts, que la majoration ne s'appliquera qu'à partir d'une certaine date ou que le gouvernement fixera, par décret, la date d'application du nouveau tarif.

Art. 17 : « Seront fixées par décret les dates de mise en vigueur des dispositions : 1° de l'article 3 en ce qui concerne les *droits de timbre* non payés par abonnement et la taxe instituée par l'article 57 de la loi du 25 juin 1920 (taxe de luxe) ; 2° des articles 7, 10, 11, 12 et 18 » (timbre des affiches, droit de visa des passeports, timbre des connaissements, timbre des bulletins d'expédition des colis postaux, timbre des bulletins de bagages).

Art. 18 : « Les actes dont la date est antérieure à la promulgation de la présente loi ne seront exempts du double décime en ce qui

______

(1) En *Angleterre*, la difficulté s'est présentée en 1914 lorsque, après la déclaration de guerre, le Parlement a augmenté *d'un tiers*, pour l'année 1914-15, l'income tax. En Angleterre, l'income tax est, en très grande partie, recouvré par le procédé du *stoppage à la source* (comme cela a lieu, en France, pour l'impôt sur le revenu des valeurs mobilières). Au jour du relèvement du tarif, une partie des revenus assujettis à l'income tax (dividendes, coupons, arrérages, intérêts, annuités payables par semestre ou par trimestre, loyers, etc.) avait *déjà* été payée à l'ancien tarif. Le législateur anglais a voulu que ce supplément de tarif fût appliqué même à ces revenus déjà payés aux créanciers. Pour y arriver, il a **fallu prendre des mesures compliquées** (Voyez les instructions du **28 novembre 1914, dans la** *Revue de sc. et de lég. fin.*, 1915, p. 137).

concerne les *droits d'enregistrement* qu'à la condition d'être présentés à la formalité dans les 20 jours qui suivront la mise en vigueur de la présente loi. »

Art. 26 : « La date de mise en vigueur des dispositions de l'art. 3 de la présente loi (double décime), *en ce qui concerne l'impôt proportionnel sur les transports en chemins de fer,* et de l'article 24, *en ce qui concerne l'impôt sur les spécialités pharmaceutiques,* sera fixée par décret ».

Art. 40 : « Un décret rendu sur la proposition du ministre des finances fixera la date de la mise en vigueur des articles 36, 38 et 39 » *(suppression du monopole de fabrication des allumettes).*

Art. 59, § 2 : « *A partir du 1ᵉʳ janvier 1924,* le taux des intérêts afférents aux cotes ou portions de cote de la contribution extraordinaire sur les bénéfices de guerre dont les contribuables ont été autorisés à différer le paiement en vertu des articles 15 de la loi du 31 décembre 1918, 3 de la loi du 7 mars 1921 et 19 de la loi du 25 juin 1920, est fixé à 10 0/0 ».

Art. 72, § 1 : « *A partir de la promulgation de la présente loi* et sous réserve des dérogations que pourra accorder le ministre des finances, la déclaration écrite prévue au § 3 de l'article 2 de la loi du 3 avril 1918 (modifié par la loi du 31 mars 1922) *(sur l'exportation des capitaux)* devra, dans les cas prévus à l'alinéa 3 de l'article 4 de la dite loi, être revêtue de l'avis favorable de la Chambre de commerce du domicile du déclarant ou de tous autres organismes agréés ».

III

Les règles générales qui précèdent s'appliquent-elles aux *lois interprétatives ?* Ou bien y a-t-il un régime juridique *spécial* des lois interprétatives ?

I. — On entend par *loi interprétative* une loi ayant pour objet d'expliquer un texte *obscur,* de donner à une règle législative une signification précise et non ambiguë.

En France, le procédé de la loi *interprétative* était, depuis 1828, resté très exceptionnel. Le législateur évitait soigneusement de qualifier une loi de loi interprétative. Par exemple, la loi du 21 juin 1843, art. 1ᵉʳ, déclare : « Les actes notariés *passés depuis la promulgation de la loi du 25 ventôse an XI* ne peuvent être annulés par le motif que le notaire en second ou les deux témoins instrumentaires n'auraient pas été présents à la réception des dits actes ». Le texte ne dit pas que la loi est interprétative, mais les jurisconsultes français présentent cette loi comme le type des lois interprétatives (1).

Dans ces dernières années au contraire, les lois qualifiées officiellement d'*interprétatives* se sont multipliées.

Le but poursuivi n'a pas été seulement d'expliquer un texte obscur.

Il a été aussi de faire produire à une loi des *effets dans le passé*.

Mais alors se présentait une objection très forte : N'est-ce point faire une loi *rétroactive* ? Pour écarter le reproche de *rétroactivité*, que la Constitution de 1793 déclarait être un *crime* (2), le législateur moderne prend soin de dire que la loi est *interprétative*.

Cette précaution *verbale* n'est-elle pas puérile ?

Il semble que, pour le législateur français moderne, il suffise d'affirmer qu'une loi est *interprétative*, pour n'être point accusé d'avoir édicté une loi *rétroactive*.

Mais les juristes français ont construit une théorie générale des lois interprétatives, comme corollaire de la théorie générale de la non-rétroactivité des lois.

Cette opinion générale, le législateur l'a faite sienne, et les tribunaux l'ont aussi adoptée.

Cela apparaît très clairement dans l'article 2 § 2 de la loi du 31 mars 1922 sur les loyers : « *Cette disposition ayant un caractère interprétatif*, les cessionnaires ou sous-locataires seront recevables à réclamer la prorogation (de leur bail), *nonobstant toute décision contraire, même passée en force de chose jugée*, à l'exception seulement des décisions qui auraient été exécutées ».

Dans cette loi de 1922, le législateur affirme qu'il existe, en droit public français, une *théorie des lois interprétatives*. L'un des principes de cette théorie serait qu'une *loi interprétative produit effet dans le passé*, nonobstant toute décision juridictionnelle contraire, *même*

----

(1) Joseph-Barthélemy, *De l'interprétation des lois par le législateur*, R. D. P. 1908, p. 456 et s. ; — Rolland, *Droit du législateur d'interpréter ou de compléter les dispositions d'un acte de concession de travaux publics. R. D. P.* 1910, p. 116 et s. et surtout p. 127 et s. ; — Gaston Jèze, *Du retrait des actes juridiques*, R. D P. 1913, p. 262 et s. ; — Duguit, *Traité de Droit constitutionnel*, 2e édit., 1923, II, p. 249 et s. ; — Cpr. Gény, *Méthodes d'interprétation et sources de droit privé*, p. 66 et s.

(2) Déclaration des droits de 1793, art. 14 : « L'effet rétroactif donné à la loi serait un crime ».

ayant acquis l'autorité de la chose jugée, pourvu toutefois que cette décision n'ait pas été exécutée.

Que faut-il penser de cette manière de voir ?

II. — C'est une opinion très généralement répandue qu'il y a une théorie des lois interprétatives, théorie distincte de la théorie de la rétroactivité des lois, en ce sens que les lois interprétatives pourraient produire des effets que ne produit pas une loi nouvelle.

Cette thèse est très ancienne.

Il n'y a pas ici à retracer tous les cas dans lesquels elle a été discutée. En voici quelques-uns :

1° A propos de la loi du 15 juin 1835, remplaçant l'art. 28 du décret du 1er germinal an XIII, relatif aux contraventions en matière de contributions indirectes (1), la question fut posée de savoir si le législateur avait *encore*, depuis la chute de l'Empire, le droit de faire des lois interprétatives. Dans son rapport à la Chambre des députés du 19 janvier 1835 (*Moniteur* du 21), M. Sauzet fit connaître que le problème avait divisé la commission ; celle-ci avait fini par décider que rien ne l'obligeait à poser, *pour le passé*, une règle législative d'interprétation, et qu'il était sage, *pour l'avenir*, de mettre un terme aux incertitudes par une loi véritablement nouvelle.

2° Dans son rapport à la Chambre des députés (8 mars 1843, *Moniteur* du 9) sur le projet qui est devenu la loi du 21 juin 1843 (2), M. Ph. Dupin posait aussi la question de savoir si la loi n'était point entachée de rétroactivité. A cette occasion, il faisait une distinction

---

(1) Loi de 1835. Article unique : « Dans le cas prévu par l'article 28 du décret du 1er germinal an 13 (contravention en matière de contributions indirectes), l'assignation à fin de condamnation sera donnée dans les trois mois au plus tard de la date du procès-verbal, *à peine de déchéance...* ». La loi de l'an XIII n'édictait pas expressément la nullité des assignations tardives. La Cour de cassation en avait conclu qu'elles étaient valables. Des cours royales avaient, au contraire, jugé qu'elles étaient nulles (Cass. 4 mai 1833, S. 33. 1. 164). C'est pour mettre fin à cette incertitude que le gouvernement présenta le projet qui est devenu la loi de 1835.

(2) Loi de 1843. « Art. 1er. Les actes notariés *passés depuis la promulgation de la loi du 25 ventôse an XI* ne peuvent être annulés par le motif que le notaire en second ou les deux témoins instrumentaires n'auraient pas été présents à la réception desdits actes ». En 1841, la Cour de cassation, par 2 arrêts (25 janvier 1841, S. 41-1-105 ; 16 novembre 1841, S. 1842 1-128), avait renversé l'ancienne interprétation donnée par les tribunaux, d'après laquelle il n'était pas nécessaire, à peine de nullité, que le notaire en second ou les témoins instrumentaires fussent présents

entre les lois *rétroactives* et les lois *interprétatives*. « La loi (en examen), disait-il, a un caractère *interprétatif*, mais *sans effet rétroactif*. La loi rétroactive est celle qui, posant un principe nouveau, voudrait le faire remonter dans le passé et lui soumettre des faits ou des
actes accomplis sous l'empire d'un principe différent. La loi interprétative n'est pas dans ce cas. Elle ne crée pas, elle explique. Elle
n'établit point une règle nouvelle, elle fixe le sens de la règle préexistante. Loin d'ôter à la loi ancienne son empire dans le passé, elle
le maintient même sur l'avenir. Elle dégage ses prescriptions des
nuages qui l'obscurcissaient ou des altérations que la main des
hommes y a apportées ; elle assure son effet en lui rendant sa
vérité. Sur quoi, d'ailleurs, repose principalement le principe de non
rétroactivité des lois ? Sur le respect pour les droits acquis ! Or dans
une loi dont le sens incertain flotte au milieu des oscillations d'une
jurisprudence contradictoire, il ne peut y avoir de droit que pour
celui dont les prétentions ont été consacrées par jugement ou réglées
par transaction. Jusque-là, il n'y a que des espérances ou des incertitudes. Ainsi, nul doute que la loi nouvelle soit sans effet sur les
espèces jugées dans un sens contraire ou conforme à l'interprétation
qu'elle donne ; mais elle doit exercer son empire sur toutes les
questions encore vierges et sur toutes les contestations à naître. Il
n'y a là aucune rétroactivité, aucune violation de droits acquis ».

3° La loi du 14 avril 1908 est la loi interprétative la plus célèbre
parce qu'elle est la première où le législateur a pris soin de dire
expressément que la loi était *interprétative*, afin de lui faire produire
certains effets. Art. 3 § 4 : « Outre les dispositions *interprétatives* ci-
dessus, l'article 9 de la loi de 1905 est complété par les dispositions
suivantes... » (1).

4° La loi de finances du 8 avril 1910, art. 65 § 3 déclare : « Les
paragraphes 3 et 4 de l'article 247 de la loi du 8 avril 1816 sont rem-
placés par les *dispositions interprétatives* ci-après : Les contribuables

---

(1) Loi de 1908, art. 3 : « Toute action en reprise, qu'elle soit qualifiée
en revendication, en révocation ou en résolution, doit être introduite
dans le délai ci-après. Elle ne peut être exercée que... par les auteurs et
leurs héritiers en ligne directe... Outre les dispositions *interprétatives*
ci-dessus... ». Il s'agissait d'interpréter l'art. 9 de la loi du 9 décembre 1905
sur la séparation des Églises et de l'État qui parle d'une « *action* en
reprise ou en revendication » des libéralités faites à des établissements
ecclésiastiques supprimés. Ceci s'appliquait-il aussi aux *actions en révocation* de libéralités pour inexécution des charges ?

de qui il aurait été exigé ou perçu quelques sommes, soit au delà du tarif légal, *soit en vertu de tarifs illégaux*, pourront en réclamer la restitution » (1).

5° La loi du 31 mars 1922 art. 2 sur les loyers, porte : « *Cette disposition ayant un caractère interprétatif*, les cessionnaires ou sous-locataires seront recevables à réclamer la prorogation (de bail), nonobstant toute décision contraire, même passée en force de chose jugée, à l'exception seulement des décisions qui auraient été exécutées ».

III. — Y a-t-il véritablement une théorie spéciale des lois interprétatives ?

Lorsque des hommes politiques parlent de lois *interprétatives*, cela n'a pas beaucoup d'importance. Leur opinion, sur un problème d'*analyse juridique*, n'a absolument aucune valeur impérative.

À une époque où le goût et l'habitude des analyses juridiques n'étaient pas encore développés, les juristes ont affirmé qu'il y avait des lois interprétatives, distinctes des lois nouvelles et soumises à un régime juridique spécial.

On l'explique encore très bien si l'on se rappelle que la signification des mots « rétroactivité des lois » a manqué longtemps de précision et reste, encore aujourd'hui, tout à fait obscure pour beaucoup de jurisconsultes français (2).

Il est plus étonnant que des publicistes modernes, comme le prof. J. Barthélemy et le prof. Léon Duguit, admettent, *sans discussion, sans démonstration*, qu'il y a des lois interprétatives distinctes des lois nouvelles.

Le prof. Duguit (3) affirme, sans autre démonstration : « Il est de toute évidence qu'une loi interprétative, *par définition même*, n'est pas une loi nouvelle. Par conséquent, en réalité, la question de l'effet rétroactif d'une pareille loi ne se pose pas. Les actes faits même antérieurement à la loi interprétative restent régis par la loi ancienne, *avec le sens que lui donne la loi nouvelle*. Ce n'est pas une loi nouvelle qui s'applique à des actes antérieurs à sa promulgation ; *c'est la loi ancienne*, déjà promulguée au moment où ces actes ont été faits et *avec le sens que lui attribue la loi interprétative* ».

----

(1) La loi de 1816 parle des tarifs établis par une autorité compétente et étendus, modifiés ou forcés. Ce texte s'appliquait-il aussi aux droits perçus *sur des tarifs illégalement établis* ?

(2) V. *supra*.

(3) Duguit, *Traité de Droit const.*, 2ᵉ édition, 1923, II, p. 224.

IV. — A quel critérium faut-il donc s'attacher, d'après les juristes français, pour reconnaître une loi *interprétative* et la distinguer d'une loi *nouvelle* ?

Le prof. Duguit se borne à répondre : « Il est évident qu'il ne faut pas que le législateur, sous couleur de faire une loi *interprétative*, édicte une disposition nouvelle. S'il le faisait, le caractère interprétatif qu'il donnerait à la loi équivaudrait à une disposition par laquelle il attribuerait expressément le caractère rétroactif à une loi... Le législateur qui, sous une forme quelconque, donne effet rétroactif à une loi, édicte une disposition contraire au droit, et, par conséquent, une disposition à laquelle, au moins théoriquement, on ne doit pas l'obéissance, une disposition qui rend légitime la résistance au moins passive et qu'un tribunal ne doit pas appliquer ».

Le prof. Barthélemy donne le critérium suivant : « L'interprétation proprement dite ne consiste pas à *remplacer* une loi obscure par une loi plus claire, mais à *assigner un sens déterminé* à la loi obscure : en sorte que la loi nouvelle, *à la différence des autres lois*, ne se borne pas à régir l'avenir, mais domine tous les actes accomplis entre la loi interprétée et la loi interprétative » (1).

Il ne suffit pas d'affirmer qu' « *il est de toute évidence* qu'une loi interprétative, *par définition même*, n'est pas une loi nouvelle ». Mieux vaudrait, puisque c'est l' «.évidence », insister sur la différence et dégager un critérium solide permettant de faire la distinction.

Chose curieuse, malgré « l'évidence », les juristes ne s'entendent pas pour dire si telle loi est ou non interprétative. Ainsi, ils discutent pour savoir si l'article 5 de la loi du 1er août 1893 touchant la responsabilité des fondateurs, en cas de nullité d'une société anonyme, est ou non interprétative (2).

En réalité, les juristes les-plus récents ne font que reproduire, sans rien y ajouter, les anciennes formules qui étaient de pures affirmations. Le législateur, disait de Cormenin, lorsqu'il interprète, « déclare, il n'attribue pas ; c'est une consultation plus solennelle ».

Pour faire apparaître une différence entre une loi *interprétative* et une loi *nouvelle* substituant un texte clair à un texte obscur, on est

---

(1) J. Barthélemy, *Etude juridique de l'interprétation législative des lois*, R. D. P., 1908, p. 465.

(2) Lyon-Caen, note sous Cass. civ., 17 février 1896, S. 96-1-257 ; Thaller, *Traité de Droit commercial*, n° 567.

obligé de faire intervenir l'intention du législateur touchant les effets de la loi : la loi interprétative est celle qui, d'après l'*intention du législateur*, ne se borne pas à régir l'avenir, mais dominera les actes accomplis entre la loi interprétée et la loi interprétative.

On a beau répéter, après Bacon, qu'une loi interprétative est une loi *déclarative, confirmative*. Si la loi interprétative ne change rien, elle est sans utilité ; si elle change quelque chose, elle apporte du *nouveau* ; c'est donc une loi *nouvelle*. Seulement, le législateur veut que cette loi *nouvelle* produise certains effets.

Si la distinction entre la loi interprétative et la loi nouvelle tient dans l'intention du législateur, on ne peut pas dire avec le prof. Duguit : « Il est *évident* qu'il ne faut pas que le législateur, *sous couleur de faire une loi interprétative*, édicte une disposition *nouvelle* ».

V. — Entre une loi interprétative et une loi nouvelle, il n'y a pas de différence. Le législateur et les juristes croient qu'il y en a une, dans les effets qu'ils attachent à la loi interprétative et qui ne se produiraient pas dans une loi nouvelle. C'est une illusion. Les effets d'une loi *interprétative* sont exactement ceux d'une loi *nouvelle*. Pour le démontrer, il suffit non pas de faire des raisonnements abstraits, mais de prendre une à une les lois reconnues unanimement comme *interprétatives*, que le législateur l'ait dit ou non. Il est facile de montrer que la loi qualifiée d'interprétative produit exactement les mêmes effets qu'une loi nouvelle.

Toutes ces lois dites interprétatives, *sauf une* (la loi du 31 mars 1922, art. 2), ont pour effet de modifier, *pour l'avenir*, un *régime légal, une situation juridique générale et impersonnelle*, et non pas de toucher à une *situation juridique individuelle déjà née*. Or il n'y a rétroactivité que lorsqu'il y a atteinte à une *situation juridique individuelle déjà née*. Qu'on reprenne les exemples énumérés plus haut de lois interprétatives ; on arrivera toujours à cette conclusion.

Voici la démonstration pour deux de ces lois.

1° *Loi du 21 juin1843, art. 1ᵉʳ*. — Cette loi déclare qu'il n'*y a pas d'action en nullité* contre les actes notariés passés *depuis la loi du 25 ventôse an XI*, c'est-à-dire avant la loi de 1843, alors que le notaire en second ou les témoins instrumentaires n'ont pas été présents à la réception des dits actes. Il est incontesté et incontestable que l'action en nullité est un pouvoir *général* et *impersonnel*, et non pas une situation iuridique individuelle. Dès lors, il n'y a nullement besoin de faire Intervenir l'idée de loi *interprétative* pour arriver à cette solution certaine (1).

2º *Loi du 13 avril 1908*, interprétant l'article 9 de la loi du 9 décembre 1905 sur la séparation des Eglises et de l'Etat. Cette loi déclare que l'*action en révocation, pour inexécution des charges,* des libéralités faites à des établissements ecclésiastiques supprimés, ne pourra être intentée que par certaines personnes et dans certains délais. Ici encore, il s'agit non pas d'une situation juridique *individuelle*, mais d'un pouvoir *légal* ; la loi modifie non pas la libéralité, ni la situation juridique *individuelle* créée par la libéralité, mais « le régime des voies de droit qui s'y appliquent ». Cela est parfaitement correct. Il n'y a pas besoin de faire intervenir une théorie des lois interprétatives.

VI. — D'après certains, la loi interprétative aurait un effet spécial, que n'a pas une loi nouvelle. La loi interprétative s'appliquerait *aux procès en cours d'instance devant les tribunaux régulièrement saisis,* alors qu'une loi nouvelle ne pourrait s'appliquer qu'aux procès non encore nés. C'est ce que semble dire la Cour de cassation dans son arrêt du 3 novembre 1909 (*Rev. gén. d'adm.*, 1910, II, p. 45) : « Ces divers textes de la loi nouvelle (de 1908), *dont le caractère interprétatif est certain,* font corps avec la loi antérieure et rétroagissent au jour de la promulgation de celle-ci, et ils ont pour conséquence d'éteindre les actions *introduites avant la publication de la loi du 13 avril 1908,* lorsqu'elles sont intentées contrairement à ses prescriptions ».

Cette objection, à mon avis, n'a aucune valeur. Le régime légal des actions en justice est le même que le régime légal de la *compétence* des tribunaux. Une loi établissant la nouvelle compétence s'applique *aux procès déjà engagés* au moment de l'entrée en vigueur de la nouvelle loi. Ainsi la loi du 29 juillet 1881 sur la presse don-

----

(1) Le prof. DUGUIT le reconnait lui-même expressément (*op. cit.*, p. 228) : « Jèze dit qu'est juridiquement correcte une loi qui valide pour l'avenir des actes atteints de nullité, comme la loi précitée de 1843 sur les actes notariés, car, dit il, toute action en nullité est un régime légal. *Je crois, en effet, que, sans être rétroactive, une loi peut modifier les règles appliquées à des actions en nullité ou en reprise recevables contre des actes faits antérieurement et sous l'application de la loi ancienne.* La loi nouvelle ne touche pas alors à l'acte, mais seulement *au régime des voies de droit qui s'y appliquent ;* on a vu précédemment que *le régime des voies de droit est un régime légal qui peut toujours être modifié par une loi nouvelle.* »

nant compétence aux cours d'assises pour juger les procès de presse a dessaisi les tribunaux correctionnels des actions portées devant eux et non encore jugées (1). De même, la Constitution du 4 novembre 1848, article 91, qui donnait compétence à la Haute Cour de justice pour les attentats politiques, fut appliquée au procès déjà engagé contre Barbès, Raspail, Blanqui etc., à raison de l'attentat du 15 mai 1848 (2). Pourtant, par arrêt du 16 janvier 1849, la Chambre des mises en accusation de la Cour de Paris avait déjà renvoyé les accusés devant la Cour d'assises (3).

La solution est la même pour le régime de l'action en justice. Dans les deux cas (compétence ou action en justice), il y a *situation juridique générale et impersonnelle* : la loi nouvelle s'applique aux procès déjà engagés, mais non encore jugés (4).

VII. — Enfin, d'après les rédacteurs de la loi du 31 mars 1922 (art. 2) sur les loyers, une loi interprétative aurait cet effet de conférer aux intéressés le pouvoir d'en réclamer le bénéfice « *nonobstant toute*

---

(1) De même, la loi de désaisissement du 1er mars 1899, la loi du 4 mars 1909.

(2) Loi du 22 janvier 1849 : Art. 1er. « Les auteurs et complices de l'attentat du 15 mai, mis en accusation par l'arrêt de la Cour d'appel de Paris du 16 janvier, sont renvoyés devant la Haute Cour de justice ». — Art. 2. « La Haute Cour de justice se réunira à Bourges dans les 40 jours qui suivront la promulgation de la présente loi ».

(3) Voyez la discussion à l'Assemblée nationale en janvier 1849 (*Sirey*, Lois annotées 1849, p. 4 et 5).

(4) Le professeur Duguit n'admet pas cette solution, mais il se garde bien de faire intervenir l'idée de loi interprétative. A propos de la loi de 1908, il écrit (p. 226) : « Le but de la loi était incontestablement d'éviter d'un seul coup aux tribunaux de France les 6.000 procès dont ils étaient saisis. Mais cela n'était pas dit expressément dans la loi, *et, à mon avis, ce n'était point une conséquence nécessaire du caractère interprétatif de la loi de 1908* ». Le prof. Duguit estime que *même une loi interprétative ne peut pas dessaisir un tribunal régulièrement saisi* : « Quand un tribunal a été saisi régulièrement de l'action *avant la loi interprétative*, s'il est obligé forcément de la déclarer non recevable, la loi interprétative est, en somme, une loi de dessaisissement. Or, j'ai montré... que l'on doit soutenir par de fortes raisons que toute loi qui aboutit à dessaisir un tribunal régulièrement saisi est, en réalité, une *loi rétroactive, et, comme telle, contraire au droit* » (p. 225). On peut se demander, dans ces conditions, comment le professeur Duguit peut distinguer une loi interprétative d'une loi nouvelle et quel intérêt il peut trouver à faire cette distinction.

décision contraire, même passée en force de chose jugée, à l'exception seulement des décisions qui auraient été exécutées » (1).

Cette thèse est nouvelle. Jusqu'ici, on avait admis sans discussion qu'une loi, même qualifiée d'*interprétative*, ne pouvait s'appliquer aux procès déjà *jugés définitivement*.

Aussi le prof. Duguit a-t-il censuré la loi de 1922. C'est, dit-il, « une monstruosité juridique » (2); en déclarant caducs des jugements définitifs, le législateur viole « un principe universellement admis comme essentiel à l'ordre social », à savoir « le respect de l'autorité de la chose jugée, s'imposant à tous, gouvernants et gouvernés, au législateur lui-même ».

Il est certain que le législateur de 1922 s'est lourdement trompé lorsqu'il a déduit du caractère *interprétatif* donné à la loi qu'il votait, cette conséquence. Il n'y a pas lieu d'y insister. Mais une autre question est celle de savoir si une loi peut retirer à un jugement *l'autorité de la chose jugée*. Elle sera examinée plus loin.

IX. — Les lois interprétatives, telles qu'elles existent en France, à l'heure actuelle, sont des lois *générales* et *impersonnelles* ; elles ne sont plus édictées pour interpréter une loi *dans un procès déterminé*, sur *la demande d'un juge embarrassé*. Ce système a existé en France ; mais il a pris fin en 1828.

D'après la constitution de 1791 (art. 20 et 21), après une première cassation, le procès devait être renvoyé à d'autres juges *avec liberté entière pour ceux-ci de juger sans avoir à s'incliner devant l'arrêt de cassation* ; un nouveau pourvoi en cassation était possible dans les mêmes conditions ; après une deuxième cassation, le troisième tribunal de renvoi restait encore libre d'interpréter la loi contrairement à l'arrêt de cassation. Si, alors, un nouveau pourvoi en cassation était formé par les mêmes moyens que les deux premiers, le tribunal de cassation ne pouvait pas discuter la question avant d'avoir saisi le Corps législatif: celui-ci devait porter un décret déclaratoire de la loi, auquel le tribunal de cassation était tenu de se conformer (3). Lorsque le corps législatif fut divisé en plusieurs bran-

______

(1) Loi de 1922, art. 2 : « ... *Cette disposition ayant un caractère interprétatif*, les cessionnaires ou sous-locataires seront recevables à réclamer la prorogation, *nonobstant toute décision contraire*, même passée en force de chose jugée, à l'exception seulement des décisions qui auraient été exécutées. »

(2) *Droit Const.*, 2ᵉ édition, 1923, II, p. 227.

(3) C. 1791, chap. V, art. 21 : « Lorsque après deux cassations le juge-

ches, ce système parut impraticable ; chaque branche législative pouvait avoir un avis différent.

La loi du 16 septembre 1807 transféra le pouvoir d'interprétation au Conseil d'Etat : désormais, l'interprétation fut donnée dans la forme des règlements d'administration publique *Cette interprétation pouvait être demandée par la Cour de cassation avant de rendre son deuxième arrêt.* Mais cela n'était pas obligatoire : la Cour statuait alors toutes chambres réunies ; si alors, un troisième pourvoi en cassation était introduit, l'interprétation de la loi devait être demandée et *obtenue* avant que la Cour de cassation statuât (1).

Après la chute du Premier Empire, les pouvoirs du Conseil d'Etat parurent à beaucoup inconciliables avec le nouveau régime politique : c'était une usurpation sur le pouvoir législatif et sur le pouvoir judiciaire. Un avis du Conseil d'Etat du 27 novembre 1823 distingua entre *l'interprétation générale des lois*, de la compétence du pouvoir législatif, *et l'interprétation spéciale relative à un cas particulier*, de la compétence du roi statuant par voie réglementaire. En réalité, dans les deux cas, il y avait interprétation *générale*, ayant une portée générale et impersonnelle ; seulement, la première intervenait en dehors d'un procès, le deuxième à l'occasion d'un procès.

Cette distinction ne parut pas satisfaisante au parti libéral, qui obtint le vote de la loi du 30 juillet 1828. La Cour d'appel, saisie après la deuxième cassation, jugeait *définitivement comme elle le voulait*, sans qu'un recours en cassation fût possible. Mais on appelait l'attention du roi, pour qu'il fît cesser le doute *pour l'avenir*, en demandant aux Chambres une interprétation de la loi. Cette inter-

ment du troisième tribunal sera attaqué par les mêmes moyens que les deux premiers, la *question ne pourra plus être agitée au tribunal de cassation* sans avoir été soumise au Corps législatif, qui portera un *décret déclaratoire de la loi*, auquel le tribunal de cassation sera tenu de se conformer ».

(1) Loi de 1807. « Art. 1er. Il y a lieu à interprétation de la loi si la Cour de cassation annule *deux* arrêts ou jugements en dernier ressort, rendus dans la même affaire, entre les mêmes parties, et qui ont été attaqués par les mêmes moyens ». — Art. 2. « Cette interprétation est donnée dans la forme des règlements d'administration publique ». — Art. 3. « Elle *peut* être demandée par la Cour de cassation *avant de prononcer le second arrêt* ». — Art. 4. « *Si elle n'est pas demandée*, la Cour de cassation ne peut rendre le *second arrêt* que les sections réunies, et sous la présidence du grand-juge ». — Art. 5. « Dans le cas déterminé en l'article précédent, si le troisième arrêt est attaqué, l'interprétation est de droit et il sera procédé comme il est dit à l'art. 2 ».

prétation ne s'appliquait pas au procès jugé, mais dissipait tout doute pour l'avenir (1).

Le système rendait inutile la Cour de cassation, puisque c'était la Cour d'appel de renvoi et non la Cour de cassation qui disait le dernier mot sur le droit. Sans doute, le pouvoir législatif devait être saisi d'une demande d'interprétation. Mais en fait, les Chambres n'étaient que rarement saisies ; encore plus rarement, les Chambres votaient des lois interprétatives. C'est pourquoi la loi du 1er avril 1837 établit un régime nouveau. *C'est le système actuel.* Après le deuxième arrêt de cassation rendu pour les mêmes motifs que le premier, la Cour de renvoi a l'*obligation* de se conformer à la déci sion de la Cour de cassation sur le point de droit jugé par cette Cour (2).

X. — Dans le système actuel, depuis 1837, 1° l'interprétation des lois est *toujours* donnée par le Parlement ;

2° cette interprétation a toujours un caractère *général* et *impersonnel* ; elle a force de loi ;

---

(1) Art. 1er. « Lorsque après la cassation d'un premier arrêt ou jugement en dernier ressort, le deuxième arrêt ou jugement rendu dans la même affaire, entre les mêmes parties, est attaqué par les mêmes moyens que le premier, la Cour de cassation prononce toutes les chambres réunies ». — Art. 2. « Lorsque la Cour de cassation a annulé *deux arrêts* ou jugements en dernier ressort rendus dans la même affaire entre les mêmes parties et attaqués par les mêmes moyens, le jugement de l'affaire est, dans tous les cas, renvoyé à une cour royale. La cour royale, saisie par l'arrêt de cassation, prononce, toutes les chambres assemblées... L'arrêt qu'elle rend ne peut être attaqué sur le même point et par les mêmes moyens par la voie du recours en cassation. Toutefois, il en est référé au roi, pour être ultérieurement procédé par ses ordres à l'interprétation de la loi... ». — Art. 3. « Dans la session législative qui suit le référé, une loi interprétative est *proposée* aux Chambres ».

(2) Loi du 1er avril 1837. Art. 1er. « Lorsque, après la cassation d'un premier arrêt ou jugement rendu en dernier ressort, le deuxième arrêt ou jugement rendu dans la même affaire, entre les mêmes parties, procédant en la même qualité, sera attaqué par les mêmes moyens que le premier, la Cour de cassation prononcera, toutes les chambres réunies ». Art. 2. « Si le deuxième arrêt ou jugement est cassé pour les mêmes motifs que le premier, la cour royale ou le tribunal auquel l'affaire est renvoyée se conformera à la décision de la Cour de cassation sur le point de droit jugé par cette cour ». Art. 3. « La cour royale statuera en audience ordinaire, à moins que la nature de l'affaire n'exige qu'elle soit jugée en audience solennelle ».

3° Elle peut intervenir, *à un moment quelconque*, soit avant qu'un procès soit fini d'être jugé, soit après que le procès est jugé.

4° Dans le cas où le procès n'est pas encore fini d'être jugé, le tribunal saisi devra statuer d'après la loi en vigueur au moment où il rend son jugement, *si la loi nouvelle — qualifiée ou non d'interprétative, —* ne touche qu'à un régime légal (compétence, régime de l'action en justice, etc.) (1). Au contraire, il jugera d'après *la loi en vigueur au jour de la création de la situation juridique individuelle, s'il s'agit d'une situation juridique individuelle.*

5° Dans le cas où le procès est terminé, la loi nouvelle — *qualifiée ou non d'interprétative* — ne pourra pas être invoquée pour remettre en cause le procès terminé. Il y a chose jugée (2) (V. *infra*).

XI. — Est-il *bon* que le législateur soit appelé, *au cours d'une instance*, à substituer un texte clair à un texte obscur (3)? Ceci n'est plus une question de technique *juridique*. C'est une question *politique* à laquelle il est impossible de donner une réponse uniforme (4).

(1) A propos de la loi de 1843, le garde des sceaux Persil, dans la discussion, déclarait : « J'entends nécessairement que la loi que nous allons voter s'applique à toutes les contestations qui ne sont pas encore définitivement jugées. Ainsi elle ira saisir les contestations pendantes soit devant les tribunaux de première instance, soit devant les cours royales, et les contestations devront être jugées suivant ses dispositions ».

(2) Dans l'exposé des motifs de la loi de 1843, il était dit : « La loi interprétative ne porte pas atteinte à la chose jugée et respecte les droits nés de la fausse interprétation de la loi qu'elle explique ».

(3) ROLLAND, *op. cit., R. D. P.,* 1910, p. 127 et s.

(4) Ce sont des arguments *politiques* que développe le prof. ROLLAND (*op. cit., R. D. P.,* 1910, p. 128) : « Nous ne croyons pas qu'on puisse admettre cette intervention des Chambres *à l'occasion d'un litige né et actuel.* Reconnaître aux Chambres d'interpréter dans ces conditions, *ce serait, en effet, porter atteinte à la règle de la séparation des pouvoirs.* L'interprétation est un élément de la solution d'un litige. Interpréter un acte douteux, à l'occasion d'une difficulté déterminée, c'est déjà, dans une certaine mesure, trancher cette difficulté. Une interprétation, même générale, apparaîtrait alors, en fait, comme ayant pour résultat de substituer le Parlement aux tribunaux à l'occasion d'un litige déterminé. Sans doute, l'interprétation législative est générale. Le législateur ne statue pas sur un fait particulier. Il ne fait acception dans sa décision ni de personnes ni d'espèces. Le tribunal, au contraire, prononce toujours à l'occasion d'une personne ou d'une espèce déterminées. Mais ici l'interprétation, malgré tout, serait donnée à l'occasion d'un litige déterminé. Encore bien que le législateur ne statuât pas sur ce litige, forcément ce serait à lui qu'il penserait, lorsqu'il donnerait le sens d'une disposition

La loi de 1843 fut votée afin que des procès en nullité *en cours d'instance* fussent arrêtés.

La loi de 1908 fut votée alors que de très nombreux procès étaient en cours et justement pour mettre fin aux milliers de litiges qui encombraient les rôles des tribunaux. C'est pourquoi des adversaires de la loi prétendirent, pendant la discussion, que c'était une *loi de dessaisissement*. C'est un argument purement *politique*, auquel on a eu le tort de donner une valeur *juridique*. Du point de vue de la technique juridique, le juriste n'a aucune observation à formuler. La discussion doit rester sur le terrain *politique*.

Si le législateur vote, au cours d'un procès, une loi interprétative qui manifestement est *partiale*, on pourra l'accuser de faire *politiquement* une mauvaise action. C'est le reproche *politique* que

obscure. Ne se substituerait-il pas ainsi, en fait, aux tribunaux ? D'ailleurs, en une circonstance, cette interprétation législative devient particulièrement inadmissible. Ainsi en est-il lorsque le litige, à l'occasion duquel elle intervient, existe entre le concessionnaire et l'Etat. Non seulement alors le Parlement se transforme en tribunal, mais l'Etat prend l'allure de quelqu'un qui, dans un procès, est à la fois juge et partie. Juridiquement on ne saurait admettre ici l'intervention du législateur. Politiquement, au surplus, cette intervention constituerait une lourde maladresse. La confiance dans ceux qui gouvernent et administrent l'Etat ne pourrait qu'en être fort ébranlée. Tout ce qui précède concerne et concerne seulement l'hypothèse où l'interprétation est demandée à l'occasion d'un litige né et actuel. Mais les arguments que nous venons d'indiquer perdent évidemment toute valeur quand il s'agit d'interpréter en dehors de tout litige ».

Toute cette argumentation — d'ailleurs, très solide — est d'ordre *politique*. D'une part, le principe de la séparation des pouvoirs est un principe politique qui n'a aucune signification *juridique* précise. Chaque pays l'interprète à sa façon, et, dans chaque pays, chacun, selon son credo politique, lui donne une portée plus ou moins grande. D'autre part, dire que le Parlement doit toujours être soupçonné de sacrifier l'individu à l'Etat est une accusation excessive. Le Parlement est un organe, assez bien organisé pour que tous les intérêts en présence soient discutés contradictoirement et publiquement. Au surplus, les objections que très justement présente le prof. Rolland placent bien le problème sur le *terrain politique*. Est-il *opportun* que le Parlement interprète, *de manière générale et impersonnelle*, une loi à l'occasion d'un procès né et actuel ? Il n'y a à cela aucun obstacle *juridique* ; mais il se peut que, *politiquement*, les passions soient trop excitées pour que le Parlement donne, à ce moment, une interprétation. Dans ce cas, il sera sage politiquement de s'abstenir. *Juridiquement*, il n'y a pas de question. Les juristes n'ont pas voix au chapitre, en cette qualité.

l'on a pu justement adresser aux Chambres de 1899 lors du vote de la loi de dessaisissement. Etant donné la violence des passions politiques, il est très difficile, dans la bataille parlementaire, de se faire une opinion exacte sur les avantages politiques de la loi nouvelle — qualifiée ou non d'interprétative. De bonne foi, chacun croit que tout est perdu si l'opinion contraire triomphe. On invoque toute sorte d'arguments pour faire échouer cette manière de voir. Les raisons tirées du *Droit* sont d'autant plus puissantes que le grand public (y compris les membres du Parlement) ignore les règles du droit, en particulier les règles sur la rétroactivité des lois, et que les juristes eux-mêmes sont rarement d'accord sur cette théorie difficile.

C'est une grande erreur que de prendre pour des arguments de Droit des raisons d'ordre politique, et inversement (1).

Section II

Dans quelle mesure et comment une situation juridique individuelle peut-elle être modifiée ? — Du retrait des actes créateurs de situation juridique individuelle (actes unilatéraux ou contractuels).

I. — La situation juridique individuelle a une très grande stabilité. C'est sa caractéristique.

Comme, *en droit privé*, les situations juridiques *individuelles* (créances, dettes) sont créées le plus souvent par des *contrats*, on parle de la stabilité des contrats. du caractère sacré des contrats : la convention fait la loi des parties. Ce sont plutôt les situations juridiques créées par le contrat, ou, d'une manière plus générale, les *situations juridiques individuelles* (quel que soit l'acte créateur, unilatéral ou contractuel) qui ont cette stabilité.

Les situations juridiques *individuelles* ne peuvent, *dans l'avenir*, être modifiées que très difficilement. Le moyen juridique, c'est d'accomplir des actes juridiques *nouveaux créateurs* de *nouvelles* situations juridiques individuelles.

Dans le passé, les situations juridiques individuelles sont *intan-*

____

(1) Les développements — d'ailleurs si intéressants — des professeurs Joseph-Barthélemy et Duguit sur les lois interprétatives me paraissent faire une confusion constante entre le problème *juridique* et le problème *politique*. Aussi leur argumentation me semble-t-elle d'une grande obscurité et d'une extrême fragilité.

gibles.(1). On pourra simplement *créer*, par des actes juridiques, de nouvelles situations juridiques individuelles de nature à remettre, *pour l'avenir*, les choses en l'état.

II. — Ce qu'il faut, avant tout, affirmer et proclamer, c'est que le Parlement lui-même n'a pas le pouvoir de modifier ces situations juridiques individuelles ni pour l'*avenir*, ni pour le *passé*. C'est un point capital à mettre en relief tout de suite.

Certains considèrent cette proposition comme dénuée de valeur juridique. En France, disent-ils, *le Parlement peut tout faire* : en effet, les tribunaux ne peuvent pas se refuser à appliquer les lois, même juridiquement incorrectes. Il y a donc là un *conseil* au *législateur*, au *Parlement* ; il n'y a pas une règle de droit (2).

Il faut proclamer bien haut que « ce sont là de détestables arguments, et que le Parlement d'une démocratie mérite d'être traité autrement qu'avec des flatteries de courtisans d'ancien régime. Il ne faut pas se lasser de répéter que, si le Parlement est au-dessus des lois, *il n'est pas au-dessus du droit* ; et que le défaut de sanction organisée n'annule pas son *obligation* (3) de le respecter, pas plus que le défaut de sanction ne libère la Cour de cassation de la stricte application des lois » (4). Il faut distinguer entre le pouvoir de *droit* et le *pouvoir de fait* du Parlement. Quand on dit que le Parlement peut tout faire, cela vise son pouvoir *de fait*, mais non son pouvoir de droit.

(1) Jurisprudence constante. C. d'E., 24 février 1912, *Pech, Rec.*, p. 251 : « Le préfet... a approuvé la délibération du conseil municipal et le *traité* passé pour une période de quatre années... ; en limitant, par l'arrêté attaqué, à une année seulement l'effet de son affectation, *il a porté atteinte à des droits acquis*. Ainsi ledit arrêté est entaché d'excès de pouvoir. » Cpr. C. d'E., 2 mars 1877, *Inst. catholique de Lille, Rec.*, p. 221 (avec les conclusions de M. David).

(2) Avis présenté au nom de la Commission des finances par le sénateur R. Poincaré, 8 juin 1909, annexe n° 135 (*J. O. Sénat. Débats.* 8 juin 1909) : « Je ne dis pas que cette modification unilatérale du contrat puisse constituer une illégalité, *puisqu'elle est faite par la loi elle-même* ; mais, à mes yeux, elle est d'autant plus fâcheuse que le législateur peut précisément se la permettre avec impunité : c'est le fait du prince dans ce qu'il a de plus arbitraire ». — En 1915, le député Ignace, rapporteur du projet de loi sur les loyers (V. *infra*, p. 43 note 2), parlait du « principe *intangible* de la souveraineté de la loi ».

(3) *Obligation juridique* et non pas devoir moral, devoir politique.

(4) BARTHÉLEMY, *De l'interprétation des lois par le législateur*, R. D. P. 1908, p. 484.

III. — Il faut, d'ailleurs, bien prendre garde que *toute* situation juridique individuelle est *toujours* complétée par des situations juridiques *générales*. Par exemple, la situation juridique individuelle du créancier du prix à la suite d'une vente est complétée par des situations juridiques générales et impersonnelles : privilège du vendeur, droit de gage général, pouvoir d'agir en justice, pouvoir de saisir les biens, pouvoir de résiliation, action en nullité, obligation de garantie, etc. Or, ces situations juridiques *générales* sont *modifiables à tout instant* par le législateur. En touchant, *par voie impersonnelle*, à ces situations juridiques *générales*, il n'est pas douteux que le législateur aboutisse à augmenter ou à diminuer la valeur *pratique* de la situation juridique *individuelle*. Mais ce qui est certain, c'est que le législateur a *juridiquement* le pouvoir de le faire : il ne touche pas à la situation juridique individuelle.

Politiquement, on peut estimer dangereuse la modification des situations juridiques *générales* complémentaires des situations juridiques individuelles. Il convient alors d'inscrire, dans la constitution *rigide*, une prohibition *formelle* à cet égard, afin de lier le législateur ordinaire (1). Tel n'est pas le cas en France, et la réforme ne paraît pas désirable.

I

I. — La situation juridique individuelle *ne peut pas être modifiée par la loi* (2). L'acte juridique qui a créé cette situation ne peut pas être *retiré, rapporté, modifié* par une loi. Lorsque l'acte juridique a régulièrement donné naissance à une créance individuelle ou à une obligation individuelle, cette créance, cette obligation ne peuvent pas être touchées par le Parlement, que ce dernier agisse comme législateur ou comme autorité administrative. *Elles sont*

---

(1) Exemple : Constitution fédérale des Etats-Unis, art. I, sec. 9, § 3 ; « Il ne sera pas voté de *bill d'attainder*, ni de loi *ex post facto* » ; sect. 10, § 1 : « Aucun Etat ne passera de *bill d'attainder* ou de loi *ex post facto*, ou de loi portant atteinte aux *obligations nées de contrats* ».

(2) Il est inutile d'ajouter : *ni par le règlement*. C'est, en effet, un principe du droit public en France que, seul, le *législateur* peut modifier le régime de la *propriété privée*, de la *liberté individuelle*, de la *liberté du commerce et de l'industrie*. Les autorités qui ont le pouvoir réglementaire ne peuvent toucher à ces matières que dans la mesure déterminée par le législateur.

intangibles. Le Parlement, législateur ou administrateur, ne peut pas en changer le contenu : ce contenu est fixé *exclusivement* par l'acte juridique unilatéral ou contractuel créateur. Lorsque l'acte créateur est un contrat, on dit que le contrat fait la loi des parties.

Le législateur ne peut pas dire que, *dans l'avenir*, la situation juridique *individuelle* ne s'exécutera pas ou s'exécutera dans d'autres conditions que celles qui ont été déterminées par l'acte créateur. Par exemple, le législateur ne peut pas dire que l'acheteur X devra au vendeur non pas les 100.000 convenus, mais seulement 10.000.

II. — Si le législateur ne peut pas modifier les situations juridiques *individuelles créées* par l'acte juridique, il peut modifier les situations juridiques *générales complémentaires amenées* par l'acte juridique. Voici, par exemple, un contrat de vente de l'immeuble A pour 100.000. Le législateur ne peut pas modifier le contenu de la créance de 100.000, dire que l'acheteur ne devra que 10.000 ou que le vendeur ne livrera pas l'immeuble A. Mais la vente n'est pas seulement un acte *créateur* de situation juridique individuelle ; c'est aussi un *acte condition* : l'acte de vente est la condition pour que l'acheteur soit investi du *status légal de propriétaire* ; pour que le vendeur soit investi du *privilège du vendeur*, ce qui est un status légal ; du *droit de gage général* sur les biens de l'acheteur, ce qui est aussi un status *légal* ; du *droit de résolution* de la vente au cas de non paiement du prix, ce qui est encore un status *légal*. Le législateur peut *juridiquement* modifier ces status légaux. *Ce faisant*, il ne touche pas aux situations juridiques *individuelles créées par la vente* ; il touche uniquement à des situations juridiques *générales créées par la loi* et *simplement amenées* par l'acte de vente.

Naturellement, au point de vue *politique, économique, social*, cela peut être très grave. Il est certain que le législateur, *lorsque la constitution rigide ne le lui a pas enlevé*, ne doit user de son pouvoir de modification qu'avec une grande réserve ; mais ceci n'est plus de la technique juridique. C'est de la *politique*.

III. — Des applications remarquables de ces idées sont faites par la pratique.

1° *Lois de moratorium.* — Il est arrivé que, à raison de certaines circonstances politiques ou économiques (guerre, inondation, etc.), le législateur ait accordé aux débiteurs de sommes d'argent un *moratorium.* Pratiquement, cela revient à accorder aux débiteurs un délai pour s'acquitter de leur dette (1).

Il n'y a pas là une modification à une situation juridique individuelle. En réalité, le législateur ne modifie pas le *terme* stipulé par l'acte créateur de la dette : il déclare, *par voie générale et impersonnelle,* que le régime légal des voies d'exécution (au sens large) (protêt, commandement, saisie, etc.) ne sera pas appliqué avant l'expiration d'un certain délai (2). Or les voies d'exécution sont des pouvoirs *généraux,* c'est-à-dire un *régime légal.* Le législateur peut

(1) Ex. : Décrets-lois des 26 février 1848, 28 février 1848, 3 mars 1848, 29 mars 1848, 17 avril 1848 ; lois des 13 août 1870, 10 mars 1871, 28 avril 1871, 4 juillet 1871 ; loi du 21 février 1899 ; loi du 5 août 1914.

(2) Exemples : Décret-loi du 26 février 1848. Art. 1er : « Les échéances des effets de commerce payables à Paris... seront prorogées de 10 jours... » Art. 2 : « Tous *protêts, recours en garantie* et *prescriptions* mentionnés en l'art. 1er sont également suspendus et prorogés pendant 10 jours » — Loi du 13 août 1870: « Art. 1er : « Les *délais dans lesquels doivent être faits les protêts et tous actes concernant les recours...* sont prorogés d'un mois... ». — Art. 2 : « *Aucune poursuite ne pourra être exercée,* pendant la durée de la guerre, contre les citoyens appelés au service militaire... ».

Loi du 21 février 1899 : « L'échéance de tous les effets de commerce payables le 23 février 1899 est reportée au lendemain ». Cette rédaction est très *mauvaise* ; elle semble toucher à des situations juridiques *individuelles* ; en réalité, la loi signifie que le régime légal des *délais de protêt, recours en garantie et prescriptions* est modifié.

Loi du 5 août 1914 : Art. 2 : « Pendant la durée de la mobilisation et jusqu'à la cessation des hostilités, le gouvernement est autorisé à prendre, dans l'intérêt général, par décret en conseil des ministres, toutes les mesures nécessaires pour faciliter l'exécution ou *suspendre les effets des obligations commerciales ou civiles,* pour suspendre toutes prescriptions ou péremptions en matière civile, commerciale et administrative, *tous délais* impartis pour attaquer, signifier ou exécuter les décisions des tribunaux de l'ordre judiciaire ou administratif. La suspension des prescriptions et péremptions pourra s'appliquer aux inscriptions hypothécaires, à leur renouvellement, aux transcriptions et généralement à tous les actes qui, d'après la loi, doivent être accomplis dans un délai déterminé ». — Décret du 9 août 1914, art. 1er: « Pour toutes les valeurs négociables échues depuis le 31 juillet 1914 exclusivement ou venant à échéance avant le 1er septembre 1914, *l'échéance est prorogée de 30 jours francs,* à condition que ces valeurs aient été souscrites antérieurement au 4 août 1914... » Art. 2 : « Il est accordé un délai de 30 jours francs pour le paiement des fournitures de marchandises faites entre commerçants antérieurement au 4 août 1914... » etc.

modifier à tout instant ces pouvoirs légaux *par voie générale et impersonnelle.*

Est-il bon *politiquement, économiquement,* qu'il le fasse ? C'est une question *d'opportunité politique.* Au point de vue de la *technique juridique, en l'absence d'une disposition constitutionnelle rigide qui la prohibe,* cette modification entre dans sa compétence (1).

IV. — Il faut porter la même appréciation *juridique* sur la loi du 27 janvier 1910 : « Dans le cas de mobilisation de l'armée, de fléau ou de calamité publique, d'interruption des services publics..., des décrets rendus en conseil des ministres peuvent, pour tout ou partie du territoire, *proroger les délais dans lesquels doivent être faits les protêts et les autres actes destinés à conserver les recours pour toutes les valeurs négociables...* » Il n'y a pas là un pouvoir conféré au gouvernement de modifier des situations juridiques *individuelles créées* par des actes juridiques individuels (actes unilatéraux ou contrats) (2) : c'est l'organisation du pouvoir de modifier, *quant aux délais,* le *régime légal* des voies d'exécution.

Politiquement, économiquement, cette réorganisation est-elle opportune ? C'est une question. *Juridiquement* l'organisation est correcte, en l'absence d'un texte constitutionnel qui l'interdit.

V. — 2º *Législation sur les loyers.* — Cette explication doit aussi être appliquée à la loi du 21 avril 1871 sur les loyers. Cette loi a été présentée parfois comme modifiant les situations juridiques *individuelles créées* par des contrats de louage : elle a, a-t-on dit (3),

(1) Cpr. sur ce point Rolland, *De la modification des contrats en France par voie d'autorité,* dans la *R. D P.,* 1910, p. 309 et s. — M. Rolland a présenté une autre explication. Mais il semble avoir changé d'opinion et s'être rallié à ma manière de voir. *La loi sur les loyers et le Droit public. R. D. P.,* 1918, p. 255 et s. V. *infra,* p. 42 et s.

(2) C'est donc à tort, à mon avis, que en 1910, le professeur Rolland (*R. D. P.,* 1910, p. 315) déclarait : « Il se peut que le législateur donne à une autorité administrative le *pouvoir de modifier certains contrats.* La loi du 27 janvier 1910 contient une autorisation de ce genre... Proroger les délais de protêt, c'est modifier les conditions du contrat intervenu entre le signataire d'un effet de commerce, les différents endosseurs et le dernier bénéficiaire. C'est donc, en somme, modifier le contrat ». —Je ne le crois pas : car le régime des protêts est *créé* non par le contrat, mais par la loi. Le contrat ne fait qu'investir de ce *régime légal* le créancier. Cpr. dans mon sens Rolland, *La loi sur les loyers et le Droit public, R. D. P.* 1918, p. 261 et suiv.

(3) Rolland, *op. cit., R. D. P.* 1910, p. 312, 317 et s. : « La loi du 21 avril

conféré à des jurys spéciaux le pouvoir d'accorder des *réductions sur le prix des loyers restant dus.* — Si l'on analyse de plus près la loi de 1871, on voit que les choses ne se sont pas passées ainsi.

Voici ce qu'a fait la loi de 1871 (1).

Le siège de Paris avait fait à certains locataires la situation suivante. Dans les communes suburbaines, ils avaient été *absolument* privés de la jouissance des locaux qu'ils avaient loués ; ils avaient été, en effet, obligés de se réfugier dans Paris *sur l'ordre des autorités publiques.* Dans Paris, certains locataires avaient été contraints d'abandonner leur habitation pour échapper aux dangers du bombardement. D'autres locataires avaient été dans l'impossibilité d'exercer leur industrie dans les locaux loués. D'autres enfin n'avaient pu avoir qu'une jouissance incomplète. — Manifestement, dans ces cas, *il y avait privation partielle ou totale de jouissance par suite de force majeure.* Or, les *propriétaires*, en vertu du régime légal *normal* du louage de choses (art. 1722 du Code civil), doivent supporter les conséquences des cas fortuits et de la force majeure : ils ne pouvaient donc pas en 1871 réclamer, en tout ou en partie, le prix de location. Ceci posé, allait-on appliquer la *procédure normale* et faire régler *par les tribunaux ordinaires* les situations respectives des propriétaires et des locataires ? Le nombre considérable des situations à régler s'y opposait. Pour ces motifs d'*ordre social*, la loi de 1871 décida : Dans chaque quartier de Paris et dans les cantons du département de la Seine, il sera institué un ou plusieurs jurys spéciaux, sous la présidence du juge de paix. Chacun de ces jurys aura seul compétence, *à l'exclusion de toute autre juridiction*, à l'effet de statuer, *sommairement et comme amiable compositeur, d'une manière définitive et sans appel*, sur toutes les contestations entre propriétaires et locataires, relatives aux loyers restant dus pour les termes échus du 1er octobre 1870 jusqu'au 1er avril 1871. Les jurys spéciaux auront la faculté d'accorder, sur le prix des trois termes de loyers ci-dessus, quelle que soit la nature des locations, *des réductions proportionnelles au temps pendant lequel les locataires auront été privés matériellement de la jouissance de tout ou partie des lieux loués.* Il fut nettement stipulé que « lorsqu'il n'y

1871 sur les loyers parisiens... permettait de restreindre l'*obligation* du débiteur ».

(1) Sur cette loi voyez le rapport de M. Léon Say à l'Assemblée nationale en date du 6 avril 1871 (*J. O.*, p. 678 et s. ; p. 736 et s.) reproduit dans Sirey, Lois annotées, 1871, p. 40, note 18.

aura eu ni diminution ni altération de jouisance, ils ne pourront accorder que *des délais* ».

On le voit, la loi de 1871 n'a pas eu pour objet de modifier la situation juridique *individuelle* créée par le *contrat* : elle a eu pour objet de modifier un *régime légal* complémentaire, celui de la *juridiction* compétente et de la *procédure* à suivre pour faire appliquer la règle de droit commun, d'après laquelle c'est au bailleur à supporter les cas de force majeure. *Politiquement, économiquement,* c'est là une mesure très grave. *Juridiquement* on ne peut pas dire qu'elle est *incorrecte.*

VI. — C'est ainsi encore qu'il faut expliquer beaucoup des dispositions prises après la guerre de 1914 par le Parlement pour le règlement des rapports entre bailleurs et locataires.

a) Le décret du 14 août 1914, ainsi que tous les décrets postérieurs, pris en vertu de la loi du 5 août 1914 (V. *supra*, p. 39 note 2), accordaient un délai de 90 jours pour le paiement des termes de loyers ils avaient pour objet, non pas de modifier la situation juridique individuelle créée par la convention des parties, mais d'interdire aux agents publics de prêter mainforte pour l'exécution de ces situations : les décrets touchaient au régime *légal* des voies d'exécution. Au point de vue *juridique*, c'était correct. La question d'*opportunité politique et sociale* de la mesure est un autre problème.

b) La loi du 9 mars 1918 sur les loyers — loi fondamentale, — contient plusieurs séries de dispositions (1).

α) Les unes concernent les *baux à venir*, ceux qui seront conclus après la promulgation de la loi. Il est manifeste que la loi de 1918 peut prescrire, *très correctement du point juridique*, le régime légal applicable à ces baux. Il n'y a aucune atteinte à des situations juridiques individuelles existantes. C'est une modification, *pour l'avenir*, des pouvoirs juridiques, de la capacité juridique des bailleurs et des preneurs. Du point de vue de l'*opportunité politique, économique et sociale* de ces mesures, la discussion, au contraire, est possible. Convient-il de restreindre la liberté des parties de contracter comme elles le veulent ?

β) Les autres concernent les baux conclus *antérieurement* à la loi de 1918. Cela ne signifie pas nécessairement que la loi de 1918 a modifié des situations juridiques *individuelles*. Par exemple, sont

(1) Rolland, *La législation des loyers et le Droit public*, dans *R. D. P.* 1918, p. 255 et s.

correctes juridiquement toutes les règles de la loi de 1918 relatives aux *causes de résiliation*, aux *délais de procédure,* au *tribunal compétent* pour juger les contestations entre bailleurs et locataires, aux *présomptions de privation totale ou partielle de jouissance* des lieux loués, aux *voies d'exécution forcée* (délais de paiement), aux *privilèges garantissant le paiement des loyers*, etc. Ces règles touchent à des situations juridiques *légales*, et non à des situations juridiques *individuelles*. Encore ici, les critiques peuvent viser l'*opportunité politique, économique* ou *sociale* de ces règles, mais non leur correction *juridique*.

Tout ce qui touche, au contraire, à la *durée du bail*, au *montant des loyers*, aux *résiliations déjà intervenues et même exécutées par des paiements* (1), etc., est une atteinte à des situations juridiques *individuelles*. Il y a violation du Droit, quelque ingéniosité qu'on ait manifestée pour justifier *juridiquement* ces mesures (2). En réalité,

---

(1) Particulièrement grave est l'art. 27 § 2 de la loi de 1918 : « Le paiement des indemnités de résiliation *effectué* depuis le 4 août 1914 par les personnes visées au titre I *ne mettra pas obstacle* à l'exercice des droits accordés par la présente loi et pourra *donner lieu à répétition* ».

(2) On a dit que le contrat de bail était un ensemble de *contrats successifs ;* on a invoqué une théorie de l'imprévision contractuelle et legale ; on a fait valoir le caractère exceptionnel des circonstances. Rapport du député Ignace, 12 août 1915 (*J. O. Chambre. Doc.*, oct. 1915, p. 990) : « On a dit, on a écrit que donner le droit de prononcer la remise totale ou partielle de la dette, c'était commettre un véritable excès de pouvoir... Ces objections ne sont redoutables qu'en apparence : il est facile de les réduire à néant, au simple examen de la nature des choses, et sans même qu'il soit besoin d'invoquer *le principe intangible de la souveraineté de la loi.* Et d'abord, le contrat de louage se distingue nettement des autres contrats, en ce que ceux-ci constituent des conventions à effet immédiat et définitif ; la vente, par exemple, produit tous ses effets du jour où elle est conclue ; les obligations réciproques des parties contractantes naissent immédiatement du contrat, sans qu'elles puissent être influencées ou modifiées par aucun événement postérieur... En matière de baux à loyer, la situation est-elle la même ? Non, certes. Le bailleur promet au preneur la jouissance des lieux loués pendant toute la durée du bail : c'est là le principe unique du contrat ; il est formulé dans l'art. 1719 du Code civil... Or cette obligation du bailleur est *successive*, c'est-à-dire qu'elle se prolonge pendant toute la durée du bail ; elle se renouvelle tous les jours, et l'obligation du preneur de payer le prix convenu n'en est que la conséquence et la contrepartie. C'est précisément en quoi le contrat de bail, contrat dont l'exécution est successive, diffère essentiellement des autres contrats à effets immédiats et définitifs ; c'est aussi la raison pour laquelle, si les autres contrats ne

ce sont des mesures *révolutionnaires* ; elles méconnaissent les principes actuels du Droit, en particulier la règle fondamentale du Droit des pays civilisés : le respect de la parole donnée ; la convention fait la loi des parties.

D'ailleurs, du point de vue de l'opportunité *politique*, *économique* et *sociale*, il y a beaucoup à dire en faveur de ces mesures révolutionnaires.

En résumé, 1° le législateur ne peut pas modifier les situations juridiques *individuelles créées* par le contrat de bail ; 2° il peut toucher les situations juridiques *générales* qui accompagnent les situations juridiques individuelles, qui en assurent la réalisation. Ce dernier pouvoir a fait croire qu'en réalité le législateur touchait à la situation juridique individuelle créée par le contrat de bail. *Il n'en est rien.*

Il n'est pas douteux que la possibilité juridique, pour le législateur, de supprimer, *même par voie générale et impersonnelle*, les moyens de réaliser les situations individuelles résultant du contrat de bail est un pouvoir extrêmement grave ; au point de vue *politique*, on comprend très bien que certains pays l'aient interdit par un article formel de la constitution rigide. En France, où pareil texte constitutionnel n'existe pas, il convient de n'exercer ce pouvoir que *très rarement*, pour des motifs *politiques*, *économiques*, *sociaux*, très sérieux.

VII. — 3° *Lois sur le régime de l'action en justice.* — Le législateur ne touche pas à une situation juridique individuelle lorsqu'il modifie, *d'une manière générale et impersonnelle*, le régime de l'action en justice qui sanctionne les situations juridiques individuelles *déjà nées.* Cette action en justice est un status légal complémentaire d'une situation juridique individuelle. Le législateur peut donc, *d'une manière générale et impersonnelle*, *modifier les délais* de l'action, soit pour les allonger soit pour les réduire, pour *étendre ou réduire le nombre de ceux qui pourront intenter l'action*, pour décider même qu'il n'y aura plus *aucune action.* Encore une fois, ceci peut être *politiquement*, *économiquement*, *socialement*, tout à fait

peuvent être atteints par la survenance d'événements ultérieurs, le contrat de bail, au contraire, peut juridiquement subir des modifications, si, au cours de sa durée, les conditions de la jouissance viennent à être altérées. On voit par là combien il est inexact de soutenir que le risque de guerre et les conséquences qui en résultent doivent être supportés par le locataire seul, au nom du principe du respect des contrats... Est-ce critiquable. Au point de vue de la technique juridique, c'est parfaitement régulier : le législateur, ce faisant, ne touche qu'à des status légaux.

C'est pourquoi, quelque opinion que l'on puisse avoir, *au point de vue politique et social*, est *juridiquement correcte* la loi du 13 avril 1908, provoquée par les difficultés d'application de la loi sur la séparation des Eglises et de l'Etat. L'art. 3 de cette loi dispose : « Toute action en reprise, qu'elle soit qualifiée en revendication, en révocation ou en résolution, doit être introduite dans le délai ci-après (*6 mois*). Elle ne peut être exercée que... par les auteurs et les héritiers en ligne directe... Outre les dispositions *interprétatives* ci-dessus... ». Ces derniers mots ont eu pour objet de décider que la loi de 1908 serait applicable aux *actions en révocation pour inexécution des charges* aussi bien qu'aux actions en revendication visées *expressément* par la loi du 9 décembre 1905 (art. 9), aux actions *non encore exercées* aussi bien qu'*aux procès en cours* (1).

bien assurer le respect du contrat que de maintenir arbitrairement dans les liens d'une obligation le débiteur qui a cessé de recevoir, par suite d'un cas de force majeure, l'équivalent du prix qu'il s'est engagé à payer, c'est-à-dire la jouissance en vue de laquelle il a traité ?... Qui voudrait soutenir que, si elles avaient prévu cette guerre mondiale lors de la conclusion du bail, les parties auraient fixé pour sa durée la même valeur de loyer ?... »

Toute cette argumentation n'a pas la même force pour toutes les règles que pose la loi de 1918. — On raisonne comme si toutes ces règles avaient le même objet.

(1) Voir *supra*, p. 25 et s., la théorie des *lois interprétatives*. — La Cour de cassation, 3 novembre 1909, *Gaymard, Rev. gén. d'adm.*, 1910, II, p. 45 et 46 a jugé : « *Usant du pouvoir d'interprétation qui lui appartient*, tant par l'art. 2 de la loi du 13 avril 1908 que par les dispositions insérées en tête de l'art. 3 de cette loi..., [le législateur] a fait connaître que tel était bien le sens qu'il fallait attribuer à l'expression « action en reprise »..., l'exercice en demeurant toujours restreint et réservé au profit des seuls auteurs des dons, legs ou fondations pieuses et de leurs héritiers en ligne directe. *Ces divers textes de la loi nouvelle, dont le caractère interprétatif est certain, font corps avec la loi antérieure et rétroagissent au jour de la promulgation de celle-ci, et ils ont pour conséquence d'éteindre les actions introduites avant la publication de la loi du 13 avril 1908*, lorsqu'elles sont intentées contrairement à ces prescriptions ». — Pour une critique de la loi de 1908, au point de vue de la théorie des *lois interprétatives*, voyez *supra*, p. 28. — Voyez aussi DUGUIT, *Traité de Droit Const.*, 2ᵉ édit., II, p. 221 et s. ; et BARTHÉLEMY, *De l'interprétation des lois par le législateur*, dans la R. D. P. 1908, p. 456 et s. Ce dernier ne me parait pas bien poser la question : « En

VIII. — Il faut en dire autant de la *juridiction compétente* pour statuer sur l'action qui sanctionne des situations juridiques individuelles *déjà nées*. Juridiquement le législateur peut, *d'une manière générale et impersonnelle*, modifier, comme il lui plaît, quand il lui plaît, la compétence. *Juridiquement*, les vendeurs dont la créance a pris déjà naissance ne peuvent pas se plaindre si le législateur décide, *d'une manière générale et impersonnelle*, que le tribunal compétent pour connaître de l'action en paiement du prix sera désormais le tribunal de commerce et non plus le tribunal civil, ou, inversement, que désormais l'appel ne sera plus possible, etc. Sans doute, il se peut que *politiquement, économiquement*, ces modifications législatives soient détestables. Du point de vue de la technique juridique, elles sont strictement correctes. Le régime de l'action en justice est un status légal, ce n'est pas une situation juridique individuelle. En conséquence, il faut dire qu'une loi modificative de la compétence s'applique *immédiatement*, sauf disposition législative contraire, à tous les procès qui ne sont pas encore *jugés*, non seulement aux actions non encore engagées bien que la situation juridique que l'action sanctionne soit déjà née, mais encore aux instances commencées mais *non encore jugées* (1).

IX. — *4° Lois relatives à la monnaie de paiement stipulée dans les contrats.* — Le parlement touche-t-il à une situation juridique individuelle lorsqu'il vote une *loi établissant le cours forcé du papier-monnaie, nonobstant toute convention contraire* (2)? Ex. : loi du 17-18 septembre 1790; loi du 12 août 1870; loi du 5 août 1914.

quoi, dit-il, consiste le vice de rétroactivité? Il consiste, croyons-nous, à poser un *principe nouveau*, et à décider qu'il remontera *dans le passé*, de façon à régir des *faits* ou des actes accomplis sous l'empire d'un principe différent. Cela suffit pour qu'il y ait rétroactivité » (p. 482). Ce n'est pas exact, à mon avis. Tenir compte de *faits* passés et décider que le *régime légal* qui les régit sera modifié *pour l'avenir* n'est pas de la rétroactivité. V. *supra*, p. 25 et s.

(1) Cpr. *supra*, p. 29 note 4 ; voyez *ma* note sous C. d'E., 15 novembre 1912. *Roiron*, *R. D. P.*, 1913, p. 61 et s. En sens contraire Duguit, *Tr. Dr. const.*, 2ᵉ édit., II, p. 228.

(2) Une grosse question, qui ne sera pas étudiée ici, est celle de savoir quelle est la signification juridique, en France, d'une loi de cours forcé, au cas où le législateur n'a pas dit expressément qu'elle s'appliquerait *nonobstant toute convention contraire* : c'est le cas des lois de 1870 et de 1914. La jurisprudence française interprète toutes les lois de cours forcé de la même manière, c'est-à-dire comme paralysant *toute convention*

Incontestablement, la loi de cours forcé paralyse, *pour l'avenir*, les clauses *inscrites postérieurement à la loi* et stipulant le paiement en saine monnaie, à l'exclusion du papier-monnaie.

Par une loi de cours forcé, le législateur peut-il paralyser aussi les clauses de paiement en saine monnaie, inscrites *avant* la loi de cours forcé ? N'y a-t-il pas atteinte à une situation juridique *individuelle créée par un contrat ?*

D'après la jurisprudence française, non seulement le législateur peut paralyser expressément ces clauses antérieures par une disposition spéciale, mais encore les tribunaux doivent interpréter en ce sens une loi de cours forcé, alors même que le législateur n'a pas déclaré expressément qu'elle s'appliquait nonobstant toute convention contraire *antérieure* (1).

contraire. Cass. civ. 11 février 1873, *Do-Delattre* (D. 1873-1-177 ; S. 1873-1-97 ; Cass. req. 7 juin 1920, *Compagnie La New-York*, S. 1920-1-193) ; Paris (1ʳᵉ Chambre), 22 février 1924, *Dumas*. Pour l'exposé de cette jurisprudence, voyez GASTON JÈZE, *Cours de science des finances*, 1923-1924, p. 175 et s.

(1) Cass. civ. 11 février 1873, *Do-Delattre*, D. 1873-1-177 ; S. 1873-1-97 : « Les lois monétaires qui, en vue de conjurer une crise imminente, décrètent le cours forcé d'un papier de crédit, participent du caractère de lois de police et de sûreté ; à ce titre, elles intéressent incontestablement l'ordre public et rentrent, dès lors, dans la classe de celles auxquelles l'art. 6 du Code civil défend de déroger par des conventions particulières. Une telle dérogation en cette matière est illicite, *non seulement après la promulgation et sous l'empire de l'acte législatif* qui, dans l'intérêt général, établit le cours forcé de valeurs fiduciaires représentatives du numéraire, *mais aussi lorsque, faite à l'avance, en prévision de circonstances qui rendaient nécessaire un pareil mode de circulation monétaire, elle se formule par une stipulation ayant pour but d'autoriser, le cas échéant, le créancier à s'affranchir de l'obéissance aux dispositions légales qui l'auraient introduit...* En imposant aux particuliers, en termes absolus, et sans admettre aucune exception, l'obligation de recevoir comme monnaie légale les billets de la Banque de France, elle (la loi de cours forcé) a suffisamment expliqué que sa disposition s'étendait à ceux qui, *antérieurement à sa promulgation*, auraient stipulé que leurs créances ne pourraient leur être remboursées qu'en espèces d'or ou d'argent. *Sans doute, cette stipulation est valable et obligatoire pour le débiteur en l'absence ou après l'abrogation de lois décrétant le cours forcé des valeurs qu'elle exclut du paiement à faire* ; mais elle cesse d'être exécutoire dès l'instant où la législation a établi le cours forcé ». En ce sens, Cass. req. 7 juin 1920, *Compagnie La New-York* (S. 1920-1-193). La loi de cours forcé est une « loi d'ordre public qui oblige un créancier à recevoir en France le paiement de sa créance en papier

Quelques juristes ont combattu cette jurisprudence, mais la majorité l'approuve, surtout pour des considérations *d'ordre économique et financier*, qui, d'ailleurs, sont dépourvues de valeur (1).

Les tribunaux et les juristes ont négligé d'examiner la question du point de vue du *principe de la non-rétroactivité des lois*. Pourtant, la loi de cours forcé, avec paralysie des clauses contraires antérieures, ne modifie-t-elle pas la situation juridique individuelle créée par le contrat ?

La réponse affirmative paraît préférable.

Sans doute, on peut dire que la loi de cours forcé est une loi générale d'organisation de la *circulation monétaire*. Dès lors, la loi de cours forcé modifie non pas la situation juridique individuelle créée par le contrat, mais *la situation juridique* générale, *complémentaire*, organisant le *mode d'exécution de la situation juridique individuelle*. Cette réglementation serait de la compétence du législateur ; quelque critiquable que puisse être la mesure du point de vue de l'*opportunité politique, économique ou sociale*, elle serait *juridiquement* correcte.

Cette argumentation serait exacte s'il s'agissait du *cours légal* de la monnaie de papier. Mais la loi de cours forcé n'est pas une loi d'organisation de la circulation monétaire. C'est un procédé empiri-

ayant un cours forcé d'une valeur légalement équivalente à la monnaie prévue au contrat ».

En sens contraire, Tribunal civil de la Seine (3e Chambre), 31 juillet 1923, *Dumas* : « La commune intention des parties n'est pas douteuse : elles ont entendu donner, en paiement des loyers, une valeur fixe et certaine, déterminée par la valeur en espèces métalliques... La clause litigieuse prévoit le paiement en or et en argent. Une telle convention n'est pas illicite. Aucune disposition législative n'a interdit les paiements de ce genre. *L'ordre public est intéressé à ce que les conventions soient respectées...* ». Ce jugement a été réformé par la Cour d'appel de Paris (1re Chambre), 22 février 1924, *Dumas*.

Le gouvernement français a présenté à la Chambre des députés, le 26 janvier 1924, un projet de loi déclarant « nul et de nul effet » : « 1o tout contrat exécutoire en France et contenant une obligation, pour un contractant français, de s'acquitter d'une dette en une monnaie autre que la monnaie légale ; 2o toute clause d'un contrat qui fait état, pour le calcul d'une somme payable en monnaie légale, des variations pouvant affecter la valeur de la dite monnaie, eu égard aux devises étrangères ».

(1) Pour la discussion de la valeur économique et financière de ces arguments, voyez GASTON JÈZE, *Cours de Sc. des finances*, 1923-24, p. 183 et s.

que d'*emprunt forcé* ou de *prélèvement sur le capital*. La législation oblige le créancier à recevoir en paiement une chose autre que celle qu'il a stipulée, et une valeur économique inférieure à celle qui avait été convenue expressément. La loi de cours forcé *avec paralysie des clauses de paiement en saine monnaie* est une *loi rétroactive*. Elle est juridiquement incorrecte (1).

II

I. — Le Parlement ne peut pas déclarer qu'une situation juridique *individuelle déterminée*, qui a pris *régulièrement* naissance, n'a pas produit *dans le passé* ses effets juridiques. Il ne peut pas le faire davantage par voie *générale et impersonnelle*. Ce serait tout à fait illégitime, au point de vue de la technique juridique. En ce sens, on a pu dire : *tempus regit actum*. Mais encore une fois, cela ne signifie pas que les *status légaux* complémentaires de la situation juridique individuelle, amenés par l'acte régulier, ne pourront pas être modifiés, *pour l'avenir, par voie générale et impersonnelle*.

Par exemple, supposons qu'une loi prohibe les donations faites à certaines catégories d'associations. Il est certain que les donations faites à des associations de la catégorie visée par la nouvelle loi, antérieurement à cette loi, seront *valables. Tempus regit actum. Le législateur ne pourrait pas décider le contraire.* Donc, les transferts de propriété se seront produits ; dans les patrimoines des associations gratifiées par des donations figureront les choses données. Le législateur excéderait ses pouvoirs en décidant, même par voie générale et impersonnelle, que ces donations seront à considérer comme non avenues. Ce faisant, il ne toucherait pas un *status* ; il toucherait les situations juridiques *individuelles* créées par les *actes individuels* réguliers qui ont *aussi* amené ce status. Le législateur *ne* peut donc *pas retirer, rapporter les donations* régulièrement accomplies.

---

(1) La jurisprudence américaine est fixée en ce sens que : 1° une loi de cours forcé ne peut pas paralyser expressément les clauses de paiement en saine monnaie. Cette loi violerait la Constitution fédérale qui interdit au Congrès de voter des lois portant atteinte à l'obligation née des contrats. 2° La clause de paiement en or doit être exécutée par le débiteur nonobstant une loi de cours forcé. Bronson *v.* Rodes, 15 février 1869, 7 Wallace, p. 229. Sur ce point GASTON JÈZE, *Cours de Sc. des finances*, 1923-24, p. 161 à 163.

Mais voici ce que le législateur peut *juridiquement* faire. Le législateur pourra modifier, *par voie générale et impersonnelle*, le régime de la propriété, pour les choses qui figurent dans les patrimoines des associations d'une certaine catégorie : il pourra même, *par voie générale et impersonnelle*, décider que la capacité des associations de telle catégorie sera modifiée et qu'elles ne pourront pas être propriétaires d'immeubles. Ce faisant, il modifie le status *général* (capacité) des associations ; or, la capacité est un status légal, modifiable par la loi. Il se peut que *politiquement, économiquement*, ces règles nouvelles soient détestables ; *juridiquement*, elles sont parfaitement correctes.

II. — Voici un autre exemple. Avant 1848 existait dans les colonies françaises l'esclavage. Le décret-loi du 27 avril 1848 a aboli l'esclavage Dans quelle mesure cette loi a-t-elle touché les situations juridiques *individuelles créées* par les actes juridiques d'aliénation d'esclaves, par exemple les créances du prix nées à la suite de ventes d'esclaves ? Le problème est facile à résoudre si l'on distingue soigneusement les effets *amenés* et les effets *créés* par l'acte juridique, suivant qu'ils s'analysent en une situation juridique générale ou en une situation juridique individuelle.

Nous l'avons vu. Un acte de vente *crée* des situations juridiques individuelles et *investit* les individus de situations juridiques générales *déjà créées par la loi* (1). Les situations juridiques individuelles ne peuvent pas être modifiées par la loi ; mais les situations juridiques générales peuvent l'être. En conséquence, il faut dire :

1° Les situations juridiques *individuelles créées* par les actes de vente d'esclave accomplis *antérieurement* à la loi n'ont pas été touchées par le décret-loi de 1848. Ces actes régulièrement accomplis ont produit leur effet créateur. Et donc, les vendeurs et acheteurs sont devenus respectivement créanciers et débiteurs du prix de vente. Ce sont là des situations juridiques *individuelles ;* la loi ne pouvait pas et n'a pas voulu les modifier, les supprimer. Après la loi supprimant l'esclavage, les vendeurs et acheteurs sont demeurés créanciers et débiteurs du prix de vente, comme ils l'étaient avant cette loi.

2° Considérons maintenant les situations *générales* amenées par les ventes d'esclaves antérieures à la loi. Le transfert de propriété d'esclaves vendus s'est accompli au profit des acheteurs. Le législa-

(1) V. *supra*, p. 37.

teur ne pouvait pas dire que cet effet ne s'est pas produit. L'acheteur reste donc investi, par l'acte de vente antérieur à la loi, du status de propriétaire de l'esclave vendu. Mais cette situation juridique est un status *légal*; c'est une situation juridique générale et impersonnelle, donc essentiellement modifiable à tout instant par la loi : le législateur pouvait étendre, par voie générale et impersonnelle, les pouvoirs des propriétaires d'esclaves ; à l'inverse, il pouvait réduire ces pouvoirs ; il a pu légitimement, par voie générale et impersonnelle, réduire à 0 les pouvoirs des propriétaires d'esclaves. L'acheteur est donc devenu titulaire d'un status de propriété, status qui pouvait être supprimé pour l'avenir et qui l'a été (1).

Naturellement, on conçoit que, du point de vue *politique, économique*, le législateur se préoccupe du trouble social qu'entraîne cette modification radicale du status légal de propriété et des ruines qu'elle amène. Pour réparer autant que possible ces conséquences, il peut estimer *de bonne politique* d'accorder, sur les deniers publics, des allocations pécuniaires aux individus touchés par cette réforme (2).

III

I. — Le Parlement doit statuer par voie générale ; il ne peut donc pas déclarer qu'un acte juridique *déterminé*, un contrat, qui a été accompli *irrégulièrement* doit être tenu pour *régulier* et a produit *dans le passé* les effets d'un acte régulier. Encore ici, il faut dire : *tempus regit actum*.

Peut-il, *par voie générale et impersonnelle*, c'est-à-dire par une loi proprement dite, décider que *tous* les actes juridiques d'une certaine catégorie, entachés d'une certaine *irrégularité*, devront être tenus pour réguliers et produire les effets d'un acte juridique régulier ? Il y a des exemples célèbres (**V.** *supra*, p. 21).

____

(1) Remarquons qu'il n'y a pas ici d'*expropriation* : l'expropriation est le transfert de propriété d'une chose *déterminée* d'un patrimoine à un autre patrimoine. Ici il s'agit d'une disposition *générale et impersonnelle*, et il n'y a pas attribution de l'esclave à qui que ce soit.

(2) Décret-loi du 27 avril 1848, art. 5 : « L'A. N. réglera la quotité de l'indemnité qui devra être accordée aux colons. » Cpr. aussi l'art. 8 § 2 qui accorde aux propriétaires d'esclaves un délai de trois ans pour se conformer à la loi.

La loi du 21 juin 1843 (art. 1er) décide : « Les actes notariés passés depuis la promulgation de la loi du 25 ventôse an XI ne *peuvent* être annulés pour le motif que le notaire en second ou les deux témoins instrumentaires n'auraient pas été présents à la réception des dits actes » (1).

Un autre exemple célèbre est fourni par la loi du 4 septembre 1807 (2) : « Art. 1er. Dans le délai de six mois, à dater de la promulgation de la présente loi, tout créancier qui aurait, *depuis la loi du 12 brumaire an VII jusqu'au jour de la dite promulgation*, obtenu une inscription sans indication de l'époque de l'exigibilité de sa créance... est autorisé à représenter, au bureau de la conservation où son inscription a été faite, son bordereau rectifié, à la vue duquel le conservateur indiquera, tant sur son registre que sur le bordereau resté entre ses mains, l'époque de l'exigibilité de la créance... ». Art. 2. « Au moyen de cette rectification, *l'inscription primitive sera considérée comme complète*, si d'ailleurs on y a observé les autres formalités prescrites ». Art. 3. « La présente loi ne s'applique point aux inscriptions qui auraient été annulées par jugements passés en force de chose jugée ».

Politiquement, il est évident que des lois de ce genre doivent être très rares et répondre à un besoin certain. En 1843, on n'a pas manqué d'observer que la loi était *nécessaire, indispensable :* on ne pouvait laisser dans l'incertitude les situations juridiques résultant des actes notariés suspects d'irrégularités ; trop d'intérêts étaient compromis ou menacés si l'on abandonnait aux hasards de la jurisprudence le sens de la règle posée par la loi de ventôse et, par voie de conséquence, le sort des actes accomplis.

Même chose en 1807.

____

(1) Les art. 9 et 68 de la loi du 25 ventôse an XI relatifs à la rédaction des actes notariés étaient interprétés, jusqu'en 1841, comme signifiant que la présence du notaire en second ou des témoins instrumentaires n'était pas requise à peine de nullité, et qu'il suffisait que ce notaire ou ces témoins signassent sur la présentation de la minute qui leur était faite par le notaire qui avait reçu l'acte. En 1841, la Cour de cassation, par deux arrêts (25 janvier et 16 novembre 1841, S. 44-1-105 ; 42-1-128) renversa cette interprétation et déclara nécessaire, à peine de nullité, la présence du second notaire et des témoins instrumentaires. C'est de l'émotion provoquée dans le public par ces arrêts qu'est sortie la loi de 1843.

(2) Cette loi a été amenée par les réclamations provoquées par des arrêts de la Cour de cassation annulant un grand nombre d'inscriptions comme irrégulières.

Ces lois sont-elles *juridiquement* correctes ?

Observons tout d'abord qu'il s'agit bien d'une loi, c'est-à-dire d'une mesure *générale* et *impersonnelle* : on ne vise pas un acte juridique particulier ; on ne fait acception ni de personnes ni d'espèces ; on formule une *règle* abstraite. Ceci posé, les lois de 1807 et de 1843 se bornent à régler, *pour l'avenir*, le régime des actions en nullité à raison d'inscriptions irrégulières, d'actes notariés irréguliers ; il y a donc modification, *pour l'avenir*, d'un régime légal : toute action en nullité est, en effet, un régime légal (1). Cette modification est *juridiquement* correcte ; peu importe *juridiquement* que des individus soient *actuellement* investis de ce status légal.

Mais il aurait été incorrect de dire : les actes accomplis *irrégulièrement* dans le passé sont à considérer comme réguliers, *en ce sens qu'ils ont produit tous les effets d'un acte régulier* ; dès lors, même s'il a été jugé que l'acte était nul, ou si une transaction est intervenue sur la base que l'acte était nul, ces jugements, ces transactions seront à considérer comme nuls et non avenus. Ceci ne régirait plus l'avenir ; ce serait toucher au passé (2) ; ce serait juridiquement incorrect. En conséquence, la loi de 1807 a déclaré formellement (art. 3) qu'elle ne s'appliquait pas « aux inscriptions qui auraient été annulées par jugements passés en force de chose jugée ». Et si la loi de 1843 ne le dit pas expressément, les rapporteurs de la loi n'ont pas manqué de le déclarer catégoriquement.

Mais, à l'inverse, la loi de 1807, la loi de 1843, modifiant un status légal, pouvaient et devaient être interprétées, *à défaut de disposition contraire*, comme s'appliquant à toutes les actions en nullité non encore intentées, et même à *tous les procès pendants* (3).

C'est par des distinctions du même ordre qu'il faudrait résoudre

(1) *Supra*, p. 28 et s.

(2) C'est ce que faisait observer le rapporteur de la loi Ch. Dupin (Ch. des députés, 8 mars 1843, *Moniteur* du 9) : « Il ne peut y avoir de droits que pour celui dont les prétentions ont été consacrées par jugement ou réglées par transaction. Jusque-là, il n'y a que des espérances ou des incertitudes. *Ainsi, nul doute que la loi nouvelle soit sans effet sur les espèces jugées dans un sens contraire ou conforme à l'interprétation qu'elle donne ;* mais elle doit exercer son empire sur toutes les questions encore vierges et sur toutes les contestations à naître. *Il n'y a là aucune rétroactivité,* aucune violation de droits acquis ».

(3) La jurisprudence a décidé que la loi de 1843 s'appliquait aux procès en cours (Toulouse, 28 février 1844, S. 1844-2-442) et même aux procès pendants en cassation (Cass., 20 déc. 1843, S. 44-1-13).

la question qu'on a parfois posée — en théorie et comme exemple — de savoir si une loi pourrait « valider des contrats de mariage sous seing privé » (1). On dit quelquefois : cela est impossible. A mon avis, il faut préciser. La loi ne pourrait pas dire : les contrats de mariage sous seing privé ont été réguliers, et *tout, absolument tout*, doit se passer comme s'ils avaient été réguliers. Mais la loi peut décider : *pour l'avenir*, les contrats de mariage sous seing privé, même ceux *passés avant la loi nouvelle*, amèneront les mêmes situations légales qu'un contrat de mariage par acte notarié (2).

IV

Des actes juridiques individuels peuvent *créer* des situations juridiques *individuelles* pour remettre les choses en l'état. Par là on fera cesser, *pour l'avenir*, les effets de l'acte juridique régulier, et on créera, pour corriger les effets produits par l'acte accompli, des situations juridiques nouvelles.

Prenons un exemple. Un acte de vente a été régulièrement accompli. X vendeur est devenu créancier du prix 100.000. Les parties peuvent, par un nouveau *contrat*, décider que la vente antérieure ne produira plus d'effet *dans l'avenir*, qu'elle est « nulle et non avenue ». Cela signifie en particulier que X cesse d'être créancier du prix de vente, que Y cesse d'être créancier de la remise de la chose vendue. Mais, quels que soient les termes employés par les

---

(1) Barthélemy, *op. cit.*, R. D. P. 1908, p. 483.

(2) Le professeur Barthélemy (*op. cit.*, R. D. P. 1908, p. 483) propose les formules suivantes : « *a)* Il est *bon* que les lois n'aient pas d'effet rétroactif ; *b)* cependant le législateur a le pouvoir de faire des lois avec effet rétroactif ». J'accepte la première formule qui règle la question *politique*. La deuxième formule ne me paraît pas admissible ; elle n'est pas assez *précise*.

D'autre part, le professeur Esmein, pour résoudre la question générale examinée au texte, affirme que les lois sont « des règles fixes préexistantes au fait qu'elles régissent ».

Cette formule séduisante me semble inadmissible. Elle conduirait à dire que les mariages contractés sous l'empire d'une législation déterminée sont *définitivement* régis par cette législation, et que des lois nouvelles ne peuvent pas modifier le régime légal des mariages accomplis antérieurement ; par exemple, il faudrait dire que les mariages accomplis avant 1884 ne pouvaient pas, *après* la loi de 1884 rétablissant le divorce, être dissous par un divorce.

parties, il ne faut pas dire que les choses vont se passer comme si la première vente n'avait pas eu lieu. A la suite du premier acte régulier de vente, le vendeur est devenu créancier du prix ; les créanciers du vendeur ont pu faire une saisie-arrêt ; cette saisie-arrêt n'est pas anéantie par le deuxième acte déclarant la vente « non avenue ». En réalité, le deuxième acte rapportant la vente s'analyse, quel que soit le nom donné à ce deuxième acte, en une deuxième vente, à la suite de laquelle l'ancien acheteur devient créancier d'un prix égal au premier et, par suite, se trouve libéré par compensation ; l'ancien vendeur devient créancier de la livraison de la chose et se trouve investi du status de propriétaire de la chose. Il ne faut pas dire que le deuxième acte met à néant, rapporte le premier, et que le premier acte est « non avenu ». Il suffit, pour le voir clairement, de faire intervenir, dans l'intervalle des deux actes, une saisie-arrêt sur le prix (1).

Continuons la démonstration avec le même exemple. A la suite de la première vente, l'acheteur a été investi du status de propriétaire de la chose vendue. Supposons qu'une hypothèque légale, judiciaire ait frappé l'immeuble vendu, même à l'insu des parties. Le deuxième acte « rapportant » la vente, déclarant la vente « nulle et non avenue », n'en fait pas tomber les effets juridiques. Cette vente a produit ses effets. Dès lors, pour faire cesser *dans l'avenir* les effets juridiques de l'hypothèque, il faudra accomplir une nouvelle série d'actes juridiques individuels, appropriés pour atteindre le résultat cherché. Et il est évident qu'il se peut que l'on n'arrive pas à produire des situations juridiques rétablissant absolument les choses en l'état.

V

La situation juridique individuelle est *intangible* ; par suite l'acte juridique qui la crée, *acte unilatéral* ou acte *contractuel*, ne peut pas être *retiré, rapporté, modifié*. Mais il faut faire bien attention. Certains actes juridiques qui, en apparence, sont des actes contractuels, sont, en réalité, des *actes complexes* ; ils comprennent, *à côté d'un contrat proprement dit*, une *loi*, un *règlement*. Le *document* qui, dans la terminologie courante, porte un nom *unique*, contient,

____

(1) Au point de vue *fiscal*, il est manifeste qu'il y a deux mutations de propriété et que les droits de mutation seront perçus sur les deux actes. WAHL, *Traité de Droit fiscal*, I, p. 594

en réalité, *plusieurs* actes juridiques, de natures différentes (1). Le principal exemple est celui du *cahier des charges de concession d'un travail public, d'un service public* : cahier des charges des compagnies concessionnaires de chemins de fer, de tramways, d'omnibus, d'eau, etc. En réalité, il y a là non pas un acte juridique simple, un *contrat*, mais un document contenant : 1° une *loi*, un *règlement* : c'est la partie organisant le service public du chemin de fer, du tramway, des transports en commun, etc. ; 2° des *stipulations* déterminant, *d'une manière particulière*, les sommes à payer à X concessionnaire, les obligations *particulières* de X concessionnaire. Ces actes sont soit des actes créateurs de situations juridiques individuelles, soit des actes conditions (2).

Cette observation est capitale. On voit, tout de suite, que, s'il est impossible de *retirer*, de *rapporter*, de *modifier* les situations juridiques *individuelles* créées par le cahier des charges et, par suite, de toucher à l'acte juridique *contractuel* qui les *crée*, il est parfaitement correct, au point de vue *juridique*, de modifier les situations juridiques *générales* et *impersonnelles créées* par la loi ou le règlement contenu dans le cahier des charges. Ce n'est pas toucher au contrat, ce n'est pas modifier une situation juridique individuelle.

Le Conseil d'Etat et le Parlement ont fini par reconnaître l'exactitude de cette analyse juridique (3). Ils en ont tiré cette conséquence que l'administration peut modifier, *par la voie unilatérale, pour l'avenir*, au moyen d'une loi, d'un règlement, l'organisation du service public concédé.

A. Voici d'abord les applications faites par la jurisprudence.

____

(1) Voyez *supra*, p. 37 et s.

(2) Dans son livre sur *les Transformations du Droit public*, 1913, le professeur Duguit appelle ces actes des *lois-conventions* (p. 133 à 144). Cpr. *Traité de Droit Const.*, 2ᵉ édition, I, p. 223 et s.; 305 et s. ; 313 et s. ; II, p. 353 et s.

(3) Cpr. sur ce point C. d'E. 3 février 1905, *Storch, Rec.*, p. 117, et *ma* note R. D. P. 1905, p. 350 et s. ; C. d'E. 21 décembre 1906. *Croix de Seguey-Tivoli, Rec.*, p. 961, avec les conclusions du commissaire du gouvernement M. Romieu, et R. D. P. 1907, p. 411 et s. la note du professeur Duguit ; C. d'E. 31 mai 1907, *Deplanque, Rec.*, p. 514, et *ma* note R. D. P. 1907, p. 678 et s ; C. d'E. 15 février 1907, *Poirier, Rec.*, p. 820 avec les conclusions du commissaire du Gouvernement Teissier, et *ma* note. R. D. P. 1909, p. 48 et s. ; C. d'E. 19 janvier 1912, *Marc, Rec.*, p. 75, et *ma* note R. D. P. 1912, p. 43 et suivantes. Voyez aussi les indications de la note 2, p. 57, *infra*.

Ire *application*. — Un règlement d'administration publique du 1er mars 1901 a modifié les conditions d'exploitation du service des chemins de fer concédé aux compagnies, conditions fixées par un cahier des charges. Ce règlement, qui rendait l'exploitation du service plus onéreuse pour les compagnies, n'était-il point la modification d'un contrat conclu : le cahier des charges de la concession? Le Conseil d'Etat a répondu négativement : le règlement a simplement modifié, *pour l'avenir*, une situation juridique générale et impersonnelle, l'organisation du service public des chemins de fer. Cela est parfaitement correct (1).

2e application. — Le préfet de police a pris des arrêtés modifiant les conditions d'exploitation du service du chemin de fer métropolitain de Paris, concédé à une compagnie, conditions fixées par le cahier des charges de la concession. Ces arrêtés préfectoraux ne modifiaient-ils pas un contrat : le cahier des charges de la concession? Le Conseil d'Etat a, encore ici, donné une réponse négative : les arrêtés préfectoraux se sont bornés à modifier, *pour l'avenir*, une situation juridique générale, impersonnelle, l'organisation d'un service public (2).

----

(1) C. d'E. 6 décembre 1907. *Compagnie de l'Est et autres, Rec.*, p. 913 et les conclusions de M. TARDIEU ; *ma note* dans la R. D. P. 1908, p. 38 et s. L'arrêt porte : « Sur le moyen tiré de ce que les dispositions de l'ordonnance du 15 novembre 1846, ayant servi de base *au contrat intervenu entre l'Etat et les Compagnies*, ne pouvaient pas être modifiées par l'Etat sans entente préalable avec ces dernières : Les pouvoirs de réglementation exercés par l'Etat en matière de chemins de fer, bien que rappelés expressément par l'art. 33 du cahier des charges, dérivent... des lois du 11 juin 1842 et 15 juillet 1845 et non pas du contrat de concession, *lequel ne saurait faire obstacle à leur exercice*. Ainsi, en édictant le décret du 1er mars 1901, le gouvernement a usé d'un droit qui lui appartenait ».

(2) C. d'E., 4 février 1910, *Compagnie du chemin de fer métropolitain de Paris* (10 arrêts), *Rec.*, p. 98 et s.

Dans le 5e arrêt (*Rec.*, p. 101), la Compagnie faisait valoir que le préfet de police n'a pas « un pouvoir discrétionnaire lui permettant d'édicter, *sans avoir égard aux conséquences financières de ses prescriptions ou aux exigences de l'exploitation*, toutes les modifications, innovations ou prohibitions, si peu justifiées fussent-elles, que son appréciation personnelle des nécessités de la sûreté de la circulation viendrait à lui suggérer ». Le Conseil d'Etat a répondu : « Les dispositions de l'arrêté attaqué ont pour objet soit la suppression ou l'interdiction des obstacles pouvant s'opposer à l'évacuation rapide par les voyageurs des voies,

3e application. — Le préfet des Bouches-du-Rhône, par un arrêté préfectoral de 1903, a fixé un nouvel horaire du service des tramways et augmenté le nombre des voyages à effectuer ; l'organisation du service avait été fixée et l'exploitation en avait été concédée à la compagnie des tramways par un cahier des charges de 1901. L'arrêté préfectoral ne modifiait-il pas une situation juridique individuelle créée par un contrat ? Le Conseil d'Etat ne l'a pas pensé : l'arrêté préfectoral a simplement réorganisé, *pour l'avenir*, le fonctionnement d'un service public ; il n'a donc modifié *pour l'avenir* qu'une situation juridique générale, ce qui est *juridiquement correct* (1).

quais et stations du chemin de fer métropolitain et constituer ainsi une cause de danger en cas de panique ou de sinistre... ; *elles ont toutes été prises dans l'intérêt de la sécurité publique, et toutes sont pratiquement réalisables...* En prenant l'arrêté attaqué, le préfet de police a donc agi dans la limite de [ses] pouvoirs ».

Dans la 6e espèce (*Rec.*, p. 102), la Compagnie avait demandé l'annulation de l'arrêté préfectoral modifiant les horaires, pour le motif que « le nombre des trains que prévoit cet horaire. . est supérieur *à celui prévu par le cahier des charges* » et que l'arrêté « *porte ainsi atteinte à ses droits en lui enlevant la faculté de réduire éventuellement le nombre des trains au maximum fixé par son marché* ». Le C. d'E. répond : « En approuvant l'horaire des trains..., le préfet de police n'a fait qu'user de [son] pouvoir... Ainsi la disposition critiquée de l'arrêté attaqué n'est pas entachée d'excès de pouvoir ».

Dans la 7e espèce, le C. d'E. est encore plus catégorique : « Il appartient au préfet de police... d'approuver les horaires des trains... et d'*apporter aux horaires soumis par la Compagnie à son approbation et à toute époque les modifications ou additions qu'il juge nécessaires pour la sûreté de la circulation ou les besoins du public* ».

(1) C. d'E. 11 mars 1910, *Compagnie générale française des tramways*, *Rec.*, p. 216 et les conclusions de M. BLUM ; et *ma* note dans R. D. P. 1910, p. 270 et s. Le C. d'E. déclare : « L'arrêté du préfet... a été pris dans la limite des pouvoirs qui lui sont conférés par le règlement d'administration publique du 6 août 1881, pris en exécution des lois du 11 juin 1880 (art. 38) et du 15 juillet 1845 (art. 21), *lesquels impliquent pour l'administration le droit... de prescrire les modifications et les additions nécessaires pour assurer, dans l'intérêt du public, la marche normale du service...* Ainsi, la circonstance que le préfet aurait, comme le soutient la compagnie, imposé à cette dernière un service différent de celui qui avait été prévu par les parties contractantes ne serait pas de nature à entraîner, à elle seule, dans l'espèce, l'annulation de l'arrêté préfectoral ».

Cet arrêt est d'autant plus remarquable qu'en 1903, dans une espèce identique, le Conseil d'Etat avait donné une solution différente (C. d'E.,

B. — Ce que le Conseil d'Etat a jugé correct au point de vue juridique, le Parlement, de son côté, l'a estimé juridiquement possible à diverses reprises.

Voici quelques-unes des applications faites par le Parlement à une époque récente.

*I*re *application.* — La loi du 3 décembre 1908, relative au raccordement des voies de fer avec les voies d'eau, permet aux propriétaires ou concessionnaires de magasins généraux, ainsi qu'aux concessionnaires d'un outillage public et aux propriétaires d'un outillage privé dûment autorisé sur les ports maritimes ou de navigation intérieure, de réclamer l'embranchement sur les chemins de fer. Or, d'après le cahier des charges des concessions de chemins de fer, ce pouvoir n'existait qu'au profit des propriétaires de mines ou d'usines. Cette modification ne portait-elle pas atteinte à une situation juridique *individuelle* créée par un *contrat* : le cahier des charges ? Le Parlement ne l'a pas pensé (1). Et c'est avec raison.

*2*e *application.* — Les lois du 21 juillet 1909 et du 28 décembre 1911, relatives aux conditions de retraite du personnel des grands réseaux de chemins de fer d'intérêt général, ont décidé que « les grandes compagnies de chemins de fer devraient modifier leurs règlements de retraites, de façon à assurer à tous leurs agents, employés et ouvriers de l'un et l'autre sexes, les droits et avantages minima ci-

23 janvier 1903, *Société des chemins de fer économiques du Nord, Rec.*, p. 62 avec les conclusions de M. TEISSIER). Pour la critique de cet arrêt, voyez les conclusions de M. BLUM sous C. d'E. 1910, R. D. P. 1910, p. 280.

(1) L'exposé des motifs et les rapports des Chambres sont catégoriques : « En concédant pour 99 ans un monopole d'intérêt général, l'Etat n'a pu aliéner son droit d'intervenir, pendant près d'un siècle, à l'effet d'imposer aux compagnies concessionnaires, lorsqu'elles se refusent à les réaliser de leur plein gré, toutes les améliorations que réclame l'intérêt public, et dont la nécessité s'impose impérieusement pour assurer le libre développement de la prospérité du pays... L'Etat n'a pu ni stipuler ni promettre à son concessionnaire qu'il deviendrait juge, à sa place, des nécessités de ce service... En matière de concessions, l'Etat reste absolument libre, sans violer aucun principe de droit, et sans porter aucune atteinte à l'équité, d'ordonner, sauf indemnité s'il y a lieu, toutes les mesures extra-contractuelles que l'utilité publique lui paraîtrait comporter » (Exposé des motifs BARTHOU, 6 février 1908, *J. O., Ch., Doc.,* 1908, p. 120. Cpr. rapport du député BERTHET, 25 juin 1908, *J. O., Ch., Doc.,* 1908, p. 609 ; rapport du sénateur AUDIFFRED, 17 novembre 1908, *J. O., Ch., Doc.,* 1908, p. 20).

après et à satisfaire aux prescriptions de la présente loi » (1). Cette loi a entraîné pour les compagnies une charge considérable, *non prévue par le cahier des charges de la concession*. N'y a-t-il pas là une atteinte à une situation juridique individuelle créée par un *contrat* (2)?

Le Parlement ne l'a pas cru, et il a eu juridiquement raison. Il y a là une modification à l'organisation d'un service public, c'est-à-dire modification, *pour l'avenir*, d'une situation juridique générale, impersonnelle. Il rentrait *juridiquement* dans la compétence du Parlement de modifier cette situation générale (3). Je laisse de côté le point de vue *politique* de l'opportunité de la mesure (4).

(1) Sur cette question voyez Rolland, *Les retraites des cheminots et le droit du législateur d'imposer de nouvelles obligations à un concessionnaire de travaux publics* dans R. D. P. 1909, p. 520 et s. Rapprochez une autre étude du professeur Rolland : *Du droit du législateur de compléter ou d'interpréter les dispositions d'un acte de concession de travaux publics*. R. D. P. 1910, p. 116 et s.

(2) C'est la thèse soutenue par les Compagnies de chemins de fer dans une lettre adressée le 5 mars 1909 au président de la commission sénatoriale des finances. Ce fut aussi la thèse soutenue par le sénateur R. Poincaré, dans l'avis présenté au nom de la Commission des finances (*J. O.*, Sénat, *Débats*, séance du 8 juin 1909, annexe n. 135) : « Une concession est un contrat et les conditions de ce contrat sont déterminées par le cahier des charges. Or le cahier des charges des grandes compagnies de chemins de fer ne donne pas plus à l'État le droit de réglementer lui-même, d'office, de sa propre autorité, l'âge et les conditions des retraites, qu'il ne lui donne le droit de fixer les salaires. Je ne dis pas... que cette modification unilatérale du contrat puisse constituer une illégalité, puisqu'elle est faite par la loi elle-même ; mais, à mes yeux, elle est d'autant plus fâcheuse que le législateur peut précisément se la permettre avec impunité : c'est le fait du prince dans ce qu'il a de plus arbitraire... Aller plus loin, c'est... ajouter aux cahiers des charges, par la volonté du prince, des dispositions que le contrat n'a pas prévues ; c'est, par conséquent, modifier après coup, et sans accord préalable, les rapports juridiques du pouvoir concédant et du concessionnaire ». — Dans le même sens et très énergiquement s'est prononcé le sénateur Milliard (séance du 6 juillet 1909, *J. O.*, Sénat, *Débats*, p. 614) : « Dès qu'une obligation n'est pas inscrite dans le contrat, vous ne pouvez pas, fussiez-vous l'État, l'imposer à votre cocontractant... ».

(3) En ce sens, voyez surtout le rapport du sénateur Strauss, 25 mai 1909, *J. O.*, *Doc. Sénat*, p. 144 ; Rolland, *op. cit.*, R. D. P. 1909, p. 529 ; Duguit, *les Transformations du Droit public*, 1913, p. 143 ; *Tr. Dr. Const.*, 2ᵉ édition, II, p. 314.

(4) Ce point de vue *politique* a été traité par le ministre des finances Caillaux (Sénat, 25 juin 1909. *J. O. Débats*, p. 533).

Section III

Dans quelle mesure peut-on toucher à la situation juridique générale (*status*) amenée par l'acte-condition ? Du retrait de l'acte-condition (1).

Un acte juridique régulier a appliqué *régulièrement* à un individu un status légal. Ex. : acte *régulier* de nomination d'un fonctionnaire public, acte *régulier* de révocation, etc. Il arrive parfois que l'acte de nomination ou de révocation est *rapporté, retiré* (2). Quelle est la signification de cette mesure ?

I

Pour l'avenir, cela veut dire que la nomination ne produira **plus** ses effets ; que la révocation cessera d'avoir ses effets.

En réalité, l'acte qui retire, qui rapporte une nomination, quelque nom qu'on lui ait donné, est une *révocation*. Cela s'analyse en une manifestation de volonté du chef de service, ayant pour objet de faire sortir un individu du service public, de désinvestir un individu du status légal de fonctionnaire public.

L'acte qui rapporte, qui retire une révocation, est une *nomination*, quel que soit le nom qu'on lui ait donné. Cela s'analyse, en effet, en une manifestation de volonté du chef de service, ayant pour objet de faire entrer un individu au service public, d'appliquer à un individu le status légal de fonctionnaire public, status qui lui avait été enlevé.

Il faut donc appliquer à cet acte de retrait le régime juridique de

(1) Voyez *mes* notes : *Un acte juridique régulièrement accompli peut-il être retiré ?* dans la *R D. P.* 1908, p. 249 et s. ; 1910, p. 52 et s. ; 1911, p. 61 et s.

(2) Si l'acte de nomination était *irrégulier*, l'acte *supportant* cet acte *irrégulier* serait soumis à un tout autre régime juridique que celui décrit au texte. Ce ne serait pas une révocation. Cpr. C. d'Etat, 5 juillet 1919, *Fighiera, Rec.*, p. 605 : « Le décret. . était entaché d'illégalité et en le rapportant, par décret..., le chef de l'Etat, loin de commettre un excès de pouvoir, n'a fait qu'assurer une exacte application de la loi ». Sur le pouvoir de l'administration de *retirer* des actes juridiques *irréguliers*, voyez C. d'E. 3 novembre 1922, *Cachet*, R. D. P. 1922, p. 552 et s. avec les conclusions de M. RIVET.

la nomination, de la révocation. *L'observation est capitale au point de vue théorique*, et fort intéressante au point de vue pratique.

Considérons d'abord l'acte qui *retire*, qui rapporte une nomination, et qui est, en réalité, un acte de révocation. Il se peut que l'acte juridique de révocation doive être entouré de formes spéciales ou doive être accompli par un agent autre que celui investi du pouvoir de nomination. Ceci posé, si l'acte régulier de nomination est *rapporté* par l'agent qui a le pouvoir de nomination ét non par celui qui a le pouvoir de révocation, ou sans suivre les formalités prescrites par les lois ou règlements pour l'acte de révocation, l'acte qui rapporte la nomination sera irrégulier ; et cette irrégularité aura pour sanction, dans l'exemple choisi, *la nullité* de l'acte. L'acte qui rapporte une nomination étant une révocation, doit, pour sa validité, être accompli par l'agent investi du pouvoir de révocation et dans les formes de la révocation (1).

(1) C. d'E., 13 janvier 1911, *Picquet*, *Rec* , p. 13, et *ma* note, *R. D. P.* 1911, p. 63. On lit dans cet arrêt : « Aux termes de l'art. 5 de la loi du 5 août 1879, la révocation des membres des commissions administratives des bureaux de bienfaisance ne peut être prononcée que par le ministre de l'intérieur. Par arrêté du..., le préfet... a, par application de l'art. 4 de la loi susvisée, prononcé le maintien pour 4 ans, en qualité de membre de la commission administrative du bureau de bienfaisance..., du sieur P., arrivé au terme de ses fonctions. Dès la notification qui lui a été faite... de cet arrêté, le sieur P. s'est trouvé régulièrement investi de son nouveau mandat. *Dans ces conditions, l'arrêté du... par lequel le préfet a rapporté celui du... et nommé le sieur V. membre de la même commission en remplacement du sieur P., constitue, à l'égard de ce dernier, la mesure de révocation qu'il n'appartenait pas au préfet de prononcer* ». Le Conseil d'Etat avait déjà donné la même solution dans l'affaire *Morelle*, 12 novembre 1909, *Rec.*, p 855, *R. D. P.* 1910, p. 55 (et *ma* note) : « Par l'arrêté attaqué, le préfet... a *rapporté* l'arrêté du... (nommant membre de la commission administrative du bureau de bienfaisance le sieur M.)... *Cette mesure constitue, à l'égard du sieur M., une révocation*, qu'aux termes des dispositions législatives... le ministre de l'intérieur pouvait seul prononcer ». — C. d'E., 29 mars 1912, *Béziat*, *Rec.*, p. 444 : Est entaché d'excès de pouvoir l'arrêté par lequel le gouverneur général de l'A. O. F. *rapporte* son arrêté portant nomination d'un particulier comme commis de 1re classe du secrétariat général, en se fondant uniquement sur ce que l'intéressé, âgé de plus de 30 ans le jour de sa nomination, ne remplirait pas, à soixante ans, la condition de durée des services exigée par la loi du 9 juin 1853 pour obtenir une pension de retraite d'ancienneté : la circonstance ainsi invoquée par le gouverneur général n'avait pas pour effet d'entacher la nomination d'illéga-

Considérons la décision qui *rapporte*, qui *retire* une révocation. Elle s'analyse en une *nomination* de l'agent *réintégré* ; « réintégration » est l'expression souvent employée dans cette hypothèse. Il faut dire que cette nomination ne sera régulière qu'à la condition d'émaner de l'agent compétent pour faire la nomination, et d'être accomplie dans les formes requises pour les nominations (1) ; bien plus, il faudra que l'agent régulièrement révoqué, pour pouvoir être réinvesti de la fonction, remplisse les conditions légales ou réglementaires pour occuper cette fonction. Si, dans l'intervalle qui s'est écoulé entre la révocation et la réintégration, ces conditions ont changé et si l'agent ne remplit pas les nouvelles conditions, la réintégration sera irrégulière et pourra être l'objet d'un recours en annulation (2).

lité, et, dès lors, *l'intéressé est fondé à soutenir qu'il a été privé de son emploi en dehors des conditions prévues par les lois et règlements.*

C. d'Et. 19 décembre 1919, *Prugna, Rec.*, p. 939 : « Ces arrêtés (de nomination), *dont la régularité n'est pas contestée*, ont créé des droits en faveur du requérant ; s'il appartenait au préfet de modifier *pour l'avenir* la réglementation applicable au personnel des bureaux de la préfecture, l'arrêté attaqué, qui a *rapporté* les arrêtés ci-dessus rappelés, a porté atteinte aux droits acquis du requérant et est, dès lors, entaché d'excès de pouvoir ».

(1) Le Conseil d'Etat, par arrêt du 12 mars 1909, *Sauquet, Rec.*, p. 270, *R. D. P.* 1910, p. 53, a décidé le contraire dans les circonstances suivantes : Le maire d'une commune est *suspendu* par arrêté préfectoral : puis, il est *révoqué* par *décret* ; puis, un décret *rapporte* la révocation ; enfin un arrêté du ministre de l'intérieur porte à 3 mois la suspension. Le Conseil d'Etat a reconnu *implicitement* que le décret *rapportant* la révocation avait.eu pour effet de replacer le maire révoqué à la tête de la municipalité *comme s'il n'avait jamais été révoqué* et de rendre possible une suspension de 3 mois par le ministre de l'intérieur. Cet arrêt me paraît tout à fait critiquable. Cpr. *ma* note dans la *R. D. P.* 1910, p. 53 et s. Le maire, ayant été régulièrement *révoqué*, ne pouvait plus être investi du status du maire que par une élection émanant du conseil municipal, après l'expiration des délais fixés par la loi et avant lesquels un maire révoqué ne peut pas être réélu (l. 5 avril 1884, art. 86, § 3). Le *décret qui a rapporté la révocation* et réintégré le maire était doublement irrégulier : 1º la désignation émanait d'une autorité incompétente ; 2º elle portait sur un inéligible, les délais légaux n'étant pas expirés. — On remarquera que l'arrêt *Sauquet*, 1909, est en contradiction avec les arrêts *Morelle* 1909 et *Picquet* 1911, signalés plus haut, p. 62, note 1.

(2) Cpr. *ma* note dans la *R. D. P.*, 1908, p. 249 et s. Le Conseil d'Etat a rendu, le 28 février 1908, *Franco, Rec.*, p. 187, un arrêt contraire à la thèse soutenue au texte, et tout à fait critiquable à mon avis. Voici les

De l'acte de *retrait* de la nomination *régulière*, il faut rapprocher l'acte d'ajournement des effets d'une nomination *régulière*. Cet acte est illégal (1).

II

· Quels sont les effets *dans le passé* de l'acte qui rapporte une nomination, une révocation *régulièrement* intervenues ?

La nomination, la révocation régulières ont produit leurs effets. En conséquence, l'individu nommé est régulièrement entré au service public : il a été investi de tous les pouvoirs et de tous les devoirs de la fonction : les actes qu'il a accomplis en cette qualité sont parfaitement réguliers ; il est devenu créancier du traitement au tarif fixé par les lois et règlements ; le temps passé au service

circonstances de l'affaire. Un individu, *sous-préfet*, est nommé inspecteur de l'assistance publique en 1905 ; cette nomination est régulière (Décret du 7 mai 1904) ; ledit sous-préfet refuse en termes tels que le ministre le révoque *régulièrement* (1er octobre 1905). En 1906, *le règlement sur le recrutement des inspecteurs de l'assistance publique est modifié et ne permet plus de nommer inspecteurs des sous-préfets*. Enfin en 1907 le ministre *retire, rapporte l'acte de révocation avec cet effet que l'individu est réinvesti* de la fonction d'inspecteur. Un recours en annulation pour excès de pouvoir fut formé par des sous-inspecteurs qui soutenaient qu'il y avait là une *nomination* véritable, et que cette nomination, pour être régulière, devait satisfaire aux conditions nouvelles établies par le décret de 1906. Sur les conclusions conformes du commissaire du gouvernement M. Saint-Paul, le C. d'E. a déclaré : « Si le sieur S., nommé inspecteur... par arrêté du ministre de l'intérieur du 10 août 1905, a été révoqué de ces fonctions le 1er octobre suivant, l'arrêté de révocation a été rapporté le 10 avril 1907. *Par l'effet de l'arrêté pris à cette dernière date par le ministre de l'intérieur dans la limite de ses pouvoirs, le sieur F. doit être réputé n'avoir pas cessé d'être inspecteur de l'A. P. depuis le 10 août 1905.* En conséquence, il pouvait légalement en 1907 être pourvu d'un emploi de son rang dans ce service, *sans justifier qu'il remplissait à cette époque les conditions exigées par le décret du 28 juillet 1906 pour être nommé inspecteur, ledit décret n'étant pas applicable lors de son entrée dans les cadres de l'A. P.* ». Je persiste à croire qu'il y a là une véritable erreur juridique. Cpr. *ma* note R. D. P. 1908, p. 250 et s.

(1) C. d'Et. 26 novembre 1920, *Vidal, Rec.*, p. 1010 : « La nomination a été *régulière ;* en l'absence de toute disposition législative autorisant ou déléguant au gouvernement le soin d'opérer un nouveau classement des ingénieurs.., les effets de la dite nomination ne pouvaient, sans excès de pouvoir, être *ajournés.* »

lui compte pour la pension de retraite, etc. L'acte qui retire la nomination ne peut pas faire que ces effets ne se soient pas produits (1). Pour remettre les choses en l'état, il faudra faire une série d'actes juridiques nouveaux, et il n'est pas certain qu'on arrivera à remettre les choses absolument en l'état : en particulier, aucun acte juridique ne pourra, en dehors de la volonté de l'ayant-droit, toucher à la créance du traitement née au profit de l'agent régulièrement nommé.

De même, l'agent révoqué régulièrement est sorti régulièrement du service public ; il a cessé d'être investi des pouvoirs et des devoirs de la fonction : dès lors, les actes juridiques accomplis par' lui après la révocation ont été accomplis par un individu sans pouvoir légal ; ils sont irréguliers et peut-être inexistants, sauf application des règles sur les actes des fonctionnaires de fait. L'agent révoqué n'a pas pu devenir créancier du traitement ; le temps écoulé depuis la révocation ne compte pas pour l'avancement, l'ancienneté, la pension de retraite, etc. Tous ces effets ne peuvent pas être touchés par l'acte qui *rapporte*, qui retire l'acte de révocation. Tout ce que l'on peut faire, si l'on veut remettre les choses en l'état, c'est d'accomplir une série de nouveaux actes juridiques appropriés pour obtenir les résultats variés qu'exige le dessein poursuivi : acte d'allocation d'une somme d'argent pour tenir lieu du traitement non touché (ce ne sera pas une *créance de traitement*), acte de promotion extraordinaire pour tenir compte du temps perdu, etc. Et il se peut que les choses ne puissent pas être tout à fait remises en l'état.

Voici un exemple emprunté à la jurisprudence du Conseil d'Etat. Un trésorier-payeur général, par décret, est admis à faire valoir ses droits à la retraite. Puis le ministre des finances découvre des irrégularités graves de nature à faire perdre à l'agent le droit à pension. Afin de frapper le trésorier-payeur général, le ministre fait prendre un décret *rapportant* le décret de mise à la retraite ; puis *croyant avoir effacé dans le passé les effets du décret d'admission à la retraite* et avoir fait rentrer le trésorier-payeur général au service public, le ministre fait prendre un décret de *révocation*, de manière à conférer à cet agent le status légal de fonctionnaire révoqué, *status* qui, d'après la loi de 1853 art. 27, *ne comporte pas de pension de retraite*. Le Conseil d'Etat, par arrêt du 20 janvier 1911. *Bon-*

---

(1) Une révocation *ne* peut *pas* avoir d'effet rétroactif. C. d'E., 2 février 1912, *Lhoste, Rec.*, p. 152.

fante (1), a condamné cette manière de faire : « A partir de ce moment (admission à faire valoir les droits à la retraite), le trésorier-payeur général *ne faisait plus partie de l'administration*, et ne pouvait être l'objet d'une mesure *disciplinaire*. Dès lors, s'il appartenait à l'administration, saisie de la demande de pension du sieur B., de rechercher s'il se trouvait dans ceux des cas où le fonctionnaire perd ses droits à pension, *le décret du ... 1909 qui, rapportant celui du ... 1908,* le relève de ses fonctions, est entaché d'excès de pouvoir ». On remarquera que le Conseil d'Etat indique par quels actes juridiques le résultat poursuivi pouvait être régulièrement obtenu. Il fallait rechercher si l'irrégularité reprochée à l'agent était l'une de celles prévues par la loi pour enlever le pouvoir de réclamer une pension (déficit pour détournement de deniers ou matières, malversation, l. 1853 art. 27). Si oui, il fallait faire constater le déficit, et puis, prendre la décision de déchéance, le tout dans les formes légales (2).

Dégageons la doctrine impliquée par l'arrêt étudié. Un décret *régulier* d'admission à la retraite d'un agent public est un acte qui désinvestit l'agent public du status de fonctionnaire en activité, et lui confère le pouvoir *légal* de réclamer une pension de retraite si les autres conditions sont remplies, ou lui confère le status *légal* de fonctionnaire *révoqué* si les conditions de retraite ne sont pas remplies (3). Le retrait de ce décret est, en réalité, une *nomination* ; pour produire effet, cet acte suppose donc, s'il s'agit de fonctions non obligatoires, l'*acceptation* du fonctionnaire nommé ; naturellement, dans l'intervalle entre la sortie du service public et la rentrée au service public, l'individu n'est pas au service public ; il ne peut donc pas être *révoqué*. D'autre part, l'individu admis régulièrement à la retraite est investi du pouvoir légal de faire naître à son profit la situation juridique individuelle de créancier d'une pension de retraite. Le chef de service ne peut, pour empêcher la naissance de cette créance ou pour la faire disparaître, qu'accomplir, dans les conditions légales, l'acte juridique de *déchéance* de la pension.

---

(1) *Rec.*, p. 67. Cpr. *ma* note dans la R. D. P. 1911, p. 67 et s.

(2) Cpr. *ma* note dans la R. D. P. 1911, p. 67.

(3) Il ne faut pas oublier, en effet, que la décision d'admission d'*office* à la retraite d'un agent public, alors que cet agent ne remplit pas les conditions pour pouvoir réclamer une pension, est une *révocation,* et doit, à peine de nullité, être entourée des formalités requises par les lois et règlements pour la révocation (jurisprudence *constante*).

III

Le Parlement ne peut-il pas remettre les choses *absolument* en l'état ? Pas davantage. Il faut proscrire absolument cette idée que le Parlement peut tout faire (1). Il ne peut pas rajeunir un individu ; il ne peut pas davantage décider que des effets juridiques ne se sont pas produits. Le Parlement ne peut pas faire de miracles.

Ce qui est vrai, c'est que le Parlement a de plus larges pouvoirs juridiques que toute autre autorité publique. Il a à sa disposition le pouvoir législatif, par quoi il peut modifier *pour l'avenir* les situations juridiques générales ; en tant qu'autorité budgétaire, il a entre ses mains le pouvoir discrétionnaire de créer des créances contre le Trésor au profit de qui il lui plaît. Ayant à sa disposition le pouvoir d'*amnistie*, il peut ordonner à tous agents publics de s'abstenir *désormais* d'exercer leur compétence répressive. Par l'exercice combiné de tous ces pouvoirs, c'est-à-dire par l'accomplissement d'actes juridiques divers (loi, actes créateurs de situations juridiques individuelles, actes conditions), le Parlement, *en fait*, réalise plus facilement ses intentions parce qu'il a entre ses mains beaucoup de pouvoirs légaux : mais *en droit*, il ne fera pas autre chose que des actes juridiques pour amener *dans l'avenir* la réparation des effets produits par un acte régulier ; il ne supprimera pas *dans le passé* ces effets.

Le cas le plus démonstratif est celui du lieutenant-colonel Picquart, mis en réforme par un acte juridique régulier, au cours de l'affaire Dreyfus. Lorsque la Cour de cassation eut reconnu et proclamé l'innocence du capitaine Dreyfus, on songea aux autres victimes de cette affaire, en particulier au lieutenant-colonel Picquart qui n'avait pas hésité à sacrifier sa carrière militaire à ce que lui dictait sa conscience. On voulut faire rentrer le lieutenant-colonel dans les cadres de l'armée, avec l'avancement qu'il eût pu légitimement espérer s'il n'avait pas été mis en réforme. On ne songea pas à la question d'argent, car la tradition officielle en France répugne à l'allocation d'une somme d'argent.

Comment allait-on obtenir les résultats cherchés ?

On n'a pas *retiré*, on n'a pas *rapporté* l'acte régulier de mise en réforme. On a reconnu que c'était *juridiquement* impossible. Le

____

(1) V. *supra*, p. 36.

Parlement a accompli une série d'*actes-conditions* (1), calculés de manière à investir le lieutenant-colonel Picquart de situations juridiques générales et impersonnelles avantageuses (2) (l. 13 juillet 1906). En voici le détail.

1° Le lieutenant-colonel Picquart a été « *réintégré dans les cadres de l'armée* » : en d'autres termes, il a été, *pour l'avenir*, investi du *status légal d'officier de l'armée active* (1er *acte condition*) ; 2° il a été « *promu général de brigade* » ; en d'autres termes, il a été, *pour l'avenir*, investi du *status légal* de général (2e *acte condition*) ; 3° il a été inscrit sur les contrôles de l'armée « pour prendre rang du 10 juillet 1903 » ; en d'autres termes, il a été investi du *status légal* d'officier ayant, *pour l'avenir*, un certain rang sur le tableau (3e *acte condition*) ; 4° il a été enfin décidé que « le temps passé par le lieutenant-colonel Picquart dans la position de réforme lui sera compté comme temps d'activité » ; en d'autres termes, le lieutenant-colonel Picquart a été investi, *pour l'avenir*, du *status légal* d'officier *ayant une certaine ancienneté*, ce qui comporte, *pour l'avenir*, des consé-

---

(1) Je laisse de côté la question de savoir si le Parlement avait le pouvoir légal d'accomplir ces actes-conditions, et quels actes il devait accomplir pour agir régulièrement. D'après certains, en effet, le Parlement ne peut pas accomplir d'acte *individuel* contraire à une *loi générale et impersonnelle*. Comme les autres autorités publiques, le Parlement doit respecter les règles générales. Cpr sur ce point DELPECH, *op. cit.*, R. D. P. 1906, p. 507 et s. Et aussi DUGUIT, *Tr. Droit Const.*, 2e éd., I, p. 146, qui estime qu'en votant la loi de 1906, « le Parlement a commis assurément un excès de pouvoir, contre lequel d'ailleurs il n'y avait aucune voie de recours ».

(2) Dans l'exposé des motifs du projet de loi présenté par le Gouvernement, il est dit : « La Cour de cassation, toutes chambres réunies, a, par arrêt du 12 juillet 1906, cassé sans renvoi le jugement de condamnation prononcé le 9 septembre 1899 par le Conseil de guerre de Rennes contre le capitaine Alfred Dreyfus... La proclamation de l'innocence de Dreyfus démontre la légitimité des efforts que le lieutenant-colonel Picquart, au risque de briser définitivement sa carrière, tentait loyalement et courageusement dès 1896 pour faire triompher la vérité. Cet officier supérieur, mis en réforme le 26 février 1898, *ne peut être réintégré que par la loi dans les cadres de l'activité*. Nous vous demandons, en outre, d'effacer définitivement les effets de cette réforme, de lui conférer un grade de général de brigade, auquel sont parvenus 64 officiers moins anciens que lui dans le grade de lieutenant-colonel ou d'une ancienneté égale, et de faire remonter sa nomination au 10 juillet 1903, veille du jour auquel a été promu le plus ancien de ces officiers généraux » (*J. O.*, *Sénat*, 1re séance du 13 juillet 1906, *Déb.*, p. 836).

quences au point de vue des pouvoirs légaux de commandement, de pension de retraite, etc. (4ᵉ *acte condition*).

On remarquera que le Parlement n'a pas accompli d'acte juridique pour créer, au profit du lieutenant-colonel Picquart, la situation juridique *individuelle* de créancier du Trésor public : c'était là pourtant une mesure de réparation pécuniaire logique et possible : le lieutenant-colonel, pendant sa mise en réforme, avait touché des sommes inférieures à celles qu'il eût reçues s'il n'avait pas été mis en réforme. Et cette simple observation montre, à l'évidence, qu'il est très difficile, sinon impossible, de remettre absolument les choses en l'état.

IV

Les solutions qui prévalent touchant les actes de nomination, de révocation, d'admission à la retraite, de mise en réforme, etc., doivent être généralisées : *elles s'appliquent à tous les actes-conditions qui investissent un individu d'un status légal ou réglementaire*.

Ces actes sont très nombreux. Fréquentes sont, en effet, en droit public français, les hypothèses dans lesquelles l'administration est appelée à donner des *autorisations*, des *permissions*, condition pour qu'une activité individuelle puisse régulièrement s'exercer : autorisation de bâtir, autorisation pour ouvrir, exploiter un établissement dangereux, incommode ou insalubre, autorisation pour ouvrir un bureau de placement payant, autorisation pour fonder un établissement (privé) d'aliénés, autorisation de faire une inhumation dans une propriété privée, permis de chasse, etc. Ces cas étaient autrefois encore plus nombreux : autorisation pour publier un journal, pour fonder une imprimerie, pour exercer la profession de colporteur, pour tenir une réunion publique, pour former une association de plus de vingt personnes, pour ouvrir un débit de boissons, etc. (1).

Toutes ces *autorisations*, *permissions*, *concessions*, *licences*, quel

---

(1) Je laisse de côté les *autorisations d'occupation temporaire du domaine public*. Sont-ce des actes-conditions ? Ces autorisations investissent-elles le bénéficiaire d'un *status* légal ou réglementaire ? Ne sont-ce pas plutôt des actes *unilatéraux*, *créateurs* de situation juridique *individuelle* : l'individu bénéficiaire ne devient-il pas créancier d'une *obligation individuelle de faire* ou de *ne pas faire*, à la charge d'un patrimoine administratif ? Pour le moment, il suffira de poser la question.

que soit le nom que la pratique leur donne, sont des actes-conditions dont le mécanisme est très facile à comprendre.

Il est des circonstances de fait, où, d'après les idées du moment, la libre activité d'un individu ou d'un groupe d'individus est considérée comme de nature à compromettre gravement la sécurité, la tranquillité, la salubrité publiques, ou, d'une manière plus générale, à constituer un péril social, selon les conditions dans lesquelles cette activité s'exercera. C'est pourquoi, avant toute manifestation de cette activité, les agents publics sont appelés, par la loi, à examiner les conditions dans lesquelles cette activité va se produire et l'influence probable de cette activité sur la sécurité, la tranquillité, la salubrité publiques ou, d'une manière plus générale, sur le corps social.

Ceci posé, le mécanisme juridique est le suivant (1) :

1º Une interdiction générale est adressée aux individus d'exercer leur activité dans un certain sens : interdiction de chasser, interdiction d'inhumer dans les propriétés particulières, interdiction d'exploiter des établissements dangereux, incommodes ou insalubres, interdiction d'ouvrir un bureau de placement payant, etc.

2º Toutefois, les agents publics reçoivent le pouvoir de lever cette interdiction, après avoir constaté que le corps social ne court aucun danger dans le cas particulier, ou moyennant l'observation de certaines précautions prises dans le cas particulier.

L'*autorisation, permission, concession, licence,* délivrée par les agents publics, est donc la *condition* pour qu'un individu soit soustrait au régime juridique *impersonnel* de l'*interdiction* d'activité et placé sous le régime juridique *impersonnel* de la *liberté* d'agir. Ce sont des *actes-conditions.*

Les individus qui ont obtenu la permission, l'autorisation, la concession, la licence, sont investis d'un *status légal* : ils ont la liberté *générale, impersonnelle,* d'agir *comme si l'interdiction n'existait pas.* Ils ne sont pas dans une situation juridique *individuelle* : encore une fois, l'autorisation ne *crée* pas de situation juridique *individuelle* : elle *applique* à un individu un *status légal. L'autorisation ne crée rien par elle même.* Pour l'individu qui l'a obtenue, l'effet juridique produit est le suivant : au régime *légal* de l'*interdiction* est substitué le régime *légal* de la *liberté.* De l'autorisation découle

____

(1) Cpr. *ma* note dans R. D. P. 1904, p. 270 et s.

donc simplement la *possibilité* d'agir, de se livrer à une certaine exploitation.

Le fait que cette possibilité d'agir peut s'évaluer en argent, a une valeur pécuniaire, ne change pas la nature juridique de l'autorisation : c'est un *acte-condition*.

Appliquons maintenant à ces actes-conditions les solutions exposées plus haut, pour les nominations, révocations, etc., touchant les actes qui *retirent, rapportent* l'acte-condition régulièrement accompli, l'autorisation, la permission, la licence, la concession *régulièrement* accordée. En réalité, quel que soit le nom donné à *l'acte de retrait*, la manifestation de volonté qui rapporte l'autorisation est un acte qui prétend désinvestir l'individu du *status légal* que l'autorisation lui avait appliqué. Il suit de là :

1re *conséquence.* — L'acte de retrait d'autorisation doit être accompli par les agents, dans les conditions, dans les formes, etc., déterminés par les lois et règlements pour désinvestir l'individu du genre de *status* qui lui avait été appliqué par l'autorisation. Il se peut que ces agents, conditions, formes, etc., soient les mêmes que pour l'autorisation ; il se peut aussi qu'ils ne soient pas les mêmes. *Et le plus souvent, ils ne seront pas les mêmes* ; en effet, le bénéfice du status exceptionnel une fois obtenu par l'autorisation, l'individu ne manquera pas de faire des dépenses, parfois considérables : construction d'une maison, ouverture d'une usine, etc. On comprend dès lors que le législateur entoure de garanties l'acte qui va replacer l'individu sous le régime juridique de l'interdiction et qui, par suite, va peut-être rendre inutiles les dépenses faites.

Prenons des exemples.

1er *exemple. Retrait d'un permis de chasse.* — Un permis de chasse a été délivré *régulièrement* à un individu. L'acte de retrait du permis de chasse n'est pas autre chose qu'un acte plaçant *obligatoirement* un individu sous le régime juridique général de l'interdiction de chasser. Or la loi du 3 mai 1844 (art. 5, 6, 7, 8, 18) énumère limitativement les cas dans lesquels un individu est *obligatoirement* soumis au régime juridique de l'interdiction de chasser ou peut être maintenu sous ce régime, et ce sont les préfets et sous-préfets, les tribunaux répressifs qui, selon les cas, prennent la décision. Donc sera juridiquement valable tout acte de retrait d'un permis de chasse se produisant dans les cas et conditions limitativement énumérés où la loi permet ou ordonne aux agents publics de refuser le permis de chasse. En dehors de ces cas et conditions, l'acte de retrait serait nul.

2ᵉ exemple. Retrait de l'autorisation d'ouvrir, d'exploiter un établissement dangereux, incommode ou insalubre. — Un arrêté *préfectoral* a donné, dans les formes légales, l'autorisation d'ouvrir un établissement dangereux (Décret du 25 mars 1852). Le préfet peut-il ultérieurement *retirer, rapporter* l'acte d'autorisation? L'acte de *retrait* n'est pas autre chose qu'un acte ordonnant la *fermeture définitive* de l'établissement, la *cessation définitive* de l'exploitation. Or, aux termes de l'art. 12 du décret-loi du 15 octobre 1810, « en cas de graves inconvénients pour la salubrité publique, la culture ou l'intérêt général, les fabriques et ateliers de première classe pourront être *supprimés* en vertu d'un *décret rendu en notre Conseil d'Etat,* après avoir entendu la police locale, pris l'avis des préfets, *reçu la défense des manufacturiers ou fabricants* ». Serait donc nul un arrêté *préfectoral retirant, rapportant* l'autorisation accordée (1).

2ᵉ conséquence. — En supposant que l'acte de retrait de l'autorisation soit régulier, son effet juridique ne se produit que *pour l'avenir* : l'individu cesse, *pour l'avenir,* d'être investi du status de la libre activité ; c'est *pour l'avenir seulement* qu'il est replacé sous le régime de l'interdiction. En conséquence, les actes, agissements accomplis par le bénéficiaire d'une autorisation jusqu'au jour de la notification de l'acte de retrait sont réguliers ; les situations juridiques créées ou amenées par ces actes sont des situations régulièrement créées ou amenées. L'acte de retrait ne peut pas les toucher, les modifier *dans le passé.* Prenons des exemples :

1ᵉʳ exemple. — Un individu a obtenu l'autorisation d'ouvrir un établissement dangereux. De fait, il a construit une usine, a exploité,

---

(1) C. d'E. 26 décembre 1891, *Sohier, Rec.*, p. 787 : « Si cet établissement... pouvait être supprimé, cette suppression, aux termes de l'art. 12 du décret du 15 octobre 1810, ne pouvait être prononcée que par un décret rendu en C. d'E. ; le préfet... n'a donc pu, sans excéder la limite de ses pouvoirs, prononcer cette fermeture à titre définitif... ». — C. d'E. 16 février 1912, *Plantain, Rec.*, p. 217 : « En cas d'inexécution des conditions imposées pour le fonctionnement d'un établissement insalubre, le droit du préfet se borne, après avoir mis en demeure l'industriel d'avoir à se conformer aux clauses de l'acte d'autorisation, à lui enjoindre de suspendre *provisoirement* son exploitation, tant qu'il n'aura pas satisfait ou qu'il ne se sera pas engagé à satisfaire aux dites conditions. Par l'arrêté attaqué, le préfet... a entendu prononcer, *à titre définitif,* la fermeture de l'établissement... ; en cela il a excédé ses pouvoirs... ».

embauché des ouvriers, passé des marchés avec des tiers. Ultérieurement, l'autorisation est retirée. L'effet du retrait sera de rendre *illicite, pour l'avenir*, l'exploitation de l'industrie. L'exploitation, jusqu'à ce moment, a été *licite* ; *désormais*, elle devient illicite. *A partir de l'acte de retrait, l'usine devra donc être fermée*, l'exploitation devra cesser. Insistons sur ce point. Il ne faut pas dire que, l'acte de retrait n'ayant d'effet que pour l'avenir, puisque l'usine a été ouverte *régulièrement*, l'industriel peut continuer l'*exploitation existante* qui a été régulièrement ouverte, et que le retrait de l'autorisation empêche seulement l'industriel *d'étendre* son exploitation, d'ouvrir de *nouveaux* bâtiments, etc. Le retrait de l'autorisation désinvestit *pour l'avenir* l'industriel du status de la libre activité ; il le replace, *pour l'avenir*, sous le régime de l'*interdiction d'exploiter* : cette interdiction s'applique *évidemment* aux établissements industriels régulièrement créés et ouverts. Ce sont là des conséquences très graves, sans doute : et c'est justement pour ce motif que l'acte juridique de retrait de l'autorisation ne doit pas être pris à la légère, mais doit être entouré de garanties. Ces formalités ont pour objet de faire apparaître la nécessité, pour le corps social, de mettre fin à une exploitation dangereuse. Lorsque le retrait est intervenu dans les formes légales et suivant la procédure légale, la présomption est que l'intérêt général exige le sacrifice de l'intérêt particulier de l'industriel. Il ne peut pas y avoir d'hésitation sur les conséquences juridiques à déduire de l'acte de retrait. L'établissement, bien que régulièrement ouvert, doit *pour l'avenir* cesser de fonctionner.

2ᵉ *exemple*. — Un permis de chasse a été délivré. Ultérieurement, le permis est retiré, rapporté. *Désormais*, l'individu est replacé sous le régime de l'interdiction de chasser. *Pour l'avenir*, il lui est interdit de chasser ; mais il est bien évident que les faits de chasse accomplis avant le retrait sont licites, et que le retrait du permis n'a pas pour effet de rendre illicites les faits de chasse accomplis antérieurement.

V

Dans quelle mesure un acte-condition faisant partie d'une opération juridique complexe peut-il être retiré ?

Il arrive très souvent qu'un acte-condition fasse partie d'une opération juridique complexe. Par exemple, la délibération du conseil municipal autorisant le maire à passer un contrat, l'arrêté préfectoral approuvant cette délibération, sont des actes-conditions faisant partie d'une même opération juridique complexe.

L'acte-condition, *régulièrement accompli par un agent administratif* au cours d'une opération juridique complexe, peut-il être *retiré, rapporté ?*

Quelle est la signification de cette mesure, *dans l'esprit de son auteur ?*

La volonté de l'agent administratif qui retire, qui rapporte l'acte-condition est de *remettre les choses en l'état comme si l'acte-condition n'avait jamais été accompli.* Dans l'exemple qui précède, le conseil municipal qui retire, qui rapporte la délibération autorisant le maire à passer le contrat, le préfet qui retire, qui rapporte l'arrêté d'approbation, ont la volonté que le contrat ne puisse pas être passé, ou, s'il a été passé, qu'il ne puisse pas être exécuté. Cela est-il *juridiquement* possible ?

I. — Pour résoudre la question, il faut rechercher quel est, au moment du retrait, l'effet juridique *déjà* amené par l'acte-condition faisant partie d'une opération juridique complexe. L'acte-condition faisant partie d'une opération juridique complexe a pour effet juridique *immédiat* de rendre *régulier* l'exercice, dans tel cas particulier, d'une compétence générale dont un individu est déjà investi. La délibération du conseil municipal, l'arrêté préfectoral, l'approbation rendent régulier l'exercice, *dans tel cas particulier*, de la compétence générale, dont le maire est investi par la loi, de passer tel contrat pour le compte de la commune : ces actes-conditions se distinguent des actes-conditions tels qu'une nomination, une révocation, lesquels investissent un *individu d'un status général, d'une compétence générale.* Mais si tel est l'effet juridique *immédiat*, l'acte-condition a d'autres conséquences qui ont été voulues. L'acte-condition a rendu possible l'exercice, dans tel cas particulier, de la compétence. Il se peut donc qu'*à la suite de l'acte-condition*, un acte juridique ait été accompli en exercice de la compétence, et que cet acte ait créé une situation juridique, ait investi un individu d'une situation juridique. A partir du moment où *cette situation juridique a été créée ou amenée par ce second acte juridique*, le problème n'est plus le même.

En d'autres termes, tant qu'une situation juridique n'a pas été créée ou amenée, il n'y a pas de raison pour que l'acte-condition ne puisse pas être privé d'effet pour l'avenir, ou, comme l'on dit, ne puisse pas être retiré ou rapporté. La décision qui le rapporte, qui le retire ne supprime, ne modifie aucune situation juridique existante. L'acte juridique rendait juridiquement possible, *dans tel cas particulier*, l'exercice d'une compétence générale. L'acte qui retire ou qui rapporte l'acte-condition fait disparaître cet effet *pour l'avenir* : la compétence ne pourra donc plus être exercée *dans le cas particulier*.

Non seulement cette solution est *logique*, mais encore elle n'a que des *avantages pratiques*. Après coup, en effet, l'agent administratif peut s'apercevoir qu'il s'est trompé ; ou bien les circonstances ont changé, et la mesure qui était opportune devient détestable.

Encore une fois, puisque, par hypothèse, *aucune situation juridique* n'a encore été créée ou amenée, il n'y a personne qui légalement puisse se prétendre lésé. Il faut donc admettre la faculté de retirer, de rapporter l'acte-condition faisant partie d'une opération juridique complexe, *tant qu'une situation juridique n'a pas été créée ou amenée*.

Au contraire, lorsqu'à la suite de l'acte-condition, et comme conséquence même de l'acte-condition, la compétence a été exercée dans tel cas particulier, une situation juridique a été créée ou amenée. Ici le retrait de l'acte-condition n'aurait plus uniquement pour conséquence *de rendre impossible l'exercice* d'une compétence ; on toucherait à une situation juridique déjà créée ou amenée. Et, dans ce cas, le bénéficiaire de la situation juridique créée ou amenée est fondé à exiger que cette situation ait la stabilité prévue par les lois et règlements, qu'elle ne puisse être modifiée par le simple retrait de l'acte-condition. La loi ayant assuré à cette situation une certaine stabilité, le bénéficiaire a le pouvoir d'exiger qu'il n'y soit touché que dans les cas, dans les conditions, dans les formes, par les agents prévus par les lois et règlements. Comme le dit incorrectement le Conseil d'Etat, le bénéficiaire de la situation juridique créée ou amenée par l'exercice de la compétence a un « *droit acquis* » au maintien de la situation.

En résumé, le retrait *pur et simple* de l'acte-condition faisant partie d'une opération juridique complexe est juridiquement impossible, *à partir du moment où une situation juridique a été créée ou amenée* (1).

-----

(1) Voici les conclusions du commissaire du gouvernement David dans l'affaire *Institut catholique de Lille* (C. d'E. 2 mars 1877, *Rec.*, p. 221) :

II. — La jurisprudence du Conseil d'Etat a fait des applications très variées de ces idées générales.

Voici quelles conséquences il y a lieu, à mon avis, de tirer des principes dégagés plus haut.

1re *idée. Possibilité de retirer, de rapporter purement et simplement les actes-conditions tant qu'aucune situation juridique n'a été créée ou amenée.*

1° Tant que le maire n'a pas passé le contrat, le conseil municipal peut très certainement *rapporter* la délibération autorisant le maire à passer le contrat, le préfet peut rapporter l'arrêté approuvant la délibération du conseil municipal.

Si l'acte-condition régulièrement accompli est lui-même suivi d'un second acte-condition régulier, qui lui-même n'amène aucune situation juridique et ne fait que rendre possible dans tel cas particulier l'exercice d'une compétence générale, le premier acte-condition peut être valablement rapporté, retiré tant qu'une situation juridique n'aura pas été créée ou amenée. Par exemple, le conseil municipal a autorisé le maire à passer un contrat, le préfet a approuvé la délibération du conseil municipal. Tant que le contrat n'a pas été passé par le maire, le conseil municipal peut retirer, rapporter sa délibération, *nonobstant l'arrêté préfectoral d'approbation.* Et de même, le préfet peut, *tant que le contrat n'a pas été passé*, rapporter, retirer l'arrêté d'approbation.

2e *idée. Impossibilité juridique de retirer, de rapporter purement et simplement l'acte-condition faisant partie d'une opération juridique complexe, à partir du moment où une situation juridique a été créée ou amenée.*

Les applications faites de cette idée par le Conseil d'Etat sont très variées.

1re *application.* — Le conseil municipal a, par une délibération régulière, autorisé le maire à passer un contrat. Le contrat est régulièrement passé par le maire. Le conseil municipal ne peut plus rapporter sa délibération.

2e *application.* — Le conseil municipal a, *par délibération régulière*, autorisé le maire à passer un contrat Le préfet a, *par arrêté régulier*, approuvé la délibération. Le maire a passé régulièrement le contrat. Le préfet ne peut plus retirer, rapporter son arrêté d'approbation (1).

3ᵉ *application*. — Le Ministre de l'instruction publique, *par une décision régulière*, accorde à un étudiant la dispense de plusieurs inscriptions. Il ne peut pas, ultérieurement, rapporter, retirer cette décision. Le status dont a été investi l'étudiant ne pouvait lui être enlevé que par la procédure spéciale prévue par les lois et règlements (2).

(1) C. d'E. 16 février 1912, *abbé Blanc, Rec.*, p. 224 : « Par l'arrêté attaqué (du 7 mai 1909) le préfet... a rapporté son précédent arrêté du 10 avril 1907, portant approbation de la délibération du conseil municipal de V... *et du bail intervenu en exécution de cette délibération, non par le motif que cet arrêté aurait été entaché d'illégalité*, mais par la raison qu'il avait été pris par suite d'une inexacte interprétation des clauses du contrat. Le dit arrêté du 10 avril 1907 qui a approuvé, conformément à l'article 1er de la loi du 2 janvier 1907, le bail passé entre l'abbé Blanc et la commune de V. pour la location du presbytère, *a créé, au profit des parties contractantes, des droits auxquels l'autorité administrative ne pouvait porter atteinte*. S'il appartenait au préfet de faire connaître, par un arrêté interprétatif, que l'approbation précédemment donnée, sans l'intervention du conseil de préfecture, ne pouvait s'étendre à un bail d'une durée supérieure à 18 années, *il n'a pu, sans méconnaître des droits acquis, revenir, par un retrait pur et simple, sur une approbation régulièrement intervenue*, en tant qu'elle s'appliquait à un bail n'excédant pas 18 ans ».

C. d'E. 24 février 1912, *Pech, Rec.*, p. 251 : « Le préfet..., par ses arrêtés du 25 et du 29 août 1905, a approuvé la délibération du conseil municipal et le traité passé pour une période de 4 années avec le docteur Pech (pour procurer aux habitants les soins médicaux dont ils étaient privés). En limitant, par l'arrêté attaqué, à une année seulement l'effet de son approbation, *il a porté atteinte à des droits acquis*. Ainsi le dit arrêté est entaché d'excès de pouvoir ». — Sur tous ces points, la jurisprudence est constante et bien établie. Voyez des arrêts anciens : C. d'E. 4 avril 1861, *Gourrand, Rec.*, p. 236 ; 6 juillet 1863, *Delriol, Rec.*, p. 510 ; 28 juillet 1864, *Baudy de Nalèche, Rec.*, p. 695, et les articles de Aucoc sur ces arrêts dans l'*Ecole des communes* 1864, p. 80 et 250 ; 1865, p. 113 et 252.

(2) C. d'E. 26 juillet 1912, *Vallanet, Rec.*, p. 888 : « Par décision en date du 20 avril 1909, le ministre de l'Instruction publique a concédé au sieur V., étudiant en médecine, pourvu de huit inscriptions d'officiat, dont les quatre dernières étaient périmées, sa réintégration en cours d'études et l'a dispensé, à titre onéreux, de la scolarité afférente aux 5ᵉ, 6ᵉ, 7ᵉ et 8ᵉ inscriptions. Pour rapporter cette décision, le ministre s'est fondé sur

4e application. — Lorsqu'un agent administratif subordonné *soumis au pouvoir hiérarchique a, par un acte régulier, définitif, de sa compétence,* investi un individu d'un status, l'autorité supérieure ne peut pas juridiquement rapporter, par l'exercice de son pouvoir d'annulation hiérarchique, l'acte régulièrement accompli par le subordonné (1).

ce que le sieur V. avait été, à deux reprises, l'objet de poursuites et de condamnations de la part de l'autorité judiciaire, pour exercice illégal de la médecine. Il résulte de l'instruction qu'à la suite de la première de ces condamnations, le requérant a été frappé, par le Conseil de l'Université, le 31 janvier 1910, de la peine de l'exclusion de toutes les facultés et écoles d'enseignement supérieur publiques et libres, jusqu'au 1er novembre 1910. Si, par application des dispositions du décret du 21 juillet 1897, relatif à la discipline des Universités, il appartenait à l'autorité universitaire de déférer à nouveau le sieur V. au conseil de l'Université à raison des nouveaux faits qui étaient susceptibles de lui être reprochés, *le ministre ne pouvait lui retirer le bénéfice d'une dispense qui, du jour où elle avait été accordée au requérant, constituait pour lui un droit acquis... »*

(1) Le C. d'Etat a fait des applications remarquables de cette idée.

1° C. d'E. 14 juin 1912, *Wulliet, Rec.*, p. 659 : « Par décision du 4 mai 1909, le général commandant la 6e brigade d'infanterie coloniale, agissant par délégation du ministre, a délivré, après avis favorable du conseil du régiment, une commission de sous-officier au sieur W. Pour annuler cette décision, le ministre de la guerre s'est fondé sur ce qu'elle serait intervenue contrairement à l'engagement souscrit par le requérant de se faire rayer des contrôles à la date du 9 juillet 1919. Cet engagement n'a pu modifier les pouvoirs attribués au général, *dont la décision n'était entachée d'aucune illégalité, la dite décision a créé, au profit du sieur W., des droits auxquels l'autorité supérieure ne pouvait porter atteinte que sous les conditions* et dans les formes prescrites par l'art. 65 de la loi du 21 mars 1905. *S'il appartenait au ministre, par application* de cette disposition législative, *d'admettre d'office le requérant à la retraite ou de prononcer sa révocation,* après l'avis d'un conseil d'enquête, il n'a pu, *sans méconnaître des droits acquis,* revenir, par une annulation pure et simple, sur une décision régulièrement prise. Dès lors, le sieur W. est fondé à soutenir que la décision attaquée est entachée d'excès de pouvoir ».

2° C. d'E. 2 mars 1877, *Institut catholique de Lille, Rec.*, p. 224 (avec les conclusions du commissaire du gouvernement M. DAVID). La commission administrative des hospices de Lille décide de passer un traité avec l'Université catholique du Nord pour l'installation, dans un hôpital, des cliniques médicales et chirurgicales de la dite Université. Le préfet approuve la décision ; en conséquence, la convention est passée entre l'administration des hospices de Lille et l'Institut catholique. Le préfet approuve la convention. Ultérieurement, alors que la convention avait

Section IV

Dans quelle mesure peut-on toucher à la constatation faite par le juge ? Du retrait de l'acte juridictionnel (1).

L'acte juridictionnel est la *constatation*, avec force de vérité légale, d'une situation juridique (générale ou individuelle), de la légalité ou de l'illégalité d'un acte, ou d'un fait. L'acte juridictionnel par lui-même, ne *crée* aucune situation juridique *individuelle* ; il ne fait pas naître une *créance*, une *dette*. A cet égard, l'acte juridictionnel doit être distingué des actes juridiques accomplis par le juge comme conséquences logiques de la constatation ; en particulier, il faut le distinguer de la condamnation (2). D'autre part, la constatation avec force de vérité légale est la condition nécessaire pour que cet acte juridique (condamnation) et d'autres actes puissent être accomplis, pour que certaines situations juridiques *générales et impersonnelles* s'appliquent à tel ou tel individu ; c'est donc un acte-condition.

Ceci posé, dans quelle mesure peut-on toucher à la constatation *régulièrement* faite par le juge, la mettre de côté ? La force de vérité

reçu un commencement d'exécution, le ministre de l'Intérieur, *invoquant son pouvoir hiérarchique*, annule les arrêtés préfectoraux d'approbation. Le Conseil d'Etat, saisi d'un recours pour excès de pouvoir contre les décisions du ministre, a déclaré : « Le traité avait créé tant au profit de l'Institut catholique du Nord qu'à celui des hospices de Lille, des *droits* auxquels l'autorité administrative ne pouvait porter atteinte ». Dès lors, en annulant les arrêtés préfectoraux d'autorisation et d'approbation, le ministre a excédé ses pouvoirs.

3º Rapprochez C. d'E. 14 février 1913, *Lapeyre, Rec.*, p. 199. En 1906, un conseil municipal prend *régulièrement* une délibération portant engagement de verser *pendant six années* une subvention à un médecin. En 1906, le préfet prend un arrêté d'approbation de cette délibération. En 1909, le préfet retire son approbation et y substitue une approbation de la subvention pour une durée de *une année* seulement. Le C. d'E. a annulé le deuxième arrêté préfectoral : « Le préfet, en limitant à une année, par un nouvel arrêté,... l'effet de l'approbation précédemment donnée a porté *atteinte à des droits acquis*, et, par suite, le requérant est fondé à soutenir que ce dernier arrêté est entaché d'excès de pouvoir ».

(1) Rapprocher *infra* le chapitre II, sur la force de vérité légale attachée par la loi à l'acte juridictionnel.

(2) En sens contraire, DUGUIT, *Tr. Droit Const.*, 2º édition, 1923, II, p. 308 et s., et surtout p. 312 et s.

légale qui s'attache à la constatation juridictionnelle ne s'oppose-t-elle pas à toute modification ?

Il se peut que, après coup, on s'aperçoive que la vérité *légale*, *régulièrement* constatée par le juge, n'est pas la vérité *réelle*. Pour ce cas, ne peut-on pas faire une nouvelle constatation régulière avec force de vérité légale, nouvelle, constatation qui sera substituée à la première constatation reconnue erronée ?

Il se peut que la mise en mouvement de la force publique, pour la réalisation de la situation juridique constatée par l'acte juridictionnel, apparaisse, dans certaines circonstances, comme indésirable pour la paix sociale. Ne peut-on pas déclarer que les constatations faites par le juge n'auront pas force exécutoire ?

Ne peut-on pas édicter une *règle nouvelle* en déclarant qu'elle s'appliquera nonobstant toute décision juridictionnelle contraire ?

Je suppose que la constatation juridictionnelle est intervenue *régulièrement*, ou que le vice d'irrégularité a été purgé par l'expiration des délais de recours.

Il faut répéter ce qui a été dit pour tous les actes juridiques déjà étudiés : il est possible de faire *cesser* pour *l'avenir* les effets d'une constatation juridictionnelle ; il n'est pas possible de *retirer complètement* cette constatation, en ce sens que les effets régulièrement produits dans *le passé* seront à considérer comme nuls et non avenus. On peut seulement, par une série d'actes juridiques de nature et de contenu variés, *créer* ou *amener* des situations juridiques diverses, qui, *dans la mesure du possible*, remettront les choses en état.

Telle est la démonstration à faire.

1

Pour faire cesser, *dans l'avenir*, les effets d'une constatation juridictionnelle avec force de vérité légale, il suffira d'accomplir *régulièrement, dans les formes légales*, un acte juridique.

Par exemple, un nouveau juge déclarera erronée la première constatation et fera une deuxième constatation avec force de vérité légale : *rétractation* sur *requête civile* ou *revision* au civil, *revision* au criminel.

Ou bien encore, le Parlement décidera, par une *loi générale et impersonnelle*, que la force exécutoire ne s'attachera plus aux constatations rendues par le juge en telle matière.

Quels sont les effets de ces actes ?

I. — Supposons une *procédure de revision au criminel*, aboutissant à la reconnaissance d'une erreur judiciaire. La revision admise fera tomber, *pour l'avenir*, la constatation de culpabilité et les condamnations principales et accessoires qui ont été prononcées et encourues sur la base de cette constatation. La revision n'efface que *pour l'avenir* les effets de la constatation erronée, mais régulière, de culpabilité. Naturellement, il est matériellement impossible que la revision ressuscite le supplicié et fasse que l'emprisonnement n'a pas été subi. Mais il faut dire aussi que, avant 1854, le mariage de l'individu, dissous par la mort civile, n'était pas rétabli *rétroactivement* par la revision criminelle ; que le mariage contracté par le conjoint du mort civilement n'était pas rétroactivement dissous par la revision admise.

Aujourd'hui, une question analogue se pose encore. Supposons qu'un testament ait été fait par un condamné à une peine perpétuelle *postérieurement à sa condamnation* : ce testament est nul ; en conséquence, à la mort du condamné, les héritiers naturels recueillent *ab intestat* son patrimoine. Supposons qu'une revision intervienne alors. Le testament n'est pas rétroactivement validé : les légataires désignés par le testament ne vont pas recueillir les biens ; les héritiers naturels qui ont pris possession du patrimoine ne vont pas être dépossédés des biens ; les tiers qui ont acquis, des héritiers *ab intestat*, les biens de la succession ne seront pas évincés, etc. (1).

(1) Supposons que le testament ait été fait *avant* la condamnation, que la revision intervienne *avant* le décès du condamné, et qu'un nouveau testament *ne* soit *pas* rédigé *après* la revision. Le testament sera-t-il à considérer comme valable, ou bien la succession s'ouvrira-t-elle *ab intestat* ? Pour la validité du testament, on peut dire que, au jour de la confection du testament et au jour du décès, le testateur était capable, que la condamnation qui l'avait frappé d'incapacité a été rétractée, enfin qu'en prononçant la nullité du testament on ferait produire *pour l'avenir* un effet à la condamnation rétractée. On peut ajouter dans le même sens que les raisons qui ont fait édicter l'art. 3 de la loi du 31 mai 1854, qui déclare nul « tout testament fait antérieurement à la condamnation » n'existent pas ici. « De la prohibition de disposer, a déclaré le rapporteur de la commission du Corps législatif, M. Riché (*Moniteur*, suppl. E., p. 48), résulte l'annulation du testament que le condamné aurait fait même antérieurement à la condamnation, *puisque le testament exige la capacité aux deux époques de sa confection et de la mort qui le consolide ; puisque la validité du testament suppose que la volonté du testateur a persévéré jusqu'à la mort, et que, depuis son arrêt, le condamné n'avait plus de volonté capable de tester.* » On voit qu'aucune de ces raisons ne vaut pour le cas qui nous occupe.

L'héritier qui a été condamné pour avoir tenté de donner la mort à un individu est écarté de la succession *ab intestat* de cet individu (art. 727, 1°, Code civ.). Si la revision se produit *avant* le décès de la victime, l'indignité disparaît pour l'avenir ; dès lors, l'individu sera capable de recueillir la succession ; mais si la revision ne se produit qu'après le décès de la victime, la condamnation régulière a produit son effet : la succession s'est ouverte et le condamné en a été exclu. La revision prononcée, on ne pourra pas revenir sur le partage de la succession (1). Pour réparer le préjudice, il conviendra d'accorder à la victime de l'erreur judiciaire l'action *de in rem verso* contre les héritiers et de lui allouer, sur les fonds publics, une indemnité.

En résumé, il faut dire que la revision criminelle n'a d'effet que *pour l'avenir. Désormais*, la constatation juridictionnelle *cessera* de produire des effets juridiques. Comme l'effet juridique de toute constatation avec force de vérité légale est de rendre régulier l'accomplissement de certains actes juridiques d'exécution et la mise en mouvement de la force publique pour assurer la réalisation de la situation juridique constatée, *désormais* les agents publics *devront* tout d'abord s'abstenir d'accomplir les actes juridiques ou d'exercer les pouvoirs légaux commandés par la constatation déclarée erronée. Les agents publics, au cas de révision d'un procès criminel, auront l'obligation légale de ne plus faire les actes juridiques ou matériels qui sont les conséquences logiques de la constatation rapportée, retirée. Pour le *passé*, il ne peut être question que d'accomplir de *nouveaux* actes juridiques afin de créer ou d'amener, *pour l'avenir*, des situations juridiques appropriées qui, *dans la mesure du possible*, répareront le mal causé : indemnité pécuniaire, par exemple, publicité destinée à donner à la victime une réparation morale.

II. — Considérons maintenant une *rétractation* au civil sur *requête civile* ou *pourvoi en revision*. Ici apparaît en pleine lumière la règle que la *rétractation* ne rétroagit pas ; elle n'a d'effet que pour l'avenir ; le premier jugement a produit ses effets et ces effets sont maintenus *pour le passé*.

---

(1) Les rares civilistes qui ont examiné la question l'ont résolue d'une manière équivoque. BAUDRY-LACANTINERIE et WAHL, *Traité th. et pratique de droit civil, Successions*, 3ᵉ édition, 1905, tome Iᵉʳ, p. 199, n° 243 : « La revision du procès, qui fait apparaître le défaut de culpabilité, *empêche* l'indignité ». Elle l'empêche *pour l'avenir* ; mais elle n'en fait pas disparaître l'effet *déjà produit* dans le passé.

Prenons un exemple emprunté à la jurisprudence.

Supposons qu'un juge ait régulièrement constaté, avec force de vérité légale, l'existence et la régularité d'un testament *olographe* instituant X pour son légataire universel. X, une fois déclaré héritier par le tribunal, vend ou hypothèque certains immeubles de la succession. Puis, on s'aperçoit que le testament *olographe* était faux : la cour d'assises constate le crime de faux. Une requête civile est alors introduite contre le jugement qui avait constaté la régularité du testament olographe : *la requête est admise et le jugement est rétracté* : le juge constate, cette fois, que le testament olographe, déclaré régulier, est *faux*. Quel est l'effet de cette rétractation ? et de cette nouvelle constatation ? Elle n'a d'effet que pour *l'avenir* ; elle ne supprime pas rétroactivement les effets produits par la première constatation régulière, aujourd'hui rétractée. C'est ainsi qu'il faut interpréter l'article 501 du Code de Procédure civile : « Si la requête civile est admise. le jugement sera rétracté *et les parties seront remises au même état où elles étaient avant ce jugement* ».

Si cet article devait être entendu en ce sens que *rétroactivement* la première constatation tombe, les aliénations et hypothèques consenties par le faux légataire tomberaient de plein droit : *resoluto jure dantis, resolvitur jus accipientis* (1). Mais cette solution ne tient aucun compte de la première constatation régulièrement faite par le juge avec force de vérité légale. Elle fait abstraction d'un *élément capital :* la chose *régulièrement* jugée. La *logique juridique* exige que les effets *régulièrement* produits par cet acte *régulier* ne soient pas ainsi effacés comme s'il n'était jamais intervenu (2). On ne peut pas mettre sur le même pied un acte *irrégulier* annulé et un acte *régulier* rétracté (3). Un jugement régulier a constaté avec force de vérité

---

(1) Art. 2125 du Code civil : « Ceux qui n'ont sur l'immeuble qu'un droit... sujet à rescision ne peuvent consentir qu'une hypothèque soumise ... à la même rescision... ».

(2) C'est ce que n'a pas compris la Cour de Rennes, 13 mars 1894, S. 97-1-315 : « La requête civile a pour objet immédiat d'obtenir une sorte de restitution contre la chose jugée. C'est, au-dessus des parties, au principe même de la sentence, viciée dans ses éléments constitutifs, qu'elle s'attaque. En l'anéantissant, elle détruit en même temps tous les actes qui en étaient la suite. Il ne saurait y avoir de distinction entre les parties litigantes et les ayants cause à titre particulier. C'est le droit qui, lui-même, est atteint et est censé n'avoir jamais existé ».

(3) La loi ne fait pas cette confusion. Ainsi, dans une hypothèse voisine, celle de *jugement* d'absence et d'envoi en possession définitif suivi

légale que le testament olographe était valable. Cette constatation
est la vérité légale : les tiers peuvent et doivent avoir confiance. Que
serait la chose jugée s'il n'en était pas ainsi ? La logique juridique
est ici en complet *accord* avec l'*utilité sociale* ; à elles seules, les considérations d'utilité sociale suffiraient à écarter la solution rétroactive.
Les tiers ont traité sur la base d'une constatation régulièrement faite
par un juge et que la loi proclame être la vérité légale. Qui ne voit
le trouble social, économique, qu'apporterait une rétractation
rétroactive (1) ? Les aliénations, les hypothèques consenties par l'héritier apparent sont valables. — Telle est la solution consacrée par
une jurisprudence bien établie et inébranlable de la Cour de cassation (2). La rétractation n'aura d'effet que *pour l'avenir*. On devra,

du retour de l'absent, la loi décide non pas que les actes *réguliers*
accomplis par les envoyés en possession tomberont *rétroactivement*,
mais au contraire, que ces actes seront *maintenus*. Art. 132, Civ. : « Si
l'absent reparaît ou si son existence est prouvée, même après l'envoi
définitif, il recouvrera ses biens *dans l'état où ils se trouveront*, le prix
de ceux qui auraient *été aliénés*, ou les biens provenant de l'emploi qui
aurait été fait du prix de ses biens vendus ».

(1) Ce n'est pas seulement au cas de suppression d'*acte régulier* que
la loi s'oppose aux effets *rétroactifs*, c'est même au cas d'acte *irrégulier*, lorsque les tiers sont dignes d'intérêt : Ex. au cas de rescision d'une
vente d'immeuble pour cause de lésion de plus des 7/12, l'acquéreur a le
pouvoir de conserver la chose en payant un supplément (art. 1681.
C. civ.).

(2) Toutefois, la Cour de cassation n'invoque pas l'argument de logique
juridique, tiré de l'existence de la première constatation régulière. Elle
s'appuie uniquement sur l'utilité sociale. Mais les deux arguments sont
tellement liés qu'il me paraît impossible de les séparer. Aussi, je n'accepte
pas tous les termes du raisonnement fait par la Cour de cassation. Cassation, 16 janvier 1843, S. 43-1-97 (et la note de DEVILLENEUVE) : « La
jurisprudence des anciens Parlements validait les ventes passées entre
l'héritier apparent et les acquéreurs de bonne foi ; le Code civil ne contient, à l'égard de ces ventes, aucune disposition nouvelle ; les motifs de
droit et d'équité, les puissantes considérations d'ordre et d'intérêt public
qui servaient de base à cette jurisprudence, ont conservé leur force et ont
même acquis un nouveau degré d'énergie, puisque la législation moderne
est plus favorable que l'ancienne à la libre et facile circulation des biens ».
Cass. 3 juillet 1877, S. 78-1-38 ; 4 août 1885, S. 1886-1-120 ; 26 janvier
1897, *Prouf et autres* (deux arrêts) S. 97-1-313 (et la note) : « En droit,
les considérations d'ordre public et d'intérêt général, qui ont conduit à
reconnaître la validité des ventes passées entre l'héritier apparent et les
tiers de bonne foi, n'autorisent pas à la subordonner aux conditions dans
lesquelles celui qui est regardé par tous comme le successeur du défunt

par des actes juridiques appropriés, créer ou amener des situations juridiques de nature à remettre, autant que possible, pour l'avenir, les choses « au même état où elles étaient avant le jugement ».

II

Le *Parlement* peut-il, par une loi *générale et impersonnelle*, sinon modifier expressément la *constatation* faite par le juge avec force de vérité légale, du moins organiser, contre cette décision *définitive*, une nouvelle voie de recours ? — Peut-il déclarer que cette constatation définitive sera écartée et considérée comme non avenue, bien que régulièrement faite ?

Le problème s'est présenté récemment : 1° à propos de la législation sur les loyers ; 2° à propos des dommages de guerre.

Dans ces deux circonstances, on a reproché au Parlement d'avoir violé des principes sacrés et d'avoir commis des monstruosités juridiques. Ces reproches sont-ils fondés ? Examinons de près la question.

I. — *Législation sur les loyers.* — Le Parlement n'a pas hésité, à plusieurs reprises, à permettre l'exercice d'un pouvoir légal nouveau, nonobstant des actes juridictionnels définitifs qui avaient dénié ce pouvoir. — En voici des exemples :

a) *D'après la loi du 9 mars 1918*, art. 27 § 3 (1), *les jugements et*

s'est emparé de la succession, ni à celles dans lesquelles il en a été dépossédé. Il importe peu, au point de vue des tiers, que l'héritier apparent semble tenir son titre de la loi ou de la volonté du défunt, qu'il soit entré sans contradiction en possession des biens héréditaires, ou qu'une décision de justice ayant acquis l'autorité de la chose jugée l'en ait déclaré propriétaire ; il n'importe pas davantage qu'un crime ait été commis par l'héritier apparent ou par un tiers, à son insu, comme dans l'espèce, crime qui lui a permis de passer pour héritier, ni que le jugement, qui lui avait reconnu cette qualité, ait été rétracté. Dès que l'erreur commune et invincible, ainsi que la bonne foi des tiers, sont établies, les aliénations consenties par l'héritier apparent échappent à toute action en résolution dirigée par l'héritier véritable. C'est là une exception nécessaire tant à la règle générale posée dans l'art. 2182 du Code civil qu'aux effets particuliers de l'admission de la requête civile que détermine l'article 501 du Code de proc. civile ». En ce même sens, Caen, 23 juin 1897, *Prouf*, S. 98-2-12.

(1) La loi — un peu obscure — est ainsi conçue : « Le paiement des indemnités de résiliation effectué depuis le 4 août 1914 ... ne mettra pas obstacle à l'exercice des droits accordés par la présente loi et pourra don-

arrêts rendus postérieurement au 1er août 1914, sur des demandes en paiement de loyers échus depuis la guerre, ne mettront pas obstacle à l'exercice des droits accordés par la nouvelle loi ; notamment ils ne mettront pas obstacle à l'imputation des loyers (pour lesquels condamnation avait été prononcée par ces jugements et arrêts) soit sur les termes à échoir, soit sur les termes demeurés impayés. Toutefois si, à la suite du jugement ou de l'arrêt, *un paiement est intervenu*, il n'y aura pas lieu à répétition. — On remarquera ici la préoccupation de ne point bouleverser les situations juridiques *individuelles* construites sur la base de l'acte juridictionnel.

Laissons de côté cette réserve importante.

Du point de vue de la *technique juridique*, quel est le mécanisme de la loi de 1918 ?

D'une part, des jugements définitifs ont affirmé, avec force de vérité légale, que les locataires n'ont pas tel ou tel pouvoir, attendu que la loi n'a pas organisé à leur profit ce pouvoir ; en conséquence, le juge a affirmé que la manifestation de volonté du locataire n'a pas pu créer, à son profit et à la charge du bailleur, une situation juridique individuelle.

D'autre part, le Parlement, par une loi générale et impersonnelle, organise, de manière claire, certaine, non équivoque, au profit de telle catégorie de locataires, le pouvoir que le juge a déclaré ne pas exister sous l'ancienne législation ; et il ajoute que ce pouvoir pourra être exercé nonobstant la déclaration faite par le juge.

Au point de vue de l'*opportunité politique*, il est très grave, *pour les bailleurs* en général, que le Parlement organise ce pouvoir au profit des locataires. Cela est encore plus grave pour les bailleurs à qui le juge avait déclaré formellement que leur locataire n'avait pas le pouvoir légal de créer une dette à leur charge. Les bailleurs comptaient que cette déclaration les mettait à l'abri de toute réclamation.

ner lieu à répétition. — *Il en sera de même des jugements et arrêts rendus* postérieurement au 1er août 1914 et qui auront statué sur des demandes en paiement de loyers échus depuis la guerre. Toutefois, les sommes payées en vertu de ces décisions ne seront pas sujettes à répétition ». — Le texte est dû au député LUGOL, qui avait présenté un amendement ainsi rédigé : « Les décisions de justice rendues depuis le 1er août 1914, *même définitives*, ne feront pas obstacle, en ce qui concerne les loyers échus depuis la guerre, à l'exercice des droits et à l'application des règles résultant de la présente loi ».

Mais, *en droit*, le Parlement ne peut-il pas organiser un *nouveau* pouvoir au profit de tous les locataires, quels qu'ils soient, même au profit des locataires à qui un juge a dit que d'après l'ancienne législation, ils n'avaient pas tel pouvoir?

L'affirmative n'est pas douteuse à mon avis. Cette règle posée par le Parlement est *politiquement* très grave ; c'est pourquoi il faut de très solides raisons d'ordre politique, économique et social pour la faire édicter. Mais *juridiquement* je ne vois aucun obstacle à l'action du Parlement. La règle de l'autorité de la chose jugée ne me paraît pas en cause.

D'ordinaire, ce sont les considérations d'ordre politique qui, seules, retiennent l'attention et soulèvent la critique.

Au Sénat, la Commission avait, *pour ces motifs politiques*, refusé d'accepter la disposition en examen (1).

A la Chambre, le rapporteur de la loi M. Ignace, a fait valoir des considérations d'opportunité politique très puissantes.

Il a développé aussi quelques considérations *juridiques*.

« Lorsqu'un propriétaire introduit contre son locataire une demande en paiement de loyers échus et qu'un jugement prononce une con-damnation, *on se trouve, en réalité, en présence d'une simple pour-suite* ; il n'y a pas eu, à proprement parler, litige sur le chiffre du loyer ; le propriétaire a demandé et obtenu un titre exécutoire ; lors-que ce jugement n'a pas été suivi de paiement, *le propriétaire a mis simplement en portefeuille une créance pourvue désormais d'un titre paré* ; sa situation est exactement la même que celle où se trouve le propriétaire porteur d'un bail authentique. Or, s'il y a bail authen-tique, le bailleur ne peut pas assigner en paiement ; il n'obtiendrait pas de jugement, et ce jugement serait inutile ; il n'ajouterait rien à son titre, de telle sorte qu'en l'absence du texte qui nous occupe, on aboutirait à cette conséquence que le locataire lié en vertu d'un bail notarié (et ce sont les locations les plus importantes) pourrait tou-jours user du bénéfice de la loi nouvelle, mais qu'au contraire les locataires tenus en vertu d'un bail sous seings privés ou même le locataire verbal, c'est-à-dire les petits et les moyens locataires, se verraient privés des avantages que vous leur concédez, dès lors qu'un propriétaire plus rigoureux aurait pris soin de réclamer un

---

(1) « Il ne nous a pas paru possible de ratifier l'annulation par la loi de décisions judiciaires ayant acquis l'autorité de la chose jugée » (Rap-port de M. Chéron, 2 août 1917, *J. O. Sénat, Doc.*, p. 441).

jugement de condamnation, qui, en l'état des textes existants, ne peut pas lui être refusé » (1).

L'argumentation du rapporteur n'est pas sans valeur *juridique*.

D'autre part, il existe certainement des considérations politiques, économiques et sociales très fortes dans la différence des régimes faits aux gros locataires et aux petits locataires. Cet argument politique a paru décisif à la Chambre.

Voilà pourquoi le législateur a décidé que le locataire pourra réclamer une prorogation de bail, c'est-à-dire demander au juge que la durée *contractuelle* du bail soit prolongée, nonobstant la décision juridictionnelle qui avait décidé que *le locataire n'avait pas le pouvoir général* de demander que cette durée fût prolongée. Si la loi nouvelle mérite des critiques, ce n'est pas en tant qu'elle crée un pouvoir qui s'appliquera nonobstant la chose jugée, *mais en tant qu'elle touche à la situation juridique individuelle qui avait été créée par le contrat* (V. *supra*, p. 42 et s.).

b) Sur la base de ce précédent, la loi du 23 octobre 1919, art. 6, a décidé : « Les dispositions de l'article 1er de la présente loi (assimilant aux baux et locations verbales en cours au 1er août 1914, les baux et locations verbales *renouvelés* entre les mêmes parties contractantes ou leurs ayant droits et pour les mêmes locaux) *ayant un caractère interprétatif*, les locataires visés au dit article seront recevables à se pourvoir à nouveau devant les commissions arbitrales, *nonobstant toute décision contraire, même passée en force de chose jugée*, à l'exception seulement des décisions qui *auraient été exécutées* » (2).

Ici encore se retrouve la préoccupation de maintenir les situations juridiques *individuelles* construites sur la base de l'acte juridictionnel. Toutefois, si une décision de justice refuse la prorogation et si un nouveau bail a été passé au profit d'un *nouveau* locataire, l'ancien locataire pourra réclamer la prorogation, nonobstant la décision de justice, l'obtenir et le nouveau locataire sera évincé. Ce nouveau locataire est pourtant un tiers de bonne foi, qui raisonnablement croyait pouvoir contracter avec le bailleur en toute sécurité. Il y a là une situation juridique *individuelle* méconnue par le Parlement. C'est à ce titre que la loi est *juridiquement* critiquable,

(1) Rapport Ignace, 19 oct. 1917, *J. O. Ch. Doc.*, p. 1561.
(2) Cette disposition a été adoptée *sans discussion* dans les deux Chambres.

et non pas en ce qu'elle confère un pouvoir général nonobstant la chose jugée.

c) La loi du 31 mars 1922 sur les loyers contient elle aussi des dispositions touchant ses effets sur les décisions de justice déjà intervenues.

α) D'après l'art. 1er, « sauf les droits résultant *d'une décision judiciaire ayant acquis l'autorité de la chose jugée...*, le point de départ de la prorogation accordée aux locataires... est fixé au 24 octobre 1919 pour les baux expirés antérieurement à cette date, et à la date d'expiration du bail pour ceux venus ou venant à expiration postérieurement ». D'après la jurisprudence (1), le point de départ de la prorogation était le jour où le bail devait prendre fin.

Ici, la législation nouvelle vise les actes juridictionnels *non encore définitifs*. Elle est déclarée applicable *aux procès en cours*. Donc les juridictions supérieures *devront* appliquer la loi nouvelle. Ceci, à mon avis, est correct (V. *supra*, p. 28) : le pouvoir de réclamer la prorogation est un pouvoir général, modifiable à tout instant par la législation (2).

β) Aux termes de l'art. 2, « pour les locaux à usage commercial. ., les articles 56 et 58 de la loi du 9 mars 1918 ainsi que l'article 1er, § 3 de la présente loi sont applicables aux cessionnaires ou sous-locataires, quelle que soit la date de la cession ou de la sous-location. *Cette disposition ayant un caractère interprétatif*, les cessionnaires ou sous-locataires seront recevables à réclamer la prorogation, *nonobstant toute décision contraire, même passée en force de chose jugée, à l'exception seulement de celles qui auraient été exécutées...* » La jurisprudence avait décidé que le droit à prorogation n'appartenait pas aux sous-locataires ni aux cessionnaires (3).

La règle nouvelle est déclarée applicable *nonobstant toute décision juridictionnelle, même passée en force de chose jugée.*

Au Sénat, il y eut des objections contre cette solution (4), mais

---

(1) Cass. civ. 25 mars 1919, *Belvalette*, S. 1920-1-5. Cass. ch. réunies, 24 novembre 1920, S. 1921-1-49 et les notes du prof. HUGUENEY.

(2) On a justifié cette solution en faisant intervenir l'idée de loi *interprétative*. C'est inutile (V. *supra*, p. 22 et s.).

(3) Cass. civ., 2 et 7 mai 1919, S. 1920-1-71 ; 5 janvier 1920, S. 1920-1-225 et la note du prof. HUGUENEY.

(4) « Il est impossible, disait M. Morand (Rapport du 2 février 1922), d'admettre qu'une décision judiciaire ayant acquis l'autorité de la chose jugée ne reçoive pas exécution, sous prétexte que cette exécution ne sera

devant l'insistance de la Chambre des députés et du Ministre de la justice, le Sénat s'inclina.

Cette solution donnée par le Parlement a paru à certains juristes une véritable « monstruosité juridique ». « Si, dit le prof. Duguit, il est un principe universellement admis comme essentiel à l'ordre social, c'est le respect de l'autorité de la chose jugée, s'imposant à tous, gouvernants et gouvernés, au législateur lui-même ... Je ne connais pas dans nos lois une autre disposition qui viole aussi complètement un principe supérieur du droit, admis universellement par les peuples civilisés » (1).

Ce sont là de grands mots et une critique excessive. Une première question est une question d'*opportunité politique, économique et sociale*. Etant donné les circonstances de fait du moment, le législateur a-t-il agi prudemment ? — Du point de vue *juridique*, la loi nouvelle touche-t-elle à une situation juridique individuelle ? La négative est certaine.

En résumé, lorsque le Parlement, *par une loi générale et impersonnelle*, déclare qu'une règle nouvelle s'appliquera *nonobstant les jugements passés en force de chose jugée*, il ne modifie pas *nécessairement* une situation juridique *individuelle*. Il se peut qu'il se borne à supprimer, *pour les effets dans l'avenir*, le régime juridique général *complémentaire* de cette situation, régime juridique général *amené* par la constatation du juge. La constatation du juge est la condition pour que la force publique entre en mouvement pour réaliser la situation juridique individuelle constatée. Le Parlement peut, *très correctement du point de vue juridique*, supprimer le régime général complémentaire : c'est ordinairement ce qu'il fait lorsqu'il déclare que la règle nouvelle s'appliquera nonobstant la chose jugée. Mais si la loi va plus loin, si elle modifie véritablement et *directement* la situation juridique *individuelle*, alors la loi est juridiquement incorrecte. Dès lors, les lois sur les loyers, en tant

pas encore intervenue ». Le ministre de la justice, M. Barthou, a, au contraire, soutenu (Sénat, 1ʳᵉ séance du 30 mars 1922. *J. O.* Sénat, *Débats*, p. 544) que cette solution était correcte et qu'il y avait des précédents : loi du 9 mars 1918, art. 27 ; loi du 23 octobre 1919, art. 6. — Le président de la Commission, M. Boivin-Champeaux, a déclaré qu'annuler les décisions ayant acquis l'autorité de la chose jugée serait « la violation flagrante du principe de la séparation des pouvoirs » (Sénat, 1ʳᵉ séance du 30 mars 1922, *J. O.* Sénat, *Débats*, p. 545).

(1) Duguit, *Traité de Droit const.*, 2ᵉ édition, II, 1923, p. 227 et 228.

qu'elles décident qu'elles s'appliqueront « nonobstant toutes décisions contraires, même passées en force de chose jugée », ne méritent pas, sans examen, et en bloc, la critique formulée par le professeur Duguit, d'être des « monstruosités juridiques ». Sans doute, le principe de l'autorité de la chose jugée est « un principe universellement admis comme essentiel à l'ordre social » (1). Mais cela ne prouve rien en ce qui concerne la question en examen. La prescription acquisitive ou libératoire est, elle aussi, un principe universellement admis comme essentiel à l'ordre social. Cela n'empêche pas que le législateur puisse *allonger* ou *réduire* les délais de la prescription ; cette loi s'appliquera aux prescriptions en cours ; il n'y aura là aucune « monstruosité juridique ». L'argument tiré de l'utilité sociale manque donc de pertinence *juridique*. Somme toute, il faut faire des distinctions que le profeseur Duguit ne fait pas.

II. — *Révision des dommages de guerre.* — Le gouvernement avait proposé, en janvier 1924, de créer un régime de révision des jugements ayant statué, de manière définitive, sur les dommages de guerre. Le recours en révision était déclaré recevable malgré l'expiration des délais fixés par la législation antérieure. En d'autres termes, le délai pour se pourvoir en révision était porté à 5 ans à partir de la loi nouvelle (2).

---

(1) DUGUIT, *Tr. Droit Const.*, 2e édition, t. II, p. 227.

(2) « Art. 1er. *Dans un délai de cinq ans à compter de la promulgation de la présente loi*, le ministre des régions libérées, et, après la suppression du ministère des régions libérées, le garde des sceaux, ministre de la justice, devra, à titre exceptionnel, et *nonobstant l'expiration des délais prévus aux articles 28 et 34 de la loi du 17 avril 1919, modifiés par la loi du 31 mai 1921*, porter devant le tribunal des dommages de guerre ou devant la commission supérieure *les décisions fixant une indemnité de dommages de guerre*, toutes les fois qu'il apparaitra que l'évaluation a été exagérée, soit par suite d'une fausse application de la loi, soit en raison de l'ignorance où se trouvait l'organisme d'évaluation de pièces ou de faits qui ont été découverts ou révélés postérieurement à sa décision et qui auraient été de nature à modifier la fixation de l'indemnité ».

« Art. 4. Dans le cas où l'évaluation fixée par le tribunal des dommages de guerre ou par la commission supérieure sera *inférieure à l'évaluation primitive*, le montant des sommes indûment perçues sera *reversé au Trésor* dans les conditions et les délais qui seront fixés par le ministre des finances sur la proposition du ministre des régions libérées ».

Ce projet souleva, dès son apparition, de vives protestations de la part des intéressés menacés de la révision (1).

Cela n'a pas empêché le vote d'une loi de révision des décisions sur les dommages de guerre. Mais la loi définitivement adoptée est différente du projet présenté par le Gouvernement. C'est la loi du 2 mai 1924 « tendant à soumettre, *en vue de leur examen ou de leur réduction*, certaines indemnités de dommages de guerre à un *recours extraordinaire en réduction* ». La loi organise une révision des sentences, même passées en force de chose jugée, ayant statué sur des demandes en indemnité pour dommages de guerre. « *Toutes les décisions*, statuant sur des demandes d'indemnité de dommages de guerre, égales ou supérieures à 500.000 francs en perte subie ... et qui n'ont pas fait l'objet d'un recours de l'État devant la Commission supérieure des dommages de guerre, *seront*, dans les deux mois qui suivront la publication de la présente loi, *renvoyées pour examen au comité central de préconciliation* .... Le comité de préconciliation examinera, les intéressés entendus, s'il y a lieu à une réduction sur l'ensemble des indemnités pour dommages connexes *antérieurement allouées* ».

Au point de vue du mécanisme juridique, la loi du 2 mai 1924 et le projet du gouvernement se ressemblent beaucoup. C'est l'organisation d'un recours en révision contre des décisions *définitives*.

Du point de vue *politique* et *social*, on peut se demander s'il était bon de remettre en question des décisions de justice passées en force de chose jugée. Dans les circonstances où a été votée la loi sur la

---

(1) Le *Temps* (10 février 1924) a publié une énergique protestation du Comité directeur de la fédération des associations départementales et unions de sinistrés :

« Considérant que, conformément à la loi du 17 avril 1919, charte intangible des sinistrés, le montant des indemnités de dommages de guerre est *définitivement* fixé : en cas de conciliation, par une *convention synallagmatique* basée sur le principe du forfait ; en cas de non-conciliation et d'appel subséquent, par un *jugement* ;

Que, dans l'un comme dans l'autre cas, les résultats acquis ne sauraient être contestés, hors le cas de mauvaise foi, sans qu'une *atteinte irrémédiable soit portée à deux des principes fondamentaux du droit : l'immutabilité des conventions librement consenties, et l'autorité de la chose jugée* ».

À la Chambre des députés, le 31 janvier 1924, le député Desjardins a violemment critiqué le projet comme portant atteinte à l'autorité de la chose jugée.

révision des dommages de guerre, il y avait des considérations *politiques* et *sociales* de la plus haute importance en faveur de la solution qui a prévalu.

Du point de vue de la *technique juridique*, les critiques formulées sont très exagérées :

1° Le Parlement peut *très correctement* organiser un *nouveau régime de recours*. Il peut décider que ce régime s'appliquera aux décisions *non encore définitives*. C'est l'évidence. Il le peut aussi pour les décisions définitives. Il ne fait que modifier une situation juridique *générale* : le régime des recours en justice. La constatation faite par le juge n'est pas *effacée* ; un des attributs juridiques, *de nature générale et impersonnelle*, — l'irrévocabilité, — est effacé pour l'avenir. Or une loi peut toujours, très correctement du point de vue juridique, enlever à un acte son caractère irrévocable.

Une loi pourrait organiser, pour des donations déjà faites et irrévocables, de *nouveaux* cas de révocation, de nouvelles exceptions à la règle de l'irrévocabilité des donations (art. 953 du Code civil). Cette loi s'appliquerait sans difficulté, à mon avis, aux donations déjà faites avant la loi nouvelle.

La loi sur le divorce a enlevé aux mariages existants leur caractère *indissoluble*.

De même, une loi qui organise *pour l'avenir, de manière générale et impersonnelle*, une voie de recours nouvelle contre des jugements peut être déclarée applicable aux jugements passés en force de chose jugée ; cela ne fait qu'enlever le caractère irrévocable aux décisions de justice de la catégorie visée par la loi. Ordinairement, cela sera critiquable du point de vue *politique* ; mais exceptionnellement, il se peut que la mesure soit justifiée. En tout cas, *du point de vue de la technique juridique*, cela est correct. Il n'y a aucune atteinte portée à une situation juridique individuelle.

En conséquence, à mon avis, la loi du 2 mai 1924 sur la révision des indemnités pour dommages de guerre — qui *politiquement* se justifie très bien — est juridiquement correcte (1).

____

(1) Ce point a été longuement discuté à la Chambre des députés et au Sénat. A la Commission des finances du Sénat, le 2 avril 1924, le rapporteur Guillaume Poulle a présenté un rapport (*Le Temps*, 4 avril 1924, p. 3 et 4) dans lequel il est dit :

« Il y a eu des abus, et nous sommes en présence de la proposition de loi votée par la Chambre, et sur laquelle votre commission doit donner son avis. — Ces abus sont-ils certains et sont-ils tels qu'une loi soit néces-

III

Il ne faut pas confondre la *constatation* avec les actes juridiques
accomplis par le juge comme conséquence logique de cette consta-

saire pour les réprimer ou en empêcher le retour ? Cette loi peut-elle
légalement, équitablement, atteindre des droits acquis résultant d'accords
intervenus entre les sinistrés et l'Etat devant les commissions cantonales
ou de *décisions judiciaires prononcées par les tribunaux de dommages
de guerre et ayant acquis l'autorité de la chose jugée* ? Les lois qui
régissent les dommages de guerre sont-elles incapables de fournir les
moyens de mettre fin aux abus signalés et de permettre le reversement
à l'Etat de sommes indûment perçues ? Ces questions doivent être envisa-
gées et recevoir une réponse. Le plus mauvais service que l'on pourrait
rendre à l'ensemble des sinistrés, ce serait précisément de constater ces
abus et de ne rien faire. Il ne semble pas, du reste, que personne ait réellement et sérieusement l'intention de s'en tenir à cette solution négative.

Mais *peut-on équitablement porter atteinte à des droits acquis résultant, soit d'accords intervenus entre les sinistrés et l'Etat, devant les
commissions cantonales, soit de décisions judiciaires prononcées par
les tribunaux de dommages de guerre et ayant acquis l'autorité de la
chose jugée ?*

« C'est là qu'apparaît la véritable difficulté du problème à résoudre.

« Votre commission ne pouvait pas méconnaitre la gravité et l'importance primordiale du problème ainsi posé, et elle a tenu à examiner tout
d'abord, avec toute l'attention qu'elle méritait, cette partie purement
juridique de la question.

Elle est arrivée finalement à cette conclusion nécessaire que si les accords
conclus devaient être respectés, si les décisions rendues devaient être
considérées comme définitivement protégées par l'autorité de la chose
jugée, *c'était à la condition qu'il n'y ait pas eu fausse application de
la loi, dol ou majoration manifeste équipollente au dol par le sinistré
ou par ses mandataires ; payement de l'indû ; que, postérieurement à
l'accord ou à la décision rendue, des pièces ou des faux n'aient pas
été découverts ou révélés qui auraient été de nature, s'ils avaient été
connus plus tôt, à modifier la fixation de l'indemnité ; qu'enfin il n'ait
pas été décidé sur déclarations ou témoignages reconnus faux depuis
l'intervention des accords ou le prononcé des décisions.*

« Comment, dans de pareilles conditions, accepter que les accords intervenus pourraient être invoqués comme ayant la valeur de droits définitivement acquis, ou que *les décisions prononcées pourraient être définitivement protégées par l'autorité nécessaire qui s'attache à la chose
jugée* ? Comment « la solidarité de tous les Français » pourrait-elle jouer,
en pareil cas ? Comment le « droit à la réparation intégrale » de dommages inexistants en partie ou en totalité pourrait-il être invoqué ?

Dans ces différentes hypothèses, *un recours extraordinaire ne devait-*

tation. Par exemple, les condamnations à l'emprisonnement, à l'amende, etc., qui interviennent après la constatation et comme conséquences logiques de la constatation, *ne* sont *pas* des actes juridictionnels (1). Ce sont des *actes créateurs de situation juridique individuelle* (condamnation à l'amende) ou des *actes-conditions* (condamnation à l'emprisonnement, aux travaux forcés, etc.). Il faut appliquer à ces actes juridiques le régime exposé plus haut pour le retrait de ces actes (2). En d'autres termes, pour faire cesser *dans l'avenir* les effets de l'acte juridique de *condamnation*, il faudra employer les procédés juridiques indiqués plus haut pour faire cesser les effets juridiques d'un *acte créateur* de situation juridique individuelle ou d'un *acte-condition*.

Ceci va nous permettre de préciser la nature juridique de l'acte de *grâce* et de l'acte d'*amnistie* (3).

1. — En droit public français, l'*acte juridique de grâce* est une décision prise par le Président de la République, contresignée par le

il pas être accordé à l'État pour lui permettre de récupérer les sommes indûment accordées et perçues, sauf à limiter l'étendue de ce recours extraordinaire aux cas où les décisions définitives, intervenues en matière de dommages de guerre, auraient accordé des indemnités égales ou supérieures à 500.000 francs, en perte subie, toutes catégories réunies pour dommages connexes, et à celles-là seules de ces décisions dont les dossiers n'auraient pas été examinés, pour une cause quelconque, soit par les comités de préconciliation, soit, en matière agricole, dans les formes administratives en vigueur depuis les instructions ministérielles en date du 31 décembre 1922.

« Votre commission l'a pensé, d'autant que, dès lors, le recours extraordinaire accordé aurait une base juridique, et que les cas d'application de ce recours seraient précisés et limités par la loi elle-même.

« En ne visant que les dossiers d'une certaine importance, l'application de la loi ne risquerait pas de rester inefficace, ce qui pourrait se produire si elle imposait l'examen d'un nombre énorme de dossiers. Obliger l'État à procéder à un nouvel examen des 3.000.000 de dossiers existants, ce serait imposer une œuvre inutile, sans résultats appréciables au point de vue pratique, mais coûteuse et ruineuse par la nécessité où l'on serait de rappeler pour plusieurs années un personnel immense dont il convient, au contraire, dans l'intérêt des finances publiques, de faciliter la compression et de hâter la disparition complète. »

(1) V. *supra*, p. 79.

(2) V. *supra*, p. 35 et s. pour le retrait des *actes créateurs de situation juridique individuelle*, et p. 61 et s. pour le retrait des *actes-conditions*.

(3) On peut faire un raisonnement analogue pour la *réhabilitation judiciaire* et pour la *réhabilitation de droit*.

Ministre de la Justice, et dispensant un *individu* déterminé condamné de l'exécution de tout ou partie de sa peine.

Ce n'est pas un acte juridictionnel : l'*acte de grâce* ne fait aucune constatation avec force de vérité légale ; il ne touche pas à la constatation de culpabilité faite par le juge répressif.

L'acte de grâce est un acte juridique de *contenu variable*.

A la suite de l'acte de grâce, le condamné gracié est investi d'un nouveau *status légal*. Par exemple, le condamné aux travaux forcés à perpétuité, qui est gracié et obtient le bénéfice des travaux forcés à temps, se trouve placé dans un nouveau status légal. Il y a deux décisions : 1^0 par la première décision, la condamnation primitive est supprimée, retirée, rapportée ; l'individu est désinvesti, *pour l'avenir*, du *status légal* de forçat à perpétuité ; 2^0 une nouvelle condamnation est prononcée *par l'agent qui gracie* : l'individu est investi du status légal de forçat à temps.

Si le condamné obtient sa grâce complète, il y a aussi deux décisions : celle qui désinvestit, *pour l'avenir*, le condamné du *status légal* de forçat à perpétuité, et celle qui applique, *pour l'avenir*, à l'individu gracié le *status légal* de forçat *libéré*. De toute façon, l'acte de grâce s'analyse en un ou plusieurs *actes-conditions*.

Si la grâce s'applique à un individu condamné à *l'amende*, alors l'acte de grâce est principalement une *remise de dette*, c'est-à-dire un acte juridique *créateur de situation juridique individuelle*. Je dis *principalement* parce que l'acte de grâce est, comme la plupart des actes juridiques, un acte *complexe*, *créant* ou *amenant* des situations juridiques diverses (1).

---

(1) Le prof. Duguit, dans la 1re édition de son *Tr. de Droit Const.*, I, p. 215, avait donné une explication différente de la nature juridique de l'acte de grâce : « Le droit de grâce n'est ni un acte politique, ni un acte administratif. Il n'est pas un acte politique parce qu'il n'est pas relatif aux rapports des organes politiques, il ne se rattache aucunement à l'action que le chef de l'Etat peut et doit exercer, d'après la Constitution, sur le parlement. Il ne peut être un acte administratif, parce qu'il constitue une réformation, non pas totale sans doute, mais assurément partielle, d'une décision juridictionnelle, et... il est d'évidence qu'un acte juridictionnel ne peut pas être réformé par un acte administratif. *Il faut donc être logique et dire que l'exercice du droit de grâce est un acte de juridiction.* » On comprend donc, ajoutait le professeur Duguit, que le recours pour excès de pouvoir ne soit pas recevable contre un décret de grâce ; le président de la République n'agit certainement pas alors comme autorité administrative (C. d'E. 30 juin 1893, *Gugel, Rec.*, p. 544 : « Les

On remarquera que, *politiquement*, l'acte juridique de grâce est une mesure d'ordre social, d'utilité publique, et non pas une mesure prise dans l'intérêt de l'individu grâcié : l'individu grâcié en pro-

actes accomplis par le chef de l'Etat, dans l'exercice du droit de grâce, ne sont pas susceptibles d'être déférés au Conseil d'Etat par la voie contentieuse... »).

Même, en adoptant la théorie du professeur DUGUIT sur l'acte juridictionnel (*Tr. Dr. Const.*, 2ᵉ édit., II, 1923, p. 308 et s.) la décision de grâce (et non pas le droit de grâce, comme l'appelait inexactement le prof. Duguit) n'est pas un acte juridictionnel. Il n'y a pas, en effet, de *constatation*: l'une des règles essentielles du régime de l'*acte de grâce* est que la constatation de culpabilité faite par le juge répressif reste *intacte*. *Seules, certaines* décisions, prises comme conséquences logiques de cette constatation, sont touchées. Dès lors, puisque, d'après le professeur Duguit, la *constatation* et la *décision* sont deux éléments essentiels de l'acte juridictionnel, la décision de grâce, à laquelle fait défaut l'élément essentiel de constatation, n'est pas un acte juridictionnel.

Le prof. Duguit a abandonné aujourd'hui sa première opinion (*Traité de Droit Const.*, 2ᵉ édit. 1923, II, p. 251) : « A l'heure actuelle, je reconnais aisément que... c'est moi qui me trompais... Il n'est pas vrai que l'acte de grâce soit une réformation du jugement de condamnation. *Celui-ci reste intact.* Postérieurement, un acte intervient qui conditionne la modification d'une situation légale que n'a point créée le jugement, mais qu'il a seulement conditionnée... Le chef de l'Etat, en accordant une grâce, n'intervient point pour résoudre une question de droit, mais seulement en raison de considérations diverses pour modifier une situation légale, *et cela est le propre de l'acte administratif* ».

Le professeur Duguit analyse parfaitement la décision de grâce, lorsqu'il affirme qu'elle modifie la *situation légale* du condamné. Cette modification, en *tant qu'elle est faite par le pouvoir exécutif*, lui paraît *exorbitante*. Il lui semble en contradiction avec les principes généraux du droit public moderne, qu'un chef d'Etat « reçoive compétence pour modifier une situation légale telle qu'elle est née à la suite d'une décision de justice » (*Tr. Dr. const.*, 2ᵉ édition, 1923, II, p. 252 et s.). — A mon avis, ceci n'est plus une question de *droit*, mais de *politique*. Le pouvoir exécutif est-il mieux placé que le juge pour apprécier les circonstances de fait motivant la grâce? En *droit*, une seule chose doit être retenue : l'acte juridictionnel est la constatation de la *culpabilité*, et c'est tout. L'acte de grâce n'y touche pas. *Politiquement*, il serait exorbitant, à mon avis, qu'un chef d'Etat mette, par sa seule volonté, un individu dans un status légal *pire*; mais il n'est pas exorbitant, *politiquement*, qu'il puisse le mettre dans un status légal *meilleur*. Le pouvoir exécutif est mieux placé que le juge pour faire grâce.

En résumé, si l'on admet mon point de vue sur l'acte juridictionnel (v. *supra*, p. 79), l'acte de grâce accompli par le Chef de l'Exécutif est facile à expliquer. La constatation de culpabilité faite avec force de

Jèze. Cours 1924   7

fite ; c'est tout. Il ne peut donc pas refuser le bénéfice de l'acte de grâce. En d'autres termes, au point de vue de la *technique juridique*, l'acte de grâce, pour produire ses effets juridiques, n'est pas subordonné à l'acceptation de l'individu gracié, pas plus que, pour produire son effet juridique, l'acte de condamnation n'était subordonné à l'acceptation de l'individu condamné.

II. — L'acte d'*amnistie* a, *d'ordinaire*, une nature juridique différente de celle de l'acte de grâce. En effet, *d'ordinaire*, c'est une disposition *générale* et *impersonnelle*. Tous ceux qui se trouvent dans une certaine situation *de fait* (individus ayant commis certaines infractions pénales, et non condamnés) ou dans une certaine situation *de droit* (individus déjà condamnés pour certaines infractions pénales énumérées par l'acte d'amnistie) échapperont à la répression pénale normale. En d'autres termes, l'acte d'amnistie crée un régime juridique *général et impersonnel exceptionnel*, à côté du régime juridique général et impersonnel de droit commun. Le régime de droit commun est que tous ceux qui ont commis les infractions visées par la loi pénale peuvent être poursuivis et, *après constatation de leur culpabilité*, frappés par les tribunaux répressifs. L'amnistie

---

vérité légale par le juge répressif n'est pas touchée : elle subsiste *intacte*. En outre, le juge répressif avait fait un acte juridique distinct de l'acte juridictionnel, et tiré une conséquence de la constatation : c'est la *condamnation*. C'est cette décision, et elle seule, qui est touchée par l'acte de grâce.

Comment expliquer que le recours pour excès de pouvoir ne soit pas recevable contre l'acte de grâce ? (C. d'E., 30 juin 1893, *Gugel, Rec.*, p. 544). Cela tient, sans doute, non pas à la *nature juridique de l'acte*, mais à la *qualité* de l'auteur de l'acte. Peut-être, le Président de la République est-il considéré ici par la jurisprudence comme agissant avec la même qualité que le juge qui a prononcé la condamnation primitive. C'est un acte administratif accompli par une autorité judiciaire. D'après le prof. Duguit, c'est un acte administratif accompli par un organe *politique* (*op*. et *loc. cit.*, p. 252 et 253). — Mais ces manières de voir ne s'imposent pas. Pour ma part, je les trouve très contestables. Elles sont aussi critiquables que celle d'après laquelle le maire agissant comme officier de l'état civil est une autorité *judiciaire*. — Tout cela s'explique *historiquement*, mais non *juridiquement*. — Je ne verrais aucun obstacle juridique à ce que le recours pour excès de pouvoir fût déclaré recevable contre une décision de grâce. Pratiquement, je n'y trouverais que des avantages.

Cpr. sur ce point une note du prof. Hauriou dans Sirey, 1895-3-41. Voyez aussi Barthélemy, R. D. P., 1909, p. 548. Duguit, *Droit Const.*, 2e édition, 1923, II, p. 250 et s.

établit le régime juridique exceptionnel suivant : tous ceux qui ont
commis certaines infractions, *de telle date à telle date*, ne seront ni
poursuivis, ni l'objet d'une constatation de culpabilité, ni frappés
par les tribunaux répressifs ; en conséquence, les agents publics de
tout ordre devront s'abstenir de les poursuivre, de constater leur
culpabilité, de leur appliquer le status légal ou de les mettre dans
la situation juridique individuelle, prévus par la loi pénale, de leur
appliquer les conséquences du status légal amené ou de la situation
juridique individuelle, créée par la condamnation.

Comme, *d'ordinaire*, l'amnistie est une règle *générale et impersonnelle*, l'amnistie est d'ordinaire une *loi proprement dite*, à la différence de l'acte de grâce. A ce titre seul, sans compter l'importance
politique de l'acte, l'amnistie entre dans la compétence normale du
Parlement (1).

(1) En ce sens Duguit, *Tr. Dr. Const.*, 2ᵉ édition, 1923, II, p. 257. —
En sens contraire, J. Barthélemy, *L'amnistie, R. D. P.*, 1920, p. 281 :
« L'amnistie n'est pas, par sa nature, législative ; elle est un acte de
politique, de gouvernement, d'appréciation, d'opportunité dans l'exécution des lois. L'amnistie n'est pas un acte législatif. Elle n'établit ni
n'infirme aucune règle juridique nouvelle. Au contraire, elle laisse absolument intactes les règles juridiques existantes ; elle ne fait que supprimer et modifier, pour une catégorie de cas, les conséquences particulières auxquelles ce droit positif aurait conduit. L'amnistie ne change rien
au droit objectif existant ; les règles juridiques demeurent immuables.
L'amnistie n'est donc pas, par sa nature, législative. La logique n'impose
pas qu'elle soit confiée au Parlement ; et si elle est accordée en forme de
loi, on se trouve en présence d'une simple *loi formelle*, non d'une loi
matérielle, c'est-à-dire d'une véritable loi posant, pour l'avenir, des
règles de *droit*. L'amnistie est, au contraire, par sa nature, un acte gouvernemental, se résumant en une intervention dans le cours de la justice : c'est l'ordre de faire ou de ne pas faire telle chose : ne pas intenter de poursuites, interrompre celles qui auraient été commencées, ne
pas faire exécuter les condamnations ». — Donc « l'amnistie est *logiquement* dans la mission du gouvernement... Par sa gravité, par son étendue,
par sa généralité, la dispense des lois qui constitue l'amnistie est un acte
si grave que le Parlement, *non comme pouvoir législatif, mais comme
représentation nationale*, n'y peut demeurer étranger ».

Cette argumentation me paraît inacceptable : l'ordre *général* et *impersonnel*, c'est justement ce qui s'appelle une *loi*, au sens matériel. Décider
que, dans telle série de cas généraux et impersonnels, telle loi pénale ne
sera pas appliquée, cela signifie formuler un *régime légal exceptionnel*
à côté du *régime légal normal*. Les deux régimes ont la même nature
juridique ; ce sont des situations juridiques générales, et l'acte qui les
crée est une *loi* proprement dite.

III. — Exceptionnellement, l'amnistie peut viser un *individu déterminé*. Alors, l'acte perd son caractère de généralité : ce n'est plus une loi ; c'est un acte juridique de même nature juridique que la grâce, quoique ayant des effets plus énergiques (1). On se propose, par l'amnistie *individuelle*, de faire, *pour l'avenir*, à l'individu amnistié, une situation juridique identique à celle qu'il aurait si le fait accompli par lui n'était pas puni par la loi pénale.

En conséquence, l'acte d'amnistie *individuelle* s'analyse en :

1º un ordre donné aux agents publics de tout ordre de ne pas poursuivre l'individu devant les tribunaux répressifs ;

2º s'il y a eu poursuite, en un ordre donné aux tribunaux répressifs de ne pas constater avec force de vérité légale le fait déclaré punissable par la loi pénale ;

3° s'il y a eu constatation, en un ordre adressé aux tribunaux répressifs de ne pas appliquer à l'individu amnistié le status légal prévu par la loi pénale ou de ne pas créer à sa charge la situation juridique individuelle de débiteur du Trésor (amende).

Jusqu'ici le *status légal*, la situation juridique *individuelle* de l'amnistié ne sont pas touchés par l'acte d'amnistie, car, nous le savons, l'accomplissement du fait délictueux ne met pas, *de plein droit*, le délinquant dans une situation juridique nouvelle. C'est l'acte de condamnation qui, seul, produit cet effet (2). Donc, à ces trois premiers points de vue, l'acte d'amnistie *individuelle* est un acte qui conditionne l'exercice du pouvoir légal des agents publics. C'est un acte-condition (3).

---

(1) L'énergie de ces effets explique, en partie, pourquoi l'acte d'amnistie individuelle est placé dans la compétence du Parlement. D'ailleurs, on comprend que des hommes politiques, peu familiers avec les analyses juridiques, n'aient pas distingué l'acte d'amnistie *générale* et l'acte d'amnistie *individuelle*. Dès lors, de toute façon, la compétence du Parlement, en droit positif français, *s'explique*. Le prof. Duguit (*op. cit.*, II, p. 257) considère l'amnistie *individuelle*, même votée par le Parlement, comme « un vote arbitraire », qui ne « peut entrer dans aucune des fonctions juridiques normales de l'Etat ». « Le Parlement lui-même ne peut pas apporter une dérogation *individuelle* à une loi ». V. *infra*, p. 102, note 2.

(2) V. *supra*, p. 14.

(3) On remarquera qu'il y a *ordre* donné aux agents publics. On comprend donc pourquoi les individus amnistiés ne peuvent pas renoncer au bénéfice de l'amnistie. La Cour de cassation (25 nov. 1826, S. 1828-2-69) avait d'abord admis que « l'amnistie est une faveur que des prévenus, qui soutiennent n'avoir commis aucun délit, sont libres de ne pas

4º S'il y a eu déjà condamnation, l'acte d'amnistie *individuelle* est un ordre adressé aux agents publics de ne pas réaliser la situation juridique créée ou amenée par la condamnation.

5º En même temps, l'acte d'amnistie *individuelle* investit le condamné amnistié d'un nouveau status légal, puisqu'il le désinvestit du status légal de condamné. S'il y a eu condamnation à l'amende, l'acte d'amnistie individuelle est une *remise de dette*, si l'amende

invoquer. » C'était une erreur juridique grave. La Cour de cassation, dès 1831, est revenue sur cette jurisprudence : « Les ordonnances d'amnistie ayant pour but et pour résultat de ramener la concorde dans la société, les tribunaux ne peuvent se dispenser de les appliquer » (Cass. 10 juin 1831 ; Cpr. aussi Cass. 22 janvier 1870 et 12 mai 1870, S. 1870-1-324). Cette argumentation est exacte, mais incomplète ; elle est d'ordre *politique*, et non juridique. Voici l'argument juridique : l'amnistie est un *ordre adressé par une autorité publique aux agents publics* ; l'individu amnistié n'a pas qualité pour empêcher l'exécution de cet ordre. — Paris, 27 octobre 1913, *de Coupigny et Mauras* : « L'amnistie est un acte de souveraineté par lequel les pouvoirs publics renoncent, dans un but d'apaisement, à l'exercice de l'action publique relativement à certains délits déterminés : pour ces délits, elle abolit la répression, supprimant l'effet des poursuites engagées et effaçant ceux des condamnations prononcées. *Les dispositions de la loi d'amnistie sont impératives pour tous ; elles s'imposent aux personnes mêmes en faveur de qui la loi d'amnistie a été votée ; celles-ci ne peuvent pas renoncer au bénéfice de la loi.* Cette loi met fin à tout débat entre les prévenus poursuivis avant la promulgation de la loi et le ministère public, puisque la répression est abolie ; ces prévenus ne sauraient donc être recevables à prolonger ou à faire rouvrir les débats, afin de prouver qu'ils n'avaient pas commis le délit pour lequel ils avaient été poursuivis ; ils n'ont plus à se défendre, puisqu'ils ne sont plus accusés. Partant, les tribunaux ne peuvent admettre aucune discussion, même dans l'intérêt des prévenus ; ils doivent se borner à constater que les faits, objets de la poursuite, sont bien prévus par la loi d'amnistie, en déclarant que, dès lors, personne ne peut être recherché à leur occasion ».

Cette manière de voir se trouve confirmée par l'art. 2, § 1 de la loi d'amnistie du 18 juin 1909 : « Ne sont pas compris dans l'amnistie ceux qui auront introduit, avant la date de sa promulgation, une demande en révision. » Ce § 1 a été adopté dans les conditions suivantes. Un individu condamné pour faits de grève et qui désirait faire éclater son innocence devant les tribunaux au moyen de la procédure de révision, a fait présenter ce paragraphe par le député Jaurès. Le Parlement l'a adopté. C'est la preuve que si le Parlement n'avait pas réservé le cas, l'amnistie se serait appliquée à l'individu, *malgré sa volonté*. — Sur le caractère *politique* de l'amnistie, voyez surtout l'étude du prof. J. BARTHÉLEMY, l'*Amnistie*, *R. D. P.*, 1920, p. 260 et s. et surtout p. 263 et s.

n'a pas été payée ; et si elle a été payée, c'est un acte créant au profit de l'amnistié une créance en restitution des sommes payées (1). Dans les deux cas, c'est un acte créateur de situation juridique individuelle (2).

En somme, l'acte d'amnistie *individuelle* a la même nature juridique que l'acte de grâce : c'est un acte juridique complexe, tantôt un acte-condition, tantôt un acte créateur de situation juridique individuelle.

IV. — Quelle que soit la portée de l'acte d'amnistie, — *générale* ou *individuelle*, — on ne peut pas dire, en *droit français*, que l'amnistie supprime, *pour l'avenir*, le fait amnistié : elle ne le supprime pas juridiquement, pas plus qu'elle ne peut le supprimer matériellement.

Pour faire apparaître les effets juridiques du fait amnistié, il suffit de supposer que le fait amnistié a causé un préjudice à un tiers. Le tiers pourra, *nonobstant l'amnistie*, réclamer une indemnité à l'auteur de l'acte. Le fait amnistié continue donc, juridiquement, à être la condition pour que puisse être exercé par la victime le pouvoir légal de créer à son profit, par une manifestation unilatérale de volonté, la situation juridique individuelle de créancière de l'indem-

---

(1) On a hésité sur le point de savoir si l'amnistié était créancier des amendes payées. La loi d'amnistie du 2 avril 1878, art. 3, résout la question dans le sens de l'affirmative.

(2) Touchant l'amnistie *individuelle*, le professeur Duguit estime qu'elle est « un acte *arbitraire* et ne peut rentrer dans aucune des fonctions juridiques normales de l'État ». — Ceci me paraît être une appréciation *politique* de l'amnistie individuelle. *Au point de vue de la technique juridique*, je ne vois pas en quoi l'amnistie *individuelle* est un acte arbitraire, *du moment que la loi a organisé le pouvoir d'amnistie individuelle* et que ce pouvoir est exercé dans les conditions légales. — Du point de vue *politique*, je ne vois pas davantage en quoi elle est un acte *arbitraire*. Les besoins de la vie sociale et politique sont très complexes. Pour donner satisfaction au besoin de paix sociale, l'amnistie — même individuelle — est parfois *nécessaire* : on peut imaginer facilement telle et telle circonstance où l'amnistie individuelle est le seul moyen pour ramener dans un pays, à un moment donné, la paix publique. Dans ces circonstances, politiquement l'amnistie individuelle se trouve justifiée. Ce qui est critiquable *politiquement*, c'est l'abus de l'amnistie individuelle ; mais il en est alors de l'amnistie comme de tous les procédés juridiques. On peut en abuser. Cela suffit-il pour les condamner politiquement ? Dans ce cas, il n'est pas une seule institution qui résiste à la critique.

nité (1). D'ailleurs, cet effet juridique possible est toujours réservé expressément par les actes d'amnistie (2). S'il ne l'était pas, le silence de l'acte d'amnistie devrait être interprété dans le même sens (3).

La Cour de cassation a eu à juger une curieuse affaire d'effet de l'amnistie sur une fausse déclaration de dommages de guerre. La fausse déclaration de dommages de guerre faite intentionnellement entraîne, d'après l'article 53 de la loi du 17 avril 1919, la déchéance du droit à indemnité. En outre, la loi du 25 août 1920 a fait de cette fausse déclaration un délit puni de la peine d'emprisonnement. Ceci posé, un individu, poursuivi correctionnellement pour avoir fait une fausse déclaration de dommages de guerre, avait bénéficié de l'amnistie. Il prétendait que, de ce fait, il ne pouvait plus être déclaré déchu de son droit à indemnité. La Chambre des requêtes de la Cour de cassation a écarté sa prétention en décidant que les deux situations sont entièrement distinctes. L'amnistie efface le délit de fausse déclaration ; elle ne s'étend pas à l'action civile en déchéance. Il importe peu que la fausse déclaration ne puisse pas entraîner de sanctions pénales. La sanction civile subsiste. L'individu a donc été déclaré déchu de son droit à indemnité (Cass. mars 1924).

De même, au point de vue *disciplinaire*, on ne peut pas dire que l'amnistie supprime le fait : la situation sera celle qui aurait existé si le fait n'était pas puni par la loi pénale. C'est tout. En conséquence, sauf disposition *expresse* de la loi d'amnistie, l'amnistié pourra être frappé disciplinairement à raison des faits amnistiés (4),

---

(1) V. *supra*, p. 9.

(2) Exemples : loi d'amnistie du 2 novembre 1905, art. 3 : « Dans aucun cas, l'amnistie ne pourra être opposée au droit des tiers... » Même formule dans les lois d'amnistie du 12 juillet 1906, art. 3 ; du 10 avril 1908, art. 3 ; du 18 juin 1909, art. 3, etc.

(3) Cass. 20 juillet 1878, S. 80-1-301.

(4) Il faut, à mon avis, appliquer ici l'argumentation faite par la Cour de cassation, dans un arrêt du 9 novembre 1852, rendu toutes chambres réunies : « L'action en discipline, pouvant s'exercer pour des faits qui ne sont ni qualifiés ni prévus par les lois pénales, diffère essentiellement de l'action publique et ne peut être restreinte par des règles qui lui sont étrangères ; les mesures qui en sont la suite ne sont pas de véritables peines, mais des moyens institués pour maintenir, pour des raisons d'ordre et d'intérêt publics, l'autorité morale et le respect du corps auquel appartient le fonctionnaire poursuivi disciplinairement ; elles s'attachent moins aux faits eux-mêmes qu'aux conséquences de ces faits sur la con-

sauf disposition contraire de la loi (1) ; même alors, le fait matériel subsiste (2).

L'amnistie n'empêche pas l'exercice de l'action disciplinaire sur les *avocats* (3).

Elle ne supprime pas, en matière de *contravention de voirie*, l'obligation du contrevenant de faire cesser le fait matériel qui constitue la contravention (4).

V. Dans le *passé*, il est impossible, par un acte juridique quelconque, de supprimer les effets d'une condamnation régulièrement pro-

sidération du fonctionnaire et sur la dignité du corps dont il est membre, c'est-à-dire à cet *effet moral* qui, à la différence du fait dont il découle, a un caractère successif et permanent... ».

(1) Loi du 24 octobre 1919, art. 2, 17º : « Amnistie pleine et entière est accordée pour les faits commis antérieurement au 17 octobre 1919... 17º à tous les faits ayant donné lieu ou pouvant donner lieu à des sanctions disciplinaires, *sans qu'il en résulte aucun droit à réintégration* ».

C. d'État, 7 mai 1920, *Canal, Rec.*, p. 460 : « Par l'effet de cette disposition législative, les actes qui avaient motivé la sanction prononcée contre le sieur C. *sont réputés n'avoir jamais constitué des fautes contre la discipline, et la peine qui lui avait été infligée*, laquelle ne comportait d'ailleurs la privation d'aucun des avantages attachés à sa qualité d'archiviste départemental, *est entièrement effacée*. Dans ces conditions, il ne subsiste, pour le requérant, aucun intérêt à demander l'annulation de la décision attaquée ; sa requête est devenue sans objet ».

C. d'État, 3 décembre 1920, *Buchard, Rec.*, p. 1034 ; 24 décembre 1920, *Ménard, Rec.*, p. 1143 : Mêmes formules. Toutefois, les deux arrêts ajoutent : « La disposition législative (d'amnistie) équivaut au *retrait* de l'acte attaqué (de sanction disciplinaire), postérieurement à l'introduction du recours. Dès lors, le sieur B. doit être dispensé... de payer les droits d'enregistrement afférents au pourvoi ».

(2) C. d'État, 9 décembre 1921, *Pélatant*, R. D. P. 1922, p. 100 (avec les conclusions de M. Mazerat) : « Le requérant ne saurait se prévaloir de la disposition (d'amnistie) pour demander la suppression de son dossier des pièces constatant qu'il a été l'objet de certaines mesures au cours de sa carrière ».

(3) De la matière *disciplinaire*, il faut rapprocher les effets de l'amnistie touchant l'inscription au tableau de l'ordre des avocats. Malgré l'amnistie, le fait peut servir de base à une exclusion de l'ordre ou à un refus d'inscription au tableau de l'ordre. Pour écarter cette conséquence, il faut une disposition *législative expresse*. Ex. : loi du 12 juillet 1906, art. 2 : « Les faits visés par la présente loi ne peuvent servir de base à l'exclusion ou au refus d'inscription au barreau d'un citoyen remplissant les conditions légales de cette inscription ».

(4) C. d'État, 2 mars 1917 (*Jellinek Mercédès, Rec.*, p. 197) avec les conclusions de M. Corneille, lequel disait : « La loi d'amnistie ne supprime

noncée à la suite d'une constatation faite avec force de vérité légale. On peut seulement essayer, par une série d'actes juridiques variés et de nature juridique diverse, de créer ou d'amener, *pour l'avenir*, des situations juridiques qui remettront les choses en l'état. D'ailleurs, cela ne sera pas toujours possible. Il est bien évident que si, à la suite de la constatation du fait d'assassinat, un individu a été condamné à mort et guillotiné, aucun acte juridique ne pourra rémettre les choses en l'état et ressusciter le supplicié. Ce qui est vrai des faits *matériels* est vrai des effets *juridiques régulièrement* produits. L'allocation d'une somme d'argent à la famille de la victime n'est qu'une réparation (acte créateur de situation juridique individuelle).

En étudiant les effets de l'amnistie, j'ai montré par quels actes on peut obtenir, dans la mesure du possible, la remise des choses en l'état (1). Je n'insisterai pas davantage.

VI. — Il est une institution récente du droit public français : la *grâce amnistiante* ou *amnistielle*. Elle est visée par la loi du 24 octobre 1919, art. 3, par la loi du 29 avril 1921, art. 16. Ce dernier texte dispose : « Pour toutes les infractions aux Codes de justice militaire pour l'armée de terre et pour l'armée de mer, commises antérieurement au 11 novembre 1920, *amnistie pleine et entière* est accordée à tous ceux qui, depuis le 19 octobre 1919, auront bénéficié, ou qui. dans l'année de la promulgation de la présente loi, bénéficieront, *par décret de grâce*, soit d'une remise totale de peine, soit de la remise de l'entier reste de leur peine ».

La loi 17 juillet 1922, art. 1er porte : « Pendant une année, à dater de la promulgation de la présente loi, les dispositions de l'art. 16 de la loi du 29 avril 1921 seront remises en vigueur. Peuvent également et dans le même délai, bénéficier des dispositions de l'art. 16 de la loi du 29 avril 1921, les condamnés visés par ledit article, bien qu'ils aient été libérés de leur peine ».

Voyez encore la loi du 21 octobre 1922, art. 2 (grâce amnistielle).

Le mécanisme de toutes ces lois est le suivant :

---

pas l'obligation pour le contrevenant (contravention de voirie) de faire cesser le fait matériel qui constitue la contravention même ». (En ce sens C. d'Etat, 30 mars 1870, *Ministre des Travaux publics*). — Le Conseil d'Etat déclare, 2 mars 1917 : « La loi d'amnistie ne dispense pas le contrevenant de faire disparaître *les éléments constitutifs d'une contravention de grande voirie* ». Gaston Jèze, R. D. P. 1923, p. 221 et s.

(1) V. *supra*, p. 98 et s.

L'amnistie est accordée de plein droit à ceux qui, *dans l'avenir jusqu'à une certaine date*, bénéficieront d'un décret de grâce.

Il y a ici deux choses : 1º une loi générale et impersonnelle accorde l'amnistie à tous ceux qui sont déjà ou se trouveront, avant une certaine date, remplir certaines conditions de fait, dont l'une est un décret de grâce ; — 2º l'acte de grâce dont bénéficie tel individu réalise l'une des conditions mises par la loi d'amnistie pour que les effets de l'amnistie se produisent.

Tout ceci est parfaitement correct du point de vue de la technique *juridique*. Ce ne sont pas là des mesures d'amnistie *individuelle* prises par le pouvoir exécutif ; c'est bien le législateur qui prend la mesure *générale* d'amnistie. Sans doute, le pouvoir exécutif désigne les individus qui vont en bénéficier ; mais il n'est pas libre de désigner qui il veut. Il ne peut faire bénéficier de l'amnistie que ceux qui remplissent les autres conditions fixées par la loi.

Ce qui est vrai, c'est que le pouvoir exécutif peut empêcher un individu de bénéficier de l'amnistie, en lui refusant la grâce. C'est ce qui est arrivé pour certains condamnés (Marty).

La situation ressemble à celle d'une loi fixant au juge pénal un maximum et un minimum de la peine, entre lesquels le juge peut se mouvoir. Il n'y a pas là abandon du principe fondamental « *nulla pœna sine lege* ».

De même, la grâce amnistiante n'est pas une violation du principe que l'amnistie est une attribution du pouvoir législatif.

Politiquement, est-il opportun de faire collaborer le pouvoir exécutif, plus ou moins indirectement, à l'exercice du pouvoir d'amnistie ? La réponse affirmative ne me paraît pas douteuse. Dans l'amnistie proprement dite, le pouvoir exécutif joue déjà un grand rôle : on lui réserve *l'initiative* de cette mesure essentiellement politique. Il est donc naturel et conforme aux raisons *politiques* de cette institution que le pouvoir exécutif joue aussi un rôle dans l'attribution individuelle de l'amnistie.

CHAPITRE II

DE LA FORCE DE VÉRITÉ LÉGALE ATTACHÉE PAR LA LOI
A L'ACTE JURIDICTIONNEL

1. — L'acte juridictionnel est une constatation faite par le juge *avec force de vérité légale* (1). Quel est au juste le degré de cette force? Jusqu'à quel point la présomption de vérité légale est-elle irréfragable? *Dans quelle mesure* et *vis-à-vis de qui* la chose jugée est-elle la vérité légale? Les *particuliers*, les *agents publics* de tout ordre sont-ils obligés de tenir la chose jugée pour la vérité légale et d'agir en conséquence?

Délimitons le champ du problème (2).

Un juge *civil*, — judiciaire ou administratif — a *régulièrement* accompli un acte juridictionnel ; il a constaté, dans les formes légales, une situation juridique, un fait, la légalité ou l'illégalité d'un acte. Un juge *répressif* — judiciaire ou administratif — a *régulièrement* constaté la culpabilité ou la non culpabilité d'un individu. Cette constatation est-elle *absolument*, pour *tout le monde*, à *tout jamais*, la vérité légale? La chose régulièrement jugée est-elle *irréfragablement* la vérité légale? La force de chose jugée est-elle *abso-*

---

(1) Je suppose résolue la question très difficile de savoir quels sont les *actes juridictionnels*, c'est-à-dire les constatations auxquelles s'attache la force de vérité légale. Il y a là *surtout* une question de commentaire de textes ou d'interprétation de la volonté exprimée ou présumée du législateur. En effet, il dépend du législateur de conférer ou non à une constatation la force de vérité légale et, par suite, le caractère d'acte juridictionnel. L'*auteur*, les *formes*, l'*objet* même de la constatation sont d'importance secondaire ; ce sont là seulement des *indices révélateurs* de la volonté du législateur.

(2) P. Lacoste, *De la chose jugée en matière civile, criminelle, disciplinaire et administrative*, 2e édition, 1904.

lue pour *tous*, *erga omnes*, ou n'est-elle que *relative*, vis-à-vis de *certaines* personnes ? et *lesquelles* ?

Dans *quelle mesure* et *à qui* la *vérité légale* s'impose-t-elle ?

D'une manière plus précise, il y a quatre catégories d'individus ou d'autorités, pour lesquels la question se pose :

1º Quels sont les *individus* à qui la chose jugée *peut* ou *doit* être opposée comme la vérité légale ? Quels individus *peuvent* ou *doivent* s'en prévaloir ou en souffrir ?

2º La chose jugée s'impose-t-elle même au *Parlement*, à l'autorité qui fait *la loi ?* Les Chambres doivent-elles, en légiférant, *réserver les cas de chose jugée ?* s'abstenir de dire que la règle nouvelle s'appliquera nonobstant toute décision juridictionnelle passée en force de chose jugée ?

3º Dans quelle mesure la chose jugée s'impose-t-elle comme vérité légale aux *agents publics*, en particulier aux *agents de l'administration active ?*

4º Quels sont les *tribunaux* à qui la chose jugée s'impose comme la vérité légale ? Les tribunaux devant lesquels la chose jugée pourra être invoquée doivent-ils l'opposer *d'office ?*

II. — Il faut bien comprendre ce que signifie pratiquement l'autorité de la chose jugée.

Respecter la chose jugée, cela signifie d'abord *s'abstenir de critiquer la constatation faite par le juge ;* c'est la tenir *officiellement* pour *exacte*, refuser de la remettre en question, opposer une fin de non-recevoir pure et simple, sans discussion, *même si on croit que le juge s'est trompé.*

Cela signifie ensuite que chacun, en ce qui le concerne, appliquera les conséquences logiques de la constatation faite par le juge. A vrai dire, c'est ainsi que *pratiquement* se manifeste le respect de la chose jugée, de la part des individus ou des autorités publiques. Lorsqu'un individu fait *constater* avec force de vérité légale une *situation juridique, générale ou individuelle,* un *fait,* le *status* dont il est investi, etc., il ne poursuit pas un but doctrinal. Il ne lui suffit pas qu'un juge lui affirme qu'il a raison. Cette satisfaction morale n'est pas pour lui l'essentiel. Ce qu'il veut, c'est obtenir un résultat *pratique,* à savoir *le concours des autorités publiques de tout ordre pour la réalisation de la situation juridique dont le juge a constaté qu'il était le bénéficiaire.* Le juge ayant déclaré avec force de vérité légale que telle situation juridique existe, l'autorité de la chose jugée signifie pratiquement que la *collaboration* de tous ceux que cela intéresse (particuliers, autorités publiques) est *obligatoire* pour réaliser la situation. Ce serait une plaisanterie que de dire : Le juge a prononcé son jugement. Nul ne le conteste. Mais que le bénéficiaire de la constatation exécute lui-même les conséquences logiques du jugement.

S'il y a des tribunaux, c'est *uniquement* pour mettre fin aux guerres privées, c'est pour empêcher que les individus ne se fassent justice à eux-mêmes, par la force, par la violence. Telle est la raison d'être des tribunaux ; ils répondent au besoin de paix sociale. Les tribunaux ne sont pas des académies de science juridique, où l'on discute *in abstracto* des idées, des thèses. Ce sont des organes essentiellement chargés de dire dans quels cas et au profit de qui les individus et les autorités publiques (en particulier, les agents, la force publique) devront agir, afin d'empêcher le trouble social qui résulterait de l'emploi de la violence privée (1).

C'est avec cette double signification de l'autorité de la chose jugée, que le problème va être examiné.

SECTION I

Idées générales dominantes.

La solution de ces problèmes multiples est dominée par des idées générales d'ordre très divers, souvent contradictoires, dont la combinaison donne l'explication ou la justification de la diversité des solutions adoptées soit dans un même pays à une même époque, ou à des époques différentes, soit dans des pays voisins, même de culture et de civilisation égales. La variété et l'opposition des intérêts en cause sont, en effet, très grandes. Ceci explique les nombreuses distinctions faites partout, les hésitations des juristes, les controverses délicates qui, en cette matière, se rencontrent plus qu'en aucune autre. L'importance relative et comparative des intérêts en jeu peut

(1) J'insiste sur ce point parce que le prof. DUGUIT (*Tr. Droit Const.*, 2ᵉ édit., II, 1923, p. 341) m'a reproché « de confondre des choses très différentes, notamment la question *de compétence* et la question *d'autorité de la chose jugée*, la *forme exécutoire* d'une décision et l'*autorité* de cette décision ». J'avoue ne pas comprendre la portée de la critique.

être appréciée différemment suivant les époques, les milieux, la tournure d'esprit des juges et des juristes.

Voici les principales idées générales à mettre de relief et qu'il faut, à mon avis, combiner.

I

Il y a d'abord des idées générales qui militent en faveur d'une *grande force à donner à la chose jugée*, d'une *autorité absolue, erga omnes*.

1re *idée générale.* — Pour maintenir la paix sociale entre les hommes, il faut que les *procès aient une fin :* il importe que les constatations régulièrement faites par le juge soient tenues pour exactes et ne puissent être remises en question.

Ceci est vrai non seulement des constatations faites par le juge *civil*, mais encore des constatations faites par le juge *répressif*.

Il faut que la constatation faite par le juge *civil* ait, vis-à-vis de tous, une solidité à toute épreuve, soit d'une stabilité inébranlable. C'est une condition essentielle pour la sécurité du commerce juridique, pour le crédit. Il faut, en matière civile, que les situations édifiées sur la constatation régulière du juge ne puissent pas être remises en question à tout instant. — En matière *pénale*, il faut que l'individu acquitté ou déclaré coupable par le juge répressif ne soit pas laissé dans l'incertitude, qu'il ne soit pas sous la crainte d'un nouveau procès, d'une condamnation plus sévère. — Il faut aussi, pour les *tiers*, que la chose jugée soit la vérité légale.

Voilà pourquoi *res judicata pro veritate habetur* (1). C'est ce qui a fait dire à certains que, dans un pays civilisé, les individus ont *droit* à cette stabilité.

2e *idée générale.* — Lorsqu'un juge a fait régulièrement une constatation avec force de vérité légale, il importe à la paix sociale que tout le monde s'incline devant cette constatation : non seulement les particuliers en cause, mais encore les tiers, le Parlement, les autorités publiques, les tribunaux de tout ordre, les agents administratifs. Comment détourner les individus de recourir à la violence,

____

(1) Le besoin social de stabilité, qui est à la base de l'organisation juridictionnelle, et de la force de chose jugée, est aussi à la base de l'institution de la *prescription*. Il y a là un rapprochement qui s'impose.

à la guerre privée, si, ayant fait appel à un tribunal, le jugement de ce dernier n'est pas respecté par tous ? — Quelle *atteinte au prestige* des tribunaux, si **un** tribunal n'est pas tenu d'accepter pour la vérité légale la constatation faite par lui-même ou par un autre juge, s'il peut juger en sens contraire, s'il peut exister, *avec force de vérité légale*, des constatations en contradiction les unes avec les autres ? Quel scandale, si l'individu déclaré non coupable par le juge répressif est déclaré coupable par le juge civil, ou si l'individu reconnu coupable par le juge répressif est déclaré non coupable par le juge civil. — Quel exemple d'*anarchie* pour les individus, si les agents administratifs n'ont pas le devoir de tenir pour vraies les constatations faites par les tribunaux quels qu'ils soient, s'ils peuvent refuser d'en tenir compte sous prétexte qu'elles ne sont pas exactes !

D'autre part, il faut bien mettre en relief cette idée fondamentale que *tous* les agents publics d'un même pays sont des *collaborateurs*, et non pas des autorités rivales, jalouses les unes des autres. Les uns et les autres ont pour *unique* mission de faire fonctionner, le mieux possible, les services publics, *tous* les services publics. Les agents publics de tout ordre, de tout rang, de toute catégorie, de toute origine, ont le *devoir juridique* de se prêter un mutuel appui, de fournir *avec zèle et dévouement* leur collaboration à l'effet de faciliter la marche du service public de justice. Le service public de justice ne se borne pas à *constater* les situations juridiques ; cette constatation n'est que le *préliminaire* de la réalisation de ces situations, au besoin par la force publique.

L'idée fondamentale du droit public moderne c'est que les agents publics, *quels qu'ils soient*, n'ont de pouvoirs que pour remplir leur devoir d'assurer le fonctionnement régulier des services publics. Toute rivalité entre les autorités publiques, quelles qu'elles soient, est une méconnaissance de ce principe fondamental. Si donc il existe, de par la loi, au profit de certains agents, une certaine indépendance, cette indépendance, n'étant établie que pour le bien du service public, ne doit s'exercer que pour le bien du service et non pour gêner inutilement, par rivalité ou jalousie pure, les autres agents publics. Par suite, dès qu'un juge — agent public — a fait une constatation régulière, les autres agents publics doivent tenir cette constatation pour la vérité légale, régler leur conduite en conséquence, agir ou s'abstenir d'agir de façon à *réaliser* et non pas à paralyser l'acte juridictionnel régulier.

Ces deux premières idées générales militent en faveur d'une très grande force et d'une large portée d'application à donner à la chose jugée.

A mon avis, elles conduisent à poser comme *principe fondamental* la règle de l'autorité *absolue* de la chose jugée. L'acte juridictionnel régulier a force de vérité légale *erga omnes,* pour *tous* les particuliers, comme pour *tous* les agents publics de tout ordre, pour les tribunaux de tout ordre. Les raisons d'ordre social qui sont à la base de ce principe justifient amplement ce principe. La valeur sociale de l'acte juridictionnel régulier résulte de ce qu'il est la condition essentielle de la paix publique : l'ordre social, la tranquillité publique exigent que ce qui a été régulièrement et définitivement jugé ne puisse pas être remis en question, *par qui que ce soit.*

Tel est, à mon sentiment, le principe fondamental en matière de chose jugée.

II

Voici maintenant d'autres idées générales de nature à diminuer cette force et à restreindre le domaine d'application du principe général.

3e *idée générale.* — La paix sociale risque d'être gravement compromise si la vérité légale proclamée par le juge n'est pas la vérité *réelle.* Ce serait un ferment de trouble social que de maintenir, *à toute force,* comme la vérité *légale,* ce que les faits ont montré être faux.

Il faut donc empêcher que cette contradiction se produise. A cet effet, les législations de tous les pays civilisés prennent des précautions minutieuses : elles s'efforcent d'obtenir que la constatation faite par le juge et qui sera la vérité légale soit bien la vérité réelle : toutes les règles d'organisation juridictionnelle (composition des tribunaux, recrutement des juges, inamovibilité, irresponsabilité, etc.), toutes les règles de procédure (débat contradictoire, publicité, etc.), toutes les voies de recours (opposition, appel, cassation), etc., sont inspirées par le désir de prévenir un conflit entre la vérité *légale* et la vérité *réelle.*

Malgré les précautions prises, le conflit redouté peut se produire. Il y a alors deux intérêts sociaux en présence : l'intérêt *social* de ne pas recommencer les procès et de maintenir la constatation faite par le juge ; l'intérêt *social* de ne pas maintenir une iniquité. Il faut essayer de les concilier. Si la conciliation est impossible, si l'un de ces intérêts doit être sacrifié, il faut rechercher le sacrifice qui compromettra le moins la paix sociale. Il est des cas où le maintien de la vérité légale entraînera le moindre dommage. Ex. : une constatation juridictionnelle de *non* culpabilité est reconnue erronée. Mieux vaut, au point de vue de la *paix sociale*, laisser impuni l'individu acquitté par erreur que recommencer le procès criminel. — Il est des cas où, au contraire, la vérité légale ne peut pas être maintenue sans mettre en péril la paix publique, sans amener une agitation politique, un trouble profond dans la conscience publique, une crise morale extrêmement grave. Ex. : une constatation juridictionnelle de *culpabilité* faite par le juge répressif est reconnue erronée. En dehors de toute question de justice pour l'individu condamné injustement, la *paix sociale* exige que le procès soit recommencé (1).

4° *idée générale*. — Plus grandes sont les chances d'erreur dans la constatation faite par le juge, moins grande doit être l'autorité de la chose jugée. Or ces chances d'erreur dépendent beaucoup de la procédure suivie devant le juge. En matière *pénale*, les chances d'erreur sont faibles, à raison des témoignages oraux, des interrogatoires en audience publique et contradictoirement de tous ceux qui savent ou peuvent savoir quelque chose, des investigations de l'instruction, de l'action du ministère public, etc. — Au contraire, en matière *civile*, les chances d'erreur sont, à raison de la procédure même, grandes : le juge n'entend *ordinairement* que les parties en cause, avec les seuls arguments et les seules pièces qu'elles veulent bien lui soumettre; s'il y a des tiers intéressés, ils ne sont pas nécessairement entendus, car le juge ne les connaît pas ; d'ordinaire, ce n'est ni lui, ni le ministère public qui dirigent la procédure.

D'ailleurs, *même en matière civile*, il est des cas nombreux où la procédure est organisée de telle manière que les chances d'erreur sont très faibles.

Tout ceci doit avoir son influence sur la portée d'application du principe fondamental de l'*autorité absolue* de la chose jugée, soit

______

(1) La plupart des pays ont traversé ces périodes de crise morale. En France, l'affaire Dreyfus à la fin du xix° siècle restera l'exemple le plus célèbre de ces crises. L'affaire Dreyfus a fait apparaître les immenses dangers sociaux et politiques du maintien, à tout prix, de la chose jugée.

dans les rapports des particuliers entre eux, soit vis-à-vis des tribunaux et des autorités publiques.

Là où les chances d'erreur sont très *faibles*, il y a lieu de s'en tenir au principe fondamental. Là où les chances d'erreur sont grandes, il conviendra d'écarter le principe fondamental et de décider que, *par exception*, la chose jugée n'aura qu'une force *relative*.

5e *idée générale*. — Il est des questions si graves pour les individus, que le juge chargé de les résoudre doit avoir une très grande liberté d'appréciation et ne doit pas être lié ni même influencé par les constatations déjà faites par d'autres juges *dans des conditions présentant moins de garanties*. Tel est le cas lorsqu'il s'agit de procès criminels, d'où dépendent l'honneur, la liberté, la vie même des individus. Il importe donc que le juge répressif examine les affaires qui lui sont soumises avec une grande indépendance.

C'est une nouvelle cause de restriction au principe fondamental de l'autorité *absolue* de la chose jugée.

6e *idée générale*. — L'*objet* de la constatation faite par le juge est aussi de nature à restreindre la portée d'application du principe fondamental de l'autorité *absolue* de la chose régulièrement et définitivement jugée. Lorsque, par exemple, le juge a constaté des *faits*, les chances d'erreur sont beaucoup plus grandes que lorsque l'objet de la constatation est l'appréciation de la *légalité* d'un acte, ou l'interprétation à donner à une *règle de droit* pour tel procès donné.

Dans le cas de constatation de faits, les chances d'erreur dépendent de la mauvaise volonté des individus que le juge a devant lui : leurs réticences, leurs omissions, leur mauvaise foi peuvent induire le juge en erreur. Dès lors, on conçoit qu'on applique plus difficilement le principe fondamental.

Au contraire, *dans les questions de légalité*, l'erreur vient surtout du juge, de son ignorance, de son inexpérience : c'est pour remédier à cette ignorance, à cette inexpérience, qu'il y a des tribunaux supérieurs. Mais lorsque le juge suprême a prononcé, il est d'intérêt social que l'interprétation donnée à la loi par le juge suprême soit, pour le cas donné, la vérité légale qui s'impose à tous, quelle que soit leur conviction intime : le principe fondamental de l'autorité absolue de la chose jugée doit s'appliquer.

D'après certains, il conviendrait aussi de tenir compte de la *nature de la situation juridique constatée par le juge*. Il y a, dit le professeur Duguit (1), deux sortes de juridictions : la juridiction *subjective* et la juridiction *objective*.

I. — La juridiction *subjective* existe toutes les fois que l'on pose au juge une question de droit subjectif. Cela a lieu dans trois hypothèses :

1° Quand le juge est appelé à dire s'il existe ou non une *situation juridique subjective* (individuelle), quelle en est l'étendue, et à rendre une décision ayant pour objet de la réaliser. Ex. : Le vendeur, créancier du prix, demande au juge de constater sa situation juridique *individuelle*, que l'acheteur refuse ou s'abstient de réaliser ;

2° Quand le juge est appelé à dire si l'acte juridique à la suite duquel est née une situation juridique *subjective*, individuelle, est atteint d'un vice de nature à entraîner l'annulation de l'acte : c'est la question de la *régularité de l'acte juridique à la suite duquel une situation juridique individuelle est née*. En réalité, dans ce cas, le juge a à rechercher si une situation juridique *individuelle* est née régulièrement ou non. On revient donc à la première hypothèse ;

3° Quand le juge est appelé à dire si une situation juridique *individuelle* préexistante est affectée par un acte juridique *objectif* (loi, règlement, acte-condition), si la situation juridique individuelle est modifiée par cet acte objectif. Cela revient à constater l'existence et l'étendue de la situation juridique *individuelle*.

Dans ces trois cas de juridiction subjective, l'acte juridictionnel subjectif a la même autorité que la situation juridique individuelle, c'est-à-dire qu'il ne produit d'effet qu'à l'égard des parties à l'instance (*relativité de la chose jugée*).

II. — La juridiction *objective* existe toutes les fois que la question posée au juge est une question de *droit objectif*. Cela a lieu dans deux hypothèses :

1° Le juge est appelé à dire si une règle de droit a été ou non violée par un acte (fait matériel ou acte juridique).

a) Si la règle de droit a été violée par un fait matériel, il n'y a aucune situation juridique individuelle, car un fait matériel ne crée pas de *situation juridique*. La question posée au juge est uniquement de droit objectif (contentieux de la responsabilité pénale et de la responsabilité civile).

b) Si la règle de droit a été violée par un *acte juridique*, alors ou bien

____

(1) Duguit, *Tr. Droit Const.*, II, 2e édition, 1923, p. 342 et s.

l'acte juridique est *subjectif*, auquel cas, on est dans un cas de juridiction *subjective*; ou bien l'acte juridique est *objectif*, on est alors dans un cas de juridiction *objective* (question de *légalité* objective).

2° Le juge est appelé à dire si une situation juridique *objective* (*status*, état) préexistante est ou non touchée par un acte juridique (objectif ou subjectif), par un fait matériel. Ex. : question de nationalité, de filiation, de mariage, d'électorat, etc.

Dans ces deux hypothèses de juridiction *objective*, l'acte juridictionnel étant objectif a le caractère de la situation juridique objective qu'il constate : la chose jugée a autorité *erga omnes* ; elle s'impose à quiconque, même aux tribunaux, aux tribunaux de tout ordre.

C'est ainsi que la juridiction *répressive* étant *objective* (violation d'une règle de droit par un fait matériel), les condamnations *pénales* produisent effet *erga omnes* : l'individu condamné a le status de condamné pour tout le monde et pour tout tribunal. De même, les jugements prononçant la nullité d'une société commerciale produisent leur effets *erga omnes* et non pas seulement à l'égard des parties au procès (Cass. req. 2 juillet 1873, D. 1874-1-49 ; Cass. civ., 21 novembre 1916, D. 1921-1-10). — De même encore, les jugements rendus sur les questions d'état (mariage, filiation, etc.), ont effet *erga omnes*. Il serait absurde que A soit reconnu fils légitime vis-à-vis de B, mais non vis-à-vis de C ou de D ; que Pierre et Marie soient reconnus époux légitimes vis-à-vis de A et de B, mais non vis-à-vis de C et de D, etc. — De même, enfin les arrêts prononçant *cassation* (Cour de cassation ou Conseil d'Etat) sur des questions de droit objectif ont effet *erga omnes*.

III. — Pour ma part, je ne vois pas, dans la *nature juridique* des situations constatées, de raison pour que l'acte juridictionnel ait, tantôt une force absolue et tantôt une force relative, soit la vérité légale tantôt pour tel ou tel individu seulement et tantôt pour tous les individus. Il est évident que, dans le cas de situation juridique *individuelle*, ce sont surtout les individus placés dans cette situation qui invoqueront le jugement. Mais pourquoi des tiers ne pourraient-ils pas se prévaloir de cette constatation ou se la voir opposée ? En quoi la nature juridique *particulière* de la situation constatée s'y oppose-t-elle ?

A mon avis, si, dans le cas de situation juridique *individuelle*, la chose jugée n'a qu'une autorité relative, c'est parce que le juge, lorsqu'il fait la constatation, n'entend que *certaines* des parties qui sont dans cette situation ; dès lors, les chances d'erreur sont grandes : il convient de réserver, aux individus qui n'ont pas été entendus par le juge, le pouvoir de faire changer son opinion et, par suite, de démontrer que, en ce qui les concerne, la constatation juridictionnelle est erronée. C'est une raison de procédure qui est à la base de l'autorité relative de la chose jugée en matière de situation juridique individuelle. On comprendrait d'ailleurs très bien que la procédure fût, *en cette matière*, organisée de façon à mettre en cause *tous* les intéressés, à écarter ainsi les chances d'erreur et à donner ensuite force absolue à la chose jugée.

Quoiqu'il en soit, le fait que, *dans les procès entre particuliers, le plus souvent*, pour des raisons de procédure, la chose jugée n'a qu'une force relative, a fait croire que le principe fondamental, en matière de chose jugée, était la force *relative* et non pas la force *absolue, erga omnes*. Il y a là, à mon avis, une erreur capitale (1). Encore une fois, le principe fondamental est celui de la force *absolue ; la relativité de la force de chose jugée est l'exception*.

III

En *France*, il est enfin deux considérations d'ordre politique et historique qui viennent compliquer ce problème déjà si délicat par lui-même, et apporter un élément restrictif au principe fondamental de l'autorité absolue de la chose jugée. Ce sont les célèbres *règles de la séparation des pouvoirs, et de la séparation des autorités administrative et judiciaire*.

7° *idée générale*. — Le droit public français consacre, dit-on, le *principe de la séparation des pouvoirs*. Cela signifie surtout qu'en droit public français les tribunaux doivent soigneusement s'abstenir de gêner d'une manière quelconque le Parlement. Pendant longtemps,

---

(1) Duguit, *Tr. Dr. Const.*, 2° édit., II, 1923, p. 347 : « Les civilistes ont voulu faire de cette disposition (art. 1351 du Code civil, relativité de la chose jugée) un principe général, absolu ; ils ont voulu l'appliquer à tous les jugements, même à ceux rendus au cours de la juridiction objective... Ils n'ont pas compris que l'article 1351 du Code civil est une disposition qui ne peut s'appliquer qu'au jugement rendu en matière de juridiction subjective et qu'en voulant lui donner une portée générale et l'appliquer même aux décisions rendues en matière de juridiction objective, on aboutit à des conséquences tout simplement absurdes, comme celles, par exemple, auxquelles on a été conduit en l'appliquant aux décisions juridictionnelles rendues en matière de questions d'état ».

cela signifiait aussi qu'ils devaient s'abstenir soigneusement de gêner d'une manière quelconque le gouvernement : aujourd'hui, cette deuxième signification a été considérablement réduite.

La réciproque est affirmée par certains théoriciens; mais leurs affirmations ne sont pas d'accord avec les faits.

L'histoire politique de la France a donné à la règle de la séparation des pouvoirs une signification particulière, qui n'est pas toujours logique.

Il pourra donc arriver qu'à raison de l'indépendance du Parlement et même du gouvernement vis-à-vis des tribunaux, les décisions de justice ne s'imposent pas absolument au Parlement ou au gouvernement.

Il y a là une raison d'atténuation au principe fondamental de l'autorité absolue de la chose jugée.

Il conviendra, d'ailleurs, de réduire au minimum cette atténuation.

8ᵉ *idée générale*. — En droit public français, il existe une règle dite de la *séparation des autorités administrative et judiciaire*. Cette règle, exclusivement formulée pour des motifs d'ordre *politique*, à raison de la défiance qu'inspirait aux hommes de la Révolution l'esprit réactionnaire des corps judiciaires (1), a la signification suivante : il est interdit aux tribunaux judiciaires, organisés pour juger les procès entre particuliers, de juger les litiges soulevés par les actes administratifs. En conséquence, il existe en France deux ordres de tribunaux : les tribunaux judiciaires, les tribunaux administratifs ; non seulement chaque ordre de tribunaux a sa compétence propre, comme cela a lieu, dans tous les pays, pour les différents tribunaux ; mais encore on a attaché à cette séparation une signification *politique* : à savoir l'*indépendance respective des autorités administrative et judiciaire*. On estime qu'il y aurait un danger *politique* si cette indépendance n'existait pas, si les constatations faites par les tribunaux judiciaires liaient étroitement les *tribunaux* administratifs, les *agents* administratifs.

Ce n'est pas tout : cette règle d'ordre politique a été complétée par une autre règle voisine, à savoir que les tribunaux *administratifs eux-mêmes* ne peuvent pas adresser d'injonctions, d'ordres ni de défenses aux agents de l'administration active.

Enfin, il faut observer que la règle *politique* de l'indépendance respective des autorités administrative et judiciaire a été interprétée *en*

(1) V. *infra*.

faveur des autorités *administratives* et *contre les tribunaux judiciai-res* : en d'autres termes, les autorités administratives sont indépen-dantes des tribunaux judiciaires (1) ; mais les tribunaux judiciaires ne jouissent pas d'une indépendance aussi complète vis-à-vis des autorités administratives.

Dès lors, le principe fondamental de l'autorité absolue de la chose jugée subit, par sa combinaison avec ces règles politiques certaines, une nouvelle restriction. Il convient de déterminer l'étendue de cette restriction, de cette exception au principe fondamental.

A mon avis, l'exception doit être interprétée de la façon la plus étroite. Il faut lui faire la moindre place possible. D'une part, en effet, quoiqu'on en ait dit, la séparation des autorités administra-tive et judiciaire est une règle rationnellement injustifiable aujour-d'hui, et non sans dangers, comme je le montrerai. On a beau décla-rer qu'elle est la conséquence du principe sacro-saint de la sépara-tion des pouvoirs. Il faudrait d'abord savoir ce que ce principe signifie au juste (2).

---

(1) L'Instruction *législative* du 8 janvier 1790 *sur la formation des assemblées représentatives et des corps administratifs* (§ VI, 12ᵉ alinéa) proclame cette indépendance en termes très énergiques : « La Constitu-tion ne serait pas moins violée, si le pouvoir judiciaire pouvait se mêler des choses d'administration, et troubler, de quelque manière que ce fût, les corps administratifs dans l'exercice de leurs fonctions. La maxime qui doit prévenir cette autre espèce de désordre politique est consacrée par l'article 8 (de la section III du Décret du 22 déc. 1789-8 janvier 1790). *Tout acte des tribunaux ou des cours de justice tendant à contrarier ou à suspendre le mouvement de l'administration étant inconstitution-nel, demeurera sans effet et ne devra pas arrêter les corps adminis-tratifs dans l'exécution de leurs opérations* ». Ces derniers mots sont cités par LAFERRIÈRE (*Jur. adm. et rec. cont.*, 2ᵉ éd., 1896, I, p. 512) pour affirmer que, encore aujourd'hui, les autorités administratives ont le pouvoir, dans certains cas, de ne pas tenir compte des constatations faites par les tribunaux judiciaires. Cpr. *infra*.

(2) Le professeur BARTHELÉMY (R. D. P. 1912, p. 511) observe très juste-ment que « c'est là une conception française de ce principe, puisque le pays où Montesquieu l'a découvert est en même temps le pays du *writ of mandamus*. Dans le droit anglais, en effet, quand le *tort* d'une assemblée locale ou d'un fonctionnaire est un refus de remplir un devoir imposé par le Droit, le citoyen intéressé peut demander à la Haute Cour un man-dat judiciaire (*mandamus*) dirigé contre l'assemblée ou le fonctionnaire en question, lui imposant, *sous peine de confiscation de biens*, ou même de contrainte par corps, de remplir le devoir négligé ». Cpr. JENKS, *Le régime du droit dans le système administratif anglais*, Rapport au

D'autre part, à l'heure actuelle, la notion fondamentale du service public exige que les agents publics de tout ordre n'entravent pas la marche d'un service quelconque par des critiques sur leur conduite respective. Dès qu'une autorité publique a régulièrement agi dans la limite de sa compétence, les autres agents publics *doivent* faciliter l'exécution de l'acte juridique par elle accompli et non pas chercher à le paralyser (1). Il suit de là que les règles d'*origine politique* qui, à une époque maintenant lointaine, et pour des raisons de circonstance aujourd'hui disparues, ont organisé l'indépendance réciproque des autorités administrative et judiciaire sont contraires à la notion moderne du service public ; elles doivent donc être interprétées *aujourd'hui* (2) restrictivement et non pas extensivement.

Congrès des sc. adm. de Bruxelles III, 1, 6, p. 7 ; — Goodnow, *les Principes du Droit administratif des États-Unis*, éd. fr. Jèze, p. 475 ; — Sibert, *Principes généraux sur la situation juridique des fonctionnaires anglais*, R. D. P. 1911, p. 222 et 232.

(1) Cpr. en ce sens Laferrière, *Jur. adm. et rec. cont*, 2ᵉ édition, I, p. 501 : « De telles fins de non-recevoir... seront... contraires aux rapports qui doivent exister entre des juridictions, *appelées à se fournir l'une à l'autre un mutuel appui et non à s'entraver par d'inutiles critiques*... ».

(2) Pour bien comprendre le changement qui s'est produit au cours du xixᵉ siècle, il suffira de rappeler qu'en France, à une certaine époque, le Gouvernement s'est prétendu tellement souverain à l'égard des décisions des *tribunaux judiciaires*, qu'il s'arrogeait le droit de les *annuler* lorsqu'il estimait qu'elles étaient entachées d'excès de pouvoir. En voici deux exemples célèbres. En 1813, l'Empereur *annula* un jugement de conseil de guerre et un arrêt de cour d'assises : décrets du 4 juillet 1813 et du 14 août 1813. — Dans le décret du 4 juillet 1813, sur le rapport du Conseil d'État, annulant un jugement d'un conseil de guerre irrégulièrement composé, il est dit : « C'est un principe constant qu'il n'y a pas de plus grave défaut que le défaut de pouvoirs et que ce vice doit être reproché à tout tribunal non régulièrement formé Le droit de surveiller l'exécution des lois et de réformer les infractions qui y sont faites est inhérent à la souveraineté et ne peut jamais cesser d'exister. Ainsi, dans le cas où le prince n'en a pas délégué l'exercice, il est censé se l'être réservé à lui-même ». — Le décret du 14 août 1813, rendu par l'Empereur seul, annule un arrêt de la cour d'assises de Bruxelles du 24 juillet 1813, qui avait acquitté les administrateurs de l'octroi d'Anvers, accusés de concussion. En exécution de ce décret, un sénatus-consulte du 28 août 1813 ordonna le renvoi des accusés devant une autre cour d'assises. Sous la Restauration, le Roi, par ordonnance en Conseil d'État du 4 juillet 1814, annula le décret et le sénatus-consulte : « Considérant que l'acte qualifié

Quelque restriction qu'on y apporte, la règle politique de la séparation des autorités a son contrecoup sur l'autorité de la chose jugée dans les rapports des autorités administrative et judiciaire et rend compte de solutions bizarres, *logiquement* injustifiables, mais certaines.

Voilà les *principales* idées qui, *en France, à l'heure actuelle,* dominent le problème de la force de la chose jugée. Leur diversité, leur opposition explique les controverses sans fin qui se sont élevées sur ce problème difficile. Le plus souvent, les difficultés tiennent à ce que le problème est mal posé et que les idées générales ne sont pas bien dégagées (1).

Il convient maintenant d'exposer *sommairement*, mais d'une manière précise, les solutions *générales* auxquelles a conduit la combinaison de ces idées.

Pour déterminer la *mesure* dans laquelle et les *personnes* vis-à-vis desquelles la chose jugée a force de vérité légale, il convient de placer successivement, en face de la constatation *régulièrement et définitivement* faite par un juge : 1° les *particuliers* ; 2° le Parlement ; 3° les *agents publics autres que les tribunaux,* en particulier les agents publics d'exécution et les agents administratifs de tout ordre (ministres, préfets, commandants de la force publique, etc.) ; 4° les *tribunaux.*

sénatus-consulte du 28 août 1813 est contraire à l'autorité de la chose jugée et attentatoire à l'autorité du jury, déclare S. M. que le dit sénatus-consulte et tout ce qui s'en est suivi doit être considéré comme nul et non-avenu ; Ordonne que l'arrêt de la Cour d'assises du 24 juillet dernier sortira son plein et entier effet et que le séquestre apposé sur les biens des requérants légalement acquittés sera levé sur-le-champ, si fait n'a été ».

(1) Conclusions de M. Riboulet, sous C. d'E., 26 juillet 1912, *Compagnies d'Orléans et du Midi, Rec.,* p. 894 : « Il n'est pas, au titre des obligations de notre Code civil, une matière qui ait suscité plus de controverses que la chose jugée. La doctrine ne varie point. Quant aux décisions judiciaires, elles évoluent depuis 50 ans, dans une telle diversité d'espèces, que les thèses les plus opposées ne sont pas éloignées d'y trouver toujours un appui. Nous ne vous conduirons pas dans ce dédale. Nous estimons qu'en pareille circonstance il échet, pour le juge, de s'élever aux *principes généraux qui, seuls, peuvent lui donner cette perspective juridique d'où s'apprécient sainement les grandes lignes d'une législation* ».

Section II

Force de la chose jugée pour les particuliers.

Trois propositions principales peuvent être dégagées :

1re *proposition.* — Dans la constatation faite *au civil* par le juge, *judiciaire ou administratif, les chances d'erreur sont ordinairement grandes,* puisque le juge n'entend, le plus souvent, que quelques-uns des intéressés. — Dès lors, il convient d'écarter le principe fondamental de l'autorité absolue de la chose jugée ; il est d'intérêt social que cette constatation n'ait force de vérité légale que *pour les particuliers qui figuraient au procès, qui étaient parties à l'instance. Pour les tiers,* qui n'ont pas su faire entendre, la chose jugée n'a pas force de vérité légale : ils pourront la faire tomber par la *tierce opposition* (1).

Il est des cas toutefois où le principe fondamental de l'autorité *absolue* de la chose jugée s'applique *en matière civile.*

Voici les principaux :

les jugements de nullité et de déchéance de *brevet d'invention,* prononcés par les tribunaux judiciaires *sur la requête du ministère public, ou le ministère public étant partie intervenante* (l. 5 juillet 1844, art. 37 et s.) (2) ;

lorsque, la constatation faite, le juge *investit* automatiquement l'individu d'un status légal : faillite, liquidation judiciaire, etc. (3) ;

la constatation faite par le juge judiciaire de la *qualité d'électeur* (4) ;

---

(1) Code de proc. civile, art. 474 : « Une partie peut former tierce opposition à un jugement qui préjudicie à ses droits, et lors duquel ni elle ni ceux qu'elle représente n'ont été appelés ». Lacoste, *op. cit.,* p. 253 et s. — La tierce opposition existe aussi devant le Conseil d'Etat, art. 37, décret du 22 juillet 1806. Laferrière, *Jur. adm. et rec. cont.,* 2e édition, I, p. 340.

(2) Lacoste, *op. cit.,* p. 241, nos 704 et s. Au cours de la discussion de la loi de 1844, il fut dit que l'intervention du ministère public était exigée afin que la nullité ou déchéance ait force de chose jugée *au profit de la société, vis-à-vis de tous les ayants droit au brevet (Moniteur,* 17 avril 1844, p. 987).

(3) Lacoste, *op. cit.,* p. 440, nos 1315 et s.

(4) Lacoste, *op. cit.,* p. 249 et s., nos 729 et s.

la constatation faite par le Conseil d'Etat de l'*illégalité* d'un acte administratif sur le *recours pour excès de pouvoir* (1), etc.

Dans tous ces cas, la tierce opposition n'est pas possible. Il faut appliquer le principe fondamental en matière de chose jugée : la constatation faite par le juge *civil — judiciaire* ou *administratif —* a force de vérité légale *erga omnes*, vis-à-vis des tiers, soit qu'elle leur profite, soit qu'elle leur nuise (2).

______

(1) Laferrière, *Jur. adm. et rec. cont.*, 2ᵉ édit., II, p. 571 et s.

(2) Par un arrêt du 28 avril 1882, *ville de Cannes* (Rec., p. 387), le Conseil d'E. avait décidé que la tierce opposition était recevable, *par application du droit commun*, contre un arrêt du Conseil d'Etat constatant l'illégalité d'un acte administratif sur le recours pour excès de pouvoir. C'était une erreur : le droit commun, c'est la force *absolue* de chose jugée et non la force *relative* (V. *supra*, p. 117). La relativité de la chose jugée est une règle *exceptionnelle*. Cette règle exceptionnelle s'applique *ordinairement* aux procès entre particuliers. Mais le recours pour excès de pouvoir n'est pas un procès entre particuliers : c'est un recours contre *un acte* et non contre une personne ; il n'y a pas de défendeur à l'instance ; *seul*, le ministre intéressé défend l'acte attaqué. Dès lors, nous ne sommes pas dans l'hypothèse prévue par l'article 474 du Code de procédure civile, où la chose jugée n'a qu'une autorité *relative*.

Par arrêt du 8 décembre 1899, *ville d'Avignon, Rec.*, p. 719, sur les conclusions magistrales de M. Jagerschmidt (Sirey, 1900-3-73 avec la note du prof. Hauriou), le C. d'Et. avait décidé : « La voie de la tierce opposition est ouverte seulement aux parties contre les décisions qui préjudicient à leurs droits et lors desquelles ni elles, ni ceux qu'elles représentent n'ont été appelés. Les instances engagées par application des dispositions des lois des 7-14 octobre 1790 et 24 mai 1872 *n'ont pas le caractère de litiges entre parties*. Si le Conseil d'Etat peut admettre les personnes qui se prévalent d'un intérêt au maintien des actes de la puissance publique attaqués par la voie du recours pour excès de pouvoir, à lui présenter leurs observations avant le jugement de ces instances, la circonstance que ces intéressés n'auraient pas usé de cette faculté *ne peut leur ouvrir la voie de la tierce opposition pour remettre en discussion des décisions d'annulation rendues définitivement par le Conseil d'Etat à l'égard de tous* ».

On croyait et l'on pouvait croire la question définitivement résolue par l'arrêt de 1899, lorsqu'un arrêt du 29 novembre 1912, *Boussuge* (R. D. P. 1913, p. 331, et *ma* note), rendu *contrairement* aux conclusions du commissaire du gouvernement M. Léon Blum (*Recueil*, 1912, p. 1135), a écarté les solutions de 1882 et de 1899 et fait une distinction : la tierce opposition n'est pas, en principe, recevable contre un arrêt d'annulation. Toutefois, elle est recevable si elle est formée par un individu invoquant un *droit reconnu par une loi ou un règlement*, droit auquel préjudicie l'arrêt d'annulation. Cette distinction, déjà faite par Laferrière, *op. cit.*,

On remarquera que, dans tous ces cas, cette force de vérité légale *erga omnes* n'existe que si le juge a *accueilli* la demande et constaté que le brevet est *nul*, que l'individu *a* cessé ses paiements, que l'individu *ne* remplit *pas* telle condition de l'électorat, que l'acte administratif est *illégal*, etc. Au contraire, la chose jugée n'a qu'une force *relative* si le juge a repoussé la demande; dans ce cas, en effet, le juge peut l'avoir repoussée pour irrégularité de forme ou pour tardivité du recours, etc.; le juge n'a pas dit que, formé dans *d'autres conditions* ou pour *d'autres motifs*, le recours ne triompherait pas. On pourra donc, *malgré le premier jugement* rejetant *la première demande*, former une nouvelle action en nullité du brevet d'invention, demander à nouveau la faillite, la radiation des listes électo-

II, p. 565 et 566, doit, à mon avis, être absolument repoussée. Elle méconnait le principe fondamental de l'autorité *absolue* de la chose jugée. Elle fait abstraction de l'idée que le recours pour excès de pouvoir est dirigé contre un acte et non contre une personne. Elle repose sur une distinction entre le *droit* et l'*intérêt*, sans qu'on puisse savoir au juste quand il y a *droit* et quand il y a *intérêt*. Enfin, elle est de nature à conduire à des situations inextricables au cas où, sur la tierce opposition, un règlement, déjà annulé par le C. d'E., serait reconnu légal. Le règlement sera illégal vis-à-vis de tout le monde, *sauf vis-à-vis du tiers-opposant*. L'administration devra donc le supprimer vis-à-vis de tous, mais le maintenir ou le refaire pour le tiers opposant.

L'arrêt de 1912 n'a pas eu de suite. L'arrêt de 1912 n'a pas été suivi d'un recours en tierce opposition, de sorte que le C. d'Et. n'a pas rendu d'arrêt sur une tierce opposition contre l'arrêt d'annulation d'un règlement pour illégalité.

Le prof. Duguit (*Tr. Droit Const.*, 2e édition, t. II, 1923, p. 376) critique l'arrêt de 1912 : « Cette solution, dit-il, ne soutient pas l'examen ». L'arrêt de 1912 « est le résultat d'une inadvertance de la haute juridiction, qui admet la recevabilité d'une tierce opposition dirigée contre un arrêt ayant prononcé l'annulation d'un décret, ce qui aboutit à cette conséquence que, si la tierce opposition avait triomphé sur le fond, le décret aurait été annulé pour tout le monde, excepté pour une seule personne, le demandeur à la tierce opposition, ce qui me parait inintelligible ».

Le prof. Hauriou (S. 1914-3-33) explique l'arrêt de 1912 : « Le requérant à la tierce opposition prétendait à un droit subjectif auquel l'arrêt d'annulation du C. d'E. avait fait grief; par conséquent, son recours devait être déclaré recevable, et, d'ailleurs, le recours pour excès de pouvoir perd de plus en plus son caractère de recours objectif ». Cette dernière observation est exacte. Le Conseil d'E. dans la période où se place l'arrêt de 1912 a traversé une crise d'incertitude, « d'incohérence » même, déclare le prof. Duguit (*op. cit.*, II, p. 378).

rales ou l'inscription, former un nouveau recours pour excès de pouvoir contre l'acte administratif déjà attaqué (1).

2e proposition. — *Même pour les parties en cause*, la chose jugée *au civil* par les tribunaux *judiciaires* ou *administratifs* n'a pas, en règle, force de vérité légale *absolue*. A raison des chances d'erreur, les parties peuvent *s'accorder* (2) pour écarter la constatation faite par le juge *civil*. Il y a là une question de conscience laissée à l'appréciation des parties. C'est pourquoi les juges ne peuvent pas opposer *d'office* l'autorité de la chose jugée *au civil* (3). — Enfin, la loi organise un recours juridictionnel par lequel une des parties pourra demander au juge de *rapporter*, de *retirer*, de *rétracter* la constatation par lui faite et sur l'exactitude de laquelle on a découvert, depuis le jugement, de très graves raisons de douter : ce recours porte le nom de *requête civile* lorsqu'il s'agit des tribunaux judiciaires (4), de *recours en révision* lorsqu'il s'agit d'arrêt du Conseil d'Etat (5).

3e proposition. — La chose jugée *au criminel* par le juge *judiciaire* ou *administratif* a, pour les particuliers, force *absolue* de vérité légale. Le principe fondamental s'applique : il n'existe aucune rai-

---

(1) Voir les autorités citées aux notes précédentes.

(2) Il faut l'accord de volontés de la partie qui a gagné son procès et de la partie qui a succombé. En effet, la constatation faite par le juge a un but social : rétablir la paix sociale et stabiliser des situations de fait ou de droit. La partie qui a succombé peut avoir intérêt à ce que l'on ne revienne pas encore une fois sur la situation constatée par le juge à son détriment.

(3) A ce point de vue, la règle est la même, et pour les mêmes raisons, qu'en matière de *prescription*. Code civil, art. 2220 : « On peut renoncer à la prescription acquise ». Art. 2223 : « Les juges ne peuvent pas suppléer d'office le moyen résultant de la prescription ».

(4) La *requête civile* est possible, entre autres motifs, dans les cas suivants : « s'il y a contrariété de jugements en dernier ressort, *entre les mêmes parties et sur les mêmes moyens*, dans les mêmes cours ou tribunaux » ; « si, dans un même jugement, il y a des dispositions contraires » ; « si l'on a jugé sur *pièces reconnues ou déclarées fausses* depuis le jugement » ; « si, depuis le jugement, il a été recouvré des *pièces décisives* et qui avaient été retenues par le fait de la partie » (art. 480, Code de pr. civ.). La requête civile est enfermée par la loi dans des délais très *brefs* : deux mois en principe (art. 483 et s. Code de pr. civ.).

(5) Décret du 22 juillet 1806, art. 32 : « si elle a été rendue sur pièces fausses : si la partie a été condamnée faute de représenter une pièce décisive qui était retenue par son adversaire ». Cpr. loi du 24 mai 1872, art. 23. LAFERRIÈRE, *Jur. adm. et rec. cont.,* 2e éd., I, p. 341 et s.

son de l'écarter. D'une part, les *chances d'erreur* sont faibles, et, d'autre part, le *trouble social* qu'entraînerait la remise en question de la constatation faite par le juge répressif serait très grand. Dès lors, la chose jugée au criminel *s'impose aux parties* : un individu acquitté ne pourra pas déclarer que sa conscience exige qu'il *renonce* au bénéfice de la chose jugée. — Et de même, le juge doit opposer *d'office* la chose jugée au criminel. *Non bis in idem.*

Néanmoins, il a fallu réserver le cas où l'individu *déclaré coupable* par le juge répressif serait en état de *prouver* l'inexactitude de la constatation. Ici le maintien de la chose jugée amènerait un *trouble social* considérable.

Il existe donc un *recours en revision* ; ce recours, exclu d'abord, introduit ensuite d'une manière très étroite (1), puis plus largement (l. 29 juin 1867 ; loi du 8 juin 1895 ; art. 443 et s. Code d'Inst. Crim.), est toujours un recours exceptionnel, une dérogation au principe fondamental de l'autorité *absolue* de la chose jugée. On l'a organisé avec la préoccupation de ne porter que l'atteinte la moins grave possible au principe fondamental de la force *absolue* de vérité légale. C'est la conciliation qui a paru la plus heureuse entre l'intérêt *social* du maintien de la chose jugée au criminel et l'intérêt *social* qu'il y a à corriger les erreurs judiciaires *certaines* (2).

(1) L'Assemblée Constituante avait supprimé la revision : elle croyait que l'organisation judiciaire et la procédure nouvelles rendaient impossible toute erreur (loi 3 novembre 1789). — La Convention n'admit la revision que pour le cas de deux décisions inconciliables (loi 15 mai 1793). — Sous le Directoire, le Code du 3 brumaire an IV (art. 594) supprima implicitement la revision. — Le Code d'Instruction criminelle de 1808, « satisfait de son œuvre » d'organisation de la justice criminelle, proclama l'autorité presque *absolue* de la chose jugée au criminel. « Il faut ce principe à l'accusé qui ne pourra jamais être poursuivi deux fois, dût-il répondre à un verdict d'acquittement par l'aveu cynique de sa culpabilité. Il le faut au juge, dont le *prestige* s'affirme dans la mesure où son arrêt devient indiscutable ; il le faut à la société qui a besoin de certitude pour avoir la *stabilité* » (Rapport du conseiller d'État Pinard, sur le projet de loi de 1867).

(2) Rapport Pinard, 1867 : « Le législateur de 1808 ne compte pas sur des arrêts infaillibles... Il ne proscrit donc pas à tout jamais la revision ; mais il veut, pour l'admettre, des situations *exceptionnelles* qui ne permettent pas le doute ; c'est en présence seulement de ces situations *anormales* qu'il fera fléchir l'autorité de la chose jugée, sans lui enlever en réalité le respect des peuples. » — En 1867, le caractère exceptionnel de la revision est encore affirmé par le conseiller d'État Pinard : « Quand un

Section III

Force de la chose jugée pour le Parlement.

Le Parlement a-t-il l'obligation juridique de s'incliner devant les décisions de justice ? Commet-il un abus de pouvoir en formulant une règle générale, déclarée applicable nonobstant toute décision de justice, même passée en force de chose jugée ? en organisant un recours en révision et en le déclarant recevable même contre les décisions passées en force de chose jugée ?

Le principe fondamental de l'autorité absolue de la chose jugée conduirait, d'après certains, à la solution affirmative.

Certains auteurs enseignent que telle est bien la règle du droit public français (1).

accusé paraît devant la justice, toutes les garanties lui sont données pour que la vérité se fasse jour, et le juge qui condamne doit avoir la *certitude* de la culpabilité. L'arrêt une fois rendu, nous devons à l'arrêt ce que nous devons à l'accusé : il faut, pour détruire cette décision définitive, avoir aussi la *certitude* de son erreur. Nous voulons un démenti donné à la sentence ou par la nature des choses, ou par une autre sentence. *En dehors de cet éclatant démenti, l'autorité de la chose jugée doit prévaloir*, comme la sanction nécessaire de toute organisation judiciaire durable ».

C'est aussi le caractère exceptionnel de la revision qui est affirmé en 1895 par le conseiller d'Etat JACQUIN (rapport au Conseil d'Etat) : « Est-ce à dire qu'il faille admettre la revision illimitée ? Ce serait la chose jugée constamment discutée ; ce serait la suppression de toute justice, de toute stabilité dans la société. Plutôt que d'aboutir à une semblable conclusion, il serait encore préférable de laisser sans réparation possible un petit nombre de cas dans lesquels cependant l'erreur de la condamnation peut apparaître certaine. Mais ce n'est pas dans une énumération des cas de revision qu'il y a lieu de rechercher la limitation qui est indispensable. La revision doit toujours être possible, quel que soit le mode de preuve de l'innocence ; *mais elle ne doit être admise que si cette innocence résulte des preuves avec une évidence qui condamne la première décision...* La revision n'est admissible que si l'erreur est démontrée ; il faut que cette démonstration soit à peu près faite, au moment de statuer sur la recevabilité, que l'innocence du condamné paraisse devoir résulter de la nouvelle procédure ; *autrement, ce serait déclarer qu'il n'y a plus de jugements définitifs, que tous peuvent être, sous le moindre prétexte, remis en question* ».

(1) DUGUIT, *Tr. Droit Const.*, II, 2e édition, p. 227 et s. « S'il est un

Mais la pratique n'est pas en ce sens (1). Tout d'abord, avant de dire que le Parlement, en votant une loi applicable nonobstant toute décision de justice contraire, viole le principe de l'autorité de la chose jugée, il faut procéder à une analyse juridique minutieuse du cas particulier (2). Cette analyse conduira parfois à reconnaître que l'autorité de la chose jugée n'est pas en cause.

En second lieu, même si cette analyse conduit à la constatation d'une violation du principe, cela *s'explique* par la signification pratique donnée en France à la règle de la séparation des pouvoirs, à l'opinion très répandue parmi les hommes politiques français que le Parlement peut tout faire, qu'il est *souverain*, qu'il n'est pas soumis à l'observation des principes de Droit. C'est d'ailleurs une opinion inadmissible (3).

Section IV

Force de la chose jugée pour les agents publics autres que les tribunaux.

Quelle est la conduite à suivre par les divers agents publics, vis-à-vis de la chose jugée ?

Il y a deux séries d'agents publics :

1° les *agents publics d'exécution, officiers ministériels* (huissiers), agents de la *force publique* ;

2° les *agents de l'administration* active (ministres, préfets, maires, etc.).

La règle fondamentale de l'autorité *absolue* de la chose jugée est *parfois* mise en échec par le double principe *politique* de la *séparation des pouvoirs* et de l'*indépendance des autorités administratives* à l'égard de l'autorité judiciaire et *de l'indépendance de l'autorité administrative active* vis-à-vis des tribunaux, quels qu'ils soient.

Néanmoins, il faut toujours se rappeler que la règle générale est celle de l'*autorité absolue, erga omnes, de la chose jugée.*

principe universellement admis comme essentiel à l'ordre social, c'est le respect de l'autorité de la chose jugée, s'imposant à tous, gouvernants et gouvernés, *au législateur lui-même* ».

(1) C'est pourquoi le prof. Duguit qualifie cette pratique de « monstruosité juridique » (V. *supra*, p. 85 et s.).

(2) Cette question a été longuement étudiée plus haut (*supra*, p. 79 et s.).

(3) *Supra*, p. 36.

I

Conduite à tenir par les agents publics d'exécution.

1re *Proposition.* — Les *agents publics d'exécution* (huissiers, agents de la force publique) ont le devoir de tenir la constatation faite par le juge, soit au civil, soit au criminel, comme la vérité légale ; ils n'ont, en aucune manière, le pouvoir d'en refuser l'exécution.

A vrai dire, pour ces agents d'exécution, ce n'est pas la *constatation* faite par le juge qui compte ; c'est la *décision* prise par le juge comme conséquence de la constatation ; c'est cette décision qu'on leur demande de ramener à exécution. Ils ont strictement le *devoir* juridique de prêter leur ministère à la réalisation des décisions du juge. C'est ce devoir que rappelle la *formule exécutoire* qui termine les expéditions des jugements (1).

Le devoir existe, *indépendamment de toute formule exécutoire* (2).

---

(1) Art. 146 Code de proc. civ. Voici la formule prescrite, pour les jugements des *tribunaux judiciaires*, par le Décret du 2 septembre 1871 (art. 2) : « Les expéditions des arrêts, jugements, mandats de justice, ainsi que les grosses et expéditions des contrats et de tous autres actes susceptibles d'exécution forcée seront intitulés ainsi qu'il suit : « République française, Au nom du peuple français », et terminés par la formule suivante : « En conséquence, le président de la République française mande et ordonne à tous huissiers sur ce requis de mettre ledit arrêt (ou ledit jugement, etc.) à exécution ; aux procureurs généraux et aux procureurs de la République près les tribunaux de première instance d'y tenir la main, à tous commandants et officiers de la force publique de prêter main-forte lorsqu'ils en seront légalement requis. En foi de quoi, le présent arrêt (ou jugement, etc.) a été signé par... ». — Pour les décisions du *Conseil d'État* au contentieux, la formule exécutoire est la suivante (loi du 24 mai 1872, art. 24 et règlement du 2 août 1879, art. 25) : « La République mande et ordonne au ministre de..., en ce qui le concerne, et *à tous huissiers à ce requis*, en ce qui concerne les voies de droit commun contre les parties privées, de pourvoir à l'exécution de la présente décision ». — Il y a des formules exécutoires pour les arrêts de la Cour des Comptes (Décret du 28 septembre 1807), pour les décisions des conseils du contentieux des colonies (Décret du 5 août 1881). — Il n'y en a pas pour les arrêtés des conseils de préfecture.

(2) Leur devoir résulte non pas de la formule exécutoire, mais de la loi qui organise leur fonction et de l'autorité de la décision du juge. La question ne fait pas de doute. C'est ainsi que, bien que les arrêtés des *conseils de préfecture* ne portent pas de formule exécutoire, par un oubli

Les agents publics d'exécution ne peuvent donc pas refuser de donner leur concours, alors qu'ils en sont régulièrement remis. La compétence des agents publics d'exécution est *liée*. C'est ce qui a fait dire parfois que les *parties*, par le jugement, acquéraient un *droit* véritable.

Il faudrait se garder de croire que les parties deviennent *créancières* d'une *obligation* proprement dite vis-à-vis des agents publics d'exécution, que les agents publics deviennent *débiteurs* d'une créance proprement dite.

La situation exacte est celle-ci.

La loi fait aux agents d'exécution un *devoir fonctionnel* de réaliser, au besoin par la force, sur la demande des parties intéressées, les situations juridiques régulièrement constatées et les décisions prises par les tribunaux compétents. À cet égard, leur compétence légale est *liée* : les agents publics n'ont aucune liberté d'appréciation. La demande des parties est la condition pour que leur activité s'exerce ; cette condition remplie, elle *doit* s'exercer. Le devoir des agents publics s'analyse donc non pas en une situation juridique *individuelle* (dette vis-à-vis des parties), mais en une situation juridique *générale, légale* (devoir fonctionnel). Le régime juridique de ce devoir fonctionnel des agents publics d'exécution est donc celui des situations juridiques générales. — Par suite, *a)* ce devoir *légal* peut être modifié à tout instant par la loi ; *b)* la sanction du *devoir légal* n'est pas du même ordre que celle des obligations proprement dites, des situations juridiques individuelles : ce sont, contre les agents publics d'exécution, des sanctions d'ordre disciplinaire ou pénal, des actions en responsabilité personnelle.

inexplicable du législateur, les huissiers ont le devoir d'exécuter les arrêtés. Avis du Conseil d'État du 16 thermidor an XII : « Les administrateurs auxquels les lois ont attribué le pouvoir de prononcer des condamnations ou de décerner des contraintes sont de véritables juges *dont les actes doivent produire les mêmes effets et obtenir la même exécution que ceux* des tribunaux ordinaires ». La Lettre du Grand Juge du 18 janvier 1809, provoquée par le refus opposé par des huissiers d'exécuter des arrêtés de conseils de préfecture par le motif qu'ils n'étaient pas revêtus de la formule exécutoire, porte : « Ce motif ne saurait dispenser les huissiers de prêter leur ministère quand ils en sont requis ». — Aujourd'hui, la loi du 22 juillet 1889 art. 49 se borne à dire : « Les décisions des conseils de préfecture sont *exécutoires...* ». — Sur les controverses soulevées autrefois par cette question, voyez LAFERRIÈRE, *Jur. adm. et rec. cont.*, 2ᵉ édition, I, p. 379.

2e Proposition. — Il est des circonstances exceptionnelles où l'autorité administrative active peut, *sans excès de pouvoir*, refuser de mettre en mouvement la force publique pour assurer l'exécution d'un jugement ayant acquis l'autorité de la chose jugée.

Ce faisant, l'agent public d'exécution ne conteste pas la *vérité légale* de la constatation faite par le juge. Il se borne à refuser d'appliquer l'une des conséquences de cette vérité légale : la mise à exécution par la force publique (1). Le jugement *subsiste intégralement* : mais l'administration refuse de l'appliquer *pour le moment*, tant que certaines circonstances de fait subsisteront. Le jour où ces circonstances auront disparu, l'agent public d'exécution interviendra.

Si cette suspension d'exécution est très longue pour le titulaire du jugement, la suspension revient alors pratiquement à un refus *absolu* de mise à exécution ; le jugement est comme s'il n'existait pas. Le dommage causé par le refus est considérable. Le Conseil d'Etat au contentieux reconnaît au porteur du jugement non exécuté le pouvoir de réclamer à l'Etat une indemnité pour la réparation du préjudice.

Toute cette théorie est de date récente. Elle a été élaborée par l'arrêt du Conseil d'Etat, du 30 novembre 1923, *Couitéas* (2).

---

(1) Aussi un examen superficiel de la question conduirait-il peut-être à dire que l'autorité de la chose jugée n'est pas en cause, puisque l'administration ne la conteste pas. Pourtant, pratiquement, la chose jugée est mise de côté par l'administration, lorsque celle-ci, pour une raison ou une autre, refuse de l'exécuter. N'oublions pas que l'autorité de la chose jugée est un principe à base de paix sociale : c'est pour prévenir le retour des guerres privées, l'usage par chacun de la violence pour se faire justice à soi-même. C'est toute la signification de l'autorité de la chose jugée. Lorsque l'administration déclare que la force publique ne sera pas mise à la disposition du particulier qui a obtenu un jugement en sa faveur, elle enlève toute signification pratique à la chose jugée.

(2) Les circonstances de fait de l'affaire Couitéas sont exposées brièvement comme suit par le Conseil d'Etat, dans son arrêt du 30 novembre 1923 (*R. D. P.*, 1924, p. 97) : « Par jugements en date du 13 février 1908, le tribunal civil de Sousse a ordonné « le maintien en possession au sieur Couitéas des parcelles de terrain du domaine de Rabia-el-Houbira, dont la possession lui avait été reconnue par l'Etat » et lui a conféré « le droit d'en faire expulser tous occupants ». Le requérant a demandé, à plusieurs reprises, aux autorités compétentes, l'exécution de ces décisions ; mais le gouvernement français s'est toujours refusé à autoriser le concours de la force militaire d'occupation reconnue indispensable pour

D'une manière plus précise, la théorie du Conseil d'Etat est la suivante :

1° Le justiciable nanti d'une décision de justice passée en force de chose jugée est *en droit* de compter sur l'appui de la force publique pour assurer l'exécution du jugement dont il a bénéficié (1).

2° Le gouvernement, requis d'exécuter la chose jugée, a le *devoir* d'apprécier les conditions de cette exécution et le *droit* de refuser le concours de la force armée, tant qu'il estime qu'il y a danger pour l'ordre et la sécurité. Ce faisant, le gouvernement ne fait qu'user des pouvoirs qui lui sont conférés en vue du maintien de l'ordre et de la sécurité publique dans le pays (2). — Ce pouvoir d'appréciation se justifie par des considérations d'utilité sociale. Le refus d'exécu-

réaliser cette opération de justice, à raison des troubles graves que susciterait l'expulsion de nombreux indigènes de territoires dont ils s'estimaient légitimes occupants depuis un temps immémorial ». En conséquence, « le sieur Couitéas réclame à l'Etat français une indemnité de 4.600.000 fr. en fondant cette prétention exclusivement sur le préjudice qu'il avait subi... du fait, par le gouvernement, d'avoir refusé de prêter mainforte à l'exécution de jugements rendus à son profit par le tribunal civil de Sousse..., préjudice consistant dans la privation du droit de jouissance que ces décisions lui reconnaissaient sur le domaine de Tabia-el-Houbira et dans la ruine consécutive de sa situation commerciale ».

(1) C. d'E., 30 novembre 1923, *Couitéas* (*R. D. P.*, 1924, p. 75 et s.) : « Le justiciable, nanti d'une sentence judiciaire dûment revêtue de la formule exécutoire, est en droit de compter sur l'appui de la force publique pour assurer l'exécution du titre qui lui a été ainsi délivré ». — Le commissaire du gouvernement, M. Rivet, a développé cette idée dans ses conclusions : « Qu'un jugement, dès l'instant qu'il est devenu définitif, doive recevoir son exécution, et qu'à cette exécution la force publique, régulièrement requise, doive, le cas échéant, prêter son concours, c'est là un *principe indiscutable*, qui trouve son expression à la fois dans les codes, dans les lois de la période révolutionnaire et dans les décrets relatifs au service des places, *et dont l'idée est inséparable de la conception de la vie en société* ». C'est là, ajoute M. Rivet, « un de ces dogmes essentiels qui sont à la base même de l'édifice social ».

(2) Ce sont à peu près les termes mêmes dont s'est servi le Conseil d'Etat, 30 novembre 1923, *Couitéas* : « En prenant, pour les motifs et dans les circonstances ci-dessus rappelées, la décision dont se plaint le sieur Couitéas, le dit gouvernement n'a fait qu'user des pouvoirs qui lui sont conférés en vue du maintien de l'ordre et de la sécurité publique dans un pays de protectorat... Le gouvernement a le *devoir* d'apprécier les conditions de cette exécution et le *droit* de refuser le concours de la force armée, tant qu'il estime qu'il y a danger pour l'ordre et la sécurité ».

ter la chose jugée est un trouble à la paix sociale, puisqu'il est de nature à pousser les individus à user de la violence pour se faire justice à eux-mêmes. Mais l'exécution, *en toutes circonstances*, est aussi un trouble à la paix sociale. Lequel des deux dangers est le plus grave ? Lorsque c'est l'exécution qui doit avoir les conséquences les plus graves pour la paix sociale, le gouvernement, responsable de l'ordre et de la sécurité sociale, a le pouvoir de suspendre ou de refuser l'exécution de la chose jugée (1).

3º Le pouvoir du gouvernement de refuser, dans des cas exceptionnels, l'exécution de la chose jugée n'est pas un pouvoir *arbitraire*. Le gouvernement a l'obligation de donner les motifs de son refus (2). Il ne peut pas invoquer la *raison d'État*.

(1) Conclusions de M. Rivet, dans l'affaire *Couitéas*, C. d'E., 30 novembre 1923 (*R. D. P.* 1924, p. 91) : « Bien que vous trouvant en présence de dogmes également essentiels, de dogmes qui, comme celui que nous venons d'énoncer (autorité de la chose jugée), sont à la base même de l'édifice social, vous n'avez pas hésité, ces dernières années, à reconnaître à l'administration, tantôt, par vos arrêts *Syndicat patronal de la Boulangerie de Paris*, 14 mai 1920 (*Rec.*, p. 499) (réglementation stricte des farines panifiables pendant la guerre) ; *Chaneston*, 4 mars 1921, le droit d'interdire, sans délégation spéciale et en dehors des cas généraux de délégation des pouvoirs de police, telle ou telle manifestation de liberté commerciale ou de liberté individuelle, tantôt, allant plus loin encore, dans votre arrêt *Heyriès* du 28 juin 1918 (*Rec.*, p. 651), le droit de suspendre momentanément l'application d'un texte de loi (suspension par décret, pendant la durée des hostilités, de l'art. 65 de la loi du 22 avril 1905 relatif à la communication de leur dossier aux fonctionnaires avant toute mesure disciplinaire). Si vous avez cru pouvoir, dans ces différentes hypothèses. disculper l'autorité administrative du grief d'excès de pouvoir qui était formulé contre elle, c'est qu'il vous est apparu que, si essentiels que fussent les principes dont on invoquait la violation, il en était un qui, par son importance, devait les primer tous, à savoir la *nécessité pour la société de vivre*, et *le devoir*, pour le gouvernement chargé par la Constitution d'assurer en tous temps la marche de la machine administrative, de recourir, à l'occasion, aux moyens exceptionnels qui, seuls, peuvent en empêcher l'arrêt. Ce que vous avez déclaré maintes fois dans les décisions constitutives de ce que l'on a appelé votre « jurisprudence de guerre », nous vous demanderons, pour des raisons identiques, de le proclamer encore aujourd'hui ».

(2) Conclusions de M. Rivet, C. d'E., 30 novembre 1923, *Couitéas* (*R. D. P.* 1924, p. 92) : « Si le Gouvernement s'est refusé à mettre en mouvement la force publique pour assurer l'exécution du jugement rendu au profit du sieur Couitéas, c'est, dit-il, parce qu'une résistance très sérieuse était à craindre, qui eût pu exiger une expédition véritable et avoir des

4° Les motifs allégués par l'autorité administrative sont soumis au *contrôle juridictionnel* du Conseil d'Etat. Le refus d'exécuter la chose jugée n'est pas un *acte de gouvernement,* au sens technique de l'expression (1). Celui-ci examinera *a)* si les motifs existent en fait, et *b)* s'ils sont de nature à justifier le refus du gouvernement d'exécuter la chose jugée (2). Le Conseil d'Etat, dans cette appréciation, devra, de son côté, montrer une certaine discrétion et ne pas se

répercussions dangereuses sur la situation de notre protectorat. C'est bien là le moyen de défense tiré des nécessités vitales du pays. Le président de la République, qui, aux termes de l'art. 3 de la loi constitutionnelle du 25 février 1875, « dispose de la force armée », a estimé qu'une raison majeure s'opposait à sa mise en action, et a, *à titre exceptionnel,* suspendu l'effet de la formule exécutoire apposée, en son nom, sur la minute du jugement ».

(1) Conclusions de M. Rivet, C. d'Et., 30 nov. 1923, *Couitéas (R. D. P.,* 1924, p. 86) : « Le refus opposé au sieur Couitéas, à la suite du jugement de Sousse, ne doit-il pas exclure toute idée d'action contentieuse, parce que rentrant, normalement, dans la catégorie des actes de gouvernement ? A dire vrai, si cette question s'était posée il y a quelque 60 ans, sans doute le ministre compétent de l'époque ne lui eût-il pas donné la réponse que le président du Conseil de 1912 a si nettement formulée... En quoi consistent exactement les faits...? Uniquement, en un refus de faire exécuter un jugement rendu par un tribunal français au bénéfice d'un français. La nature intrinsèque de l'acte étant devenue le critérium unique de la distinction des actes administratifs et des actes de gouvernement, il nous paraît impossible de déclarer qu'une telle décision qui, théoriquement tout au moins, eût pu intervenir à la suite d'un jugement rendu au profit de Couitéas contre tel ou tel particulier isolé, doit être considéré comme étant, par sa nature, d'essence gouvernementale. Acte de nature administrative, elle apparait, il est vrai, inspirée par des préoccupations supérieures qui l'apparentent, en quelque sorte, à certaines manifestations de souveraineté. Mais c'est là question de « mobiles », et nous avons vu que le critérium « mobile » était aujourd'hui abandonné par vos arrêts. Le gouvernement ayant renoncé de lui-même à vous demander de faire momentanément revivre — à raison de la physionomie évidemment très spéciale de l'affaire — votre ancienne doctrine, c'est sans hésitation que nous vous demanderons de vous déclarer compétents au regard des conclusions qui vous sont soumises ».

(2) Conclusions de M. Rivet dans l'affaire *Couitéas (R. D. P.* 1924, p. 92) : « *Si les motifs qui ont inspiré le refus opposé au sieur C. sont bien tels que vous les indique la défense,* vous n'aurez, vous inspirant des raisons supérieures qui vous ont dicté vos « arrêts de guerre », qu'à déclarer légale la décision intervenue. Votre tâche se résume donc désormais à *exercer votre contrôle de juge de l'excès de pouvoir vis-à-vis des motifs que l'on vous a donnés...* »

substituer au gouvernement (1) ; il exercera son contrôle sur l'existence et sur la réalité des motifs invoqués ; il laissera de côté l'appréciation de *l'opportunité*.

5° Il serait contraire à l'équité que le justiciable, à qui le gouvernement oppose *dans l'intérêt de la paix sociale* un refus d'exécuter la chose jugée, subisse ce préjudice sans indemnité. C'est dans l'intérêt social que ce sacrifice lui est imposé. Il est équitable que le patrimoine administratif répare pécuniairement ce préjudice (2).

6° L'action en indemnité doit être portée devant le Conseil d'Etat, juge de droit commun des actions en responsabilité dirigées contre les patrimoines administratifs à raison du préjudice causé par le fonctionnement d'un service public (3).

(1) Conclusions de M. Rivet (*R. D. P.* 1924, p. 92) : « Il ne saurait être ici question, — comme en certaines natures très exceptionnelles pour lesquelles les termes mêmes de la loi vous invitent à étendre votre droit de regard, — de vous immiscer dans des questions d'appréciation de valeur et d'opportunité. Votre tâche se résume donc... à exercer votre contrôle *quant à l'existence, quant à la réalité des motifs* invoqués par les auteurs de la décision dont se plaint le requérant ». Passant à l'examen de l'espèce, M. Rivet rappelle l'instruction de l'affaire par deux inspecteurs des finances ; il constate que « les faits qu'invoque le gouvernement pour expliquer son geste sont bien réels » et que « la *décision de refus* opposée au sieur C. *ne peut, par suite, être considérée comme constitutive de l'abus de pouvoir dont il se plaint* ».

(2) C. d'E., 30 novembre 1923, *Couitéas* (*R. D. P.* 1924, p. 97) : « Le préjudice qui peut résulter de ce refus ne saurait, s'il excède une certaine durée, être regardé comme une charge incombant normalement à l'intéressé ; il appartient au juge de déterminer la limite à partir de laquelle il doit être supporté par la collectivité. La privation de jouissance totale et sans limitation de durée résultant, pour le requérant de la mesure prise à son égard, lui a imposé, dans l'intérêt général, un préjudice pour lequel il est fondé à demander une réparation pécuniaire. Dès lors, c'est à tort que le ministre des affaires étrangères lui a dénié tout droit à indemnité. Il y a lieu de le renvoyer devant ledit ministre pour y être procédé, à défaut d'accord amiable, *et en tenant compte de toutes les circonstances de droit et de fait*, à la fixation des dommages-intérêts qui lui sont dus ».

(3) Conclusions de M. Rivet, dans l'affaire *Couitéas* (*R. D. P.* 1924, p. 85) : « Le litige qui vous est soumis n'eût-il pas dû être porté devant la juridiction civile ? L'état de la jurisprudence vous permet immédiatement de vous déclarer incompétents, en premier lieu, à l'égard des jugements et décisions des tribunaux ou des autorités comprises dans la hiérarchie judiciaire ; en second lieu, vis-à-vis des actes que des autorités, qualifiées « administratives », ont accompli en tant qu'auxiliaires de la police judi-

II

Conduite à tenir par les agents administratifs actifs
(ministres, préfets, maires etc.)

3e Proposition. — Le devoir *juridique* des *agents publics de l'administration active* est de tenir la constatation faite par le juge comme la vérité légale (1).

ciaire, suivant la définition donnée de cette police par l'art. 8 du Code d'inst. crim., c'est-à-dire en vue de la recherche des délits, de la réunion des preuves qu'exige leur poursuite, et de la remise de leurs auteurs aux tribunaux chargés de prononcer les sanctions prévues par la loi... (C. d'E. 30 janvier 1914, *Banel* et *Thau*, *Rec.*, p. 124 : 22 janvier 1921, *Gilly*, *Rec.*, p. 90)... Si les actes accomplis par les autorités administratives, lorsque celles-ci prêtent leur concours à une instruction judiciaire, doivent ainsi être considérés comme hors des limites de votre contentieux, en doit-il être de même - lorsqu'elles émanent, également, d'agents du cadre administratif, — des décisions postérieures au jugement intervenu, qui se rattachent à l'exécution de ce jugement ? A cette question... la jurisprudence acquise ne donne aucune réponse... Le jugement prononcé, la période exclusivement judiciaire a pris fin. Si, parmi les actes consécutifs au jugement, il en est qui relèveront encore des tribunaux civils, ce sera à raison de la qualité de leurs auteurs qui, compris dans la hiérarchie judiciaire, justifieront *ratione personæ* l'intervention de ces tribunaux. Dans l'acte de l'autorité administrative supérieure qui, sollicitée de faire agir la force publique pour exécuter la sentence du juge, prend une décision sur la réquisition dont une autorité militaire a été l'objet, nous ne voyons, au contraire, qu'une manifestation du pouvoir d' « administrer », lequel consiste à assurer la vie générale du pays, en faisant, des moyens d'action dont l'autorité dispose, l'emploi le plus conforme à une saine appréciation des intérêts en présence et des exigences que chacun de ces intérêts peut légalement comporter ».

(1) Qu'est-ce qui s'*impose* aux agents administratifs comme la *vérité légale ?* C'est *uniquement* la constatation *principale* faite par le juge et non les constatations par lui faites à titre de *motif*, à moins qu'il n'y ait, entre le motif et le dispositif, un lien *très étroit*. Naturellement, les agents publics feront *sagement* de se conformer aux constatations accessoires faites par le juge à titre de motif, mais ils n'y sont pas *juridiquement* tenus à peine d'excès de pouvoir.

Un cas curieux a été soumis au C. d'E. le 5 mai 1911, *Lacan*, *Rec.*, p. 532 (et les conclusions du commissaire du gouvernement M. Blum). Le Conseil d'Etat, saisi uniquement d'une demande d'annulation des opérations électorales dans une commune, constate l'irrégularité de l'élection et l'annule, *pour le motif que le sectionnement électoral de la commune*

Le devoir juridique des agents publics est la conséquence du *principe fondamental* que la chose jugée est, *pour tout le monde*, la vérité légale (1).

Toutefois, en France, il est parfois mis en échec par la double règle, d'origine *politique*, de la séparation des autorités administrative et judiciaire, et de l'indépendance de l'administration active vis-à-vis des tribunaux, quels qu'ils soient (2).

a été irrégulièrement fait par le Conseil général (C. d'E. 21 juillet 1909). Ce qui est constaté avec force de vérité légale, c'est *l'irrégularité de l'élection* ; l'irrégularité du sectionnement est aussi constatée, mais *accessoirement, à titre de motif*. Ce *motif* avait-il force de vérité légale ? Que devaient faire les agents administratifs ? Voyons d'abord ce qu'ils ont fait. En exécution de l'arrêt du 21 juillet 1909, on a dû procéder à de nouvelles élections et le préfet a dû convoquer les électeurs. Mais à quelles sortes d'élections devait-il les convoquer ? S'il tenait compte de la constatation *accessoire* d'irrégularité du sectionnement, le préfet devait convoquer à des élections au *scrutin de liste*. S'il n'en tenait pas compte, il devait convoquer à des élections au *scrutin de section*. Dans le premier cas, il commettait un excès de pouvoir pour n'avoir pas tenu compte du sectionnement électoral *irrégulier, mais non annulé* : il violait l'art. 12, 1. 5 avril 1884. Dans le deuxième cas, il convoquait les électeurs à des élections *nulles*.

La question semble insoluble. En réalité, il était assez facile de la résoudre. Le préfet, respectueux de la chose jugée sur un *motif essentiel*, aurait dû demander au conseil général de refaire le sectionnement électoral ou de le rapporter, et convoquer ensuite les électeurs.

Le commissaire du gouvernement a proposé au Conseil d'Etat, pour éviter toute difficulté de ce genre à l'avenir, d'ajouter *d'office* à l'arrêt constatant l'irrégularité de l'élection, « un second article de dispositif qui prononcerait, par voie de conséquence (ou plus exactement par voie d'antécédence), l'annulation du sectionnement lui-même ». « Vous ne mettrez plus, disait-il, les administrations dans cette situation véritablement inadmissible, où il leur est interdit de satisfaire à la fois au respect dû à la loi et au respect dû à nos décisions ». C'est une solution très satisfaisante.

(1) Cpr. Laferrière, *Jur. adm. et rec. cont.*, 2e édition, I, p. 347 et s., p. 508 et s. ; II, p. 571 et s. ; — Hauriou, note dans Sirey, 1911. 3. 121.

(2) Conclusions de M. Corneille, dans l'affaire *Toesca*, C. d'E. 8 août 1919 (*R. D. P.*, 1919, p. 507 et s.) : « Le propre de la chose jugée est de s'imposer comme la vérité légale, quels que soient les griefs, même ceux de légalité, qui puissent être allégués contre un jugement définitif... Le devoir juridique des agents de l'administration est, en conséquence, de tenir compte de l'autorité de la chose jugée... *L'autorité de la chose jugée doit constituer, avant tout, la règle fondamentale* ».

Conclusions de M. Rivet dans l'affaire *Couitéas*, C. d'E. 30 novembre

La jurisprudence la plus récente du Conseil d'Etat donne à cette double règle, en ce qui concerne l'autorité de la chose jugée, l'application la plus étroite possible, de façon à faire prédominer le plus possible le principe général (1).

Malgré tout, il faut reconnaître que certaines des solutions adoptées ne sont satisfaisantes, *ni au point de vue de la logique juridique, ni au point de vue de l'utilité sociale.*

Voici les principales solutions admises par la jurisprudence.

I. — Lorsqu'un tribunal, — administratif ou judiciaire, — a constaté, à la charge d'un patrimoine administratif, l'existence d'*une situation juridique individuelle, d'une dette*, et qu'il a condamné le patrimoine administratif à l'acquitter, tous les agents publics ont le devoir *juridique* de faire tous les actes *juridiques* nécessaires au paiement.

1° S'il s'agit d'une dette de somme d'argent, *tous* les agents publics compétents ont le devoir juridique d'accomplir tous les actes requis par les règlements de comptabilité publique pour

1923 (*R. D. P.*, 1924, p. 91) : « Qu'un jugement, dès l'instant qu'il est devenu définitif, doive recevoir son exécution, et qu'à cette exécution la force publique, régulièrement requise, doive, le cas échéant, prêter son concours, c'est là un principe indiscutable, qui trouve son expression à la fois dans les codes, dans les lois de la période révolutionnaire et dans les décrets relatifs au service des places, et dont l'idée est inséparable de la conception de la vie en société ». Cpr. *supra*, p. 132 note 1.

(1) Conclusions de M. CORNEILLE, dans l'affaire *Toesca*. C. d'E. 8 août 1919 (*R. D. P.*, 1919, p. 510 et s.) : « Dans quelle mesure, le principe (de l'indépendance de l'administration active vis-à-vis des tribunaux quels qu'ils soient) peut-il faire échec à l'autorité de la chose jugée ? Nous dirons, quant à nous — et nous croyons nous conformer, sur ce point, à une rationnelle évolution du droit administratif et à une tendance certaine de votre jurisprudence — que l'autorité de la chose jugée doit constituer, avant tout, la règle fondamentale, et que la théorie de l'indépendance de l'administration vis-à-vis des juridictions ne doit jouer qu'à l'état d'exception. Si c'est une pure exception, elle est *strictissimi juris*. Et, par suite, elle ne peut s'appliquer que dans sa portée la plus restreinte, et seulement dans les cas où la disposition qui lui sert de base doit trouver sa place, parce que cette place est logiquement et dûment marquée. Or quelle est la disposition qui sert de base à un tel principe ? C'est, tout uniquement, la loi des 16 24 août 1790, titre II, art. 13, complétée par le décret du 13 fructidor an III ; ce sont, tout uniquement, les prescriptions relatives à la séparation des pouvoirs ; et ces prescriptions sont que les tribunaux ne peuvent venir « troubler » les opérations de l'administration ».

faire sortir régulièrement les deniers des caisses publiques. En conséquence, *l'autorité budgétaire* (Parlement, conseil général, conseil municipal, etc.) a le *devoir juridique* d'inscrire au budget le crédit nécessaire pour l'acquittement de la dette ; l'agent administratif compétent pour faire la constatation, la liquidation de la dette et l'ordonnancement de la dépense a le devoir *juridique* d'accomplir ces actes indispensables pour que les comptables publics versent les deniers au créancier.

Seulement, en France, il faut combiner cette solution avec le principe, d'origine *politique*, de l'indépendance de l'administration active vis-à-vis des tribunaux : le résultat, c'est que le devoir des agents publics n'a pas de sanction *juridictionnelle directe*. En France, aucun tribunal — quel qu'il soit, administratif ou judiciaire, — ne peut *enjoindre* à l'autorité budgétaire — quelle qu'elle soit (Parlement. assemblée locale, etc.) — d'inscrire un crédit au budget, ni l'y inscrire d'office (1) ; aucun tribunal, quel qu'il soit, administratif ou judiciaire, ne peut enjoindre à l'agent public ordonnateur de procéder à l'émission de l'ordonnance ou du mandat de paiement, ni délivrer lui-même à ce créancier une ordonnance, un mandat payable par les comptables publics. Le créancier ne peut pas faire saisir par les agents d'exécution (huissiers) les biens du patrimoine administratif déclaré débiteur, parce que cette saisie serait de nature à bouleverser la marche des services publics.

Si donc les agents publics refusent de voter le crédit nécessaire, ou d'ordonnancer, aucune sanction *juridictionnelle directe* n'existe pour contraindre l'agent public à accomplir les actes juridiques

____

(1) C. d'Et. 4 mai 1906, *Société l'Hirsonnaise. Rec.*, p. 369 ; 26 juin 1908, *Daraux, Rec.*, p. 688 ; S. 1909-3-129 la note. — L'arrêt *Daraux*, 1908, est particulièrement remarquable, en ce qu'il marque à la fois l'impossibilité, pour le C. d'E. *d'inscrire d'office* ou d'enjoindre à l'agent administratif d'inscrire d'office, et la volonté du C. d'E. que cette inscription d'office soit faite : « Il n'est pas contesté que le sieur D. est créancier de la commune de G. depuis 1874 ; il est porteur d'un titre exécutoire ; malgré ses demandes réitérées, il n'a pu obtenir le paiement des sommes à lui dues ; le préfet ne lui a donné aucune raison de son refus d'inscrire d'office au budget de la commune le montant de cette dette liquide et exigible. Dans ces circonstances, *s'il n'appartient pas au Conseil d'Etat d'annuler le refus d'inscription d'office et de prononcer lui-même cette inscription*, comme le demande le requérant, *il y a lieu de renvoyer ce dernier devant le ministre de l'Intérieur pour y être statué, par la voie administrative, sur la suite que comporte sa demande* ». Cpr. Jèze, *Cours élém. de Sc. des fin.*, 5e éd., 1912, p. 408.

nécessaires à la réalisation de la situation juridique individuelle constatée par le juge avec force de vérité légale.

Sur ce point, il n'y a pas le moindre doute (1).

Le Conseil d'Etat a refusé constamment de condamner l'administration active à faire les actes juridiques nécessaires pour assurer l'exécution de la chose jugée. Mais il ne cache pas à l'administration active que son devoir juridique est d'accomplir ces actes. En conséquence, le Conseil d'Etat renvoie l'affaire à l'administration « pour faire ce que de droit » ; c'est une invitation déguisée à obéir (2). Ou bien encore, le Conseil d'Etat, tout en affirmant dans *le dispositif* de son arrêt, que l'administration active ne peut être contrainte à accomplir tel acte juridique pour l'exécution de la chose jugée, reconnaît, *dans les motifs* de l'arrêt, que, au fond et en droit pur, le requérant a raison de demander à l'administration l'acte qui lui a été refusé (3).

(1) Laferrière, *op. cit.*, I, p. 348 et s. — Jèze, *Cours élém. de Sc. des finances*, 5e éd., 1912, p. 240 et 241. — Conclusions de M. Corneille, dans l'affaire *Toesca*, C. d'E., 8 août 1919 (*R. D. P.*, 1919, p. 511) : « L'exception à opposer à la règle fondamentale de l'autorité de la chose jugée, l'exception interprétée d'après son texte de base, c'est qu'aucun tribunal, administratif ou judiciaire, ne peut enjoindre à l'autorité administrative d'inscrire un crédit, c'est qu'aucun tribunal ne peut inscrire ce crédit d'office, même en conséquence d'un jugement passé en force de chose jugée ; c'est qu'aucun tribunal ne peut enjoindre à un agent administratif d'ordonnancer une dépense, de dresser un mandat, encore bien qu'il s'agisse d'une dette reconnue par jugement. Et c'est ce que vous avez exprimé dans l'arrêt *Daraux* du 26 juin 1908 (*Rec.*, p. 688)... ».

(2) Conclusions de M. Corneille, dans l'affaire *Toesca*, 8 août 1919 (*R. D. P.*, 1919, p. 512) : « On trouve, dans vos décisions, une tendance de plus en plus accentuée à marquer l'assujettissement de l'administration active à la chose jugée par les tribunaux, tout au moins par les tribunaux administratifs. Vous avez commencé par déclarer qu'il n'y avait pas excès de pouvoir à retirer des permissions de voirie données à des électriciens, à la suite d'arrêts rendus au profit des concessionnaires primitifs de l'éclairage municipal ; vous avez, ensuite, inauguré, pour compléter un dispositif d'annulation, une procédure de renvoi à l'administration pour faire ce que de droit, procédure qui ne saurait être, en définitive, qu'*une invitation déguisée à obéir* ».

(3) Corneille, conclusions dans l'affaire *Toesca*, 8 août 1919 (*R. D. P.*, 1919, p. 512) : « Dans l'affaire *Daraux* (1908), vous avez rejeté la requête (tendant à l'annulation du refus opposé par le préfet d'inscrire d'office au budget d'une commune le crédit nécessaire pour le paiement d'une dette nécessaire pour un jugement définitif) ; mais vous avez tenu, *dans les considérants*, à bien spécifier qu'au fond, et en droit pur, le requérant

Lorsqu'il s'agit de patrimoines administratifs autres que celui de l'Etat (départemental, communal, colonial, etc.), on trouve une sanction *administrative* de l'obligation juridique d'exécuter la chose jugée dans la tutelle administrative, dans le pouvoir des agents centralisés d'inscription d'office, de délivrance des mandats de paiement, d'autorisation de saisir les biens du patrimoine administratif communal, etc. Mais le devoir juridique des agents publics *centralisés* d'exercer leur pouvoir de tutelle, n'a pas, lui non plus, de sanction juridictionnelle : aucun tribunal — quelqu'il soit, judiciaire ou administratif, — n'a compétence pour adresser des injonctions à ces agents publics centralisés. Il ne faut pas dire que les agents publics sont *libres* d'exécuter ou non les *jugements* ; ils en ont le devoir juridique ; mais ce devoir juridique n'a pas de sanction juridictionnelle *directe*.

Toutefois, la jurisprudence du Conseil d'Etat évolue dans le sens d'une sanction juridictionnelle, toutes les fois que cette sanction ne heurtera pas trop ouvertement la règle de l'indépendance de l'administration active vis-à-vis des juridictions : autant que possible, estime le Conseil d'Etat, il faut appliquer la règle fondamentale de l'autorité de la chose jugée. Par exemple, un tribunal judiciaire a condamné un patrimoine administratif à payer une dette à un particulier, et le jugement a acquis l'autorité de la chose jugée. L'administration locale ou spéciale — appelée à exécuter le jugement — a voté les crédits nécessaires. Puis l'administration *supérieure* met obstacle à l'exécution *volontaire* de la chose jugée en *refusant d'approuver* l'acte juridique de l'autorité administrative directement intéressée. Le Conseil d'Etat a annulé ce refus d'approbation pour le motif qu'il est illégal comme contraire à l'autorité de la chose jugée (1).

émettait une prétention justifiée ; et, à la suite de ces considérants, vous avez rédigé un article de dispositif qui renvoyait le sieur *Daraux* devant le ministre pour la suite que comportait sa demande, article dont l'administration devait comprendre, tout de suite, la portée implicite. Cette formule « à tendances » marquait évidemment votre effort pour échapper à l'application trop rigoureuse du principe d'indépendance respective dont nous avons à nous occuper ici ».

(1) C. d'Et. 8 août 1919, *Toesca, Rec.*, p. 740 (*R. D. P.*, 1919, p. 505 et s.). Cette affaire est remarquable. L'abbé Toesca avait fait condamner, par le juge de paix, un bureau de bienfaisance, à lui payer une certaine somme, en vertu d'un legs établissant une fondation pieuse. La sentence

II. — Toutefois, il existe deux sanctions *indirectes* :

1° Les retards apportés par les agents publics dans le paiement font courir les intérêts au profit du créancier. Bien plus, il faut dire

du juge de paix avait acquis l'autorité de la chose jugée, faute d'avoir été frappée d'appel dans les délais. La commission administrative du bureau de bienfaisance avait ouvert les crédits nécessaires pour l'exécution de la décision de justice ; le Conseil municipal avait émis un avis favorable. Le préfet arrêta l'exécution en gardant le silence. L'abbé T. demanda expressément au préfet d'approuver la délibération de la commission administrative. Le préfet refusa (décision implicite de refus à raison du silence prolongé pendant plus de quatre mois). Sur le recours pour excès de pouvoir, porté devant le Conseil d'Etat par l'abbé T., l'administration a exposé la thèse suivante : On ne peut pas payer à l'abbé T. la dette qu'il réclame, attendu que l'art. 3 § 14 de la loi du 13 avril 1908 (relative à la séparation des Eglises et de l'Etat) s'y oppose. « Sans doute, il y a bien la décision du juge de paix ; mais *l'administration n'a pas à en tenir compte* : l'existence de cette décision ne peut, en définitive, modifier la situation juridique. *A la vérité, c'est une décision définitive : mais à l'égard de l'administration, elle doit demeurer sans conséquence, sans portée* ».

Dans ses conclusions, le commissaire du gouvernement, M. CORNEILLE, a énergiquement repoussé cette théorie. « D'après les circonstances de l'espèce, nous ne sommes pas strictement dans les termes de l'exception ; par suite, c'est à la règle fondamentale que nous pouvons et que nous devons revenir. Que s'est-il passé, en effet, dans notre cas ?... c'est l'administration supérieure — qui n'avait pas, cette fois, à procéder à une inscription d'office, qui n'avait pas à prendre l'initiative de l'exécution du jugement, — c'est l'administration supérieure... qui a refusé le laissez passer, qui a tout arrêté de son autorité propre, qui a tenu à mettre obstacle à l'exécution volontaire de la chose jugée... Sommes-nous dans le cas du trouble apporté par une juridiction dans les opérations de l'administration ? Evidemment non. Nous serions plutôt, dans le cas contraire, *dans le cas de trouble apporté par un acte d'autorité de l'administration à l'exécution d'un acte de juridiction.* Donc conclusion évidente. Nous nous trouvons ici hors l'exception ; appliquons donc la règle, et disons que le préfet, en présence de la chose jugée, ne pouvait méconnaître l'autorité de la décision intervenue et considérer cette décision comme sans conséquence et sans portée... Le préfet a-t-il pu détruire ainsi *a posteriori* l'effet de l'acte judiciaire ? En vertu des précédents que nous venons de citer, nous répondrons par la négative. Nous vous demanderons de faire fléchir, en notre espèce, un principe trop rigide pour aller de pair avec l'évolution actuelle du droit administratif ; nous vous demanderons de retenir, en notre cas, et de retenir uniquement l'obstacle mis à l'exécution de cette vérité légale qu'est la chose jugée, et qui se superpose à toute disposition, même légale, qu'on eût pu, *a priori*, invoquer ».

En ce sens s'est prononcé le Conseil d'Etat, 8 août 1919, *Toesca* (*Rec.*,

que si les retards sont injustifiés et s'ils proviennent de la mauvaise volonté des agents publics, ces agissements matériels pourront être relevés par le créancier, lequel s'adressera aux tribunaux compétents pour obtenir des *dommages-intérêts spéciaux*, payables sur le patrimoine administratif (1), par application de l'idée de justice insérée dans l'article 1153 *in fine* du Code civil.

p. 740) : « Le dit jugement (du juge de paix) n'ayant pas été infirmé par la juridiction compétente, le paiement de la somme susvisée indiquée constituait, pour le bureau de bienfaisance, une dépense obligatoire ; la commission administrative n'a, par délibération..., fait que voter le crédit nécessaire pour l'acquittement de cette dépense. *Il n'appartenait pas au préfet de s'opposer à l'exécution du jugement du juge de paix, et, en refusant par un motif de légalité contraire à la chose jugée, d'approuver la délibération précitée, le préfet a excédé la limite de ses pouvoirs* ».

(1) Dans l'affaire jugée par le C. d'E. le 26 juin 1908 *Daraux, Rec.*, p. 689 (V. *supra* p. 139, note 1), le créancier aurait pu réclamer des dommages et intérêts spéciaux à la commune. — Dans l'affaire *Hardel*, C. d'E. 17 mars 1911 (*Rec.*, p. 350) et 12 juin 1914 (*R. D. P.*, 1914, p. 583 et s. et la note), un tribunal civil, statuant en référé, avait jugé que l'abbé H. serait maintenu en possession provisoire du presbytère, parce que ce presbytère avait été légué à la commune pour être affecté à perpétuité au logement du curé de la paroisse. Nonobstant ce jugement, le préfet avait expulsé l'abbé. Sur le recours pour excès de pouvoir formé par l'abbé, le C. d'E. a d'abord déclaré en 1911 que l'arrêté du préfet « faisait obstacle au jugement du référé rendu au profit de l'abbé H. » et était entaché d'*excès de pouvoir*. Par un second arrêt du 12 juin 1914, le C. d'E. a jugé que « l'exécution de l'arrêté (préfectoral d'expulsion) illégal et les circonstances qui l'ont accompagnée ont causé à l'abbé H. un préjudice dont l'Etat est responsable ». Le patrimoine administratif de l'Etat a été condamné à payer une somme de 1.000 francs.

Dans cette même affaire, le C. d'E. (12 juin 1914, *R. D. P.* 1914, p. 589) s'est déclaré *incompétent* pour statuer sur l'action *en indemnité dirigée contre la commune.* Celle-ci s'était hâtée de démolir le bâtiment ; le jardin avait été alloti, des voies y avaient été tracées, les terrains avaient été vendus. Il y avait là, en dehors de l'expulsion illégale, des faits dommageables. Le C. d'E. a refusé d'en connaître. « En effet, le préjudice dont se plaint l'abbé résulte d'une série d'actes accomplis par la commune dans la gestion de son *domaine privé* ». L'action est donc de la compétence des tribunaux judiciaires. Mais le commissaire du gouvernement, M. HELBRONNER, a affirmé que l'abbé avait droit à une indemnité spéciale : « Les agissements de la commune, a-t-il dit, ont causé à l'abbé H. un *nouveau* préjudice matériel certain. *Il a droit à indemnité*, mais nous estimons que vous n'êtes pas compétent pour le reconnaître et l'apprécier ».

Observons que le tribunal civil, chargé de statuer *au fond* sur le main-

2º La responsabilité personnelle de l'agent public récalcitrant peut être engagée, s'il y a *faute personnelle* (1).

En France, il est sans exemple et il restera sans doute sans exemple, que les agents publics n'aient pas fini par acquitter les dettes qui grèvent les patrimoines administratifs, constatées par un tribunal ; on peut donc affirmer que *pratiquement* la situation des créanciers n'est pas aussi mauvaise qu'elle le semble au premier abord.

III. — La règle existe aussi pour les *obligations autres que les dettes de somme d'argent.* Toutefois, les tribunaux ne l'observent pas toujours aussi strictement. Parfois, ils ne se bornent pas à constater *l'obligation* de l'administration ; ils adressent aux agents administratifs des *ordres* formels d'exécution, des *prohibitions*. Par exemple, en matière de service des téléphones, on trouve des décisions de justice qui, après avoir constaté l'existence d'une dette à la charge du patrimoine administratif de l'Etat, adressent des *injonctions*, des *défenses* aux agents publics préposés au service (2).

De plus, comme je l'ai déjà dit pour les dettes de somme d'argent (3), depuis quelques années le Conseil d'Etat, sans *enjoindre* formellement aux agents administratifs d'accomplir certains actes d'exécution, les y *invite* (4). C'est à peu près la même chose. Cela est

---

tien de l'affectation gratuite de l'immeuble légué, devait répondre *négativement* : les lois de 1905, de 1907 et de 1908 s'opposent à cette affectation gratuite. Mais le préfet et le conseil municipal ayant usé de moyens illégaux pour faire triompher une cause juste, la responsabilité de l'Etat et de la commune sont engagées.

(1) La résistance aux arrêts de justice est une faute *personnelle*. Voyez les conclusions de M. CHARDENET, sous C. d'E. 28 juillet 1911, *Rougegré*, *Rec.*, p. 913 : « Si les maires ... agissaient ainsi, on pourrait dire qu'ils *n'ont songé qu'à faire échec à votre décision, qu'ils ont commis une faute personnelle* se détachant de l'exercice de leurs fonctions et qu'*une action en dommages-intérêts pourrait être intentée contre eux* ». — Dans l'affaire *Hardel*, 1911 et 1914, la responsabilité *personnelle* du préfet était engagée (*R. D. P.*, 1914, p. 593 et s.). Voyez *infra*, la 4ᵉ proposition, p. 150 et s.

(2) Trib. civil de la Seine, 8 avril 1911, *Pavy* : « Le tribunal.. *ordonne* la suppression de l'annonce critiquée... ; *fait à l'avenir défense à l'administration de faire aucune insertion de la nature de celle critiquée* ».

(3) *Supra*, p. 140 texte et note.

(4) Sur cette jurisprudence, voyez C. d'E. 28 déc. 1906, *Durand, Rec.*, p. 863 (et les conclusions de M. ROMIEU) : « Il y a lieu de prononcer l'an-

d'autant plus vrai que le refus — exprès ou implicite — d'accomplir l'acte est considéré comme un excès de pouvoir et que la décision — expresse ou implicite — de refus pourra être déférée au Conseil d'Etat et annulée par lui pour excès de pouvoir.

IV. — Si un tribunal — judiciaire ou administratif — a constaté qu'un individu est investi d'une *situation juridique générale*, d'un *status*, tous les agents publics ont le devoir juridique d'accomplir tous les actes nécessaires pour que l'individu soit mis en possession de ce *status* légal, bénéficie, ou soit privé des avantages que les lois et règlements y attachent.

Par exemple, un tribunal judiciaire a constaté qu'un individu remplit les conditions requises pour être électeur ; les agents publics devront *inscrire* son nom sur les listes électorales (1).

De même, un tribunal judiciaire répressif a constaté la culpabilité d'un individu et l'a condamné à une peine entraînant la perte de l'*éligibilité*, l'assemblée délibérante (législative ou locale) dont il fait partie *doit* prononcer son exclusion.

De même, le Conseil d'Etat a constaté qu'un individu a été irrégulièrement révoqué et que, par suite, il n'a pas cessé d'être investi du *status* légal de fonctionnaire public ; les agents administratifs compétents ont le *devoir juridique* de remettre cet individu en fonctions, de le replacer dans les cadres *avec l'ancienneté* qu'il aurait eue

mulation dudit arrêté et *de renvoyer le requérant devant le préfet... pour qu'il soit statué à nouveau sur sa demande après instruction régulière* ». — C. d'Et. 26 juin 1908, *Daraux, Rec.*, p. 689 (v. la note 1 *supra*, p. 139). — C. d'Et. 28 juillet 1911, *Rougegré, Rec.*, p. 909 : Sur les conclusions tendant à ce que les requérants soient mis en possession des églises : « *Il appartiendra au ministre de l'Intérieur et des cultes de procéder aux mesures d'exécution qui doivent être la conséquence de l'annulation du décret...* Les sieurs R. et L. sont renvoyés devant le ministre pour voir ordonner les mesures que comporte l'exécution de la présente décision ». Voyez les conclusions du commissaire du gouvernement M. CHARDENET (spécialement, *Rec.*, p. 913). Voyez *ma* note dans R. D. P. 1912, p. 33 et s.

(1) Ici, le règlement du 2 février 1852 organise une sanction efficace. La sentence ou l'arrêt de justice *ordonnent* aux agents publics de procéder à l'inscription réelle sur les listes électorales (art. 7, 8) ; de plus, l'individu devra être admis à voter, bien que non inscrit. Art. 19 : « Nul ne peut être admis à voter s'il n'est inscrit sur la liste. Toutefois, seront admis à ce vote, quoique non inscrits, les citoyens porteurs d'une décision du juge de paix *ordonnant* leur inscription, ou d'un arrêt de la Cour de cassation annulant un jugement qui aurait prononcé une radiation ».

s'il n'avait pas été révoqué, et même avec *l'avancement* qu'il aurait eu à *l'ancienneté* s'il n'avait été révoqué (1) ; bien plus, ils auront le *devoir juridique* de lui faire payer le traitement qu'il aurait touché s'il n'eût pas été exclu du service public, et cela pour tout le temps pendant lequel il a été désinvesti irrégulièrement de la fonction (2).

Mais encore ici, le devoir juridique des agents publics n'a pas toujours de sanction juridictionnelle *directe*. Sans doute, le Conseil d'Etat condamnera le Trésor public à payer le traitement arriéré, si le Ministre refuse de reconnaître la dette. Mais le Conseil d'Etat ne pourra pas *enjoindre* aux agents publics l'accomplissement de cer-

---

(1) C. d'E. 30 novembre 1900, *Viaud dit Pierre Loti, Rec.*, p. 681 (et les conclusions du commissaire du gouvernement Saint-Paul) : « Le Conseil d'Etat ayant, sur le pourvoi du sieur V..., annulé, à la date du 24 février 1899, la décision du 17 mars précédent qui avait mis le requérant à la retraite, cet officier doit être regardé comme n'ayant jamais cessé de faire partie du cadre des lieutenants de vaisseau en activité. Il suit de là que c'est à tort que le décret attaqué, en le nommant capitaine de frégate au tour de l'ancienneté, dispose qu'il ne prendra rang dans ce grade qu'à la date du 1er mai 1899 à laquelle s'était ouverte la vacance dont il profitait en fait, et qu'il est en droit de soutenir que son ancienneté doit compter du 22 avril 1898, jour où il eût été régulièrement promu, si la décision annulée, en date du 27 mars 1898, n'avait jamais existé... ».

(2) Jurisprudence constante. L'arrêt de principe est C. d'E., 9 juin 1899, *Toutain, Rec.*, p. 421 : « La décision prise par le président de la R., le 2 août 1896, à l'égard du sieur T..., ayant été annulée le 2 décembre 1898 par le Conseil d'Etat statuant au contentieux, le requérant était *fondé à réclamer au ministre le rappel du traitement dont il avait été illégalement privé à partir du 15 septembre 1896* et sa réintégration effective dans des fonctions de son grade. Si le Conseil d'Etat est compétent pour condamner l'Etat, au refus du Ministre, à payer au sieur T. le traitement dont ce fonctionnaire jouissait antérieurement au 15 septembre 1896, *à partir de cette date jusqu'au jour où il sera pourvu de nouveau d'un emploi de son grade... ou jusqu'à l'époque où il cessera régulièrement de faire partie de cette administration*, il ne lui appartient pas d'ordonner les mesures administratives propres à assurer la réintégration effective de ce fonctionnaire... » — Rapprocher les conclusions de M. Teissier, sous C. d'Et. 29 mai 1903, *Le Berre, Rec*, p. 418. — C. d'E. 20 janvier 1922, *Trépont, Rec.*, p. 65 ; *R. D. P.* 1922, p. 88 : « Il y a lieu de prononcer son annulation (du décret... mettant le sieur T. en congé sur sa demande) pour excès de pouvoir et *de renvoyer le sieur T. devant le ministre pour qu'il soit statué, dans les formes régulières, sur sa situation* ».

tains actes (réintégration), ni *procéder lui-même* à ces actes (1). Le principe, d'origine politique, de l'indépendance de l'administration active vis-à-vis des tribunaux — quels qu'ils soient — s'y oppose.

Ces solutions sont *injustifiables*. Je dis *injustifiables* : si l'on permet à un juge de paix d'*ordonner* à un maire d'inscrire un individu sur les listes électorales, si l'on décide même que cette sentence vaut inscription (v. *supra*, p. 145, note 1), je ne vois pas pourquoi le Conseil d'Etat ne pourrait pas ordonner à un préfet d'*inscrire d'office* au budget communal une dépense obligatoire, à un Ministre de réintégrer dans les cadres un fonctionnaire irrégulièrement révoqué, etc.

V. — Si le Conseil d'Etat a annulé un *règlement*, tous les agents administratifs *doivent* s'abstenir de l'appliquer. En particulier les chefs de services, les ministres, ont le devoir juridique d'y veiller (2), non seulement en accomplissant eux-mêmes les actes juridiques nécessaires, mais encore en adressant des instructions et des ordres aux agents centralisés hiérarchiquement subordonnés ou aux agents décentralisés soumis au contrôle administratif. Tous les actes juridiques nécessaires pour remettre, *autant que possible* (3), les choses en l'état, s'imposent aux agents administratifs. En conséquence, si, pour l'application du règlement annulé, des décisions ont été prises, il faudra rapporter ces décisions (4). Si l'application du règlement annulé a causé préjudice à des particuliers, des indemnités devront être allouées aux victimes.

Il est évident aussi que les agents administratifs ne pourront pas *refaire* le règlement annulé *comme contraire à la loi* (5). Sur un nou-

(1) C. d'E. 9 juin 1899, *Toutain, Rec.*, p. 421. V. la note précédente.

(2) La formule exécutoire qui termine les expéditions des arrêts du Conseil d'Etat le déclare expressément : « La République mande et ordonne au ministre de .., en ce qui le concerne..., de pourvoir à l'exécution de la présente décision » (l. 21 mai 1872, art. 24 et règlement du 2 août 1879, art. 25). LAFERRIÈRE, *Jur. adm.*, 2ᵉ édit., II, p. 572.

(3) Un règlement de police a prescrit des battues dans les bois de particuliers et les battues ont eu lieu. Il ne saurait être question de remettre les choses en l'état.

(4) C'est une conséquence que méconnait l'arrêt du C. d'E. du 29 novembre 1912, *Boussuge* qui déclare recevable la voie de la tierce-opposition contre un arrêt d'*annulation* sur un recours pour excès de pouvoir. Voyez *supra*, p. 123 note 2.

(5) Naturellement, si le règlement avait été annulé comme fait par une autorité incompétente ou pour vice de forme, il n'y aurait pas méconnaissance de la force de la chose jugée si le même règlement était refait par une *autre* autorité, avec les formes légales.

veau recours, le Conseil d'Etat devrait l'*annuler*, cette fois non pas pour violation de la loi, mais pour violation de la chose jugée (1).

VI. — Si un tribunal — *répressif* ou *non répressif* — a déclaré qu'un individu *n'a pas accompli* le fait qui lui était reproché, les agents administratifs (2) investis du pouvoir disciplinaire devront tenir cette constatation pour la vérité légale et s'abstenir de prendre contre l'individu une mesure disciplinaire, à peine d'excès de pouvoir pour violation de la chose jugée.

Si un tribunal, tout en reconnaissant qu'un individu a accompli le fait qui lui est reproché, déclare que ce fait ne constitue pas une infraction pénale et acquitte l'individu, les agents administratifs investis du pouvoir disciplinaire ont le pouvoir de prendre contre l'individu une mesure disciplinaire, sans méconnaître l'autorité de la chose jugée : tel fait, qui n'est pas une infraction pénale, peut être une *faute disciplinaire*.

VII. — Si le tribunal — administratif ou judiciaire — a déclaré illégal le *refus d'un agent public d'accomplir un certain acte*, cet agent a le devoir juridique de faire cet acte. Par exemple, si un préfet ou un maire *refuse* de délivrer un *alignement*, si un maire *refuse* d'admettre un industriel à l'*entrepôt à domicile*, si le sous-préfet *refuse* de délivrer un *permis de chasse*, si le maire *refuse* de célébrer un *mariage*, une fois la constatation faite par le juge que ce refus est illégal, le préfet, le sous-préfet, le maire *devront* délivrer l'alignement, accorder l'entrepôt à domicile (3), délivrer le permis, célébrer le mariage (4).

(1) Voyez les conclusions du commissaire du gouvernement ROMIEU sous C. d'E., 8 juillet 1904, *Botta*, *Rec.*, p. 558 : « Il faut qu'on sache bien que lorsqu'un acte... a été annulé par le Conseil d'Etat pour violation de la loi, cet acte ne peut être reproduit... sous peine d'une annulation qui, cette fois, sera *exclusivement* fondée sur *la violation de la chose jugée en droit* ».

(2) Je ne m'occupe ici que des agents administratifs investis du pouvoir disciplinaire et non des *tribunaux disciplinaires*. V. *infra*, section IV.

(3) LAFERRIÈRE, *Jur. adm. et rec. cont.*, 2e édit., II, p. 573.

(4) Dans l'affaire *Rouzier*, jugée par le Trib. des Conflits le 25 mars 1911 (*Rec.*, p. 392 et s. ; R. D. P. 1911, p. 663 et s. et *ma* note), le commissaire du gouvernement CHARDENET déclarait : « Au cas où un maire refuserait de dresser un acte de l'état civil, on s'adressera au tribunal civil, qui pourra lui enjoindre de dresser l'acte, s'il estime que le refus n'était justifié par aucun motif légal, ou qui déclarera justifié le refus

Mais encore ici, il faut observer que, au cas de refus de l'agent administratif, le tribunal ne pourrait pas accomplir l'acte. Il resterait l'action en indemnité soit contre le patrimoine administratif devant les tribunaux administratifs (1), soit contre l'agent récalcitrant

opposé par le maire (Cass. Ch. des req. 28 nov. 1877, *Leproux*, D. 78-1-209 ; Trib. Seine, 20 mai 1896, S 96-2-224). Si le maire, *malgré une décision de l'autorité judiciaire, passée en force de chose jugée, reconnaissant qu'il ne pouvait refuser de célébrer un mariage,* si le maire persistait dans son refus, le préfet, usant des pouvoirs qui lui sont conférés par l'art. 85 de la loi du 5 avril 1884, nommerait un délégué spécial à l'effet de procéder à la célébration du mariage. Dans tous ces cas, le maire *pourrait* être l'objet d'une action en dommages-intérêts, à raison de son refus de dresser un acte de l'état civil, et cette action serait de la compétence de l'autorité judiciaire ».

(1) En faveur de la compétence administrative, on peut citer l'affaire suivante. La Compagnie du chemin de fer métropolitain de Paris s'est vu refuser, par l'administration de l'octroi de Paris et par le préfet de la Seine, l'admission à contracter un abonnement la dispensant du paiement des droits d'octroi sur les combustibles employés par elle dans son usine d'électricité pour produire la force motrice pour ses trains. Par arrêt du 4 août 1905, le Conseil d'État a annulé les décisions de l'administration de l'octroi et du préfet de la Seine (*Rec.*, p. 745). Naturellement, l'admission à contracter l'abonnement était l'une des conséquences de l'arrêt. L'administration a pris une décision d'admission à l'abonnement. Mais une autre conséquence de l'arrêt n'était-elle pas le remboursement des droits d'octroi perçus en excédent ? C'est la question qui a été soumise aux tribunaux. La Compagnie du chemin de fer métropolitain s'est adressée au Conseil d'État pour demander « le remboursement à son profit de la différence entre les sommes qu'elle a effectivement versées à l'octroi de Paris pour acquitter les droits d'entrée sur les combustibles employés dans ses usines de 1903 à 1905 pour l'usage de son industrie, et celles au paiement desquelles elle aurait été assujettie si l'abonnement qu'elle avait sollicité ne lui avait pas été refusé en violation du droit qu'elle tenait des art. 11 et 12 du règlement supplémentaire de l'octroi de Paris, *cette violation de son droit ayant été d'ailleurs, d'après la compagnie, reconnue par la décision du Conseil d'État du 4 août 1905, qui a annulé l'arrêté du préfet de la Seine rejetant la demande d'abonnement par elle présentée le 12 juin 1903.* » —Par arrêt du 17 février 1911 (*Rec.*, p. 199), le Conseil d'État s'est déclaré « *incompétent* pour statuer sur cette demande, *qu'il s'agisse dans l'espèce d'une action en restitution de droits d'octroi à tort perçus ou d'une action en dommages-intérêts tendant à la réparation du préjudice causé à la Compagnie par un refus injustifié d'admission* au bénéfice de l'abonnement. En effet, c'est à l'autorité judiciaire qu'il appartient, en vertu de l'art. 2 de la loi des 7-11 sept. 1790, de juger toutes les constatestions qui peuvent s'élever à l'occasion de la perception des contributions indirectes, y compris celles

devant les tribunaux judiciaires. Ceci nous amène à une troisième proposition.

III

3e *Proposition.* — Les agents administratifs, à qui incombe le devoir d'exécuter la chose jugée, et qui refusent sans motif légitime de le faire, commettent le plus souvent une *faute personnelle* qui engage leur responsabilité personnelle.

Cette règle, réclamée par la doctrine (1), est en voie de formation

qui impliquent l'appréciation d'actes administratifs illégaux, à la faveur desquels des perceptions de droits ont pu être réalisées ». — D'autre part, la Compagnie, ayant été déclarée débitrice par le préfet de la Seine d'une certaine somme à titre de redevance représentative des droits d'octroi, a demandé au Conseil d'Etat de déclarer la réclamation non fondée, pour le motif que le préfet a refusé de tenir compte, pour la détermination de cette somme, de l'arrêt du Conseil d'Etat du 4 août 1905. Le Conseil d'Etat, par arrêt du 29 décembre 1911 (*Rec.*, p. 1260) s'est déclaré incompétent : « Il n'appartient qu'au conseil de préfecture. . de prononcer, sauf recours au Conseil d'Etat, sur les difficultés qui s'élèvent entre l'administration et les concessionnaires de travaux publics touchant le sens et l'exécution de leurs marchés ». — Le Tribunal des conflits a donné tort au C. d'E. ; il estime que l'action en dommages-intérêts contre la commune est de la compétence du C. d'E. : « Cette action n'a pas pour objet une réclamation relative à la perception de taxes d'octroi, dont la base et la quotité n'étaient pas contestées ; en poursuivant le remboursement, à son profit, d'une somme égale à la différence entre le total des droits d'octroi qu'elle a dû payer... et le montant de l'abonnement qui lui avait été, à tort, refusé, la Compagnie... tend à obtenir la réparation du dommage provenant d'une faute administrative qui aurait été commise par la Ville de Paris... ; l'appréciation de cette faute appartenait à l'autorité administrative ». Conflits, 7 déc. 1912, *Compagnie parisienne de l'Air comprimé*, Rec., p. 1170.

(1) Cpr. *ma* note dans la R. D. P. 1911, p. 684 et rapprocher *ma* note R. D. P. 1909, p. 263 et s. — HAURIOU, note dans Sirey 1911-3-121 : « Sous l'action combinée de la décentralisation et des mœurs électorales, le point d'honneur administratif a disparu. Les administrations publiques en sont venues à ruser, à biaiser, à se défendre contre la juridiction administrative qui les gêne dans leurs combinaisons administrativo-électorales... Il ne faut pas croire que cette sorte de mauvaise foi soit le propre des municipalités, on la retrouve aussi dans les préfectures ; on ne peut plus compter sur le préfet pour rappeler les municipalités à la tenue administrative... Cette même mauvaise volonté s'est insinuée dans les ministères. Selon une expression qui a été employée et qui est fort juste,

ces administrations centrales boycottent le Conseil d'Etat. Et bien entendu, ce n'est pas le ministre. Ce sont les bureaux. Il y a insurrection des bureaux contre le Conseil d'Etat ». D'après le prof. HAURIOU, la solution de la difficulté serait jurisprudentielle ; elle consisterait à poser en principe, que, lorsqu'une administration publique a été condamnée en dernier ressort par une juridiction quelconque, l'administrateur responsable de l'exécution de la chose jugée commet un fait personnel en n'exécutant pas le jugement, et devient pécuniairement responsable du préjudice sur ses biens personnels.

Le prof. DUGUIT (*Les Transformations du droit public*, 1913, p. 218 et s.), tout en déclarant que le tableau tracé par le prof. HAURIOU « est évidemment poussé trop au noir », estime que, pour combler la lacune de notre droit public, « il n'y a pas d'autre moyen que la mise en œuvre de la responsabilité personnelle du fonctionnaire par le fait duquel la décision juridictionnelle reste sans effet... Il y a fait personnel quand le fonctionnaire est déterminé dans son action ou son abstention par un but étranger à la gestion du service. Or, le fonctionnaire qui sciemment refuse de se conformer à une décision juridictionnelle se met incontestablement en dehors du service. Tout jugement est présumé conforme à la loi ; toute loi a pour fondement... le service public lui-même ; le fonctionnaire, en méconnaissant ce jugement, méconnaît sciemment la loi du service et commet une faute personnelle ». Le prof. DUGUIT estime que « les intéressés agissant en responsabilité personnelle contre le fonctionnaire récalcitrant *triompheraient*. Mais la procédure est .. encore longue, compliquée, coûteuse. Ce sont les tribunaux judiciaires qui sont compétents ; le conflit peut être élevé : il l'est presque toujours. Dès lors, le plaideur hésitera : il aurait tort, *car son succès serait certain*. Il hésiterait peut-être moins, s'il pouvait s'adresser au Conseil d'Etat, si son recours, comme le recours pour excès de pouvoir, était dispensé du ministère d'un avocat, enregistré en débet et n'avait à supporter que les droits de timbre. Le Conseil d'E. serait tout naturellement amené à condamner pour responsabilité personnelle l'agent administratif qui a méconnu l'arrêt d'annulation ou de condamnation. Il est probable que c'est en ce sens que s'accomplira l'évolution ». Cpr. *Tr. Dr. Const.*, 2ᵉ édition, 1923, III, p. 284. — Tel n'est pas mon avis : rien ne fait prévoir que le C. d'E. assumera la *compétence* de statuer sur la responsabilité *personnelle* des agents publics pour faute *personnelle*.

Le professeur BARTHELÉMY (*Sur l'obligation de faire ou de ne pas faire et son exécution forcée dans le droit public*, R. D. P. 1912, p. 505 et s. et surtout pages 511 et s.) semble partisan d'une condamnation de l'agent à des dommages-intérêts, non pas à une réparation pour les dommages déjà causés, mais à « *une astreinte à tant par jour de retard à s'exécuter ou à tant par violation constatée de l'obligation légale de faire ou de s'abstenir* Ce serait, dit-il, le seul moyen efficace ». —Sans doute, mais n'est-il pas en contradiction avec la règle de la séparation des autorités administrative et judiciaire ? Je reconnais que l'interprétation donnée à cette règle est souvent critiquable, injustifiable ; mais croit-on possible de la faire changer ?

jurisprudentielle (1). Je ne connais pas d'arrêt qui la consacre formellement. Pourtant, on peut la considérer comme existant actuellement en droit public français.

Il faut, toutefois, apporter à cette règle un tempérament. Lorsque le refus d'exécuter émane non pas seulement d'un agent administratif isolé, mais d'un groupe d'agents, en particulier d'une *assemblée élective*, ce n'est pas la responsabilité *personnelle* de tel ou tel agent qu'il faudra mettre en œuvre, mais la responsabilité du patrimoine administratif. Par exemple, un maire refuse d'exécuter une décision de justice et, dans sa résistance, il est soutenu par le conseil municipal ; le Conseil d'Etat admet que *seul* le patrimoine administratif *communal* est pécuniairement responsable (2).

---

(1) Dans l'affaire *Rouzier* jugée par le Tribunal des Conflits le 25 mars 1911 (*Rec.*, p. 392 et s.; R. D. P., 1911, p. 663 et s. et *ma* note), le commissaire du gouvernement CHARDENET a nettement affirmé la *responsabilité personnelle* d'un « maire qui, *malgré une décision de l'autorité judiciaire passée en force de chose jugée, reconnaissant qu'il ne pouvait refuser de célébrer un mariage,* persiste dans son refus ». V. la note 4, p. 148 *supra*.

(2) C. d'E. 20 janvier 1911, *Delpech*, *Rec.*, p. 53 et *ma* note dans la R. D. P. 1911. p. 272 et s. L'arrêt de 1911 vise non pas un refus d'exécuter une décision de justice, mais un refus d'exécuter une décision d'un agent administratif centralisé. Cpr. HAURIOU note dans S. 1911-3-137. La faute de service, dit le prof. HAURIOU à l'occasion de l'arrêt *Delpech*, n'est pas nécessairement une faute légère ; elle peut être une faute lourde, pourvu qu'à raison des circonstances, elle ne soit pas détachable de la fonction. Ainsi la faute lourde d'un maire n'est pas une faute personnelle et ne se détache pas de la fonction, *quand le conseil municipal s'est solidarisé avec le maire dans l'attitude que celui-ci avait prise, et non seulement le conseil municipal, mais la population de la commune tout entière*. La fonction du maire ne serait donc pas seulement d'accomplir les actes légaux de police et de gestion prévus par la loi municipale, elle serait encore de se faire l'interprète de toute volonté des habitants de la commune qui s'exprimerait clairement dans une manifestation de solidarité ; à côté de la fonction *légale* du maire, dit le prof. HAURIOU, il y aurait une fonction *naturelle* qui se dessinerait, même en dehors de la loi, toutes les fois que s'affirmerait en fait la solidarité du groupe communal et de ses organes. Une faute commise par le maire dans l'exercice de cette fonction naturelle, fût-elle une faute lourde, entraînerait non pas sa responsabilité personnelle, mais la responsabilité de l'administration.

Je n'accepte pas, pour ma part, cette théorie de la fonction *naturelle* à côté de la fonction *légale*. Mais il n'est pas douteux que le C. d'E., dans l'arrêt du 20 janvier 1911, *Delpech*, a déclaré que le refus opposé par un

IV

4ᵉ *Proposition*. — Lorsque la chose jugée par un tribunal *judiciaire* ne concerne pas *directement* l'administration, mais ne peut être exécutée qu'avec le concours de l'administration, les agents administratifs ont le pouvoir et le devoir, avant de prêter leur collaboration, de rechercher si une loi ne leur interdit pas formellement d'accomplir l'acte d'exécution qu'on leur demande. D'ailleurs, ce faisant, ils sont soumis au *contrôle juridictionnel du Conseil d'Etat* : celui-ci peut annuler la décision de refus d'agir, et l'agent public devra alors s'incliner.

Cette proposition est un échec à la règle fondamentale de l'autorité *absolue* de la chose jugée. Elle s'explique par la règle, d'*origine politique*, de la séparation des autorités administrative et judiciaire. Elle me paraît *injustifiable*.

La jurisprudence du Conseil d'Etat a fait l'application de cette proposition dans deux séries de cas : 1° en matière de *transfert de rentes nominatives sur l'Etat* ; 2° en matière de *correspondances* (1).

I. — *Transfert de rentes nominatives sur l'Etat* (2). – Aux termes de la loi du 8 nivôse an VI art. 4 et de la loi du 28 floréal an VII art. 7, les rentes sur l'Etat sont *insaisissables*. Ceci rappelé, supposons qu'un tribunal *judiciaire*, saisi d'un procès entre deux particuliers, ait jugé que telle inscription *nominative* de rente ayant été donnée en nantissement au créancier X par le débiteur Y, et Y n'ayant pas payé à l'échéance, X a le droit de faire vendre par le ministère d'un agent de change le titre de rente, pour en toucher le montant et se couvrir de sa créance.

maire, *d'accord avec le conseil municipal*, d'exécuter une décision de l'*administration supérieure* ne constituait pas une faute personnelle. Voici les termes de l'arrêt : « Il est établi par l'instruction que le *conseil municipal... s'est constamment associé aux actes du maire...* Dans ces circonstances, les agissements du maire... *ne sauraient être regardés comme une faute personnelle*, se détachant de l'exercice des fonctions de maire ; ils engagent, au contraire, l'*exclusive responsabilité de la commune*. Par suite cette dernière peut *seule* être condamnée à indemniser les époux D. pour le préjudice matériel et moral qui leur a été causé ».

(1) LAFERRIÈRE, *Tr. de la jurid. adm. et des rec. cont.*, 2ᵉ éd., I, p. 508 à 513.

(2) G. JÈZE, *Cours élém. de Sc. des finances*, 5ᵉ édition, 1912, p. 548 et s.

Pour que ce jugement produise son effet, il faut évidemment que l'agent de change, désigné pour faire la vente, puisse faire opérer sur le Grand Livre de la Dette publique le *transfert* du titre nominatif au nom de l'acquéreur. Or le transfert est opéré par le Ministre des finances. Celui-ci, sur la demande de transfert, est-il *tenu* d'accomplir l'acte juridique sollicité, qui est la conséquence logique du jugement du tribunal judiciaire ?

La jurisprudence du Conseil d'Etat répond *négativement*. Le ministre est le gardien du Grand Livre de la Dette publique ; il a le devoir de veiller à ce qu'aucun transfert n'ait lieu, qui ne soit conforme aux lois. Or les lois déclarent que les rentes sur l'Etat sont insaisissables, par suite, prohibent le transfert du titre nominatif *sur la requête d'un créancier, contre la volonté* du *débiteur* titulaire de la rente. Le ministre a donc le devoir, *sous le contrôle juridictionnel du Conseil d'Etat statuant au contentieux*, de refuser d'accomplir le transfert. Par son jugement, le tribunal judiciaire a donné aux lois de l'an VI et de l'an VII une certaine interprétation ; le ministre des finances, *sous le contrôle juridictionnel du Conseil d'Etat*, n'est pas obligé d'accepter cette interprétation ; il peut en donner une autre (1). L'inter-

---

(1) En ce qui concerne les transferts de rentes nominatives sur l'Etat, C. d'Et. 19 décembre 1839, *Bidot* (*Rec.*, p. 590). Le C. d'E. a rejeté la requête et adopté l'argumentation du ministre ainsi présentée : « On a plusieurs fois tenté d'éluder des dispositions aussi précises [l. de l'an 6], en obtenant des jugements semblables... Mais *l'administration a dû constamment se refuser à l'exécution de ces jugements*, dans lesquels elle apercevait une violation manifeste de la loi du 8 nivôse an 6... ». — C. d'E., 6 août 1878, *Beauvois*, *Rec.*, p. 819 (et la note) : « Aux termes de l'art. 4 de la loi du 8 nivôse an 6, il ne peut être reçu aucune opposition sur la dette publique inscrite ; d'après l'art. 3 de la loi du 28 floréal an 7, les transfert ne peuvent être opérés que sur la déclaration du propriétaire du titre de rente... ; il résulte de ces dispositions que les rentes sur l'Etat, inscrites au Grand Livre, sont insaisissables. Pour demander le transfert de trois titres de rente appartenant à la dame D., le sieur B. ne produisait ni procuration spéciale de la dame, D. ni aucune pièce constatant son consentement au transfert, *mais se présentait comme créancier des époux D., et produisait des décisions judiciaires déclarant que les titres de rente lui avaient été remis en nantissement par les époux D. et l'autorisant à en poursuivre la vente. Le ministre des finances, en rejetant, nonobstant ces décisions, la demande de transfert formée dans ces conditions, a fait une juste application des dispositions des lois des 8 nivôse an 6 et 28 floréal an 7* ». — Cpr. en ce même sens : trois avis du Conseil d'Etat : 17 thermidor an X ; 4e jour complémentaire

prétation *régulièrement* donnée à la loi par le tribunal *judiciaire* n'a pas, pour les agents *administratifs*, force de vérité légale.

Cette solution *certaine* me paraît *injustifiable*. Elle est contraire au devoir de collaboration des agents publics d'un même pays (1). Elle affirme qu'il est des lois que les tribunaux judiciaires — qui pourtant sont des tribunaux français, tout comme le Conseil d'Etat, — sont incapables d'interpréter. Si tel est l'avis du législateur, il faut que l'interprétation des lois sur l'insaisissabilité des rentes soit *réservée* au Conseil d'Etat et forme une question préjudicielle. Ce qui est proprement *anarchique*, c'est de permettre aux agents administratifs de tenir pour inexacte une interprétation donnée par un juge régulièrement saisi et statuant dans l'exercice de sa compétence légale.

D'ailleurs, d'après la jurisprudence du Conseil d'Etat, la situation ne serait plus du tout la même, et le ministre des finances aurait le *devoir juridique* d'opérer le transfert du titre nominatif, si un *acte de cession* était intervenu entre le titulaire de la rente nominative et un tiers, *même créancier,* — par exemple, cession en paiement de la créance, — et si le tribunal judiciaire constatait que l'acte de cession a opéré régulièrement mutation de propriété au profit du créancier. Ici la règle de l'insaisissabilité n'est plus en question ; il n'y a plus un *créancier* saisissant, mais un *propriétaire*. Le principe fondamental de l'autorité *absolue* de la chose jugée ne rencontre plus d'obstacle. La résistance du ministre des finances n'aurait aucune justification ; sa décision de refus devrait être annulée par le Conseil d'Etat au contentieux (2).

an XIII ; 11 novembre 1817 (ce dernier avis émane des comités réunis de législation et de finances) ; — Réponse du Directeur de la dette inscrite en date du 6 novembre 1895 ; — discours du ministre des finances Doumer, Ch. des députés, 9 novembre 1895 ; — lettre du ministre des finances Cochery, 20 novembre 1897.

(1) V. *supra*, p. 111 et s.

(2) C. d'E. 8 juin 1883, *Poirault, Rec.*, p. 541 ; C. d'E. 8 juillet 1898, *Coudray, Rec.*, p. 534 : « Par jugement définitif, le tribunal... a déclaré que le titre de rente... immatriculé... au nom du sieur D. appartient au sieur C.. Ainsi, *ce n'est pas en qualité de créancier,* mais en vertu du droit de propriété reconnu par le jugement précité, que le requérant a demandé le transfert de ce titre à son nom... Dans ces circonstances, le ministre n'est pas fondé à prétendre que la mutation réclamée par le sieur C... n'aurait pu être effectuée qu'en violation de l'art. 4 de la loi du 8 nivôse an VI, et qu'elle aurait constitué une atteinte au principe de

II. — *Correspondances.* — Aux termes de la loi des 10-14 août 1790, le secret des lettres est inviolable : le chef du service postal a le devoir de veiller à l'inviolabilité des correspondances. La loi des 26-29 août 1790 interdit aussi aux *tribunaux* judiciaires, ainsi qu'aux municipalités et directoires de département ou de district, d'ordonner aucun changement dans le travail, la marche et l'organisation du service de la poste aux lettres. — Ceci rappelé, supposons qu'un tribunal *judiciaire* juge que telle lettre contenant une valeur doit être délivrée par l'administration de la poste, non pas à l'individu dont le nom est porté sur l'enveloppe, mais à tel autre individu *créancier du destinataire.* L'administration postale *doit-elle* obéir au jugement et faire la remise de la lettre contenant la valeur à l'individu créancier désigné par le tribunal ?

La jurisprudence du Conseil d'Etat répond négativement. Le chef du service postal a le *droit* et le *devoir, sous le contrôle juridictionnel du Conseil d'Etat*, de ne pas faire cette délivrance au créancier. L'interprétation donnée par le tribunal judiciaire à la loi sur l'inviolabilité des correspondances n'est pas, pour les agents administratifs, la vérité légale ; elle ne s'impose pas à l'autorité administrative. Le chef du service postal, *sous le contrôle juridictionnel du Conseil d'Etat*, n'est pas obligé d'accepter l'interprétation donnée par le tribunal *judiciaire* aux lois de 1790 (1).

l'insaisissabilité des rentes sur l'Etat. Il y a lieu, par suite, d'annuler la décision attaquée et de renvoyer le sieur C. devant le ministre pour y être procédé au transfert du titre dont s'agit ». — C. d'E. 31 mars 1922, *Guyard, Rec.*, p. 309 ; *R. D. P.*, 1922, p. 258 et s. (avec les conclusions *contraires* de M. Mazerat) : « Si le ministre des finances doit veiller à l'application du principe proclamé par l'article 4 de la loi du 8 nivôse an VI et d'après lequel les rentes sur l'Etat inscrites au Grand Livre sont insaisissables, la décision attaquée (refus par le Directeur de la dette inscrite d'opérer un transfert sans le concours d'une autre personne, en vertu d'un arrêt de la C. d'appel de Paris) n'a été prise qu'à raison du doute pouvant exister, après l'arrêt de la Cour de Paris du 6 novembre 1913, *relativement à la propriété* du titre de rente visé dans la demande du sieur Guyard, et n'avait d'autre but que de mettre ce dernier en demeure de produire les justifications nécessaires pour établir son *droit à disposer seul* du titre dont s'agit. Dès lors, la dite décision n'est pas entachée d'excès de pouvoir ».

(1) C. d'E. 13 mars 1874, *Talfer, Rec.*, p. 263 : « La demande ... a pour objet de faire décider que l'administration des postes, en réexpédiant en Italie au sieur C. destinataire, une lettre chargée, originairement adressée à Paris, et ce, nonobstant l'opposition formée .. à la

Il faut, à mon avis, critiquer cette solution. Comme la solution précédente, elle est inspirée par la règle, d'origine politique, de la séparation des autorités. Si, seul, le Conseil d'Etat est capable d'interpréter les lois sur le secret des correspondances, il faut lui réserver compétence en cette matière et obliger les tribunaux judiciaires à lui renvoyer, *comme question préjudicielle*, les difficultés d'interprétation de cette loi. Mais si les tribunaux judiciaires ont compétence pour interpréter cette loi, il est aujourd'hui anarchique d'affirmer que les agents administratifs n'auront pas le devoir de tenir l'interprétation pour la vérité légale.

Encore ici, la solution serait différente si le tribunal n'avait fait que régler la question de savoir à qui la lettre est vraiment destinée : homonyme, cessionnaire d'un fonds de commerce, etc. Le principe fondamental de l'autorité *absolue* de la chose jugée ne rencontrant plus d'obstacle, l'administration postale *devrait* s'incliner : sa décision de refus serait entachée d'excès de pouvoir, annulable par le Conseil d'Etat au contentieux pour violation de la chose jugée.

Toutefois, dans les deux cas étudiés, la jurisprudence du Conseil d'Etat semble admettre que si l'administration avait été mise en cause

requête du sieur T., a commis une faute dont elle doit être déclarée responsable... Le jugement... rendu... par le tribunal. . de la Seine et signifié à l'administration des postes..., *postérieurement à la réexpédition de la lettre chargée*, constate, à la vérité, que le sieur T. est créancier du sieur C. ; mais ledit jugement est étranger à l'administration ci-dessus désignée et ne statue nullement sur la question de savoir si le directeur général des postes, tiers saisi, pouvait être contraint à la remise de la lettre dont le transport lui avait été confié. La faute que le sieur T. impute à l'administration des postes et qui aurait engagé la responsabilité de l'Etat, consisterait uniquement dans le dessaisissement, de la part du directeur général des postes, de la lettre chargée frappée d'opposition. Mais, d'une part, la loi des 26 29 août 1790 interdit aux tribunaux, aussi bien qu'aux municipalités et directions de département ou de district, d'ordonner aucun changement dans le travail, la marche et l'organisation du service de la poste aux lettres. D'autre part, il a été déclaré par la loi des 10-14 août 1790 que le secret des lettres est inviolable et que, sous aucun prétexte, il ne peut y être porté atteinte, ni par les individus, ni par les corps ; il ne peut être dérogé à ces règles que dans un intérêt d'ordre public, et en vertu d'actes d'instruction accomplis par le magistrat en vue de constater les crimes ou les délits. Il suit de là que l'opposition signifiée à l'administration des postes à la requête du sieur T. ne pouvait faire obstacle à ce que la remise de la lettre adressée par le sieur C. à lui-même fût opérée par l'administration suivant les règles établies pour le service de la poste aux lettres... »

dans le procès soumis au tribunal judiciaire et si le jugement avait
été rendu sans que les agents administratifs aient opposé la règle de
la séparation des autorités administrative et judiciaire, ils ne pourraient pas, *après coup*, refuser d'exécuter le jugement devenu définitif. Dans ce cas, l'autorité de la chose jugée s'imposerait à
l'administration *mise en cause* et l'emporterait sur la règle de l'indépendance des agents administratifs vis-à-vis des tribunaux judiciaires (1).

(1) La *superstition* de l'indépendance de l'autorité administrative
vis-à-vis des tribunaux judiciaires est tellement forte en France que
Laferrière, *Jur. adm. et rec. cont.*, 2ᵉ édition, I, p. 512, après avoir
exposé la solution donnée au texte, ajoute : « Faut-il conclure de là que
toute décision de l'autorité judiciaire *devenue définitive* a une puissance
illimitée à l'égard de l'administration ? N'existe-t-il pas de cas auxquels
puisse s'appliquer cette disposition si énergique de l'instruction législative du 8 janvier 1790 : « Tout acte des tribunaux ou des cours de
justice tendant à contrarier ou à suspendre le mouvement de l'administration étant inconstitutionnel demeurera sans effet et ne devra pas
arrêter les corps administratifs dans l'exécution de leurs opérations ».
Nous pensons que cette disposition serait applicable si un tribunal procé-
dait par voie d'injonctions ou d'interdictions adressées à la puissance
publique, s'il sortait de sa fonction juridictionnelle pour entreprendre
sur la fonction exécutive. Quand même une telle usurpation prendrait la
forme d'un jugement, elle ne pourrait pas revendiquer l'obéissance due
à la chose jugée. Il ne peut y avoir chose jugée que si le juge a exercé
des pouvoirs de juridiction, non s'il s'est immiscé dans le pouvoir exécutif ou dans le pouvoir législatif qui lui sont rigoureusement interdits. Ces
sortes d'empiétements, que l'article 127 du Code pénal qualifie de forfaiture, ne peuvent imposer d'obligations légales à l'autorité publique ;
celle-ci s'en rendrait complice si elle consentait à s'y soumettre. *Aussi
n'hésitons-nous pas à penser qu'un jugement qui, par impossible, édic-
terait ou annulerait un acte de puissance publique, serait non avenu
pour l'administration, par application de la loi du 8 janvier 1790 ».*
Les cas visés par Laferrière manquent de précision. Dès lors, il est
difficile de savoir exactement ce qu'il veut dire. Cela vise-t-il un jugement tel que le jugement du tribunal civil de la Seine du 8 avril 1911,
Pavy (*supra*, p. 144 note 2) *« ordonnant »* à l'administration des postes
de supprimer dans l'annuaire des téléphones une annonce critiquée ; « *faisant à l'avenir défense* » à l'administration de faire aucune insertion de
la nature de celle critiquée ? Dans ce cas, le raisonnement qui précède
me paraît inadmissible. Il est socialement très dangereux de permettre à
qui que ce soit de tenir pour non avenue la chose jugée. Qu'on mette le
langage de Laferrière dans la bouche d'un particulier, et l'on verra s'il y
a un ordre social possible ! Les tribunaux — même les tribunaux *judiciaires* — sont des autorités *publiques* chargées par la loi de faire des

Section IV

Force de la chose jugée pour les tribunaux.

Dans quelle mesure le principe fondamental de l'autorité *absolue* de la chose jugée s'applique-t-il aux tribunaux? Jusqu'à quel point faut-il dire que la chose jugée par un tribunal est, pour ce tribunal *lui-même* et pour les *autres tribunaux*, la vérité légale?

Le problème, en France, est extrêmement compliqué. Il faut tenir compte : 1° de la division des tribunaux en tribunaux répressifs et tribunaux non répressifs et 2° de la séparation des tribunaux en judiciaires et administratifs. Dès lors, il y a lieu d'étudier les huit cas *principaux* suivants :

1° Force de la chose jugée *au civil* par un tribunal pour un autre tribunal *du même ordre,* administratif ou judiciaire.

2° Force de la chose jugée *au civil* par un tribunal (judiciaire ou administratif) pour un autre tribunal *d'un ordre différent* (administratif ou judiciaire).

3° Force de la chose jugée par un tribunal *non répressif* (judiciaire ou administratif) pour un tribunal *répressif* (judiciaire ou administratif)

4° Force de la chose jugée par un tribunal *répressif* (judiciaire ou administratif) pour un tribunal *répressif* (judiciaire ou administratif).

5° Force de la chose jugée par un tribunal *répressif* (judiciaire ou administratif) pour un tribunal *non répressif* (judiciaire ou administratif).

6° Force de la chose jugée par le tribunal de cassation (judiciaire ou administratif) pour le tribunal de renvoi (judiciaire ou administratif).

constatations *avec force de vérité légale.* Si ces tribunaux se trompent, il y a des *recours*. Mais lorsque la chose jugée est devenue définitive, il faut qu'elle soit obéie par tout le monde. *Tous* les agents publics d'un même pays sont des collaborateurs et non des rivaux. Les circonstances politiques qui ont fait édicter l'instruction législative de 1790 ont depuis longtemps disparu. D'autre part, le temps est passé où l'on reconnaissait à l'autorité administrative une indépendance absolue. Nous ne pouvons plus traiter les tribunaux *judiciaires* en autorités suspectes, en réactionnaires cherchant à arrêter, à entraver les réformes, à gêner systématiquement l'administration.

7° Force de la chose jugée par le tribunal (judiciaire ou administratif) appelé à statuer sur une *question préjudicielle* pour le tribunal (judiciaire ou administratif) qui a soulevé cette question.

8° Force de la chose jugée par le *tribunal des Conflits*.

Pour la solution de ces problèmes, il y a lieu de rappeler que le principe fondamental est l'autorité *absolue* de la chose jugée; mais il faut combiner ce principe avec *toutes* les idées générales exposées plus haut. Aussi les solutions sont-elles non seulement très *diverses*, mais encore parfois très *incertaines*.

Voici quelques indications générales (1).

I

1er *cas.* — *Force de la chose jugée par un juge civil pour un autre juge civil du même ordre (administratif ou judiciaire).*

Ici les *chances d'erreur* sont ordinairement *grandes*. Le juge n'a entendu que certains arguments et certains individus. En conséquence, on écarte le principe fondamental de l'autorité *absolue* de la chose jugée; on décide que la chose jugée n'a qu'une autorité *relative*. Les autres juges civils et le juge même qui a fait la constatation ne doivent la tenir pour la vérité légale que dans une mesure *réduite*. Le Code civil, art. 1351, détermine cette mesure : « L'autorité de la chose jugée n'a lieu qu'à l'égard de ce qui fait l'objet du jugement. Il faut que la *chose* demandée soit la même, que la demande soit fondée sur la même *cause*, que la demande soit entre les *mêmes parties*, et formée par elles et contre elles en la *même qualité* ».

En d'autres termes, il faut qu'il y ait : 1° *identité d'objet*, c'est-à-dire identité de la chose demandée; 2° *identité de cause*, c'est-à-dire identité du fondement juridique sur lequel l'individu fait reposer sa demande; 3° *identité des parties*; en d'autres termes, le nouveau procès doit s'engager entre les mêmes personnes, en la même qualité, que dans le premier procès (2).

---

(1) Le cadre de cette étude *générale* ne permet pas d'entrer dans le détail.

(2) L'objet de cet ouvrage étant de formuler les *principes généraux* du droit public administratif français. il n'y a pas lieu de développer ces trois propositions. Voyez Lacoste, *op. cit.*, p. 86 et s. — Toutefois, il est un

Telle est la règle. Elle s'applique aux jugements civils rendus soit par les juridictions *judiciaires*, soit par les juridictions *administratives*.

Le nouveau tribunal saisi devra rejeter la demande *sans l'examiner au fond*, pour le seul motif qu'il y a chose jugée. La demande doit être déclarée *non recevable* (1).

Il faut observer que cette règle est une *exception au principe fondamental*. Même en matière *civile*, comme je l'ai déjà signalé, il est des jugements auxquels s'applique le principe fondamental, et qui ont force *absolue, erga omnes* : jugement de nullité d'un brevet d'invention sur la requête du ministère public, annulation d'un acte administratif par le Conseil d'Etat sur le recours pour excès de pouvoir, etc. (2).

point sur lequel il faut attirer l'attention et qui a été examiné avec soin par M. Riboulet sous C. d'E., 26 juillet 1912, *Compagnies d'Orléans et du Midi (garantie d'intérêt). Rec.*, p. 889 et suiv. et surtout p. 894 et suiv. (à propos de deux arrêts du C. d'E., 12 janvier 1895, *Rec.*, p. 31) : c'est celui de l'*identité d'objet*. Dans ses conclusions, M. Riboulet (p. 895) déclare à cet égard : « Pour que la chose jugée puisse être invoquée, il faut et il suffit que la seconde action soit exercée en vue de faire reconnaître le même droit (constituant le même objet) que celui sur lequel il a été prononcé en vertu de la première, dans des conditions telles que le juge, en statuant à nouveau, ne soit pas exposé à rendre un jugement qui serait contradictoire avec le précédent. Et particulièrement en matière d'interprétation de contrat administratif, si le droit que l'on revendique ou que l'on entend nier, réside essentiellement dans la fixation du sens de l'une des clauses de la convention, l'interprétation de cette clause, une fois donnée par le juge qualifié, devient chose jugée et lie à cet égard tout débat ultérieur entre les mêmes parties, *alors même qu'elles viendraient demander, par voie de conséquence, l'annulation de décisions administratives qui en feraient une application différente ; agir autrement serait remettre en cause le même objet* ».

En ce sens, Cass., 8 février 1886, *Fournier*, D. 87. 1. 23. — C. d'E., 18 novembre 1910, *Commune de Signy-l'Abbaye*, *Rec.*, p. 801 ; 4 août 1911, *Compagnie des chemins de fer de l'Etat*, *Rec.*, p. 934 ; — et surtout, 26 juillet 1912, *Compagnies d'Orléans et du Midi*, *Rec.*, p. 901.

(1) C. d'E., 3 février 1922, *Duhameaux*, *Rec.*, p. 114 : « La requête... tendant à la condamnation de l'Etat au paiement d'une somme de... à titre d'indemnité pour dommages, est la reproduction d'une réclamation sur laquelle il a été statué *définitivement* par la décision du C. d'E. en date du... ; dès lors, il y a *chose jugée* et il y a lieu de rejeter sa demande comme *non recevable* ».

(2) V. *supra*, p. 122 et s.

II

2e cas. — Force de la chose jugée au civil par un tribunal (judiciaire ou administratif) pour un autre tribunal d'un ordre différent (administratif ou judiciaire).

D'abord, pour les raisons développées pour le premier cas, il ne peut être question d'appliquer ici le principe fondamental de l'*autorité absolue* de la chose jugée ; il s'agit d'un procès *civil*.

De plus, la règle exceptionnelle de la *relativité* de la chose jugée, posée par l'art. 1351 du code civil, semble devoir ici être aggravée par la règle de la séparation des autorités administrative et judiciaire. On déclare, en effet, volontiers que le principe formulé par la loi des 16-24 août 1790 entraîne « l'indépendance réciproque des *juridictions* administrative et judiciaire » (1). Dès lors, en *principe*, dit-on, la chose jugée *au civil* en premier lieu par le tribunal d'un certain ordre ne s'impose pas au tribunal d'un ordre différent, qui statue ultérieurement *au civil* sur la même question entre les mêmes parties (2).

Cette règle, si elle est exacte, est illogique, regrettable, contraire au devoir fondamental de collaboration des agents publics. Elle ne cadre plus avec l'état politique *actuel* : la défiance manifestée par les hommes de la période révolutionnaire pour les tribunaux judiciaires n'a plus *aujourd'hui* de raison d'être. Il est déplorable que, à *l'heure présente*, les autorités juridictionnelles d'un même pays soient *encore* posées en rivales et non en collaboratrices. Il est contraire à l'ordre social, *tel qu'on le comprend aujourd'hui*, d'organiser systématiquement les institutions juridictionnelles d'un même pays de telle façon qu'on pourra se trouver en présence de décisions en contradiction complète, et présumées l'une et l'autre être la vérité légale (3).

Néanmoins, dit-on, la règle existe. A mon avis, si la règle existe,

(1) V. *supra*, 118 et s.

(2) LAFERRIÈRE, *Jur. adm. et rec. cont.*, 2e éd., 1896, I, p. 504 et 505. LACOSTE, *op. cit.*, p. 461 et s.

(3) « Il est permis de souhaiter, écrit justement LAFERRIÈRE, *Jur. adm.*, 2e éd., I, p. 506, que cette indépendance puisse se manifester autrement que par des contrastes aussi accentués entre les décisions de deux juridictions souveraines ».

il convient d'en restreindre *le plus possible* la portée par l'idée de collaboration des agents publics au fonctionnement du service public de justice.

On peut avoir des doutes sérieux sur cette prétendue règle de l'indépendance réciproque des juridictions. En tout cas, on peut constater qu'elle n'est pas interprétée, en France, d'une manière stricte et que les dangers théoriques signalés plus haut se présentent rarement. Il est difficile de mentionner des cas *certains* dans lesquels, *au civil*, un tribunal *administratif* aurait refusé de tenir compte de la constatation faite par un tribunal *judiciaire*, et *réciproquement*. Au contraire, il est possible de citer de très nombreuses hypothèses dans lesquelles, *au civil*, le jugement d'un tribunal judiciaire *s'impose* au tribunal administratif et *réciproquement*.

I. — Il en est tout d'abord ainsi en matière de *questions préjudicielles*, comme nous le verrons plus loin (1).

II. — La solution est la même dans les cas déjà cités où la chose jugée a *force absolue* et non pas relative.

1° Tel est, par exemple, le cas du jugement du tribunal judiciaire prononçant la nullité ou la déchéance d'un brevet d'invention, sur la requête du ministère public (2). Il s'impose aux tribunaux *administratifs*.

2° De même, l'arrêt du Conseil d'Etat *annulant* (3) un acte administratif illégalement fait s'impose aux tribunaux *judiciaires*. L'illégalité constatée par le Conseil d'Etat a force de vérité légale pour les tribunaux judiciaires statuant *au civil*.

(1) V. *infra*.
(2) Loi du 5 juillet 1844, art. 37 et s. Cpr. *supra*, p. 122 et s.
(3) Il faut bien faire attention, d'ailleurs, que la solution ne serait pas la même dans le cas où le Conseil d'Etat *rejetterait le recours* pour excès de pouvoir formé contre l'acte administratif. Le rejet du recours signifie uniquement que les requérants n'ont pas fait la preuve du grief d'illégalité invoqué par eux. Mais cela ne veut pas dire que cette preuve ne pourra pas être faite ultérieurement, ni que d'autres griefs d'illégalité ne sont pas fondés. Si donc *ultérieurement* le juge judiciaire est saisi d'une affaire dans laquelle la légalité de l'acte administratif est contestée, il peut décider qu'il y a lieu de faire examiner cette question par le juge administratif, nonobstant le premier arrêt ; il n'y a pas *contradiction* entre les deux décisions. Le Conseil d'Etat a affirmé que les requérants n'avaient pas fait la preuve que le règlement était *illégal* ; le tribunal judiciaire affirme que l'un des plaideurs offre de faire la preuve que l'acte administratif est *illégal*.

Voici une application de cette idée. Si le Conseil d'Etat, sur un recours pour excès de pouvoir, a annulé la délibération d'un conseil municipal qui autorise une vente ou l'arrêté préfectoral d'approbation, le tribunal *judiciaire*, saisi ultérieurement d'une demande en résiliation du contrat à raison de l'irrégularité des actes administratifs qui font partie de l'opération complexe, *doit* tenir l'acte administratif pour irrégulier. Naturellement il a toute liberté d'apprécier les conséquences à tirer de cette nullité en ce qui concerne la situation juridique contractuelle (1).

3° La décision prise par le juge judiciaire des listes électorales s'impose au tribunal *administratif* juge de l'élection (2). Le juge *administratif* de l'élection ne peut pas refuser de tenir compte du suffrage d'un électeur inscrit sur la liste électorale en vertu d'une décision du juge de paix, *sous prétexte que son inscription est irré-*

---

(1) Voyez les conclusions de M. Romieu sous C. d'E., 4 août 1905, *Martin, Rec.*, p. 751. La question examinée par M. Romieu est celle où le recours pour excès de pouvoir contre une délibération du Conseil général ou municipal autorisant un contrat de vente, a été formé non par un des *contractants*, mais par un *tiers*. « Supposons que le recours soit dirigé contre une délibération d'un conseil général ou municipal votant l'acquisition d'un immeuble ou la concession d'un travail public : cette délibération est devenue définitive dans les conditions fixées par la loi, l'acte de vente est passé, l'immeuble est livré, ou le décret de concession est rendu et les travaux sont commencés. Il est hors de doute que l'acquéreur et le vendeur, le concédant et le concessionnaire restent tenus l'un envers l'autre dans les termes du contrat et ne peuvent être déliés de leurs obligations que par leur accord réciproque ou par le juge du contrat, tribunal civil ou conseil de préfecture... Si l'annulation des actes administratifs vient à être prononcée par le C. d'E. sur un recours pour excès de pouvoir *formé par un tiers*, cette annulation n'aura et ne pourra avoir par elle-même aucun effet *direct* sur le contrat auquel le juge de l'excès de pouvoir ne peut toucher : les parties resteront liées tant que le juge du contrat n'aura pas été saisi, par l'une d'elles, d'une demande en résiliation ou en indemnité ; *à ce moment, et seulement alors, le juge du contrat examinera... les conséquences de l'irrégularité des actes administratifs sur les rapports contractuels des parties* dans les circonstances de l'affaire... *La question de validité des actes administratifs étant d'ores et déjà résolue directement par le C. d'E. sur le recours pour excès de pouvoir, le juge du contrat pourra immédiatement faire état de la décision sur la validité, au lieu d'être obligé de la solliciter par la voie longue et compliquée de la question préjudicielle* ».

(2) Cpr. sur ce point Laferrière, *Jur. adm. et rec. cont.*, II, p. 323 et s.

gulière. La chose jugée par le juge judiciaire s'impose au juge administratif (1).

Mais le juge de l'élection ne méconnaîtrait pas l'autorité de la chose jugée par le juge de la liste s'il refusait de tenir compte du vote d'individus *inscrits sur la liste électorale en vertu de sentences du juge de paix*, individus à qui la loi interdit de voter *nonobstant leur inscription* sur la liste. Par exemple, un militaire en activité de service doit être *inscrit* sur la liste et le juge de paix doit ordonner son inscription. Mais cet individu ne peut pas *voter* s'il n'est en congé régulier. S'il vote, le juge de l'élection doit, sans méconnaître l'autorité de la chose jugée par le juge de paix, ne tenir aucun compte de ce vote (2).

III. — Si un litige ressortissant aux tribunaux d'un certain ordre (administratif ou judiciaire) a été porté devant un tribunal de *l'autre* ordre (judiciaire ou administratif) et jugé par lui, *quoique incom-*

(1) En sens contraire, le Conseil d'Etat, par arrêt du 9 août 1880, *Elect. d'Aumale (Rec.*, p. 774), a annulé une élection municipale en critiquant des sentences du juge de paix. Le juge de paix, sur des appels concernant les listes électorales de 1880, avait ordonné l'inscription de nouveaux électeurs sur des listes électorales *closes le 31 mars 1879* et qui avaient servi à l'élection contestée. Le Conseil d'Etat déclare que les listes de 1879 étaient devenues définitives et que le juge de paix ne pouvait plus les modifier, que l'irrégularité par lui commise a été de nature à modifier le résultat du scrutin. — LAFERRIÈRE, *op. cit.*, II, p. 329, qui rapporte l'arrêt, y voit « une application remarquable du principe de l'indépendance respective des juridictions. La sentence du juge de paix dont l'irrégularité est constatée, dit-il, reste debout ; les inscriptions qui en résultent sont acquises, mais le juge de l'élection, *sans s'immiscer dans les questions de capacité électorale*, constate qu'une atteinte a été portée à la permanence des listes et que celles-ci, ainsi altérées, n'ont pas pu servir de base à une élection régulière ». — Je ne puis approuver cette argumentation. Et LAFERRIÈRE ne se contredit-il pas lorsqu'il écrit lui-même quelques lignes plus bas, p. 329 : « Les questions d'inscription lui échappent [*au juge de l'élection*] *parce qu'elles sont tranchées à son égard* par les autorités administratives et *judiciaires* préposées à la confection des listes et au *jugement de leur contentieux* ». De même, page 331 et 332 : « Si l'on a inscrit à tort sur les listes électorales des mineurs, des étrangers, des interdits, des personnes non domiciliées dans la commune, l'irrégularité de ces inscriptions n'autorise pas le juge de l'élection à tenir pour non avenus les votes de ces électeurs, *parce qu'aucune disposition de loi ne leur défend de voter*, et ne contredit, à leur égard, la *présomption légale* de capacité qui résulte de leur inscription sur la liste ».

(2) Jurisprudence constante. LAFERRIÈRE, *op. cit.*, II, p. 330 et 331.

pétent, le jugement ainsi rendu, *s'il n'y a plus de voie de recours*, s'impose (avec l'autorité *relative* déterminée par l'art. 1351 du Code civil) au tribunal *compétent* qui viendra à en être saisi ultérieurement. L'exception de chose jugée pourra être opposée péremptoirement par le défendeur (1).

Par exemple, un conseil de préfecture, saisi d'une demande sur un marché de la compétence *judiciaire*, l'a jugé, croyant à tort qu'il s'agissait d'un marché de travaux publics. Ou bien un tribunal civil a statué sur une action en indemnité contre l'Etat, de la compétence du Conseil d'Etat. Le jugement rendu par le conseil de préfecture, par le tribunal civil, s'oppose à ce que le tribunal civil soit saisi du litige relatif au marché, à ce que l'action en responsabilité soit portée dans le Conseil d'Etat (2).

____

(1) Laferrière, *op. cit.*, I, p. 507. Cet auteur ajoute : « Le juge même *devra* l'opposer *d'office* ». Il y a lieu sur ce point de faire des réserves (Cpr. *supra*, p. 125) : « En effet, déclare Laferrière, la maxime *res judicata pro veritate habetur* couvre les erreurs de compétence aussi bien que les erreurs de fait et de droit que le juge a pu commettre ».

(2) Laferrière, I, p. 507. Jurisprudence *constante* : Cass. req., 18 avril 1833, *Hospice de Louviers* : 21 mai 1851, *Vandermarck* (S. 1851-1-549) : 18 juillet 1861, *commune de Poussay*. — Cass. civ., 4 avril 1866, *Banque suisse*, S. 1866-1-433. — Conseil d'Etat, 16 mai 1827, *Moulin du Bazacle, Rec.*, p. 280 ; 13 avril 1836, *Begeon de Saint-Même, Rec.*, p. 173 : « Ledit arrêté (du Conseil de préfecture), *quelque fût son mérite*, avait acquis l'autorité de la chose jugée. Dès lors, c'est avec raison que l'arrêté attaqué... a refusé de revenir sur l'arrêté précédent ».

Dans l'affaire jugée en 1866, la Cour de cass. (S. 66-1-433) disait : « Sur le premier moyen du pourvoi, ledit moyen tiré d'un excès de pouvoir, de la violation des règles de compétence, ainsi que de l'art. 13, titre II de la loi du 24 août 1790 et de l'art. 4 de la loi du 28 pluviôse an 8, en ce que, *s'agissant d'un marché de travaux publics en partie exécuté, et dont la résiliation pouvait être administrativement prononcée, les conséquences de cette résiliation ne pouvaient être appréciées et réglées que par l'autorité administrative* — Sans qu'il soit besoin d'examiner *au fond* la valeur légale de ce moyen, *il ne faut plus se produire utilement ;* en effet, *il est tout d'abord invinciblement repoussé par l'autorité de la chose jugée* résultant de l'arrêt du 18 août 1862, vainement attaqué par la demanderesse, dont le pourvoi a été rejeté le 16 mai 1864 *et contre lequel aucun recours ne serait plus aujourd'hui possible.* Il reste définitivement jugé, par cet arrêt, que, devant la Chambre des requêtes, la Banque... soutenait avoir été incompétemment rendu, qu'une indemnité est due à la ville de Lyon à raison de l'inexécution, sans motifs légitimes, du traité par elle fait avec la Compagnie pour

III

3ᵉ cas. — Force de la chose jugée par un tribunal non répressif (judiciaire ou administratif) pour un tribunal répressif (judiciaire ou administratif).

Ici, le principe fondamental de l'autorité *absolue, erga omnes,* de la chose jugée se heurte à de nombreux obstacles. Il y a d'abord le fait que les chances d'erreur quant à la chose jugée *au civil* sont grandes. Il y a, de plus, à tenir compte des conséquences du jugement répressif à intervenir ; elles sont très graves pour l'inculpé.

C'est pourquoi l'on écarte le principe fondamental ; on décide que le juge répressif doit avoir une grande liberté. *En principe, la chose jugée au civil ne s'impose aucunement au juge répressif* (1). Par exemple, un tribunal de commerce a constaté qu'un individu est en état de cessation de paiement et le déclare en faillite ; puis, le tribunal répressif est saisi de l'action publique tendant à faire appli-

l'ouverture de la rue... et de la résiliation qui en a été la conséquence... *Dès l'instant où il est irrévocablement jugé que l'autorité judiciaire a pu, sans empiéter sur les attributions de l'autorité administrative, poser le principe de l'indemnité et déterminer le mode suivant lequel elle devait se régler, on ne saurait, sans paralyser cette décision souveraine et porter atteinte à son autorité, remettre en question la compétence de l'autorité judiciaire* et lui contester le droit de connaître, à l'exclusion de l'autorité administrative, de l'exécution de son arrêt et de fixer, dans la limite par elle déterminée, l'importance de l'indemnité qu'elle s'est réservé de fixer après plus ample informé ».

(1) Lacoste, *op. cit.,* p. 437 et s , nº 1302 : « Les jugements civils sont..., en principe, sans influence sur le criminel ». — Le souci de donner au juge répressif une grande indépendance d'esprit, de ne pas le laisser influencer est poussé si loin que le législateur français interdit, en principe, au juge *civil* de prononcer sur l'action *civile* tant que le juge répressif n'aura pas « prononcé définitivement sur l'action *publique* intentée avant ou pendant la poursuite de l'action civile » (Art. 3 § 2 Code d'Instr. crim.) : « *L'action civile* peut être poursuivie en même temps et devant les mêmes juges que l'action publique. — Elle peut aussi l'être séparément : dans ce cas, *l'exercice* en est suspendu tant qu'il n'a pas été prononcé *définitivement* sur l'action publique intentée avant ou après la poursuite de l'action civile ». C'est la règle « *le criminel tient le civil en état* ». On ne veut pas que le juge répressif subisse l'influence du préjugé moral pouvant résulter du jugement rendu par le juge civil. Lacoste, *op. cit.,* p. 367, nº 1068.

quer à l'individu la peine de la banqueroute à raison d'un détournement commis par l'individu *avant* la déclaration de faillite. Le tribunal répressif n'est pas lié par la constatation du tribunal de commerce. Il peut déclarer que l'individu n'était pas commerçant, ou que, au moment où il a commis le détournement, il n'était pas en état de cessation de paiement (1).

De même, un tribunal civil a constaté qu'un individu X était propriétaire de tel meuble en possession de Y. X s'étant emparé de ce meuble est poursuivi pour vol devant le tribunal répressif. Le tribunal répressif pourra, nonobstant le jugement du tribunal civil, décider que le meuble appartient à Y et condamner X pour vol (2).

Ces solutions sont *socialement* nécessaires.

D'ailleurs, il faut se garder de croire que la règle fondamentale de l'autorité *absolue* de la chose jugée soit complètement écartée. La règle de l'autorité *absolue* s'applique dans tous les cas déjà indiqués (3) :

1° questions préjudicielles (4) ;

2° cas dans lesquels la chose jugée a force *erga omnes* : nullité de brevet d'invention (art. 37, l. 5 juillet 1844).

De même, la constatation par le Conseil d'Etat qu'un acte administratif est illégal s'impose au juge répressif. Supposons que le

---

(1) Cass., 28 avril 1809 ; 23 novembre 1827, *Ruault*, S. 27-1-706 : « Nul ne peut commettre le crime de banqueroute s'il n'est en état de faillite, et nul ne peut tomber en faillite s'il n'est commerçant. Ainsi, la première chose à rechercher, dans une accusation de banqueroute, est si l'individu accusé est réellement commerçant. *Le jugement qui a constitué le demandeur en faillite ne fait point obstacle à ce que sa qualité de commerçant soit de nouveau mise en question ; en effet, la qualité de commerçant ne forme point une de ces questions exclusivement dévolue aux tribunaux civils ; les tribunaux de répression sont, au contraire, compétents pour examiner et juger, quant à l'action publique, non seulement les faits constitutifs du crime de banqueroute, mais encore la qualité de celui à qui on les oppose ; les jugements rendus sur l'action civile des créanciers demeurent sans influence sur l'action criminelle ;* le prévenu ne peut pas plus s'en prévaloir qu'on ne peut les lui opposer ... L'arrêt attaqué, en considérant R comme commerçant failli, et en le mettant comme tel en accusation pour crime de banqueroute frauduleuse, a faussement appliqué les articles 437, 632 du Code de commerce, 402 du Code pénal et violé l'art. 229 du Code d'Inst. crim. ». — LACOSTE, *op. cit.*, p. 440, n° 1318.

(2) LACOSTE, *op. cit.*, p. 441, n° 1320.

(3) V. *supra*, p. 122 et s.

(4) V. *infra*.

Conseil d'Etat ait *annulé* (1), sur un recours pour excès de pouvoir, un règlement de police. Le tribunal *judiciaire* répressif appelé à statuer sur la contravention au règlement a le *devoir* de tenir ce règlement pour illégal et d'acquitter le contrevenant : il n'a pas à rechercher lui-même si le règlement est légal ; cette question est jugée. S'il le faisait, il commettrait un excès de pouvoir ; son jugement devrait être cassé *pour ce seul motif* (2).

(1) Si le C. d'E. *n'a pas* annulé l'acte administratif, il n'a pas affirmé par là que l'acte était *absolument* légal. Il a jugé que le *grief d'illégalité formulé* par le requérant n'était pas fondé ; mais il n'a pas jugé qu'il n'y a aucun autre grief possible. Dès lors, le tribunal répressif *judiciaire* pourra parfaitement déclarer l'acte *illégal*, sans méconnaître l'autorité de la chose jugée par le C. d'E. Exemple : Conseil d'Etat, 8 août 1882, *Pergod* (*Rec.*, p. 789 et la note avec les conclusions de M. GOMEL) et Cass. crim., 17 novembre 1882, *Dunoyer* (S. 83-1-94). Voici l'espèce. Un maire fait un règlement sur la sonnerie de la grosse cloche de l'église. Un recours pour excès de pouvoir est formé par le *curé* devant le C. d'E. contre ce règlement. En même temps, le marguillier, qui avait fait sonner la cloche, est poursuivi devant le trib. de simple police pour contravention au règlement du maire. Le juge de paix constate que le règlement est *légal* ; il condamne le *marguillier* à l'amende. Mais la Cour de Cass. crim., 17 novembre 1882 (conclusions de M. Ronjat) déclare le règlement *illégal* ; l'arrêté, dit la C. de cass., a été pris en dehors des pouvoirs attribués aux maires en cette matière. « A raison de son caractère d'illégalité, il n'a pu servir de base à une condamnation pénale ». — Le Conseil d'Etat, sur le recours pour excès de pouvoir, par arrêt du 8 août 1882, a reconnu la *légalité* de l'arrêté préfectoral. Dans l'affaire, le requérant et le contrevenant ne sont pas les mêmes et l'argumentation devant les deux juridictions n'était pas identique. — LAFERRIÈRE, *op. cit.*, I, p. 505 dit pourtant : « L'opposition des deux décisions est complète ».

(2) LAFERRIÈRE, *op. cit.*, I, p. 506 et s. éprouve quelque hésitation : « La stricte application du principe de l'indépendance mutuelle des juridictions devrait faire conclure à l'affirmative [liberté d'apprécier la légalité de l'acte autrement que ne l'a fait la juridiction administrative]. En effet, l'acte existant au moment où l'infraction s'est produite, l'annulation ultérieurement prononcée n'a pu l'anéantir rétroactivement, puisque les actes administratifs sont exécutoires par provision et que les pourvois au Conseil d'Etat n'ont pas d'effet suspensif ». — Ces raisons ne me paraissent pas décisives. LAFERRIÈRE suppose bien établie l'existence de la règle de l'indépendance des juridictions, mais il néglige la règle de l'effet *absolu* de la chose jugée sur recours pour excès de pouvoir. D'ailleurs, il reconnaît que « la jurisprudence de la Cour de cassation semble refuser à l'autorité judiciaire la faculté de déclarer que l'acte est légal et de punir la contravention, lorsque l'annulation a été prononcée avant que la condamnation soit devenue définitive ». Cass. crim., 25 mars 1882,

IV

4° cas. — *Force de la chose jugée par un tribunal répressif pour un autre tribunal* non répressif (judiciaire ou administratif).

Ici le principe fondamental de l'autorité *absolue* de l'acte juridictionnel ne rencontre guère d'obstacles. En effet : 1° Il est d'ordre social de ne pas laisser remettre en question ce qui a été jugé par le juge répressif. 2° Les chances d'erreur au cas de chose jugée au criminel sont faibles. Donc la chose jugée doit avoir force de vérité légale pour *tous*.

La combinaison de ces idées aboutit à la solution suivante :

La chose jugée par le juge *répressif* a force de vérité légale pour les *juges civils* de tout ordre (*judiciaires ou administratifs*).

Cette solution raisonnable est, en France, corrigée par la règle de la séparation des autorités administrative et judiciaire, laquelle est interprétée *contre* les tribunaux judiciaires. Dès lors, à la règle précédente, il faut en ajouter une deuxième, *injustifiable* :

2° La chose jugée par le juge répressif *judiciaire* ne lie pas le juge *civil administratif*. Au contraire, la chose jugée par le juge *répressif administratif* lie le juge *civil* judiciaire.

Reprenons ces deux propositions :

1re *règle. — En principe, la chose jugée par le juge répressif a force de vérité légale pour les juges civils de tout ordre (judiciaires ou administratifs)* (1).

La *loi* française fait des applications multiples de cette règle.

1° Le jugement répressif qui constate qu'un mariage a été légalement célébré s'impose au juge civil. Art. 198 C. civ. : « Lorsque la preuve d'une célébration légale du mariage se trouve acquise par le résultat d'une procédure criminelle, l'inscription du jugement sur les registres de l'état civil assure au mariage, à compter du jour de

Darsy, S. 84-1-248 : « Cet arrêté préfectoral ... a été annulé pour excès de pouvoir par décision du Conseil d'Etat en date du 18 novembre 1881. Cette décision a pour conséquence *nécessaire* d'enlever toute base légale à la poursuite et aux condamnations qui sont intervenues. Le fait qui a motivé la dite poursuite est dépourvu de tout caractère de contravention ».

(1) L*ACOSTE*, *op. cit.*, p. 366 et s.

sa célébration, tous les effets civils, tant à l'égard des époux qu'à l'égard des enfants issus de ce mariage » (1).

2º Lorsque le juge répressif a déclaré faux un acte authentique, la chose jugée s'impose à tous et, en particulier, au juge civil. Art. 463, § 1, Code Inst. crim. : « Lorsque des actes authentiques auront été déclarés faux en tout ou en partie, la Cour ou le tribunal qui aura connu du faux ordonnera qu'ils soient rétablis, rayés ou réformés... » (2).

3º Au cas d'action civile et d'action publique intentées en même temps devant le juge civil et devant le juge répressif, le juge civil doit surseoir à statuer jusqu'à ce que le juge répressif ait prononcé, attendu qu'il doit tenir compte de la chose jugée par le juge répressif (art. 3, § 2, C. d'Inst. crim.) (3).

La *jurisprudence* est fixée dans ce sens depuis longtemps (4).

(1) Lacoste, *op. cit.*, p. 406, nos 1191 et 1192.
(2) Lacoste, *op. cit.*, p. 405, nos 1186 et s.
(3) Une autre application était faite par l'ancien art. 235 du Code civil relatif au divorce (rédaction de 1884) : « Si quelques-uns des faits allégués par l'époux demandeur (en divorce) donnent lieu à une poursuite criminelle de la part du ministère public, l'action en divorce restera suspendue jusqu'après la décision de la juridiction répressive ... ». Lacoste, *op. cit.*, p. 407, nº 1193.
(4) L'arrêt de principe est l'arrêt de la Cour de cassation du 14 février 1860, *Jugant* (S. 1860-1-193 et la note) : « *En droit, les décisions rendues au criminel sont souveraines, elles ont envers tous et contre tous l'autorité de la chose jugée, et il ne saurait être permis à personne de remettre en question devant la juridiction civile le fait qu'elles affirment ou qu'elles nient.* Si, à l'égard des tiers qui n'ont pas été parties dans l'instance criminelle et n'avaient aucune qualité pour y figurer, il est difficile de trouver dans l'application rigoureuse de l'art. 1351 du Code Nap., le principe de cette autorité souveraine qui s'attache à ces décisions, *ce principe du moins découle comme conséquence nécessaire de l'art. 3* Code d'inst. crim., qui, en suspendant le jugement de l'action civile portée devant le juge civil tant qu'il n'a pas été prononcé définitivement sur l'action publique, attribue évidemment à l'action publique un caractère préjudiciel. En effet, on ne comprendrait pas le but du sursis ordonné si le jugement rendu au criminel ne devait exercer une influence décisive sur le jugement à rendre au civil. Cette dérogation aux principes du droit commun, qui n'admet l'autorité d'une décision qu'à l'égard des parties entre lesquelles elle est intervenue, est commandée par des considérations d'un ordre supérieur qui ne permettent pas qu'une vérité judiciaire soigneusement reconnue et proclamée par les tribunaux criminels dans un intérêt général, avec le concours de celui qui a mission de veiller et d'agir pour la société tout entière, puisse plus tard, dans un

Il faut, d'ailleurs, bien préciser la portée de la chose jugée vis-à-vis du juge *civil*. Le juge civil doit tenir pour la vérité légale ce qui a été jugé définitivement au criminel : 1° quant à l'*existence du fait* qui forme la base commune de l'action publique et de l'action civile ; 2° quant à la *qualification légale de ce fait* ; 3° quant à la *participation des personnes à ce fait* (1).

Mais le juge *civil* ne méconnaît pas l'autorité de la chose jugée par le tribunal répressif, s'il examine les faits poursuivis et *purgés de leur élément délictueux*, à un autre point de vue que celui sous lequel le tribunal répressif les a appréciés (2).

intérêt purement privé, être déniée, discutée et peut-être méconnue devant une autre juridiction ».

(1) Voyez la note du prof. R. L. MOREL dans Sirey 1914-1-249. — Cass. 5 février 1913, *Houchot* (S. 1913-1-303) : « Le juge civil ne peut méconnaître ce qui a été jugé définitivement au criminel, *soit quant à l'existence du fait qui forme la base commune de l'action publique et de l'action civile*, soit *quant à la qualification légale*, soit *quant à la participation des personnes à ce fait* ».

Voyez aussi Cass. 28 juin 1905, *Biraben*, et 5 avril 1909, *Cognon* (S. 1909-1-310) : « Les décisions des tribunaux correctionnels ont, *au civil*, l'autorité de la chose jugée *à l'égard de tous*, et il n'est pas permis au juge civil de méconnaître ce qui a été jugé par le tribunal correctionnel soit *quant à l'existence du fait* qui forme la base commune de l'action publique et de l'action civile, soit quant *à la participation du prévenu à ce même fait* ».

Voici un exemple : Cass. req. 17 janvier 1917, *Grenet* (D. 1922-1-52) : « Les décisions de la justice *criminelle* ont au *civil* l'autorité de la chose jugée *à l'égard de tous*... D'où il suit que lorsque la juridiction correctionnelle a *acquitté* un prévenu de *blessures involontaires*, le *juge civil* ne peut, sans contredire la chose jugée, le condamner à des dommages-intérêts envers la partie qui se prétend lésée, *si celle-ci ne relève, en dehors de l'imprudence et de l'inobservation des règlements, aucune autre circonstance de nature à engager sa responsabilité* ».

(2) Note de M. SARRUT, sous Cass., 30 novembre 1898 (D. 99-1-74). Cour d'appel d'Aix, 29 décembre 1918, l'*État* (D. 1920-2-124 et les notes 6 à 10 de la page 122).

Cass., 15 mars 1909, *Picon* (S. 1909-1-312) : « En droit, s'il n'est pas permis aux tribunaux de méconnaître ce qui a été *nécessairement et avec certitude* décidé par une juridiction *répressive*, ces tribunaux n'en conservent pas moins leur entière liberté d'appréciation *toutes les fois qu'ils ne décident rien d'inconciliable avec ce qui a été jugé par la justice criminelle*... La Cour... en se bornant à constater la fausseté matérielle de la signature apposée sur la quittance par P... ne s'est point mise en contradiction avec l'arrêt de la Cour d'assises qui avait acquitté ce dernier du chef de faux ou d'usage de pièce fausse. La décision atta-

Si le principe est net, dans la pratique il y a souvent des difficultés d'application, notamment dans le cas où le tribunal répressif est une cour d'assises ayant déclaré l'accusé non coupable. Cette déclaration de non culpabilité n'est pas motivée ; il ne sera pas toujours facile de déterminer *de manière précise* sur quoi a porté la constatation du jury, et ce qu'il faut considérer comme ayant acquis l'autorité de la chose jugée (1).

quée a déclaré qu'il suffisait, pour faire écarter la quittance..., *qu'elle n'émanât point du sieur C...* ; une telle déclaration, ne relevant *aucune impossibilité* directe au sujet de la falsification de la signature contestée, ne portait pas atteinte à l'autorité de la chose précédemment jugée en faveur (de P...) ». — Voyez dans le même sens Cass., 19 avril 1886, S. 90-1-374 ; 16 juin 1902, S. 1903-1-31 ; 9 décembre 1902, S. 1903-1-351 ; 31 octobre 1906, S. 1907-1-126.

(1) La Cour de cassation, 19 mars 1817, *Régnier* (S. 1817-1-297) a eu à décider, lorsque, sur une accusation *de faux relative à un titre de créance* sous seing privé, l'accusé a été déclaré *non coupable*, s'il y a chose jugée seulement sur la *culpabilité* de la personne, *ou aussi sur la réalité ou la fausseté du titre*. Voici les circonstances de l'affaire : Le tribunal de commerce de Paris (27 novembre 1813) s'était demandé, en présence d'un arrêt de la Cour d'assises *acquittant* un individu de l'accusation de faux, « si l'arrêt rendu par la Cour d'assises, d'après la déclaration du jury, reconnaît la sincérité de ce titre (écrit reconnaissant une dette) *d'une manière assez péremptoire* pour qu'il y ait sur ce point autorité de chose jugée et qu'en conséquence le tribunal n'ait pas à s'occuper de cette question ». Le trib. avait constaté, à cet égard, que « la déclaration du jury, en proclamant la non culpabilité des accusés, ne s'est point expliquée sur la véracité du titre en lui-même, et qu'on ne peut conclure de ce silence que les pièces qui faisaient la matière du procès par devant la Cour d'assises soient reconnues pour vraies ; ce fait reste donc indécis, et, conséquemment, le tribunal a droit de rejeter l'exception que R. prétend tirer de l'autorité de la chose jugée ». La Cour d'appel de Paris (28 février 1815) confirma : « La déclaration de non culpabilité, pouvant être le résultat de l'insuffisance des preuves à l'appui de l'accusation, ne peut produire, comme conséquence nécessaire, la démonstration de la fausseté des faits, soit de la plainte, soit de la dénonciation du ministère public.... La réponse des jurés, dans les termes déterminés par la loi devant être la même soit parce que le crime ne leur paraîtrait pas constant, soit parce que l'accusé ne leur paraîtrait pas en être convaincu, *l'acquittement ne peut établir comme vérité judiciaire que le crime n'a pas été commis* ; notamment, en matière de faux, où les questions principales déterminées par le Code présentent la même alternative, la déclaration de non culpabilité par le jury laisse nécessairement incertaine l'existence ou non existence de faux, et plus encore toutes les autres questions de fait ou de droit relatives aux pièces

Ce n'est pas seulement le *dispositif* du jugement du tribunal répressif, qui a l'autorité de la chose jugée pour le tribunal civil ; ce sont aussi les *motifs*, à la condition qu'ils soient « le soutien nécessaire » du dispositif (1).

Si l'autorité de la chose jugée par le juge répressif existe pour les questions qui ont fait, de sa part, l'objet d'un *examen principal approfondi*, il n'en est plus ainsi lorsqu'il s'agit d'une question civile qui n'aurait été examinée et résolue par le juge répressif qu'*accessoirement, incidemment* ; le jugement répressif ne lierait pas le juge civil (2).

arguées de faux. Ainsi il est reconnu en droit, comme conséquence nécessaire de la législation actuelle en matière criminelle, *que les ordonnances d'acquittement n'ont l'autorité de la chose jugée* que dans ce sens unique, que l'accusé acquitté ne peut être soumis de nouveau à une action criminelle pour le fait à raison duquel il a été acquitté. Les principes de la jurisprudence ancienne sont sans application sous la législation actuelle, la raison de cette jurisprudence *dérivant de la plénitude de la puissance qu'avaient alors les juges de juger tout à la fois le procès fait à l'accusé et le procès fait aux pièces*, de statuer civilement et criminellement sur l'intérêt public et sur l'intérêt privé de toutes les parties ». — La Cour de cassation (19 mars 1817) a jugé, étant donné les autres circonstances de l'affaire, « qu'il est inutile et sans objet ... d'examiner ... l'effet que doit produire, sur une pièce sous signature privée arguée de faux, une décision du jury qui déclare la non culpabilité de l'accusé ».

(1) Cass., 28 juin 1905, *Biraben* (S. 1909-1-310) : « D'autre part, la juridiction *civile* est liée non seulement *par le dispositif* des décisions correctionnelles, *mais encore par ceux de leurs motifs qui en sont le soutien nécessaire* ». Voici un exemple (Cass. 5 avril 1909, *Cognon*, S. 1909-1-310) : Le trib. correctionnel saisi, à la suite d'un accident causé par la chute d'un ascenseur, d'une poursuite pour *homicide et blessures involontaires*, avait *relaxé* le prévenu, en déclarant qu'un *contrat* passé avec le propriétaire de la maison où était installé l'ascenseur ne l'obligeait qu'à *nettoyer et graisser l'ascenseur* ; que, dès lors, on ne pouvait pas lui faire grief de n'avoir pas informé le propriétaire de l'état défectueux de la chaine qui s'était cassée et avait entraîné l'accident. Sur l'action *civile* en garantie contre le prévenu devant le tribunal civil, on soutenait que le *contrat* obligeait le prévenu à *assurer le bon fonctionnement de l'appareil*. Le trib. civil et la Cour d'Alger ont opposé l'autorité de la chose jugée pour repousser cet argument. La Cour de cassation a jugé que l'action civile s'appuyait sur un motif que « *contredisaient formellement les faits constatés par le tribunal correctionnel*, qui avaient motivé la relaxe du prévenu. Dès lors, en invoquant contre cette action l'autorité de la chose jugée par la juridiction répressive, l'arrêt attaqué, n'a violé aucun des textes visés par le pourvoi ».

(2) Lacoste, *op. cit.*, p. 403, n° 1183 ; p. 407, n° 1195 ; p. 421 et s.,

Sur la question de savoir quand la question est principale ou accessoire, il y a des difficultés très grandes. Et les solutions de la jurisprudence sont parfois peu satisfaisantes (1).

2ᵉ règle. — *La chose jugée par le juge répressif* judiciaire *ne lie pas le juge civil* administratif ; *au contraire, la chose jugée par le juge répressif* administratif *lie le juge civil* judiciaire.

Cette solution est injustifiable ; mais elle s'explique *historiquement* par l'interprétation particulière qui a été donnée en France à la règle de la séparation des autorités administrative et judiciaire, interprétation orientée *contre* les tribunaux judiciaires.

1° La chose jugée par le *juge répressif judiciaire* ne lie pas le *juge civil administratif*. La constatation faite par le tribunal répressif *judiciaire* n'a pas force de vérité légale pour le tribunal administratif non répressif. Par exemple, si un tribunal répressif judiciaire (tribunal de simple police, tribunal correctionnel) a acquitté un individu poursuivi pour infraction à un règlement ou à un acte individuel administratif pour le motif que le règlement, l'acte, est *illégal* (2), le Conseil d'Etat, saisi d'un recours pour excès de pou-

---

nᵒˢ 1251 et s. Par exemple, la cour d'assises déclare un individu coupable de *parricide*. La question de filiation n'est qu'accessoire, incidente ; le juge civil n'est pas lié à cet égard.

(1) Exemple : un individu est condamné pour *bigamie*. Cela suppose *nécessairement* que le juge répressif a constaté que le premier et le deuxième mariage étaient *valables*. Le juge civil sera-t-il lié ? Certains répondent négativement : le juge civil pourrait déclarer que le premier mariage est *nul* et le deuxième valable, en sorte que l'individu subira sa peine comme bigame, alors que le tribunal civil a déclaré qu'il n'y a pas bigamie. Ceci n'est-il pas critiquable ? Lacoste, *op. cit.*, p. 424.

(2) Si le tribunal répressif *judiciaire* avait condamné le contrevenant pour le motif que la preuve de l'*illégalité* du règlement n'était pas faite, on pourrait soutenir qu'il n'y a pas contradiction avec l'arrêt du Conseil d'Etat constatant l'*illégalité* du même règlement. Peut-être, donc, quoi qu'on en ait dit, n'y a-t-il aucune contradiction dans les arrêts suivants :
La Cour de cass. crim., par arrêt du 21 août 1874, *Pariset* (S. 75. 1. 483) décide que « l'arrêté [interdisant à un industriel d'exploiter son usine] a été pris *légalement* par le préfet dans les limites des attributions qui lui sont conférées par le décret du 25 mars 1852 ». Le Conseil d'Etat, saisi d'un recours pour excès de pouvoir, décide par arrêt du 26 novembre 1875, *Pariset, Rec.*, p. 934 (et la note) : « Le préfet... a usé des pouvoirs de police qui lui appartenaient sur les établissements dangereux... pour un objet autre que celui à raison duquel ils lui étaient conférés ». Il n'y a peut-être pas contradiction, quoi qu'ait dit Laferrière, *op. cit.*, I, p. 505 et s. Cpr. toutefois, *supra*, p. 114 et 115 sur la force de la constatation juridictionnelle en matière de *légalité*.

voir contre ce règlement, contre cet acte, ne se considère pas comme lié : il peut déclarer que le règlement, l'acte, est légal (1).

De même, nonobstant la réponse négative du jury d'une Cour d'assises, la Cour des Comptes se reconnaît le pouvoir de se prononcer sur la régularité des opérations effectuées par un comptable dont les comptes lui sont soumis (2).

(1) La Cour de cass. crim., par arrêt du 26 juillet 1885, *Beaujour*, Dalloz, 1886-1-275, avait déclaré *illégale* une mesure de police. Le Conseil d'État, par arrêt du 7 mai 1886, *Beaujour*, *Rec.*, p. 387, l'a déclarée *légale*.

De même, la Cour de cass. crim. avait, par arrêt du 25 octobre 1900, *Goret*, S. 1903-1-303, déclaré qu'un arrêté municipal était *illégal*. Ceci n'a pas empêché le C. d'E., par un arrêt du 6 juin 1902, *Goret* (*Rec.*, p. 421 avec les conclusions de M. Romieu, qui signale l'opposition des jurisprudences), de déclarer l'arrêté *légal*. Voici les circonstances de l'affaire *Goret*, telles qu'elles sont exposées par M. Romieu : « M. Goret a été autorisé, en 1889, par le maire de Bar-le-Duc, à poser des fils aériens sur les voies communales pour la distribution de la lumière électrique aux habitants. Sur la réclamation du concessionnaire de l'éclairage au gaz, le C. d'E. a, par un arrêt du 26 novembre 1897 (*Rec.*, p. 749), déclaré que *la ville avait, en donnant ces autorisations, manqué à ses engagements envers le concessionnaire du gaz, et l'a condamnée à indemniser ledit concessionnaire du préjudice causé*. A la suite de cet arrêt, le maire de Bar-le-Duc a, par arrêté du 30 déc. 1898, retiré à M. Goret l'autorisation qui lui avait été donnée. Le sieur Goret attaque cet arrêté devant vous (C. d'E.) pour excès de pouvoir. Vous avez, à la date du 27 décembre 1901 (*Rec.*, p. 923), statué sur un recours formé devant vous par MM. D. électriciens, contre un arrêté du maire de Nevers leur retirant l'autorisation d'établir des fils électriques sur la voie publique pour la distribution de la lumière, dans des conditions absolument identiques à celles de l'espèce actuelle, *et vous avez reconnu que le maire n'avait pas excédé la limite de ses pouvoirs*. Nous n'aurions qu'à nous référer à cette jurisprudence pour conclure au rejet du recours du sieur Goret, si une circonstance particulière ne nous obligeait à retenir votre attention pendant quelques instants : en effet, *un procès-verbal ayant été dressé contre le sieur Goret pour infractions à l'arrêté du maire du 30 décembre 1898, le juge de simple police a relaxé le prévenu pour le motif que l'arrêté du maire manquait de base légale*. La Cour de cassation a, par arrêt du 25 octobre 1900, rejeté le recours formé contre le jugement de simple police, et déclaré que le maire, ayant agi non dans l'intérêt du domaine public, mais dans l'intérêt financier de la commune, pour la soustraire au paiement d'indemnités, dans l'avenir, envers la Compagnie du gaz, s'était servi de ses pouvoirs dans un but autre que celui pour lequel ils lui ont été conférés. *Il y a donc désaccord entre les deux juridictions souveraines, et ce désaccord se manifeste dans l'appréciation du même acte* ».

(2) Cour des Comptes, 18 janvier 1917, *Coconnier* (*Rec.*, p. 887 et la

C'est une solution qui est *logiquement* injustifiable. Elle s'explique par la règle de la séparation des autorités administrative et judiciaire. On remarquera que cette règle de la séparation des

note) : « Une instruction criminelle a été ouverte contre le sieur C. et ce comptable a été condamné à trois ans de prison le 19 nov. 1910 par la cour d'assises ... pour *faux et usage de faux*. A la vérité, les *chefs d'accusation relatifs aux deniers de la commune n'ayant pas été retenus par le jury*, la condamnation prononcée n'a porté que sur les opérations frauduleuses effectuées par C. en qualité de receveur des établissements de bienfaisance ... dont les comptes ne sont pas soumis au jugement de la Cour. Mais *nonobstant la réponse négative du jury, il appartient au juge financier de se prononcer sur la régularité des opérations effectuées par C. en tant que receveur municipal* ».

La formule de la Cour des Comptes est obscure.

La Cour déclare-t-elle, *de manière générale*, que le juge des comptes n'est pas lié par la sentence du juge répressif, *quelle que soit cette sentence*? C'est ce que semble dire l'arrêt du 18 janvier 1917. Dans ce cas, il y aurait application de la règle de l'indépendance des tribunaux administratifs (non répressifs) à l'égard de la chose jugée par un tribunal répressif.

Ou bien, la Cour déclare-t-elle que, *dans les circonstances de l'affaire*, étant donné l'*imprécision* de la réponse négative du jury sur la question des pièces fausses, le juge des comptes n'est pas lié par la chose jugée par le juge répressif? Dans ce cas, il n'y aurait que l'application du principe général exposé plus haut. L'arrêt du 18 janvier 1917 ne contient pas de réserve ; il ne dit pas : « étant donné les circonstances de l'affaire ».

Dans un arrêt du 1er février 1898, *Sapor* (*Rec.*, p. 874), la Cour des Comptes avait déjà dit : « Si la Cour d'assises ..., par son arrêt ..., a limité à la somme de 300 francs, montant d'un seul mandat faux, les dommages et intérêts dus par le sieur S. à la commune ..., *la Cour des Comptes n'est pas liée par cette décision*, et, dans les limites de sa juridiction spéciale et *sans porter atteinte au principe de l'autorité de la chose jugée*, elle a le droit de réclamer à ceux dont la responsabilité lui paraîtrait engagée toutes justifications nécessaires, et, à défaut de celles-ci, le reversement des sommes indûment sorties de la caisse communale ».

L'annotateur de l'arrêt de la Cour des Comptes de 1917 (*Rec.*, p. 887) critique la formule de l'arrêt comme trop générale. Il rappelle que le jury peut statuer sur la culpabilité d'un individu accusé de faux sans se prononcer *expressément* et *catégoriquement* sur le caractère régulier des pièces. Dans ce cas, aucun juge ne se considérera comme lié par le verdict d'acquittement prononcé par le jury. La Cour des Comptes, comme les autres juges, ne s'inclinera devant la chose jugée que sur les points vraiment jugés, expressément visés par le verdict.

Mais le juge des comptes devrait le dire. Or l'arrêt de 1917 affirme que, *malgré la réponse négative du jury sur les chefs d'accusation de faux et d'usage de faux concernant les deniers communaux*, il appar-

autorités n'est invoquée que par les tribunaux *administratifs* pour échapper à la règle générale : les tribunaux *judiciaires* ne l'invoquent pas. Cela se rattache à l'interprétation de la règle de la séparation des autorités, règle qui, en France, a traditionnellement été interprétée *contre* les tribunaux judiciaires.

Si la solution du droit français est *logiquement* injustifiable, il faut constater qu'elle a de gros avantages pratiques. Le Conseil d'Etat est beaucoup plus indépendant vis-à-vis de l'administration active, beaucoup plus audacieux pour critiquer les actes de celle-ci, que ne le sont les tribunaux judiciaires, même répressifs, la Cour de cassation comprise. C'est ainsi que la Cour de cassation a maintes fois déclaré des règlements administratifs *légaux*, alors que le Conseil d'Etat les déclarait ensuite illégaux pour *détournement de pouvoir*. La jurisprudence du Conseil d'Etat est plus favorable aux administrés que celle de la Cour de cassation (1).

tient au juge financier de se prononcer sur la régularité des opérations. « Cette formule *applicable dans l'espèce, où il résultait du dossier criminel que les mandats étaient faux ou revêtus de faux acquits*, paraît trop générale. Elle ne serait pas applicable, selon nous, si la cour d'assises avait jugé que le comptable n'avait pas commis de faux, si la matérialité du faux avait été déniée par son arrêt. *Il ne paraît pas que la Cour puisse rendre une décision différente de celle de la Cour d'assises sur un point expressément déterminé, sur une question posée exactement comme elle se pose devant la Cour des Comptes.* Si la Cour des Comptes rendait, quand même, une sentence en contradiction avec celle de la cour d'assises, il resterait le recours devant le Conseil d'Etat contre la décision de la Cour des comptes. *D'après les principes de la procédure civile, tels qu'ils ressortent de la doctrine et de la jurisprudence, tout jugement émanant d'un tribunal français a l'autorité de la chose jugée vis-à-vis d'un autre tribunal français même d'ordre différent...* La Cour des Comptes, comme une juridiction civile, reste maîtresse de régler le compte, d'apprécier au point de vue du règlement de compte les faits qui ont donné lieu à l'action criminelle ou correctionnelle et qui peuvent servir de base à ce règlement ; *elle est liée cependant par le dispositif de la décision criminelle et par les motifs qui se réfèrent aux qualifications pénales ... Elle ne peut se mettre en contradiction avec ce qu'un tribunal criminel a déjà jugé* ».

Ces solutions sont plus logiques et plus raisonnables ; mais l'annotateur ne semble pas connaître la règle de la séparation des autorités administrative et judiciaire, ni les solutions de la jurisprudence du Conseil d'Etat en cette matière.

En tout cas, il serait *désirable* que le juge des comptes renonçât à se prévaloir de la règle de la séparation.

(1) Un exemple célèbre est celui de l'affaire *Pariset* (Cass., 21 août 1874 ; C. d'E., 26 novembre 1875). *Supra*, p. 175 note 2.

2° La chose jugée par le *juge répressif administratif* lie le *juge civil judiciaire*. La règle fondamentale de l'autorité absolue de la chose jugée s'applique aux jugements *répressifs* des tribunaux administratifs. Par exemple, la constatation faite par un conseil de préfecture statuant sur une contravention de grande voirie a force de vérité légale pour les juges civils *judiciaires* (1). Voici une espèce : une voiture traverse un pont suspendu, pont à péage concédé à un concessionnaire ; le tablier du pont se rompt. Le conseil de préfecture, appelé à statuer sur la contravention de grande voirie, acquitte, pour le motif que la voiture n'était pas trop lourdement chargée. Le juge civil, saisi d'une action en dommages-intérêts par le concessionnaire *contre le propriétaire de la voiture et le conducteur*, est lié par la constatation faite par le juge répressif que la voiture n'était pas trop lourdement chargée (2).

Cette solution est parfaitement correcte.

V

3° cas. — Force de la chose jugée par un tribunal répressif (judiciaire ou administratif) pour un autre tribunal répressif (judiciaire ou administratif).

Ici le principe fondamental de l'autorité *absolue* de la chose jugée *au criminel* se heurte à un obstacle : l'indépendance très grande qu'il faut laisser au juge répressif, à raison des conséquences très graves que sa sentence entraîne pour les individus.

On aboutit alors à la règle suivante :

(1) Lacoste, *op. cit.*, p. 462 et s., nos 1388 et s.
(2) Angers, 26 mai 1864, S. 64. 2. 218 : « R. et M. opposent à l'action en dommages intérêts des concessionnaires du pont l'*exception de chose jugée résultant de l'arrêté du Conseil de préfecture...* Le principe général et d'ordre public posé dans l'art. 3 C. inst. crim. ne permet pas de remettre en question *au civil* les faits définitivement jugés sur l'action publique. *Cette exception s'applique aux décisions émanées de toutes les juridictions répressives statuant sur l'action publique.* Les conseils de préfecture prononçant en matière de voirie et de roulage sont de véritables juridictions répressives statuant sur l'action publique, et dont les décisions définitives ont l'autorité et les conséquences de la chose jugée ».

En principe, la chose jugée par le juge répressif (1) *n'a, pour le juge répressif (judiciaire ou administratif), qu'une force relative* (2). En d'autres termes, la chose jugée n'est, pour le juge répressif, la vérité légale qu'autant qu'il s'agit du *même individu*, du *même fait*. La chose jugée n'est pas la vérité légale pour les tiers. Un individu ayant été condamné pour meurtre, le tribunal répressif pourra condamner un *autre* individu pour le même meurtre, sauf ouverture à revision s'il y a contradiction entre les deux jugements (3).

VI

6ᵉ cas. — Force de la chose jugée par le tribunal de cassation pour le tribunal de renvoi (judiciaire ou administratif).

I. — La règle fondamentale de l'autorité *absolue* de la chose jugée semble ne devoir rencontrer aucun obstacle. *La constatation faite par le juge de cassation sur l'interprétation à donner à la loi dans le cas particulier s'impose au juge de renvoi.* Dès lors, si le juge de renvoi refuse, *dans le cas qui lui est soumis*, de tenir cette interprétation pour la vérité légale, il commet un excès de pouvoir. Son jugement doit être *cassé pour ce seul motif*.

Cette solution est imposée à la fois par l'*intérêt social* que les procès doivent avoir une fin, par la *logique* de la hiérarchie des tribunaux, et par l'organisation d'une Cour suprême de cassation, chargée d'unifier la jurisprudence.

---

(1) Je ne m'occupe que de la chose jugée par *les juridictions de jugement* ; je laisse de côté la chose jugée par les *juridictions d'instruction*.

(2) GARRAUD, *Précis de droit criminel*, nᵒ 656 : « En matière pénale comme en matière civile, la chose jugée n'a d'effet qu'à l'égard de la personne à laquelle elle s'applique : *Res inter alios judicata, aliis neque nocere neque prodesse potest* ». — Cette formule est défectueuse.

(3) Certains auteurs admettent que, dans certains cas, la chose jugée par le tribunal répressif lie les autres tribunaux répressifs. Ainsi, lorsqu'un individu poursuivi pour une infraction a été acquitté ou absous *par le motif que le fait n'est pas constant ou que le fait n'est pas ou n'est plus punissable*, la chose jugée peut être invoquée par les individus qui sont poursuivis, dans des instances séparées, comme co-auteurs ou complices de ce même fait. Dans ce cas, la chose jugée au criminel aurait un caractère de *vérité absolue*, même pour le juge *répressif*. GARRAUD, *op. cit.*, nᵒ 656 *in fine*.

II. — En France, la règle logique est appliquée aux *tribunaux administratifs* (1).

III. — Lorsqu'il s'agit des *tribunaux judiciaires*, il n'en est pas de même. Pour des raisons *historiques, de circonstance*, l'interprétation donnée à la loi par la Cour de cassation ne s'impose pas tout de suite au juge de renvoi. « Lorsque, après la cassation d'un premier arrêt ou jugement rendu en dernier ressort, le deuxième arrêt ou jugement, rendu dans la même affaire entre les mêmes parties, procédant en la même qualité, sera attaqué par les mêmes moyens que le premier, la Cour de cassation prononcera, toutes les chambres réunies ». « Si le deuxième arrêt ou jugement est cassé pour les mêmes motifs que le premier, la cour royale ou le tribunal auquel l'affaire est renvoyée se conformera à la décision de la Cour de cassation sur le point de droit jugé par cette Cour ».

Telle est la règle, inscrite *expressément* dans la loi du 1er avril 1837 (art. 1 et 2). C'est une *exception* certaine aux principes dictés par la *logique juridique* et par l'*utilité sociale* (2). Cette exception s'explique *uniquement* par des raisons d'*histoire politique*, à savoir la *défiance* profonde qu'inspirait aux hommes de la période révolutionnaire l'esprit réactionnaire, contre-révolutionnaire des corps

(1) C. d'E., 8 juillet 1904, *Botta, Rec.*, p. 563 (R. D. P. 1904, p. 540 et s.). C'est l'arrêt de principe, rendu sur les conclusions conformes du commissaire du gouvernement M. ROMIEU : « Admettre, a déclaré M. Romieu, que le tribunal de renvoi puisse continuer à statuer en droit pour interpréter la loi dans un sens, et que le tribunal de cassation puisse continuer à annuler pour interpréter dans un autre, *c'est aboutir à l'anarchie, au déni de justice ; la possibilité de ce conflit perpétuel est contraire à l'ordre public et au droit des justiciables d'être jugés* ».

(2) Ce caractère *exceptionnel* a été mis en plein relief par M. ROMIEU dans les magistrales conclusions prononcées par lui dans l'affaire *Botta* précitée (C. d'Et., 8 juillet 1904, *Rec.*, p. 558 et s.) : « Si le législateur n'a pas réglé de procédure spéciale et s'est contenté d'instituer une juridiction de cassation..., le droit conféré à cette juridiction d'annuler, pour violation de la loi, les actes des juridictions subordonnées, implique pour elle le droit de fixer à leur égard le sens de cette loi qu'elle est compétente pour interpréter souverainement. *Loin donc qu'un texte législatif soit nécessaire pour lui conférer ce pouvoir, il nous paraît que l'intervention du législateur n'est indispensable que pour le restreindre ou lui imposer des modalités...* Il faut qu'on sache bien que lorsqu'un acte ou un jugement a été annulé par le Conseil d'Etat pour violation de la loi, cet acte ne peut être reproduit dans l'instance avec les moyens de droit qui ont été condamnés, *sous peine d'une annulation qui, cette fois, sera exclusivement fondée sur la violation de la chose jugée en droit* ».

judiciaires : elle a la même origine, la même explication *politique* que la fameuse règle de la séparation des autorités administrative et judiciaire (1).

VII

7e *cas.* — *Force de la chose jugée par le juge* (judiciaire ou administratif) *appelé à statuer sur une question préjudicielle, pour le tribunal* (judiciaire ou administratif) *qui a soulevé cette question.*

Le jugement sur question préjudicielle lie le juge (administratif ou judiciaire) *qui l'a provoquée* (2). Cette solution, qui n'est que l'application des principes fondamentaux, découle, en outre, de la notion même de question préjudicielle.

Il y a *question préjudicielle* lorsque le juge, appelé à faire une constatation avec force de vérité légale, ne peut y procéder sans

---

(1) Cette *défiance des hommes de la Révolution pour les corps judiciaires* est bien connue, et *elle était alors tout à fait fondée*. Ils craignaient que les juges, dont l'esprit réactionnaire était hostile aux réformes, ne fussent un obstacle à l'application des lois édictées par la Révolution : sous prétexte d'interprétation, les juges pourraient arrêter ou déformer les lois nouvelles. En conséquence, la loi d'organisation judiciaire des 16-24 août 1790, titre II, art. 12, réserva au Corps législatif *l'interprétation des lois au cours des litiges*. La loi des 27 novembre-1er décembre 1790, qui crée le tribunal de cassation, décide (art. 21) que le tribunal de renvoi pourra ne pas adopter l'interprétation du tribunal de cassation et qu'en cas de nouvelle demande en cassation suivie d'une nouvelle cassation, si le troisième tribunal juge en dernier ressort de la même manière que les deux premiers, la question sera soumise au corps législatif « qui, en ce cas, portera un décret déclaratoire de la loi ; et lorsque ce décret aura été sanctionné par le roi, le tribunal de cassation s'y conformera dans son jugement ».

Il y a eu des variations dans la législation touchant l'autorité compétente pour donner l'interprétation : Chef de l'Etat en Conseil d'Etat, l. 16 septembre 1807 ; Cour saisie par le second renvoi, sauf « référé au roi pour être ultérieurement procédé par ses ordres à l'interprétation de la loi » par les Chambres législatives, loi du 30 juillet 1828, art. 2. Cpr. sur cet historique, *supra*, p. 30 et s. Cpr. aussi les conclusions précitées de M. Romieu, *Rec.*, 1904, p. 563 à 565. Sur les origines *politiques* de la règle de la séparation des autorités administrative et judiciaire, voyez *infra*, p. 205 et s.

(2) Laferrière, *Jur. adm. et rec. contentieux*, 2e édition, 1, p. 500 et s.

qu'une *autre* constatation ait *d'abord* été faite par un *autre* juge (1).

Prenons des exemples.

Le juge des listes électorales est appelé à constater si X est électeur. Or on conteste que X soit *national français*. Et la question est *douteuse* (2). La constatation de la nationalité de X doit manifestement précéder le jugement sur la question de savoir si X est électeur. Or la constatation de la naturalisation n'est pas de la compétence du juge des listes électorales : elle appartient *exclusivement* au tribunal civil de première instance. Le juge des listes électorales devra surseoir à statuer sur la constatation de la qualité d'électeur et renvoyer au tribunal civil d'arrondissement la question de nationalité. Une fois résolue par le tribunal civil la difficulté relative à la nationalité, le juge de la liste électorale pourra statuer sur la qualité d'électeur. Il y a là une question préjudicielle.

Il y aurait encore question *préjudicielle* si, devant le Conseil

____

(1) Je laisse de côté la question de savoir dans quels cas le juge est obligé de surseoir à statuer, et où il y a lieu d'écarter la maxime : « le juge de l'action est le juge de l'exception ». Ce qui est certain, c'est qu'en principe lorsque l'exception est de la compétence d'un tribunal *d'un autre ordre*, la maxime est écartée, il y a question *préjudicielle*. La règle de la séparation des autorités administrative et judiciaire a pour conséquence la question préjudicielle. LAFERRIÈRE, *op. cit.*, I, p. 496 : « Il est donc vrai de dire que la règle d'après laquelle « le juge de l'action est le juge de l'exception » s'efface, en principe, devant la règle constitutionnelle de la séparation des pouvoirs. Cette restriction *s'impose également aux tribunaux judiciaires et aux tribunaux administratifs*... C'est une garantie de leur mutuelle indépendance ». Y a-t-il des exceptions à ce principe ? Cpr. LAFERRIÈRE, *op. cit.*, I, p. 496 et 497.

(2) Il n'y a question préjudicielle que s'il y a vraiment *doute*. C'est un point capital. LAFERRIÈRE, *op. cit.*, I, p. 498 et s. Cass. civ. 13 mai 1824, et Conflits, 20 mai 1882, *Rodier*, cités par LAFERRIÈRE, *op.* et *loc. cit.* « Si, dit l'arrêt de Cass. de 1824, l'acte leur paraît (aux cours et tribunaux) n'offrir ni équivoque, ni obscurité, ni doute sur le fait qu'il déclare ou sur le droit qu'il attribue, ils doivent retenir la cause et la juger ». — Et le Tribunal des conflits en 1882 décide aussi : « Si les tribunaux ont le droit et le devoir d'appliquer les actes administratifs dont les dispositions *claires* et *précises* s'imposent aux parties et aux juges, il en est autrement quand le sens et la portée de ces actes ont donné lieu à des contestations *sérieuses* et à des explications diverses manifestées par les conclusions et la plaidoirie... *En niant la difficulté d'interprétation qui s'était présentée devant elle avec un caractère litigieux, la Cour n'a pu la faire disparaître* »

d'Etat, juge d'une élection contestée, se posait la question de la *nationalité* ou du *domicile* du candidat. Le Conseil d'Etat devrait surseoir à statuer, et la question de nationalité ou de domicile devrait être renvoyée au tribunal civil d'arrondissement.

De même enfin, voici un contrat de vente d'un immeuble communal passé par le maire. Le tribunal civil d'arrondissement, juge du contrat, est appelé par le vendeur à constater que la vente est nulle parce que la délibération du conseil municipal autorisant la vente est irrégulière. Supposons que la régularité de la délibération du conseil municipal soit douteuse. Il y a là une question dont la solution est de la compétence exclusive des tribunaux administratifs. Le tribunal civil devra surseoir à statuer, renvoyer au Conseil d'Etat la question *préjudicielle* de la régularité de la délibération du Conseil municipal. Il ne statuera sur le litige porté devant lui que lorsque cette question préjudicielle aura été jugée par le tribunal administratif (1).

Voilà quelques exemples de questions préjudicielles.

Supposons que, sur la question préjudicielle, le juge ait statué. Le tribunal — judiciaire ou administratif — qui a posé la question préjudicielle a le devoir d'accepter comme vérité légale la constatation faite par l'autre juge, — judiciaire ou administratif (2).

Elle est tellement *obligatoire* pour lui qu'il ne peut pas suppléer lui-même à la constatation, pour le cas où le juge de renvoi ne l'a pas faite, ni pour le cas où les parties n'ont pas saisi le juge de renvoi de la question préjudicielle (3).

(1) V. *supra*, p. 183, note 2.

(2) LAFERRIÈRE, *Jur. adm., op. cit.*, I, p. 500 : « La question préjudicielle lie le juge qui l'a provoquée ».

(3) LAFERRIÈRE, *op. cit.*, I, p. 500 : « De ce que le juge compétent n'a pas tranché la question préjudicielle, il ne s'ensuit pas que le juge incompétent puisse le faire. Les erreurs d'une juridiction ou des parties qui sont devant elle ne peuvent pas avoir pour effet d'étendre les attributions légales d'une autre juridiction. Il faudrait donc appliquer ici l'adage : *factum judicis factum partis*, assimiler l'absence de solution imputable au juge à l'absence de diligence imputable a la partie, et décider, dans un cas comme dans l'autre, que la partie doit être déboutée, pour n'avoir pas apporté la justification de son moyen ». C. d'E. 16 mars 1877, *El. de Prades, Rec.*, p. 287 : « Le sieur F. n'a pas satisfait au renvoi ordonné par la décision précitée du C. d'E... *Dans ces circonstances, il n'est pas fondé à demander* l'annulation de l'arrêté du conseil de préfecture... » ; 13 mai 1881, *Ch. de fer de Lyon, Rec.*, p. 512 (et la note) : « La Compagnie n'a pas, dans ledit délai, justifié de ses diligences à

Ces solutions s'imposent logiquement (1).

De même, il faut dire que le tribunal à qui la question préjudicielle est posée a le devoir d'y répondre (2), même s'il estime qu'il n'y a pas, à proprement parler, question préjudicielle (3), pourvu naturellement que la question préjudicielle soit de sa compétence (4).

l'effet de faire interpréter la décision du jury (d'expropriation). *Dès lors, elle n'est pas fondée à soutenir* que c'est à tort que... » — Cass. crim., 11 sept. 1847 ; 4 déc. 1857, Dalloz, 58-1-94.

(1) Naturellement, si, après coup, le juge s'apercevait que la question qu'il a posée n'a aucune importance pour la solution du litige, il *pourrait laisser de côté* le jugement sur question préjudicielle. LAFERRIÈRE, I, p. 500.

(2) LAFERRIÈRE, *op. cit.*, I, p. 501 : « On doit poser comme règle générale que ce refus n'est pas permis. La juridiction de renvoi ne saurait décliner le concours qui lui est demandé par le juge du fond, sous prétexte que celui-ci a eu tort de considérer comme préjudicielle une question qui n'était pas nécessaire au jugement du fond, ou qui était résolue d'avance par tel document de la cause, ou qui pouvait être appréciée par le juge du fond lui-même. De telles fins de non-recevoir ne seraient pas seulement contraires aux rapports qui doivent exister entre des juridictions appelées à se fournir l'une à l'autre un mutuel appui, et non à s'entraver par d'inutiles critiques ; elles constitueraient, en outre, un empiètement sur les pouvoirs du juge du fond : celui-ci est, en effet, le seul juge de la recevabilité de l'action portée devant lui et de l'intérêt que présentent les vérifications demandées au point de vue du jugement du litige ».

(3) Au temps où existait le recours pour abus, c'est-à-dire avant la loi de 1905 sur la séparation des Églises et de l'État, le Conseil d'État, même s'il estimait que le juge de la question principale lui renvoyait à tort une question préjudicielle, y répondait. Sur cette jurisprudence, voyez LAFERRIÈRE, *op. cit.*, 2e éd., II, p. 108.

Aujourd'hui encore, il arrive que des tribunaux de simple police, appelés à statuer sur la culpabilité d'un contrevenant à un règlement de police, renvoient au Conseil d'État la question préjudicielle de la légalité du règlement. En réalité, il n'y a pas question préjudicielle, car, sans aucun doute, la question de la légalité du règlement est de la compétence du tribunal répressif. Néanmoins, le Conseil d'État répond à la question ainsi posée. Jurisprudence *constante*. C. d'E. 19 mars 1909, *Deguille, Rec.*, p. 307 et les conclusions du commissaire du gouvernement SAINT-PAUL. Voyez S. 1909-3-99, la note du prof. HAURIOU, C. d'E., 9 février 1912, *Petit*, p. 186.

(4) LAFERRIÈRE, *op. cit.*, I, p. 502 : « Toute juridiction doit... vérifier elle même sa compétence ; elle n'est soumise, en ce qui touche l'appréciation de ses pouvoirs, qu'à ses propres décisions, à celles du juge supérieur du Tribunal des conflits. Si donc elle estime que la question qui lui a été renvoyée n'est pas dans son ressort, elle doit en décliner le jugement par une déclaration d'incompétence (C. d'E. 15 février 1884, *Jurte, Rec.*,

VIII

8ᵉ cas. — Force de la chose jugée par le Tribunal des conflits.

Le Tribunal des conflits est l'autorité juridictionnelle chargée de régler les difficultés de compétence que soulève l'application de la règle de la séparation des tribunaux administratifs et judiciaires.

En d'autres termes, il juge deux séries de cas :

1° le cas où un tribunal judiciaire se déclare compétent pour juger une affaire que le préfet réclame pour les tribunaux administratifs ou l'autorité administrative (conflit *positif* d'attributions) ;

2° le cas où un tribunal judiciaire et un tribunal administratif se sont déclarés tous les deux incompétents pour juger un même procès, *alors que l'un des deux s'est trompé et est en réalité compétent* (conflit *négatif* d'attributions).

Le Tribunal des conflits est uniquement appelé à constater avec force de vérité légale quel est le tribunal compétent. La détermination de la compétence faite, *pour le litige en cause*, par le Tribunal des conflits a la force de vérité légale *absolue*, pour *tout le monde* Donc les tribunaux de tout ordre (judiciaires ou administratifs), de même que les *agents publics de tout ordre*, sont liés par cette décision. Et la force de chose jugée est telle qu'elle *s'impose* aux parties. Elle doit être opposée *d'office* par le juge.

C'est la conséquence non seulement du principe fondamental de l'autorité *absolue* de la chose jugée, mais encore de l'institution d'un Tribunal des conflits, de la *procédure* suivie par lui et qui permet au juge des compétences de connaître tous les arguments (1), enfin de la nécessité *sociale* de faire fonctionner régulièrement le service public de justice (2).

---

p. 140 et la note). Si cette déclaration fait naitre un conflit négatif risquant de paralyser le cours de la justice, c'est au Tribunal des conflits qu'il appartient de le trancher, à la requête de la partie la plus diligente ».

(1) V. *supra*, p. 114. — D'après le prof. Duguit, ce caractère *absolu* résulte de la *nature* de la question posée au Tribunal des conflits : question de légalité, de droit *objectif*. V. *supra*, p. 115.

(2) On a parfois rattaché cet effet absolu à ce fait que la décision sur conflit est « moins un acte de juridiction qu'un acte de souveraineté accompli dans des formes juridictionnelles ». Devant le juge des conflits, il n'y a pas à proprement parler de parties ; celles qui sont en cause dans

Section V

Force de la chose jugée par les tribunaux étrangers.

Les constatations faites par les tribunaux étrangers ont-elles en France force de vérité légale, au même titre que les constatations faites par les juges français ?

Il est peu de questions sur lesquelles on trouve une confusion et une incohérence pareilles. Cela tient aux divergences qui existent entre les juristes touchant la place qu'il convient de faire aux différents intérêts en présence et aux idées directrices. Les unes tendent à faire reconnaître en France aux actes juridictionnels étrangers la même force de vérité légale que celle que possèdent les jugements français. Les autres tendent à écarter cette assimilation Suivant leur tournure d'esprit, et subissant aussi la force du *sentiment nationaliste*, plus ou moins grande aux différentes époques, les juristes attachent plus ou moins d'importance à telle ou telle idée. Ainsi s'expliquent les divergences d'opinions, les controverses subtiles, les hésitations de la jurisprudence.

Dans une étude générale de droit public, il suffira de mettre en relief les principales de ces idées, sans entrer dans le détail des solutions proposées par les juristes ou adoptées par les tribunaux.

le procès n'ont que le droit d'assister à ce débat de compétence qui n'est pas engagé par elles, qui a pour objectif l'arrêté de conflit lui-même (pris par le préfet) et qui s'agite entre les autorités administrative et judiciaire ». « Le juge du conflit, dit-on, constitué arbitre entre ces deux autorités statue sur l'étendue de leurs attributions respectives *avec une puissance propre qui s'impose aux deux pouvoirs, et qui résulte d'une véritable délégation de souveraineté donnée à ce juge pour le règlement des compétences et pour l'application du principe de la séparation des pouvoirs.* LAFERRIÈRE, *op. cit.*, I, p. 23. — Cette argumentation me parait critiquable. D'abord, je ne vois pas ce que signifient au juste les expressions : « puissance propre qui s'impose », « délégation de souveraineté ». C'est de la logomachie. — D'autre part, il est dangereux de continuer à dresser les tribunaux judiciaires et les tribunaux administratifs en pouvoirs rivaux et de ne pas y voir des collaborateurs pour le fonctionnement du service public de justice. — Enfin, comme le reconnaît LAFERRIÈRE, I, p. 23, note I, les observations présentées ne s'appliquent pas au *conflit négatif*. Pourtant la solution est la même.

I

Voici d'abord des idées *en faveur de l'assimilation.*

1re idée. — L'idée fondamentale qui, dans tous les pays civilisés, est à la base de la force de vérité légale attachée aux constatations juridictionnelles est le besoin social de stabilité : il faut que les procès aient une fin ; il est d'intérêt social que ce qui a été régulièrement constaté par un tribunal régulier ne puisse plus être remis en question. Ce n'est pas là une prescription arbitraire des gouvernants : c'est un besoin social que les gouvernants doivent constater et auquel ils sont tenus de donner satisfaction. Peu importe que le tribunal qui a fait la constatation soit un tribunal *national* ou un tribunal *étranger.*

2e idée. — Les autorités publiques de tous les pays doivent, *même en l'absence d'un traité,* se prêter un appui mutuel pour assurer le fonctionnement de certains services publics d'intérêt commun. Cela est indispensable pour le développement et la tranquillité des relations internationales. L'administration de la justice est au premier rang de ces services essentiels. Il est d'intérêt social international qu'il fonctionne sans obstacle. Lors donc qu'un tribunal étranger a régulièrement fait une constatation, les agents publics français doivent la tenir pour la vérité légale et agir en conséquence.

A mon avis, ces considérations sont les plus importantes ; elles doivent conduire à poser, *même en l'absence d'un traité,* le principe *fondamental* suivant : Il faut, *autant que possible,* donner, en France, aux constatations régulièrement faites par les juges étrangers, la même force de vérité légale qu'aux constatations régulièrement faites par les tribunaux français. Il peut bien y avoir des restrictions à ce principe, des conditions d'application. Le principe fondamental ne doit jamais être perdu de vue.

II

Il existe un certain nombre de considérations qui, *en l'absence d'un traité,* tendent *légitimement* à *restreindre* ou à *conditionner* l'application du principe fondamental.

3e idée. — Si la chose jugée est tenue pour la vérité légale, c'est parce que l'organisation juridictionnelle, la procédure, etc., donnent la quasi-certitude que la vérité légale est la vérité réelle. Or, dans tous les pays, l'organisation des tribunaux et la procédure ne sont pas telles que l'on puisse raisonnablement avoir cette quasi-certitude. Il convient donc de n'accorder en France la force de vérité légale qu'aux actes juridictionnels émanant de juges étrangers offrant les garanties d'une bonne justice et ayant jugé d'après des règles de procédure offrant des garanties.

4ᵉ idée. — La force de vérité légale attachée aux actes juridictionnels a pour objet de maintenir la paix sociale. Il ne faut pas que la paix sociale d'un Etat soit compromise par un jugement étranger : chaque pays comprend l'*ordre public* à sa manière. Il est des institutions spéciales à tel ou tel pays, dont le fonctionnement à l'étranger y amènerait un trouble social considérable. Il convient donc de n'accorder en France la force de vérité légale qu'aux actes juridictionnels étrangers qui ne sont pas de nature à troubler l'ordre social français.

5ᵉ idée. — L'analyse juridique conduit à distinguer l'acte juridictionnel proprement dit, c'est-à-dire la *constatation*, de la *décision* prise par le juge en conséquence de cette constatation. La décision prise par le juge aboutit très ordinairement à l'*intervention possible des agents publics* d'exécution, en particulier des agents de la force publique. Or la responsabilité d'un Etat est engagée vis-à-vis des Etats étrangers par les agissements de sa force publique. Il convient donc, avant que l'action des agents publics français d'exécution s'exerce pour ramener à effet la décision du juge étranger, d'examiner si le jugement étranger a été régulièrement rendu.

Ces trois séries de considérations conduisent à faire établir, comme correctif du premier principe fondamental dégagé plus haut, cet autre principe fondamental. L'acte juridictionnel étranger doit, avant d'obtenir en France force de vérité légale, être soumis à une vérification, à un contrôle, à un *exequatur*. Ce contrôle consistera non pas dans un nouveau jugement de l'affaire jugée à l'étranger, mais dans un examen des conditions dans lesquelles l'affaire a été jugée par le tribunal étranger. On recherchera s'il y a là un jugement ou une parodie de justice ; on recherchera aussi si la reconnaissance en France comme vérité légale de la constatation faite par le juge étranger n'est pas contraire à l'ordre public français. En somme, il semble que le seul contrôle légitime soit celui qui laisse produire le plus d'effets possible au principe fondamental de l'autorité de la chose jugée.

III

Un fait complique, à l'heure actuelle, la solution du problème qui nous occupe : c'est la confusion généralement faite entre l'acte juridictionnel proprement dit, c'est-à-dire la *constatation*, et les *décisions prises* par le juge comme conséquences logiques de la constatation (1).

Considérons les jugements en *matière criminelle* (2).

Il semble que l'on pourrait, sans danger, reconnaître en France, à la *constatation de culpabilité* régulièrement faite par un tribunal *étranger*, la force de vérité légale accordée à une pareille constatation faite par un juge répressif français.

Au contraire, la mise à exécution, en France, de la condamnation prononceé par le juge étranger contre l'individu reconnu coupable soulève les plus graves et les plus *légitimes* objections. D'abord, il se peut que la peine prononcée par le juge étranger n'existe pas en France, qu'elle ait un caractère de férocité, de cruauté, de nature à troubler l'ordre social français ; que le châtiment paraisse à la conscience publique française trop sévère pour l'infraction commise ; que le fait pour lequel l'individu a été puni à l'étranger soit licite en France, etc. Le maintien de la *paix sociale* en France exige que la *décision* de condamnation émanant d'un juge étranger ne soit pas exécutée dans notre pays. Tout ceci justifie donc parfaitement la règle d'après laquelle les *décisions de condamnation* répressive ne peuvent pas être exécutées en France. Ce serait une atteinte trop grave à l'ordre social français.

De plus, en France, la vie, la liberté, la propriété des individus sont considérécs comme sacrées. La loi les entoure de garanties nombreuses ; les agents publics ne peuvent y toucher qu'exceptionnellement. On comprend, dès lors, que le sentiment national éprouve une grande répugnance à ce que les agents publics du pays se fassent les *exécuteurs* des condamnations pénales prononcées à l'étranger. Il n'y aura donc pas ici d'exécution, même après contrôle, après *exequatur*. *Il n'y aura pas exécution du tout.* Mieux vaut, dans l'intérêt de l'ordre public français et de l'ordre public international, s'il s'agit d'individus étrangers, les *extrader* et laisser les gouvernements étran-

(1) V. *supra*, p. 79.
(2) On peut aussi, à mon avis, expliquer par cette confusion les controverses soulevées en matière de *jugement de faillite.*

gers exécuter eux-mêmes leurs décisions répressives. S'il s'agit d'un Français, mieux vaut, pour l'ordre social français, recommencer en France le procès criminel.

Mais ces considérations *ne valent que pour la décision de condamnation*. Il semblerait conforme au principe fondamental de faire produire, en France, effet de vérité légale *au civil* et peut-être même exceptionnellement *au criminel*, à la *constatation* faite par le juge répressif étranger. En principe, *on ne le fait pas*, pas plus *au civil*, qu'*au criminel*. La raison en est, je crois, dans une analyse juridique imparfaite de la situation : on n'a pas distingué la *constatation* sur la culpabilité, de la *décision de condamnation*.

Toutefois, la force des choses a conduit à faire produire en France à la *constatation* sur la culpabilité faite par le juge *répressif* étranger certains effets. D'après les art. 5 et 7 du Code d'Inst. crim. (modifiés par la loi du 3 avril 1903) :

1° S'il s'agit d'une *constatation de culpabilité* pour crime ou délit faite par le juge étranger, qu'elle ait été suivie d'une décision de *condamnation* et que la peine ait été subie, prescrite ou remise par grâce, les agents publics français ne pourront suivre aucune procédure à fin répressive.

2° S'il s'agit d'une constatation *définitive* de *non culpabilité* rendue par le juge étranger, elle devra être tenue par les agents répressifs français pour la vérité légale : on ne pourra pas recommencer en France le procès criminel.

Toutes ces solutions sont quelque peu incohérentes.

IV. — Il est enfin une considération de *sentimentalisme politique* qui a joué et joue, en notre matière, un grand rôle ; elle est de nature à changer complètement la solution *rationnelle* du problème ou *l'interprétation à donner aux traités* : c'est le sentiment du *nationalisme*. C'est là un sentiment qui fut autrefois absolument prédominant, dont l'influence sur certains esprits est encore très forte, et qui reprend, à certaines époques, sa vigueur ancienne. On l'a érigé en principe : c'est le principe dit de la *souveraineté des États*, de *l'indépendance des États*.

La manifestation *extrême* de ce sentiment, de ce principe, consiste à considérer les gouvernants des différents pays comme indépendants les uns des autres ; ils ont le *droit* strict de ne pas se préoccuper des autres gouvernants ; s'ils s'en préoccupent, c'est par pure courtoisie, ou par calcul politique, afin de ne point s'exposer à des mesures de rétorsion, de représailles. Dans notre question, le sentiment nationaliste poussé à l'extrême ou, comme on l'appelle, le principe de la souveraineté des Etats, de l'indépendance des Etats conduit à refuser en principe à la chose jugée par un tribunal étranger toute force de vérité légale. Voilà le principe fondamental. A titre de concession, par courtoisie internationale, par calcul politique aussi, les gouvernants d'un pays consentent à ce que la chose jugée à l'étranger ait force de vérité légale. Mais c'est là une concession qu'ils peuvent subordonner à toutes les conditions qu'ils voudront.

Ce sentiment nationaliste est, à mon avis, injustifiable. Il est en contradiction avec l'idée moderne que les gouvernants n'ont de pouvoir que parce qu'ils ont des *devoirs* : parmi ces devoirs est celui d'assurer le meilleur fonctionnement possible du service de justice (1).

Aussi la manifestation *extrême* du sentiment nationaliste a-t-elle, de nos jours, perdu beaucoup de son influence. Néanmoins, le sentiment nationaliste subsiste. Nombreux sont les juristes qui, plus ou moins consciemment, en subissent l'action. Le sentiment nationaliste contribue à limiter considérablement les conséquences du principe rationnel dont les progrès sont incontestables. C'est ce conflit entre le *sentiment nationaliste* et le *principe rationnel* qui, à mon avis, explique, sans les justifier, certaines des solutions proposées par les juristes ou admises par la jurisprudence française. Comme la disparition du sentiment nationaliste n'est pas proche, il est vraisemblable qu'il s'écoulera de longues années avant que l'on arrive à un système tout à fait rationnel et complètement cohérent.

(1) V. *supra*, p. 111. Voyez aussi PILLET, *Recherches sur les droits fondamentaux des Etats*. Paris, 1899, p. 32 et s. et surtout pages 41 et s., p. 84, p. 102 et s.

CHAPITRE III

Y A-T-IL DES ACTES QUI, PAR LEUR NATURE JURIDIQUE, NE SONT PAS SUSCEPTIBLES DE RECOURS JURIDICTIONNEL?

Une bonne organisation politique et administrative doit soumettre à un contrôle *juridictionnel* toutes les manifestations de volonté des gouvernants et des agents. Les administrés, les gouvernés devraient toujours avoir un recours qui leur permît de faire contrôler la régularité des actes des gouvernants et des agents par des autorités organisées *juridictionnellement* et statuant dans les formes *juridictionnelles*.

Le contrôle *juridictionnel* est le seul qui présente des garanties sérieuses.

Section I

Insuffisance du contrôle politique.

I

Le contrôle *politique*, exercé par le Parlement sur les chefs des services publics, sur les ministres, a passé longtemps pour être le plus efficace et le plus facile. Les doctrinaires de la période 1830-1848 préconisaient volontiers le contrôle politique et le déclaraient supérieur à tout autre. Sous le second Empire, le parti libéral reprit la thèse des doctrinaires.

Aujourd'hui, après une très longue expérience, la foi dans le contrôle politique est fortement ébranlée. Sans doute, les Chambres peuvent être facilement saisies par la voie de la *pétition*; elles peuvent, par le procédé de la *question* et de l'*interpellation*, demander aux ministres, chefs des services publics, des explications; enfin, au cas où la réponse n'est pas satisfaisante, elles peuvent blâmer le ministre, ce qui entraînera sa démission et même celle du Cabinet tout entier.

Voilà le côté séduisant, celui qui avait enthousiasmé les doctrinaires. Voici le revers de la médaille, l'inconvénient du contrôle politique.

1° Le renversement d'un ministre ou même du Cabinet tout entier, pour toute illégalité commise par un subordonné ou par le ministre, est une sanction bien grosse. Comme il arrive toujours lorsque la sanction est sans proportion avec la faute commise, la sanction n'est pas appliquée. Voit-on une crise ministérielle ouverte, en période de tension internationale, à raison d'un acte juridique irrégulier ?

2° Les Chambres sont des assemblées principalement guidées par des préoccupations de parti : le souci de la légalité, le respect de la légalité, voilà des formules que l'on trouve dans la bouche de tous les hommes politiques. Mais un parti va-t-il abandonner le pouvoir, parce qu'une illégalité a été commise par un de ses chefs ? Va-t-il confier au parti rival la direction de la politique générale du pays, parce qu'un agent, dont le ministre est théoriquement responsable, a fait un acte illégal ? Est-il bon qu'il en soit ainsi ? La réponse négative s'impose. C'est une maxime de la vie politique que les partisans d'un gouvernement doivent le soutenir surtout lorsqu'il a tort. Dans les pays de forte discipline parlementaire, c'est ainsi que les choses se passent. L'individu en sera la victime.

3° Les Chambres sont-elles composées de juristes, capables d'apprécier les raisons juridiques invoquées par l'administré ? La réponse négative est encore certaine.

4° Les Chambres modernes ont une besogne écrasante à laquelle elles n'arrivent pas à faire face. Convient-il de les saisir de toute irrégularité de l'administration, par voie d'interpellation ? Ne serait-ce pas leur faire perdre du temps ? En fait, le gouvernement demandera le renvoi de l'interpellation *sine die*, surtout lorsque l'administration aura tort, en invoquant la nécessité de se consacrer aux affaires importantes. Pour l'intéressé, le résultat sera un déni de justice.

La conclusion, c'est que le contrôle politique est absolument insuffisant pour donner aux administrés la garantie que la légalité sera respectée.

II

I. — L'absence, dans un pays, de recours *juridictionnels* largement ouverts est une cause de troubles sociaux et d'anarchie. Tous les esprits libéraux ont le sentiment qu'un individu ne peut pas être victime d'une illégalité, sans qu'il y ait un remède. Lorsque le remède légal sous la forme de recours juridictionnel n'existe pas, on voit apparaître, d'une manière ou d'une autre, la *résistance à l'oppression*; les individus se font justice eux-mêmes.

II. — Au temps de la monarchie absolue, dans tous les pays, très nombreux sont ceux qui ont proclamé le *droit naturel* des individus de résister à l'oppression.

Des théologiens considérables ont fait la théorie du droit de résistance (1), soit sous la forme du *tyrannicide* (2), soit sous la forme de la *résistance agressive* ou *sédition* ou *insurrection* (3), soit sous la forme atténuée de la *résistance défensive*, c'est-à-dire de la violence repoussée par la violence (4), soit sous la forme encore plus atténuée de la *résistance passive*, c'est-à-dire de la non exécution de la loi contraire au droit ou de l'acte illégal (5).

A l'exemple des théologiens, nombreux sont les écrivains qui ont aussi préconisé la résistance à l'oppression sous ces diverses formes (6).

(1) Chénon, *Théorie catholique de la souveraineté nationale*, p. 16 et s.; Féret, *Le pouvoir civil devant l'enseignement catholique*, 1888.

(2) Au xiiᵉ siècle, le théologien Jean de Salisbury (*Polycraticus*, Cologne, 1475, livre III, chap. XV; livre VIII, chap. XVII et XX) déclarait légitime le *tyrannicide* : tuer un tyran non seulement est permis mais c'est encore un acte *æquum et justum*. Duguit, *Tr. Dr. Const.*, 2ᵉ édit., t. III, 1923, p. 741.

(3) Saint Thomas d'Aquin, *De regimine principis*, livre I, chap. V et VI; *Somme théologique*, II, 2ᵉ partie, quest. 42, art. 2, et quest. 116 art. 4 (édition Lachat-Vivès, VI, p. 200 et p. 381) : « Magis autem tyrannus seditiosus est qui in populo sibi subjecto discordias et seditiones nutrit, ut citios dominari possit » ; — Duguit, *Tr. Droit Const.*, 2ᵉ édition, t. III, p. 739 et s.

(4) Gerson, *Contra adulatores principium*, consid. 7.

(5) A une époque toute récente, le pape Léon XIII, Encyclique *Libertas*, 20 juin 1888 : « Si quidquam præcipiatur rationi, legi eternæ, imperio Dei contrarium, rectum est non parere scilicet hominibus, ut Deo pareatur... ». Duguit, *Tr. Dr. Const.*, 2ᵉ édit., tome III, p. 741.

(6) Le tyrannicide fut préconisé par Boucher, *De justa abdicatione Henrici III*, 1589; par Mariana, *De rege et regis institutione*, 1603. — L'insurrection, par Duplessis-Mornay, *Vindicia contra tyrannos* (1579); par Théodore de Bèze, *Du droit des magistrats sur leurs sujets* (1574); par Locke, *Du gouvernement civil*, 1691. — *La résistance passive*, par Jurieu (*Lettres pastorales*, 3ᵉ édition, 1688). — Sur tous ces points, Duguit, *Tr. Droit Const.*. 2ᵉ édition, tome III, 1923, p. 739 et s. et les auteurs cités.

III. — En réaction contre les abus de la monarchie absolue, la Révolution française a inscrit le droit de résistance à l'oppression dans les textes constitutionnels.

La Déclaration des droits de 1789, art. 2, énumère parmi les droits naturels et imprescriptibles de l'homme, « la résistance à l'oppression ».

La Déclaration des droits de 1793, art. 10 et 11 « est plus catégorique : « Tout citoyen, appelé ou saisi par l'autorité de la loi, doit obéir à l'instant ; il se rend coupable par la résistance. *Tout acte exercé contre un homme hors les cas et sans les formes que la loi détermine est arbitraire et tyrannique, celui contre lequel on voudrait l'exécuter par la violence a le droit de le repousser par la force* ».

L'art. 33 de la Déclaration des droits de 1793 proclame : « La résistance à l'oppression est la conséquence des *autres* droits de l'homme ». L'art. 35 est encore plus énergique : « Quand le gouvernement viole les droits du peuple, l'insurrection est, pour le peuple et pour chaque portion du peuple, le plus sacré des droits et le plus indispensable des devoirs ». — Enfin l'art. 27 légitime et ordonne même le *tyrannicide* : « Que tout individu qui usurperait la souveraineté soit *à l'instant* mis à mort par les hommes libres ».

Ce sont là toutes les formes de la résistance à l'oppression : résistance passive (désobéissance), résistance défensive (violence), résistance agressive (insurrection), tyrannicide.

IV. — Aujourd'hui, après plus d'un siècle de gouvernement représentatif, avec un gouvernement parlementaire et des recours juridictionnels très développés, nombreux sont encore en France les partisans du droit de résistance à l'oppression sous toutes ses formes. Toutefois, le tyrannicide compte peu d'approbateurs.

Le droit de résistance à l'oppression est-il une règle du droit positif français actuel ? Les principes de la Constitution de 1793 sont-ils encore en vigueur ?

V. — Si l'on admet que le droit public français est celui qui est appliqué par les tribunaux français, il faut dire que le droit de résistance à l'oppression sous la forme de la résistance agressive ou défensive n'est pas reconnu par le droit français. Les tribunaux ne l'admettent point. Ils sont plutôt enclins à excuser ou à justifier les illégalités commises par les gouvernants et les agents publics, lorsque ceux-ci invoquent des considérations d'intérêt général (1), qu'à

______

(1) V. *supra*, p. 131 et s. la théorie des pouvoirs de l'Exécutif en *temps*

prendre la défense des citoyens qui recourent à la résistance *défensive* ou *agressive*, contre les actes *même illégaux* des agents publics. Les enseignements des juristes partisans de la résistance à l'oppression ne rencontrent aucun écho dans les tribunaux français.

D'ailleurs, cela se comprend. Il est très difficile et très dangereux de faire fonctionner correctement le *droit de résistance à l'oppression*.

Dans quels cas y a-t-il oppression ? On ne peut donner que des formules tellement vagues que chacun peut les interpréter à sa fantaisie (1). Certains n'hésitent pas à déclarer *oppressif*, avec droit de résistance, tout acte *illégal* (2). Ce serait l'anarchie. La paix sociale exige de chaque individu des sacrifices.

D'autre part, si la résistance à l'oppression était *juridiquement* légitime toutes les fois qu'il y a illégalité, elle le serait, quelle que soit la forme de la résistance : passive, défensive, agressive, y compris le tyrannicide. Chacun devrait être laissé juge du degré de résistance ; la résistance varierait avec le tempérament de chacun. Ce serait le règne de la violence (3).

---

de guerre ou en circonstance exceptionnelle. C. d'E., 30 novembre 1923, *Couitéas*.

(1) Voici par exemple les formules de la Déclaration de 1793, art. 34 : « Il y a oppression contre le corps social lorsqu'un seul de ses membres est opprimé. Il y a oppression contre chaque membre lorsque le corps social est opprimé ». Le professeur Duguit (*Tr. Droit Const.*, 2e édition 1923, III, p. 756) trouve cette formule « aussi exacte que concise ». Pour ma part, je la trouve aussi vague que périlleuse. — La Déclaration de 1793 est-elle plus précise dans l'article 11 : « Tout acte exercé contre un homme hors les cas et sans les formes que la loi détermine est arbitraire et tyrannique ; celui contre lequel on voudrait l'exécuter par la violence a le droit de le repousser par la force ». Cette formule doit-elle être entendue en ce sens que chacun a le droit de résister par la violence à l'exécution de tout acte *illégal* ? A ce compte, il n'y aurait pas de paix sociale.

(2) D'après le prof. Duguit (*Tr. Dr. Const.*, 2e édition, 1923, III, p. 736) : « il y a oppression lorsque l'Etat législateur fait une loi qu'en vertu du *droit* il ne peut pas faire. Il y a oppression lorsque l'Etat législateur ne fait pas les lois qu'il est juridiquement obligé de faire. Il y a oppression, même quand ces violations de la règle de droit supérieure émanent d'un parlement élu au suffrage universel ou même du corps du peuple directement consulté. *Il y a oppression quand un acte individuel, acte administratif ou juridictionnel, est fait en violation de la loi, quel que soit l'organe ou l'agent qui le fait* ; et même l'oppression est d'autant plus *oppressive* qu'elle émane d'un organe plus élevé dans la hiérarchie des pouvoirs, parlement ou corps électoral ». — Toutefois, le prof. Duguit repousse le tyrannicide comme un assassinat ; mais il admet la résistance *défensive par la violence* (*op. cit.*, p. 748).

(3) C'est pourquoi je ne puis pas admettre la solution, même très atté-

VI. — En réalité, la résistance à l'oppression est une question *politique* et non juridique. Chacun la résoud à ses risques et périls (1). C'est un cas de guerre civile, entre la force publique nationale et la force privée des individus, avec tous les périls et tous les aléas de la guerre.

Pour les tribunaux, une révolution est une résistance *victorieuse* à l'oppression : ils ne s'en occupent pas. En cas d'échec, c'est une rébellion entraînant, pour ses auteurs, des châtiments sévères.

nuée, enseignée par le prof. CHAVEGRIN (S. 1904-1-57) : « La nécessité d'une discipline nationale ne doit pas faire méconnaitre le besoin de garantie pour les individus, *et il y a des cas extrêmes où les garanties comportent l'emploi de la violence* ». Ceci n'est pas le *droit* public français actuel.

(1) J. BARTHÉLEMY, *La résistance aux actes de l'autorité publique*, *R. D. P.* 1907, p. 311 et s. : « Pour apprécier la légitimité de la résistance à ces divers degrés, il faut distinguer deux domaines fort différents : celui de la conscience individuelle, et celui du droit public. Au point de vue de la conscience individuelle (et nous laissons de côté la question du tyrannicide ou de la mise à mort, pour le seul motif de ses opinions ou de sa situation, d'un adversaire politique, qui est un assassinat injustifiable), tous les degrés de résistance peuvent se justifier par le caractère oppressif ou injuste de l'ordre donné... Au point de vue du droit public, la question doit être posée avec précision... Quel est le degré de résistance qui est possible *sans exposer son auteur à une répression pénale*?... Il n'y a pas de législation qui puisse ne pas réprimer la résistance *agressive* : toutes punissent le complot et l'attentat (art. 86 et s. du code pénal). Il n'y a qu'un seul élément qui puisse justifier la résistance agressive, c'est le succès. — Quant à la résistance *défensive*..., prétextée par le caractère de l'ordre des gouvernants ou de la loi, elle est toujours punissable... il n'est pas d'organisation possible qui puisse admettre un autre principe... ; la résistance est dirigée immédiatement contre la loi... La résistance à un acte *légal* est toujours *illicite*... L'individu qui résiste a un acte *illégal* ne fait en somme que s'efforcer d'obtenir le respect de la loi... Mais il est très imprudent... de pousser un principe jusqu'au bout. Si la logique semble exiger que tout citoyen ait le droit de résister à un acte illégal, *les exigences impérieuses de l'ordre public ne peuvent permettre que tout citoyen s'érige en juge de la légalité des actes des agents de l'autorité publique : ceux-ci doivent jouir d'une présomption de légalité*. D'où le principe de l'obéissance provisoire de la part des citoyens et le privilège de l'exécution préalable de la part de l'administration... En somme, la solution du problème de la résistance peut ainsi se résumer : Au point de vue de la *morale* (religieuse, politique, morale pure et simple), toutes les résistances peuvent être légitimées par l'oppression que le gouvernement peut faire peser sur le peuple. — Au point de vue *juridique*, il n'est pas d'organisation politique qui puisse admettre la résistance *agressive*. — La résistance purement

Les particuliers qui recourent à la guerre civile pour la défense
de la légalité méconnue à leur préjudice, ne doivent pas s'attendre
à trouver un secours auprès des tribunaux (1). Ceux-ci n'hésitent
pas à infliger des peines à ceux qui résistent aux ordres — même
illégaux — de l'autorité publique (2), et, à plus forte raison, à ceux

défensive peut être admise contre les agents, jamais contre les gouvernants. — La résistance purement *passive* ou inerte doit être considérée comme licite toutes les fois qu'elle ne trouble pas trop gravement l'ordre public ».

(1) Duguit, *Tr. Droit Const.*, 2ᵉ édition, 1923, III, p. 749 : « La question de légitimité d'une insurrection ne pourra jamais se poser en droit
positif devant un tribunal. Si l'insurrection triomphe, le gouvernement
qui en sortira ne fera certainement pas poursuivre, pour attentat à la
sûreté de l'Etat ou pour complot, ceux auxquels il doit le pouvoir ; et si
l'insurrection échoue, *il n'y aura pas un tribunal qui ose déclarer
qu'il n'y a pas eu complot ou attentat à la sûreté de l'Etat parce que
le gouvernement était tyrannique* et que l'intention de le renverser
était *légitime*. Le droit à l'insurrection, *incontestable en théorie,* est,
en fait, dépourvu d'efficacité ».

(2) La Cour de cassation (Ch. crim.) 28 novembre 1902, 26 décembre
1902, 2 janvier 1903 (S. 1904-1-57, avec la note de M. CHAVEGRIN) a jugé
que le bris de scellés est un *délit* punissable, sans qu'il y ait à rechercher si les scellés avaient été régulièrement apposés. D'où il suit qu'un
individu n'a pas le droit d'user de la force pour résister à un acte de l'autorité, même si cet acte est illégal. — C'est une très vieille jurisprudence
(Cass. 14 avril 1820, *Bulletin crim.*, 1820, p. 151 ; 5 janvier 1821, S.
1821-1-122 ; 15 octobre 1824, *Bulletin crim.*, p. 140 ; 3 septembre 1824,
Bulletin crim., p. 110 ; 17 avril 1871, *Bulletin crim.*, p. 91).

Dans l'arrêt du 28 novembre 1902, la Cour de cassation déclare : « Si
les prévenus, soit par des motifs tirés de la loi du 30 octobre 1886, soit à
raison de leur qualité de propriétaires, considéraient cette mesure (apposition des scellés par le commissaire de police en vertu d'un arrêté du préfet agissant comme représentant du gouvernement) comme étant dommageable à leurs droits, ils pouvaient se pourvoir contre elle, *mais il ne
leur était pas permis de se faire justice eux-mêmes pour acte de violence à l'encontre de l'autorité publique...* Le manquement à l'autorité
publique est délictueux dès qu'on brise volontairement des scellés apposés par ordre du gouvernement ou en vertu d'une ordonnance de justice... »

Dans l'arrêt du 2 janvier 1903, il est dit : « Pour relaxer les prévenus,
l'arrêt attaqué se fonde, d'une part, sur ce que l'arrêté préfectoral ordonnant l'apposition des scellés ne serait pas légal et n'aurait pas d'ailleurs
été notifié aux époux C. propriétaires du local où existait l'établissement,
d'autre part, sur ce que l'intention délictueuse avait fait défaut chez les
prévenus. Sur les deux premiers points, la fermeture de l'établissement
ayant été prononcée par décret rendu en conseil des ministres, l'apposi-

qui invitent les citoyens à ne pas obéir à une loi pour le motif que cette loi est oppressive (1).

tion des scellés, qui n'est qu'un mode de fermeture, était comprise dans l'ordre du gouvernement, résultant de ce décret ; l'arrêté ordonnant cette apposition a donc été légalement pris par le préfet... représentant le gouvernement et délégué du pouvoir exécutif. D'autre part, les prévenus n'étaient pas poursuivis pour infraction à un arrêté qui ne leur aurait pas été notifié, *mais pour un fait de violence*. L'art. 249 du Code pénal a pour objet essentiel d'assurer le respect dû à l'autorité publique, quand l'intervention de cette autorité se manifeste par une apposition de scellés. Le manquement à l'autorité publique est délictueux, dès qu'on brise volontairement des scellés apposés par ordre du gouvernement ou en vertu d'une ordonnance de justice... Les prévenus ont déclaré devant la Cour qu'en brisant les scellés apposés sur leur immeuble, ils n'avaient eu d'autre intention que de protester contre un acte qui leur paraissait entièrement arbitraire. Cette protestation implique nécessairement que les prévenus se savaient en présence d'une mesure exécutée par les représentants de l'autorité publique. La constatation de l'arrêt caractérise donc pleinement le délit prévu par les articles 249 et 252 du Code pénal, puisque, — *au lieu de recourir par les voies légales contre une mesure administrative qu'ils croyaient arbitraire, — les époux C. y ont répondu par un acte de violence à l'égard de l'autorité publique.* L'arrêt attaqué ajoute à tort que les prévenus se sont crus et ont pu se croire l'objet d'une atteinte illégale, abusive, dont ils n'avaient pas à tenir compte dans la pleine liberté de leur légitime jouissance. En admettant même, avec l'arrêt, la possibilité de cette erreur, une erreur de droit ne fait pas disparaître la culpabilité résultant d'un acte volontairement accompli... »

(1) Trib. correctionnel de la Seine (9e Chambre) 13 avril 1907 (*Gaz. Trib.*, 14 avril 1907, p. 327 et *R. D. P.* 1907, p. 278 et s. avec la note du prof. Delpech). L'abbé Jouvin, curé de Saint-Augustin, avait à Paris distribué publiquement à ses paroissiens une brochure les invitant à ne pas obéir à la loi de séparation des Eglises et de l'Etat. Il a été poursuivi devant le tribunal correctionnel de la Seine qui l'a condamné : « On doit considérer comme inadmissible que, la loi (de séparation des Eglises et de l'Etat) étant votée, lorsque les agents de l'exécution seront chargés de la faire passer dans la réalité, le prêtre se croie le droit, abusant de son influence morale, de provoquer directement les fidèles, par un sermon dans son église, à faire obstacle à l'exécution de cette loi ».

Le tribunal a vu dans les agissements du curé de la paroisse de Saint-Augustin « un ensemble d'exhortations incitant directement et nettement les fidèles à ne point se soumettre à la loi, mais, au contraire, à lui opposer une résistance obstinée et qui *justifie suffisamment le chef d'inculpation* ». — La Cour de cassation saisie d'un recours du ministre de la justice, a supprimé, dans les considérants du jugement du tribunal correctionnel, le passage suivant : « Il y a lieu d'admettre l'existence de circonstances atténuantes, *le prévenu s'étant senti atteint dans ses sen-*

III

En somme, le contrôle juridictionnel donne seul au citoyen la quasi-certitude qu'il obtiendra justice, sans risque grave pour sa tranquillité personnelle, ni pour l'ordre public.

Supposons, — ce qui est un idéal qui n'est pas toujours atteint, — que les juges soient impartiaux, aient du caractère — qualités essentielles, — enfin sachent le Droit, — qualité importante, mais moins importante que les deux premières. L'administré, victime d'une illégalité, trouvera facilement auprès d'eux le secours dont il a besoin, — sans qu'on ait à redouter une crise politique, un arrêt de la machine parlementaire, un trouble social.

De plus, il aura la certitude d'obtenir une réponse, puisque, à la différence du Parlement, le juge ne peut pas refuser de juger dès qu'il a été régulièrement saisi.

Le développement du contrôle juridictionnel est donc à souhaiter. Les faits montrent que, à cet égard, des progrès considérables ont été réalisés. Parmi les peuples civilisés, la France est l'un des pays qui a le plus largement accordé aux administrés des recours juridictionnels.

La question se présente alors de savoir si la nature juridique de certains actes accomplis par les gouvernants et par les agents ne s'oppose pas à la soumission de ces actes à un contrôle *juridictionnel*.

Il faut répondre *négativement*. *Aucun acte* juridique ne répugne, *par nature*, au contrôle *juridictionnel*. Ce qui est seulement vrai, c'est que, d'après la nature des actes, les recours auront un régime juridique différent, suivant que l'on se trouve en présence d'actes *créant* des situations juridiques générales, ou d'actes *créant* des situations *individuelles*, ou d'actes *appliquant* des situations juridiques générales, ou d'actes *juridictionnels*.

Mais si telles sont les conclusions auxquelles conduit l'analyse des actes et des recours, il faut, avec les faits, constater qu'en aucun pays le droit positif ne consacre un système complet de recours juridictionnels. Partout, on relève des lacunes. On peut le regretter ; il est contraire aux faits de le nier.

timents intimes les plus respectables par certaines conséquences de la loi contre laquelle il s'est élevé » (Cass. 17 mai 1907, *Gaz. Trib.* 18 mai 1907, p. 441 avec les conclusions du procureur général Baudouin).

Quel est exactement, à cet égard, l'état actuel du droit positif français ?

Et d'abord sous quelle forme peut s'exercer le contrôle juridictionnel des actes juridiques ?

Il y a trois manifestations principales :

1° L'individu qui se plaint de l'irrégularité d'un acte juridique l'attaque *directement* ; par exemple, il en demande l'annulation par le juge.

2° L'individu qui se plaint de l'irrégularité d'un acte juridique l'attaque *indirectement* ; il demande au juge, au cours d'un procès, de ne pas tenir compte de cet acte juridique irrégulier, de le considérer comme non avenu, avec les conséquences logiques qui découlent de cette exclusion.

3° L'individu qui se plaint de l'irrégularité d'un acte juridique demande au juge des dommages-intérêts à raison du préjudice causé par l'acte irrégulier, ce qui suppose que le juge commencera par constater l'irrégularité de l'acte.

En somme, le contrôle juridictionnel des actes juridiques peut être provoqué soit *directement* par voie d'action, soit *indirectement* par voie d'exception, soit *indirectement* par une action en dommages-intérêts, en responsabilité pécuniaire.

Quels sont les actes juridiques qui, en droit public français actuel, échappent au contrôle juridictionnel sous l'une ou l'autre de ces formes ?

Il n'y a plus, aujourd'hui, que trois catégories d'actes *certainement* non susceptibles de contrôle juridictionnel sous l'une ou l'autre forme : 1° les *actes législatifs* ; 2° les *actes parlementaires* ; 3° les *actes de gouvernement*.

Section II

Régime juridique des actes législatifs au point de vue du contrôle juridictionnel.

§ 1

Loi proprement dite votée par le Parlement.

En droit public français actuel, il est admis que *la loi* proprement dite (règle générale formulée par le Parlement) n'est soumise à aucun contrôle juridictionnel quant à la régularité *intrinsèque*. Le contrôle ne peut porter que sur la régularité *extrinsèque*.

I. — *Contrôle de la constitutionnalité intrinsèque des lois.*

I. — Les tribunaux d'*aucun ordre* ne peuvent contrôler une *loi* au point de vue de sa régularité *intrinsèque*. Les tribunaux ne peuvent pas rechercher si cette loi ne contient pas une règle en opposition avec les lois constitutionnelles ou avec le *Droit*.

Cette solution est, d'après certains, regrettable : elle est certaine. Elle a été édictée en termes impératifs et catégoriques par les hommes de la période révolutionnaire. La loi du 16-24 août 1790, titre II, articles 11 et 12 décide : « Les tribunaux ne pourront prendre *directement* ou *indirectement* aucune part à l'exercice du pouvoir législatif, ni *empêcher* ou *suspendre* l'exécution des décrets du corps législatif, sanctionnés par le Roi, à peine de forfaiture. — Ils seront tenus de faire transcrire *purement et simplement* dans un registre particulier et de publier dans la huitaine, les lois qui leur seront envoyées ». C'est l'abolition du droit de remontrances.

Cette règle a été reproduite par la Constitution du 3 septembre 1791, titre III, chapitre V, art. 3 : « Les tribunaux ne peuvent ni s'immiscer dans l'exercice du pouvoir législatif, ni suspendre l'exécution des lois ».

II. — Quelle est la raison de cette interdiction ? Est-ce la *nature juridique* de la loi qui la motive ?

Il faut répondre *négativement*. Rien, dans la *nature juridique* de la loi, ne répugne au contrôle juridictionnel. La loi est la manifestation de volonté d'individus investis d'une compétence (membres du Parlement). Cette compétence est réglée par la loi constitutionnelle et le Droit. Elle doit, comme toute compétence, s'exercer conformément à la loi et au Droit. *La confection de la loi n'est pas autre chose que le fonctionnement d'un service public*, du service public *le plus important, le service de législation* (1). Il faut que ce service

(1) La loi n'est pas autre chose que l'un des actes par lesquels les agents publics accomplissent leur devoir d'organiser et de faire fonctionner les services publics. Il n'y a pas de raison *juridique* pour que l'un de ces actes ne soit pas accompli régulièrement et qu'il soit soustrait au contrôle *juridictionnel*. Il est admis sans difficulté que les *règlements* qui organisent les services publics doivent être faits régulièrement et sont soumis au contrôle *juridictionnel*. La loi n'a pas une nature juridique

public fonctionne *régulièrement*. Il est donc naturel et logique qu'il y ait, comme dans tous les cas de compétence, comme *pour tous les services publics*, une sanction, et que cette sanction soit *juridictionnelle*.

III. — On a soutenu le contraire. On a dit : la loi est une manifestation de la souveraineté nationale ; or la souveraineté a pour caractéristique d'être soustraite à tout contrôle juridictionnel.

On a dit encore : la loi est l'expression de la volonté nationale. Or la volonté nationale est souveraine et soustraite à tout contrôle juridictionnel (1).

A mon avis, ce sont des mots dénués de sens. Personne ne sait ce que veulent dire au juste ces formules. Et il est facile de montrer qu'elles sont en contradiction complète avec les faits. La loi n'est pas

différente de celle du règlement. La *logique juridique*, d'accord semble-t-il, avec l'utilité sociale, exigerait qu'un contrôle *juridictionnel* de la loi soit organisé. Si on écarte le contrôle, ce ne peut pas être pour des motifs *juridiques* ; c'est pour des motifs *politiques*.

(1) J.-J. Rousseau, *Contrat social*, liv. II, chap. VI, a donné les formules célèbres qui, pendant longtemps, ont été admises comme des dogmes : « Les lois sont des actes de la volonté générale ». « La loi ne peut être injuste, puisque nul n'est injuste envers lui-même ». Voilà les formules magiques et fausses qui ont été reproduites par les constitutions de la période révolutionnaire : « La loi est l'expression de la volonté générale » (art. 6 Déclaration des droits de l'homme et du citoyen, C. 1791). — « La loi est l'expression libre et solennelle de la volonté générale » (C. 1793, Déclaration, art. 4) ; — C. an III, Déclaration des droits, art. 6 : « La loi est la volonté générale exprimée par la majorité ou des collègues ou de leurs représentants ». Voilà les formules qui ont dominé en France pendant plus d'un siècle et qui ont encore une prise énorme sur beaucoup d'esprits. — Le professeur Duguit, *les Transformations du droit public*, 1913, p. 85, résume comme suit les conséquences qu'on a tirées de cette métaphysique politique : « Dans le système de droit public, d'après lequel la loi était un commandement émané de la puissance souveraine, quatre propositions découlaient de ce caractère et étaient admises comme des dogmes sacrés : 1º La loi était une décision qui ne pouvait émaner que du peuple ou de ses représentants ; 2º *la loi, étant l'émanation de la volonté souveraine de l'Etat, ne pouvait être l'objet d'une critique contentieuse ni par voie d'action ni par voie d'exception et pas davantage donner lieu à une action en responsabilité ;* 3º la loi étant une émanation de la puissance souveraine, était une, indivisible, comme la souveraineté elle-même ; il ne pouvait y avoir dans un pays de lois particulières pour des régions ou des groupes ; 4º la loi, étant un commandement, était toujours un acte unilatéral : loi et convention étant deux notions s'excluant, on ne pouvait concevoir des lois-conventions. » — Duguit, *Tr. Droit Const.* 2e édition, t. I, 1921, p. 86 et s.

l'expression de la volonté nationale ; en France, la loi est la manifestation de volonté des individus députés et sénateurs qui l'ont votée, c'est-à-dire de quelques centaines d'individus (1). Députés et sénateurs disent bien qu'ils représentent la volonté nationale. Cette affirmation ne change rien à la réalité des choses. *Juridiquement*, la loi n'est que la manifestation de volonté d'un certain nombre d'individus. *Politiquement*, la loi offre-t-elle, par la procédure d'élaboration, la garantie que les principes fondamentaux de l'organisation politique et sociale seront respectés (2) ? Le contrôle juridictionnel des lois donnera-t-il cette garantie ? Voilà les problèmes capitaux *politiques* à résoudre.

IV. — La conclusion est que, *par sa nature juridique*, la loi ne répugne pas au contrôle juridictionnel ; elle s'y prête parfaitement.

Une autre question est celle à savoir s'il est bon, *politiquement*, socialement, qu'un contrôle juridictionnel existe.

Les hommes de la période révolutionnaire ont écarté ce contrôle, l'ont rigoureusement exclu. Cela tient non seulement à la foi religieuse qu'ils professaient pour les dogmes formulés par Rousseau, mais encore et surtout à la juste défiance qu'ils avaient pour l'esprit réactionnaire des corps judiciaires, à la crainte que la Révolution ne fut émasculée par les robins (3). Ils n'oubliaient pas qu'en

---

(1) Duguit, *Les Transformations du droit public, op. cit.*, p. 75 : « La loi est tout simplement l'expression de la volonté individuelle des hommes qui la font, chefs d'Etat, membres du Parlement. En dehors de cela, tout ce que l'on peut dire n'est que fiction. En France notamment. la loi est l'expression de la volonté des 350 députés et des 200 sénateurs qui forment la majorité habituelle au Sénat et à la Chambre » (p. 75). Que « si la loi est votée directement par le peuple, elle est l'œuvre d'une foule avec ses passions et ses entraînements » (p. 28).

(2) J.-J. Rousseau a bien dit (*Contrat social*, livre I, chap. VI) : « Le souverain n'étant formé que des particuliers qui le composent n'a ni peut avoir d'intérêts contraires aux leurs ; par conséquent, la puissance souveraine n'a nul besoin de garant envers les sujets parce qu'il est impossible que le Corps veuille nuire à tous ses membres ». C'est un sophisme. « En 1848, écrit justement le prof. Duguit, quand on eut institué le suffrage universel, on crut de bonne foi, mais naïvement, que tout était sauvé. Le plébiscite de 1851 ratifiait le coup d'Etat. Les commissions mixtes, les lois de sûreté générale, et, pour tout dire d'un mot, le despotisme des premières années du Second Empire, éclairaient les esprits sur les garanties qu'on peut attendre du suffrage universel » (*Les Transformations du droit public*, 1913, p. 28 et 29).

(3) « En général, disait Thouret, rapporteur du Comité d'organisation judiciaire, à la Constituante, séance du 24 mars 1790, l'esprit des grandes

1787-1788, le Parlement de Paris s'était insurgé contre certaines réformes édictées par le roi, qu'il avait déclaré nuls et illégaux des édits royaux (1). Voilà les raisons *politiques*, les raisons de *cir-*

corporations judiciaires est un esprit ennemi de la régénération... Il est nécessaire de recomposer constitutionnellement tous nos tribunaux, dont l'état actuel est inconciliable avec l'esprit et les principes de notre Constitution régénérée ». — Sur tous ces points, voyez *ma Consultation sur le caractère inconstitutionnel de la loi roumaine du 18 déc. 1911*, dans R. D. P. 1912, p. 146.

(1) ESMEIN, *Cours élémentaire d'histoire du droit français*, 11ᵉ édition, 1912, p. 605 : « Chose notable, le Parlement de Paris ne profite d'abord de sa liberté reconquise (après le coup d'Etat du chancelier Maupeou) que pour faire opposition à un certain nombre de mesures libérales, que l'opinion publique imposa au gouvernement personnel de Louis XVI... Après la première réunion des Notables, en exécution de leurs délibérations, le gouvernement de Louis XVI rédigea un certain nombre de projets de lois importants. Plusieurs étaient conformes au vœu général (liberté du commerce des grains, établissement des assemblées provinciales, conversion en argent de la corvée royale) ; mais il y avait aussi des édits fiscaux. L'un, d'ailleurs assez bien combiné, établissait une imposition territoriale ; un autre créait un impôt nouveau du timbre. Le Parlement de Paris refusa de les accepter : le roi les fit enregistrer dans un lit de justice ; mais le Parlement protesta dans des remontrances rendues publiques, faisant appel aux Etats généraux, dont il fut ainsi le premier à demander la réunion. La Royauté se crut assez forte encore pour user de ses anciens procédés, et le Parlement fut exilé à Troyes. Mais la Cour des aides et la Cour des comptes le soutinrent en refusant également d'enregistrer les édits ; il finit cependant par céder et obtint son rappel en acceptant, à la place des impôts proposés, une autre combinaison financière. Ce n'était qu'une trève. Le 19 novembre (1787), Louis XVI vint faire enregistrer, dans une séance royale, tout un système d'emprunts ; le roi ayant laissé la liberté à chacun d'exprimer son opinion, le duc d'Orléans et les conseillers Sabatier et Fréteau, qui avaient dirigé la résistance, furent, le premier exilé, les deux autres enlevés et conduits dans des prisons d'Etat. De là une nouvelle et plus ardente agitation parlementaire. Le roi espéra la terminer par un acte analogue à celui du chancelier Maupeou : il tint, en effet, un lit de justice, le 8 mai 1788, pour faire enregistrer six édits ou déclarations. Les uns étaient des mesures libérales : réformes humaines dans la procédure criminelle, suppression de certaines juridictions d'exception en matière fiscale et domaniale (élections, greniers à sel, bureaux des traites, etc.) ; les autres étaient dirigés contre les Parlements... Le Parlement n'accepta point son abaissement.

« Dès le lendemain, il prenait un arrêté dans lequel il déclarait » *tenir pour maxime constitutionnelle qu'il ne peut être levé d'impôts* que de l'octroi et du consentement de la nation représentée par des députés librement élus et légalement convoqués ». Il était soutenu par la

constance, qui ont fait écarter, en France, pendant la période révolutionnaire, le contrôle juridictionnel des lois.

V. — L'interdiction formulée par la loi de 1790 subsiste-t-elle encore aujourd'hui ?

Constatons d'abord qu'il n'existe plus d'organisation *spéciale* d'un contrôle *juridictionnel* des lois. Cette organisation spéciale, préconisée à maintes reprises sous la forme d'une cour spéciale de justice, rencontre, en France, de la part des membres du Parlement, une opposition très vive. D'une part, à l'heure actuelle, la prépondérance des Chambres est le fait caractéristique de l'organisation politique. Députés et sénateurs sont très susceptibles et très jaloux de leur prépondérance. Il ne serait pas facile, dans ces conditions, de soumettre la loi à un contrôle juridictionnel *spécial* (1).

D'une manière générale, en France, les constitutionnalistes sont opposés à la création d'une cour de justice spéciale chargée de contrôler la constitutionnalité des lois (2). Son indépendance et son impartialité seraient trop difficiles à obtenir. De plus, comment la saisir de la question ?

magistrature entière de la France ; tous les Parlements de France l'imitaient, et l'un d'eux, prévoyant une destitution en masse de ses membres, comme en 1771 (coup d'État du chancelier Maupeou), déclarait « traitres à la patrie ceux qui prendraient leurs places ou partie de leurs fonctions ». Une immense agitation s'ensuivit à Paris et dans les provinces ; le pouvoir royal n'était plus de force à persister dans ses résolutions. Le 8 août, parut un arrêt du Conseil qui suspendait l'établissement de la Cour plénière et fixait au 1er mai suivant la tenue des États généraux ».

Les apparences sont que le Parlement de Paris et les autres Parlements de France et cours souveraines furent les défenseurs des libertés publiques. Ce n'est là qu'une apparence. L'opposition des Parlements aux réformes de Turgot leur fut dictée par le désir de maintenir les privilèges injustifiables dont jouissait leur classe.

(1) Certains esprits bien intentionnés, mais chimériques, ont proposé d'organiser « une cour suprême chargée de statuer sur les réclamations des citoyens pour violation de leurs droits constitutionnels par le pouvoir législatif... » Propositions JULES ROCHE, CHARLES BENOIST. Ch. des députés, 28 janvier 1903, *J. O.*, *Doc.*, p. 95 et p. 99.

(2) DUGUIT, *Tr. Dr. Const.*, 2e édition, t. III, 1923, p. 615 : « Quand on y réfléchit, on hésite et on se demande si véritablement il y aurait là une heureuse institution. D'abord, comment serait composée cette haute juridiction et comment ses membres seraient-ils nommés ? S'ils sont nommés par le gouvernement ou par le parlement, il est à craindre qu'ils n'aient aucune indépendance. S'ils sont élus par le peuple, au suffrage direct ou à deux degrés, cette haute juridiction deviendra un corps poli-

L'expérience qui a été faite en France de cet organe n'a pas réussi (1).

VI. — A l'heure actuelle, il existe en France un courant marqué pour attribuer aux tribunaux, à tous les tribunaux, sur le modèle des Etats-Unis, le pouvoir de contrôler la constitutionnalité *intrinsèque* des lois, à l'occasion des procès qui sont portés devant eux. Ils *n'annuleront* pas la loi ; ils refuseront simplement de l'appliquer au procès, à raison de sa contradiction avec un principe constitutionnel.

Certains affirment que la loi de 1790 et la Constitution de 1791 sont tombées en désuétude, et sont ainsi implicitement abrogées (2).

tique et ne présentera pas les garanties d'impartialité qu'on lui demande. Si elle se recrute par cooptation, elle deviendra vite une sorte de corps aristocratique incompatible avec la démocratie moderne. — Supposons cependant que cette haute cour existe, comment serait-elle saisie ? Si elle ne peut être saisie que par le gouvernement, il est à craindre que celui-ci n'intervienne que pour faire disparaître une loi qui lui déplait. Si la haute juridiction peut intervenir d'office et annuler spontanément toute loi pour inconstitutionnalité, elle devient un organe politique susceptible d'acquérir une trop grande puissance dans l'Etat. *Enfin si l'on permet à tout individu qui se prétend lésé par une loi inconstitutionnelle de s'adresser à cette juridiction, on peut redouter que l'œuvre législative ne soit elle-même complètement entravée.* On conçoit qu'un simple particulier puisse provoquer l'annulation d'un acte fait par une autorité administrative (recours pour excès de pouvoir). *On comprend plus difficilement, ce nous semble, qu'un simple particulier puisse provoquer l'annulation d'une loi qui, faite par les organes constitutionnels du pays,* doit être présumée utile et conforme au droit ».

Contre la création d'un organe spécial de contrôle juridictionnel des lois, voyez Esmein, *Droit Const.*, 7ᵉ édition, 1921, I, p. 597 et s. : — Hauriou, *Précis de Droit Const.*, 1923, p. 302 et s. et surtout p. 321 : « Ces propositions (en vue de la création d'une cour suprême spéciale) n'ont pas eu de succès et il n'était pas désirable qu'elles en eussent ».

(1) La France a fait l'expérience de cet organe spécial de contrôle de la constitutionnalité des lois avec le *Sénat conservateur* du Consulat (Constitution de l'an VIII), du premier empire et du second empire (Const. de 1852, art. 25 à 27). Le Sénat conservateur fut toujours, entre les mains du premier consul et de l'empereur, un instrument docile.

(2) En ce sens, Duguit, *Tr. Dr. Const.*, 2ᵉ édition, III, 1923, p. 669 : « En invoquant ces deux textes (loi de 1790 et Const. de 1791) pour déclarer non recevable l'exception d'inconstitutionnalité, la doctrine et la jurisprudence françaises étaient certainement dans l'erreur. Ces textes, en effet, n'étaient qu'une application du principe de la séparation des pouvoirs, et si... celui-ci impliquait pour les juges le pouvoir d'apprécier la **constitutionnalité des lois et de refuser d'appliquer toute loi inconstitutionnelle, on ne pouvait pas invoquer ces articles pour prétendre que les**

Mais telle n'est pas l'opinion unanime (1).

Les tribunaux français estiment que la loi de 1790 est toujours en vigueur et doit être interprétée comme excluant, pour les juridictions de tout ordre, le pouvoir d'apprécier la constitutionnalité *intrinsèque* des lois. Certains jurisconsultes ont affirmé le contraire, mais c'est à

tribunaux n'avaient point compétence à cet effet » Le prof. Duguit (*op. cit.*, p. 673) déclare que, dans la première édition de son ouvrage (I, p. 159), il avait soutenu l'opinion contraire. « J'étais, dit-il, dans l'erreur ».

Dans le même sens, le prof. HAURIOU (*Droit Const.*, 1923, p. 322) écrit : « Si l'on veut bien interpréter *raisonnablement* ces textes, on verra qu'ils visent le cas où les tribunaux s'immisceraient dans l'exercice du pouvoir législatif en prenant quelque mesure *générale* ou quelque mesure *préventive* pour arrêter ou suspendre l'exécution des lois. En un mot, ils visent les actes que commettaient les Parlements de l'ancien régime lorsqu'ils refusaient d'enregistrer les ordonnances royales ou bien lorsqu'ils rendaient des arrêts de règlement; cela résulte à la fois des textes et de l'époque où ils ont été votés ». — Si cette interprétation « raisonnable » est celle qui doit prévaloir, il est inutile de dire que les textes sont *périmés*. Ou bien ils existent, ou bien ils n'existent plus. Le prof. Hauriou, après avoir affirmé qu'ils existent et qu'il faut les interpréter raisonnablement, ne se contredit-il pas en disant : « ces textes sont aujourd'hui périmés ; ils tendaient à réprimer une opposition politique des tribunaux que ceux-ci, entraînés par la tradition, auraient pu tenter par des moyens politiques ; ils ne sauraient être invoqués pour empêcher le libre exercice de la fonction contentieuse du juge moderne ».

(1) ESMEIN, *Droit const.* 7e édition (NÉZARD, 1921, I, p. 592 et 593): « En Europe, partout, même sous l'empire des constitutions écrites impératives et limitatives, l'idée s'est fait recevoir que les tribunaux n'avaient aucunement le droit d'affirmer la constitutionnalité des lois. Régulièrement rendues dans la forme, elles s'imposent à eux ; ils ont qualité pour les appliquer et non pour les juger. Cela revient, au fond, à dire qu'ils ont compétence pour appliquer et interpréter les lois ordinaires, mais qu'ils n'ont point compétence pour appliquer et interpréter la Constitution. Celle-ci, en ce qui concerne les règles qu'elle impose au pouvoir législatif, n'a pour sanction dernière que la conscience de ceux qui exercent ce pouvoir et leur responsabilité, au moins morale, à l'égard de la nation. *C'est l'idée qu'a législativement proclamée l'Assemblée constituante en 1790*, inspirée surtout par le souvenir des anciens Parlements... Depuis, cette doctrine a toujours persisté chez nous, et généralement on la présente comme une rigoureuse application du principe de la séparation des pouvoirs ».

Sur le point de savoir si « partout, en Europe », la règle est la même, je ne puis accepter l'opinion du prof. ESMEIN. J'ai fait la démonstration contraire. La Cour de cassation de Roumanie a adopté ma thèse (*R. D. P.* 1912, p. 138 et s., p. 365 et s.). Pour la Grèce, POLITIS, *R. D. P.* 1904, p. 111.

tort (1). Ni le tribunal des conflits (2) ni le Conseil d'Etat (3) n'ont jamais refusé d'appliquer une loi comme inconstitutionnelle. On est

(1) Le prof. Hauriou (*Droit Const.*, 1923, p. 318 et p. 322) affirme, il est vrai, que le Tribunal des conflits, dans la décision du 30 juillet 1873, *Pelletier*, et le Conseil d'Etat, par les deux arrêts 7 août 1909, *Winkel* (*Rec.*, p. 826 ; S. 1909-3-745 et la note ; *R. D. P.* 1909, p. 494 et 1910, p. 97) et 1er mars 1912, *Tichit, Rec.*, p. 303 (S. 1913-3-137 et la note ; *R. D. P.* 1914, p. 192), ont reconnu leur pouvoir de vérifier la constitutionnalité des lois. C'est là une pure affirmation. Aucun terme de cette décision sur conflit et de ces arrêts, aucune parole des commissaires du gouvernement dans ces affaires ne peuvent être invoqués à l'appui de cette manière de voir.

(2) Dans une décision du 30 juillet 1873, *Pelletier* (en matière de responsabilité personnelle des fonctionnaires) invoquée par le prof. Hauriou (*Dr. Const.*, p. 318 et 319), le Tribunal des conflits a décidé que le décret-loi du 19 septembre 1870 n'avait pas pu abroger le principe constitutionnel de la séparation des pouvoirs. Ainsi, dit le prof. Hauriou, « le décret étant frappé d'inefficacité en tant qu'il eût tendu à déroger au principe constitutionnel de la séparation des pouvoirs.., c'est bien là une déclaration d'inconstitutionnalité ; tel est le sentiment exprimé par M. Blum, commissaire du gouvernement, dans ses conclusions, sous C. d'E., 26 juillet 1918, *Lemonnier* (*Rec.*, p. 766), et l'on ne peut qu'y souscrire ». — Pour ma part, je déclare nettement que je n'y souscris pas. C'est pure imagination que d'affirmer que toutes les fois qu'un tribunal interprète un texte de loi et essaie de le concilier et de le combiner avec un principe de droit constitutionnel, il contrôle la constitutionnalité intrinsèque de la loi. J'aurai à revenir plus loin sur la notion de *principe constitutionnel* obligatoire pour le Parlement. Je dis tout de suite que je n'accepte absolument pas la notion enseignée par le prof. Hauriou et qui me parait aussi fausse que l'interprétation qu'il donne à la décision sur conflit de 1873.

(3) Dans l'affaire *Winkel*, jugée par le C. d'E. en 1909, il s'agissait de savoir si la loi de 1905, qui prescrit la communication préalable du dossier au fonctionnaire avant révocation, s'applique en cas de *grève* d'un service public. Le C. d'E. a répondu par la négative. Le prof. Hauriou déclare alors que le C. d'E. a *écarté* la loi de 1905 *comme inconstitutionnelle* ; elle ne pouvait pas être conçue en termes *généraux* ; la loi de 1905 devait réserver le cas de grève ; en ne le faisant pas, le législateur a violé le principe *constitutionnel* relatif « aux conditions permanentes de la vie des Etats », telles que la doctrine et la jurisprudence auront tôt fait de les déterminer. Comme au C. d'E. personne n'avait rien dit de tout cela, le prof. Hauriou déclare (*Droit Const.* 1923, p. 319) que « dans les considérants de cette décision, le C. d'E. battit un peu les buissons ». J'affirme, pour ma part, qu'il faut avoir beaucoup d'imagination pour avoir découvert dans l'arrêt *Winkel* tout ce que le prof. Hauriou y a trouvé.

Le prof. Hauriou (*Droit Const., op. cit.*, p. 319) est obligé de reconnaître que, dans les considérants de l'arrêt *Tichit* 1912, dans des circonstances de fait tout à fait analogues, le C. d'E. « se borna à l'affirma-

obligé de dire qu'ils ont fait du contrôle de la constitutionnalité intrinsèque des lois sans l'avouer et sans se l'avouer (1).

La Cour de cassation, elle, est tout à fait formelle (2).

tion suivante : « Il résulte des rapports ci-dessus visés que le sieur T. a donné publiquement son adhésion à la grève et qu'il a cherché à provoquer celle de ses collègues ; il n'est donc pas fondé à demander l'annulation de l'arrêt attaqué (de révocation) comme pris en violation de l'art. 65 de la loi du 22 avril 1905 ».

« C'était affirmer, enseigne le prof. Hauriou, que cette disposition de loi n'était pas applicable en cas de grève de fonctionnaires. Mais sur quoi s'appuyait cette affirmation, l'art. 65 étant absolument général et n'ayant fait aucune réserve pour le cas de grève ? Juridiquement, elle ne pouvait s'appuyer que sur le *principe constitutionnel* de la hiérarchie administrative posé dans la Constitution de l'an VIII et dans la loi de pluviôse an VIII, posé à nouveau dans l'article 3 § 4 de la loi const. du 25 février 1875 : « Le président de la R. nomme à tous les emplois ». Il fallait faire le raisonnement suivant : « La grève des fonctionnaires est incompatible avec le principe constitutionnel de la hiérarchie ; la loi du 22 avril 1905, art. 65, ne saurait s'appliquer aux révocations pour faits de grève, sans violer ce principe constitutionnel ». *Nous ne sommes pas ici en présence d'une déclaration d'inconstitutionnalité de la loi*, mais plutôt d'une de ces interprétations constructives dont la jurisprudence américaine nous fournit tant d'exemples ».

(1) « Il n'est pas douteux, écrit le prof. Hauriou (*op. cit.*, p. 319), que le Tribunal des conflits et le Conseil d'Etat, dans les décisions que nous venons d'analyser, n'aient fait du contrôle de constitutionnalité des lois, *sans l'avouer* expressément et peut-être *sans se l'avouer clairement à eux-mêmes* ; mais ils en ont fait, et ils ont ainsi ouvert la voie ». Pourtant, le prof. Hauriou (*Dr. const.* 1923, p. 322) conclut : « Nous ne pensons pas, écrit-il, que les conseillers d'Etat qui ont statué sur les affaires *Winkel* et *Tichit* et qui ont *refusé d'appliquer la loi du 22 avril 1905, art. 65*, aient eu peur d'être poursuivis pour forfaiture ».

Jamais le C. d'E. n'a *refusé* d'appliquer une loi pour inconstitutionnalité. Ce n'est pas refuser d'appliquer une loi que de l'interpréter. Je le déclare très nettement, l'argumentation du prof. Hauriou ne m'a pas du tout convaincu. A mon avis, c'est une œuvre de pure imagination. La jurisprudence du C. d'E. ne peut pas être invoquée à l'appui de la thèse du contrôle de la constitutionnalité intrinsèque des lois en France.

(2) Cassation, 12 mai 1833, S. 33-1-357, avec les conclusions de l'avocat général Voysin de Gartempe. L'avocat général disait : « Si l'on demande s'il peut y avoir des lois ou des dispositions de lois inconstitutionnelles, *en ce sens* que ces lois ou ces dispositions seraient contraires à la Charte, je ne soutiendrai pas la négative, car ce serait prétendre à l'infaillibilité. *En tout cas, ce n'est pas aux tribunaux à juger l'œuvre du législateur ; car les tribunaux ont à appliquer les lois, fussent-elles mauvaises, tant qu'elles n'ont pas été changées* ». — La Cour de Cass. dans son

Certains reconnaissent que « la jurisprudence française n'a jamais admis *et encore aujourd'hui* n'admet point que les tribunaux français puissent refuser d'appliquer une loi pour cause d'inconstitutionnalité » (1). Mais ils constatent que, malgré « cette jurisprudence, depuis quelques années s'est produit, dans la doctrine française, un mouvement très net en faveur du pouvoir et même du devoir des tribunaux français d'apprécier la constitutionnalité des lois et d'écarter l'application de toute loi qu'ils jugent inconstitutionnelle (2).

A mon avis, ce courant, quelque force qu'il ait, ne fait pas que le droit public français consacre *actuellement* le pouvoir des tribunaux de contrôler la constitutionnalité des lois.

VII. — Y a-t-il quelque indice de voir la jurisprudence changer dans un avenir prochain ? Je ne le crois pas.

D'une part, les tribunaux français, à l'exception du Conseil

---

arrêt déclare : « *La loi...* élaborée et promulguée dans les formes constitutionnelles prescrites par la Charte, *fait la règle des tribunaux et ne peut être attaquée devant eux pour cause d'inconstitutionnalité* ». — Le prof. Hauriou critique cet arrêt (*Droit const.*, 1923, p. 320, note 1) : « La Cour de cassation, plus timorée, a refusé de le faire (contrôle de la constitutionnalité des lois) dans son arrêt célèbre du 11 mai 1833 ; mais il y a 90 ans de cela et sa jurisprudence a graduellement pris de la hardiesse ». Mais il ne peut pas citer un *seul* arrêt en son sens. Cpr. sur toute cette question, Gaston Jèze, *R. D. P.*, 1904, p. 111 et s. et *R. D. P.*, 1912, p. 138 et s.

(1) Duguit, *Tr. Dr. Const.*, 2ᵉ édit., III, 1923, p. 670.

(2) Duguit, *Tr. Dr. Const.*, 2ᵉ édition, III, 1923, p. 671 : « En 1895, Jèze soutenait, sans hésiter, que lorsqu'une loi contient une violation flagrante de la constitution, les tribunaux ne peuvent pas l'appliquer ; que, se trouvant en présence de deux textes contradictoires, ils doivent appliquer la loi constitutionnelle, qui est la loi supérieure ». — J'ai repris en 1912 cette argumentation et l'ai fait triompher devant la Cour de cassation de Roumanie *pour le droit public roumain*. Mais, en 1912, j'ai fait observer que, en France, il y avait un obstacle dans la loi de 1790 et dans la Constitution de 1791. En 1895, avec l'intransigeance de la jeunesse, j'attachais peu d'importance à la jurisprudence, même inébranlable. Aujourd'hui, sans abandonner le moins du monde l'argumentation que je développais en 1895, je modifie mon point de vue. Le droit public français *actuel* étant uniquement celui qu'appliquent *actuellement* les tribunaux, et les juges ne se reconnaissant pas, en France, le pouvoir de contrôler la constitutionnalité des lois, ce pouvoir n'existe pas en France. Au contraire, en Grèce et en Roumanie, où il n'y a pas de loi analogue à celles de 1790 et de 1791, le pouvoir logique de contrôler la constitutionnalité intrinsèque des lois est reconnu par la jurisprudence ; c'est une règle du droit public de ces Etats.

.d'Etat (1), ne sont pas préparés à exercer ce contrôle : ils n'ont malheureusement qu'un prestige assez mince, à raison des conditions dans lesquelles s'opère leur recrutement, et aussi à raison de la dépendance dans laquelle ils se trouvent, vis-à-vis des députés et sénateurs, pour leur avancement (2). — Il y a aussi une tradition séculaire de prosternation envers le Gouvernement, tradition qui est très défavorable à l'organisation d'un contrôle *juridictionnel* quelconque.

II. — Ce qui semble exact c'est que, si jamais le contrôle juridictionnel des lois s'établit en France, ce sera, sans doute, *sous la forme indirecte de l'exception d'inconstitutionnalité.* En d'autres termes, on suivra en France le modèle américain. Les tribunaux

(1) Certains juristes français, en particulier le prof. HAURIOU (note sous Cons. d'E., 7 août 1909, *Winkel*, S. 1909-3-147), affirment que *dores et déjà*, le C. d'E. a, en réalité, écarté, *pour inconstitutionnalité de la loi*, l'application, en cas de grève, de l'art. 65 de la loi de 1905 sur la communication des dossiers aux fonctionnaires (V. *supra*, p. 210). Le prof. DUGUIT approuve cette interprétation des arrêts de 1909 (*Les Transformations du droit public*, 1913, p. 99 et s.). — J'ai, pour ma part, les doutes les plus sérieux sur l'exactitude de ce commentaire. L'argumentation est très subtile, mais peu convaincante. En tout cas, il est *certain* que telle n'a pas été la pensée du Conseil d'Etat. Quelque légitime que soit le désir de soumettre les lois au contrôle juridictionnel, je ne crois pas que l'on puisse citer, à l'heure actuelle, un seul arrêt de justice français en ce sens. Je crois bien que l'opinion actuellement dominante au Conseil d'Etat est celle qu'a exprimée M. G. TEISSIER, dans son livre sur la *Responsabilité de la puissance publique*, 1906, p. 15 : « Les pouvoirs du Parlement, dans notre droit public, étant sans limites, les lois qu'il a votées ne sont susceptibles, quand elles ont été régulièrement promulguées, d'aucune espèce de recours, même pour violation de la Constitution ; elles constituent donc, au premier chef, des actes de souveraineté... » — J'ai aussi de grands doutes sur les prévisions du prof. DUGUIT qui, lui, n'hésite pas à dire : « Il est donc vraisemblable que, dans un avenir qui n'est peut-être pas très éloigné, on reconnaîtra aux tribunaux le pouvoir d'apprécier la constitutionnalité des lois et aussi la recevabilité du recours pour excès de pouvoir dirigé contre elles » (*Les Transf. du droit public*, 1913, p. 103). Je ne vois pas, pour ma part, un seul indice en faveur de ce changement de jurisprudence.

(2) Tous les régimes politiques en France sont responsables de cet état de choses déplorable. Tour à tour, les juges français ont été traités sans respect par le Gouvernement ou par les Chambres. L'oppresseur a changé, mais non le régime d'oppression. C'est sans doute sous Napoléon Ier que les juges judiciaires furent soumis à la dépendance la plus stricte et la plus avilissante vis-à-vis non pas des Chambres, mais du Gouvernement. V. *supra*, p. 120 note 2.

seront admis non pas à *annuler*, sur la demande des individus intéressés, les lois irrégulières, mais à *écarter*, sur la demande des parties, *au cours d'un procès, pour la solution du litige en examen*, une loi entachée d'excès de pouvoir.

Cette forme de contrôle juridictionnel est, en effet, moins agressive pour les Chambres législatives, que la forme du *recours direct en annulation*. Elle sera plus facilement tolérée.

VIII. — A vrai dire, la question du contrôle, par les tribunaux, de la constitutionnalité des lois ne présente pas en France un très grand intérêt pratique. En effet, la matière *constitutionnelle* est réduite au minimum. Les lois constitutionnelles de 1875 ne contiennent aucune déclaration des droits, aucune garantie des droits. A la différence de la Constitution fédérale américaine ou des constitutions rigides de la période révolutionnaire française, les lois constitutionnelles de 1875 ne contiennent aucun article formulant quelque principe fondamental dont le respect s'impose au Parlement en vertu de la hiérarchie des lois *constitutionnelles* et des lois *ordinaires*. Dès lors, il est très rare, en France, que l'on puisse arguer une loi d'inconstitutionnalité.

Si la chose est rare, elle n'est pas absolument sans exemple. Ainsi, l'art. 1er § 2 de la loi du 22 mars 1924, qui conférait au gouvernement le pouvoir de légiférer par décret, est inconstitutionnel (1) : « Le gouvernement est autorisé, pendant les quatre mois qui suivront la promulgation de la présente loi, à procéder, *par décrets* rendus en Conseil d'Etat, après avoir été approuvés en conseil des ministres, à toutes les réformes et simplifications administratives que comportera la réalisation de ces économies. *Lorsque des mesures ainsi prises auront nécessité des modifications aux lois en vigueur*, les décrets seront soumis à la sanction législative dans un délai de 6 mois ».

La contradiction avec l'art. 1er § 1 de la loi constitutionnelle du 25 février 1875 est certaine : « Le pouvoir législatif s'exerce par deux

----

(1) Louis Rolland, *Le projet du 17 janvier 1924 et la question des décrets-lois*, dans *R. D. P.*, 1924, p. 42 et s. P. 66 : « Force est donc bien de conclure qu'il (l'article) est *incorrect* au point de vue juridique ». — Le professeur Rolland pose, en effet, la règle suivante (p. 54) : « Est juridiquement incorrecte toute loi chargeant le Président de la République de régler par décret des matières réservées au Parlement par la constitution écrite ou la coutume constitutionnelle. Est de même incorrecte toute loi rédigée en termes tellement généraux et imprécis qu'elle devrait être interprétée comme conférant au Président de la République un pareil pouvoir ».

assemblées : la Chambre des députés et le Sénat ». La loi du 22 mars 1924 conférait, pour quatre mois, l'exercice *général* du pouvoir législatif au gouvernement. Cette attribution *générale* était contraire à la loi constitutionnelle.

Vainement dira-t-on que le Parlement, titulaire du pouvoir législatif, peut déléguer son pouvoir au gouvernement. — *La compétence ne se délègue pas.*

Vainement dira-t-on que le Parlement a déjà maintes fois conféré au gouvernement le pouvoir de prendre provisoirement, par décret, en attendant le vote d'une loi, certaines mesures de la compétence du Parlement. Ex. : mesures douanières, système du cadenas (loi du 13 décembre 1897), etc.

La situation n'est pas du tout la même. La loi de 1924 n'attribue pas compétence au gouvernement dans une matière *spéciale*, bien déterminée. C'est une attribution *générale* de compétence législative.

Au contraire, la loi du cadenas est correcte. En effet, la loi constitutionnelle française n'énumère pas les matières qui sont de la compétence du Parlement. Le Parlement peut, à tout moment, décider que telle matière, jusqu'alors de la compétence parlementaire, sera *désormais*, à toujours ou pour un certain temps, de la compétence gouvernementale. Une loi ordinaire pourrait décider que désormais toutes *les questions douanières* seront réglées par le gouvernement. *Politiquement*, ce serait très regrettable. Mais *juridiquement* ce serait correct ; la Constitution ne s'y opposerait pas, puisqu'elle ne dit pas que les questions douanières seront réglées par les Chambres. Encore une fois, quelque objection qu'on puisse diriger contre cette solution, *pour des raisons d'opportunité politique*, juridiquement la constitutionnalité de cette législation ne serait pas douteuse.

Dans la loi de 1924, il en est tout autrement. Il y a attribution *générale, indéterminée*, donnée au gouvernement, de modifier, *par décrets*, la législation en vigueur, *toutes* les lois en vigueur. Sans doute, il y a une limitation implicite : la modification devra se traduire par une économie. Mais cette limitation ne change pas le caractère général de l'attribution de compétence. La suppression de la Chambre des députés, du Sénat, de la présidence de la République, de l'armée, de la magistrature, de l'université, de la police, etc. aboutirait à une économie budgétaire. Elle serait donc possible par décret, si la loi de 1924 est considérée comme constitutionnelle (1).

____

(1) Le président du Conseil POINCARÉ a essayé de démontrer le con-

Il est étrange et regrettable que ni le président de la Chambre des députés, ni le président du Sénat ne se soient opposés à la discussion du projet inconstitutionnel. Il est non moins regrettable que le Président de la République, gardien de la Constitution, n'ait pas refusé de promulguer cet article inconstitutionnel. C'est un cas où la promulgation pourrait avoir une signification juridique. Il y a là un précédent extrêmement fâcheux (1).

En fait, la loi de 1924, par suite de la chute du cabinet, après les élections générales du 11 mai 1924, n'a pas reçu d'application.

Il peut donc y avoir, en droit public français actuel, des lois *intrinsèquement* inconstitutionnelles.

IX. — D'après certains, le nombre de ces lois peut être beaucoup plus considérable. En effet, d'après eux, il faudrait considérer comme règles constitutionnelles, *juridiquement obligatoires pour le Parlement, à peine d'inconstitutionnalité intrinsèque*, non seulement les dispositions des trois lois constitutionnelles des 24, 25 février et 16 juillet 1875, mais encore toute une série de principes admis par le Droit public français, *écrit* ou *non écrit* (2).

---

traire. Voyez la discussion qui a eu lieu sur ce point à la Chambre et au Sénat (ROLLAND, *op. cit.*, *R. D. P.*, 1924, p. 56 et s.)

(1) Les adversaires de la loi de 1924 l'ont déploré : Sénat, 14 mars 1924 (*J. O.*, *Sénat, Débats*, p. 323) : M. de Jouvenel : « J'écoutais, l'autre jour, le discours par lequel, M. le président du Conseil, vous défendiez les décrets-lois à la Chambre. Je suivais les précédents que vous invoquiez, qui ne me convainquaient pas, peut-être parce que je ne suis pas juriste, et je me disais : ils ne sont pas probants ces précédents-là, mais il y en a un qui le sera ; c'est celui que M. Poincaré veut créer et qui permettra peut-être plus tard, à un républicain moins sûr que lui, d'invoquer, pour des décrets moins parlementaires et dans son intérêt personnel, la loyauté de la vie de M. Poincaré et le vote du Sénat républicain ».

La majorité du Sénat était hostile aux décrets-lois. Mais certains membres de la majorité ne voulaient pas renverser le Gouvernement ; il s'est ainsi formé une toute petite majorité pour adopter. Puis, la majorité a manifesté son opinion hostile par son abstention en masse. — La Commission des finances du Sénat avait proposé une rédaction différente, celle-ci constitutionnellement correcte : « La somme (de 1 milliard d'économies) ainsi annulée sera répartie, par ministère et par chapitres, par décrets du Président de la République, *dans le cadre des lois existantes* ».

(2) C'est la thèse soutenue par les prof. DUGUIT, HAURIOU, ROLLAND. DUGUIT, *Tr. Dr. Const.*, 2e édition, III, 1923, p. 660 : « Je qualifierai simplement de loi inconstitutionnelle toute loi *contraire à un principe supérieur de droit, inscrit ou non* dans une loi supérieure à la loi ordi-

Pour ma part, je repousse énergiquement cette manière de voir.
Elle est tout à fait arbitraire. Elle est très imprécise. Les publicistes

naire, déclaration des droits ou loi constitutionnelle rigide. En un mot, je
prends l'expression : loi inconstitutionnelle, comme synonyme de loi contraire *au droit supérieur écrit ou non écrit*... Une loi qui est contraire
au droit objectif et qui n'a pas pour but de mettre en œuvre une règle
de droit et d'en assurer l'exécution est une *loi sans valeur, une loi sans
force exécutoire* ». — Page 661 : « Le refus d'obéissance à une loi contraire
au droit est parfaitement légitime ». P. 668 : « Théoriquement ..., tout
plaideur doit être déclaré recevable à opposer devant un tribunal quelconque l'exception d'inconstitutionnalité, c'est-à-dire recevable à soutenir que la loi invoquée contre lui ne peut être appliquée par le tribunal, *parce qu'elle est contraire au droit supérieur écrit ou non écrit
auquel est subordonné le législateur ordinaire* ». — P. 670 : « On soutient que (malgré les lois de 1790 et de 1791) les tribunaux français ...
ont le pouvoir et même le devoir d'apprécier la constitutionnalité des lois
invoquées devant eux et d'écarter l'application de toute loi qu'ils jugent
inconstitutionnelle ... » — P. 673 : « Dans la première édition de cet
ouvrage (t. I. p. 159) j'avais, après quelques hésitations, refusé aux tribunaux français le pouvoir d'affirmer la constitutionnalité des lois invoquées devant eux. J'étais dans l'erreur et, aujourd'hui, j'accepte sans
hésiter la solution que je viens d'exposer à la suite des éminents juristes
que j'ai nommés. Il me paraît évident qu'elle est la conséquence nécessaire et logique de la hiérarchie des lois ».

HAURIOU, *Dr. Const.*, 1923, p. 298 : « Ce serait une erreur de croire
que la superlégalité constitutionnelle ne comprenne que ce qui est écrit
dans la Constitution : elle comprend bien autre chose et, par exemple,
tous les principes fondamentaux du régime, c'est-à-dire, tant les principes de l'ordre individualiste qui sont à la base de l'Etat, que les principes politiques qui sont à la base du Gouvernement... Ces principes
constituent une sorte de légitimité constitutionnelle qui prend place *au-
dessus même de la constitution écrite* ». — P. 298 : « La Constitution de
1875 n'a pas reproduit cette confirmation (des grands principes procla-
més en 1789 et qui sont la base du droit public des Français) et ne contient aucune référence formelle à ces principes du droit public. Ce silence,
qui a fort embarrassé la plupart des auteurs hypnotisés par la conception
étroite de la Constitution écrite, ne doit pas nous impressionner. Les
principes de nos libertés publiques ne sont pas dans la constitution écrite,
cela est certain, mais ils sont quand même dans la superlégalité constitutionnelle, car ils font partie de la légitimité constitutionnelle qui est
au-dessus de la Constitution écrite elle-même. Bien entendu, cela ne doit
s'entendre que du principe de chacune des libertés et non pas des modalités de son organisation ; mais cela est fort important, car cela signifie
qu'aucune liberté ne peut être complètement supprimée, soit directement, soit indirectement par l'établissement d'un monopole d'Etat
(liberté de l'enseignement). Bien d'autres principes encore peuvent être
rangés dans la catégorie de la légitimité constitutionnelle : le principe

qui la soutiennent citent comme principes constitutionnels, par exemple, les principes de l'égalité devant l'impôt, de la publicité de l'impôt. On pourrait en tirer ces conséquences qu'une loi organisant l'impôt *progressif* (1), la loi organisant en France l'impôt sur le revenu (avec la règle du secret) sont inconstitutionnelles. De même, seraient inconstitutionnelles une loi organisant, en France, le monopole public de l'enseignement (2), ou la loi du 1er juillet 1901,

de l'égalité et de la publicité de l'impôt, le principe de la séparation des pouvoirs entre l'autorité administrative et l'autorité judiciaire, celui de la hiérarchie administrative. *C'est une nouvelle voie à explorer* ». — P. 317 : « Il faut substituer à la conception étroite de la loi constitutionnelle écrite celle de la *superlégalité*, qui permet d'ajouter aux textes constitutionnels *tous les principes fondamentaux de l'Etat envisagés comme formant une légitimité constitutionnelle* ».

ROLLAND, *R. D. P.*, 1924, p. 49 : « C'est une erreur, croyons-nous, de croire que toutes les règles constitutionnelles fixant et limitant le domaine de l'activité des organes constitués soient contenues dans les dispositions fort brèves et souvent peu précises de 1875. *Les règles concernant l'organisation de l'Etat, l'agencement et les rapports des pouvoirs publics sont, pour une bonne part, des règles coutumières... Devant ces règles le Parlement doit s'arrêter. S'il les viole, la loi qu'il élabore est en somme inconstitutionnelle, au même degré que celle qui violerait une disposition écrite de l'une quelconque de nos trois lois de 1875* ». Dans cette étude, le prof. Rolland ne se prononce, d'ailleurs, pas sur la question de savoir si le juge français peut vérifier la constitutionnalité intrinsèque des lois.

(1) DUGUIT. *Tr. Droit Const.*, 2e édition, III, 1923, p. 589 : « Le législateur devra prendre garde de ne point établir, sous couleur d'impôt progressif, un impôt d'expropriation ou d'égalisation des fortunes. Par là il porterait au principe d'égalité une atteinte... ». — P. 590. « Je considérerai comme contraire au *vrai* principe d'égalité une loi d'impôt qui dégréverait *complètement* tous les citoyens dont le revenu n'excéderait pas un certain taux fixé par le législateur ». — Qu'est-ce à dire ? Ou bien ces formules ne signifient rien : il n'y a pas au monde de pays où la loi dégrève *complètement* certains citoyens : tous les individus, même les plus pauvres, paient l'impôt sous une forme ou une autre ; il n'y a pas d'Etat dont le système fiscal n'admette des impôts de consommation. Ou bien ces formules signifient que sont inconstitutionnelles les dispositions organisant, pour un impôt *déterminé*, la progressivité à tarif très élevé ou l'exemption des petits revenus.

Les formules du prof. Duguit permettront-elles aux tribunaux de fixer le minimum et le maximum *constitutionnel* d'un tarif progressif ? de s'opposer au mouvement général des idées démocratiques en matière fiscale ?

(2) HAURIOU, *Droit Const.*, 1923, p. 317 : « Cela signifie, non pas qu'une loi organique restreignant plus ou moins l'exercice de telle ou telle liberté pourrait être arguée d'inconstitutionnalité (devant les tribunaux),

art. 14, interdisant aux congrégations religieuses d'enseigner (1), ou l'art. 8 § 1 de la loi de 1913 sur le recrutement de l'armée, déclarant que « tous les hommes reconnus aptes au service militaire sont tenus d'accomplir effectivement la même durée de service » (2), ou encore la loi du 29 mars 1915 art. 2 § 4, prévoyant l'allocation d'une indemnité à raison de l'interdiction de la fabrication de l'absinthe (3).

Ce n'est pas ici le lieu de discuter ces lois ou ces projets. Du point de vue de l'*opportunité politique, économique* et *sociale*, on peut les critiquer. Mais que, pour les écarter, on fasse appel à la technique juridique et aux légistes, cela me paraît inadmissible.

mais qu'une loi supprimant complètement le principe d'une liberté, soit directement, soit indirectement en établissant un monopole de l'Etat, serait inconstitutionnelle parce qu'elle violerait un principe ; par exemple, une loi établissant le monopole de l'enseignement et supprimant ainsi totalement la liberté de l'enseignement... Nous paraissent inconstitutionnelles les dispositions des lois récentes qui ont établi les impôts sur le revenu sur la base du secret de la déclaration ».

(1) Duguit, *Tr. Droit const.*, 2e éd., 1923, III, p. 587 : « L'article 14, § 1, de la loi du 1er juillet 1901, qui décide que « nul n'est admis à diriger, soit directement, soit par personne interposée, un établissement d'enseignement de quelque ordre qu'il soit, ni à y donner l'enseignement, s'il appartient à une congrégation religieuse non autorisée » est une violation flagrante des principes de la Déclaration des droits.... ». — P. 588. « La loi du 7 juillet 1904, art. 1er, décide que l'enseignement de tout ordre et de toute nature est interdit en France aux congrégations ». Cette dernière interdiction... est une atteinte directe à la liberté d'association ».

(2) Duguit, *Tr. Droit const.*, 2e édit., 1923, III, p. 592 : « L'application (du principe d'égalité) qu'en avait voulu faire cette loi de 1913 était mauvaise et conduisait en fait véritablement à l'inégalité, parce qu'elle prétendait imposer à tous, sans tenir compte des situations et des aptitudes, la même durée et le même mode de service... En résumé, le principe d'égalité est une règle de notre droit public positif *s'imposant* au législateur *et toute loi qui la violerait serait une loi inconstitutionnelle* ».

(3) Duguit, *Tr. Droit Const.*, 2e édition, III, 1923, p. 521 : « La loi du 29 mars 1915 contenait un article 2, § 4 ainsi conçu : « En vue de l'indemnité qui pourra éventuellement leur être accordée (aux fabricants d'absinthe à raison de l'interdiction de la fabrication) par une loi ultérieure, les fabricants déclareront... » Cette loi n'a jamais été faite et je ne sache pas qu'il soit question de la faire. *Elle serait contraire au droit* et révolterait la conscience juridique ». — Le prof. Duguit confond le problème de *technique juridique* et le problème d'*opportunité politique.*

Le système du contrôle, par les juges, de la constitutionnalité intrinsèque de la loi serait, en France, très dangereux si l'on adoptait la théorie développée par certains auteurs modernes sur le caractère *constitutionnel* d'un grand nombre de *principes* généraux, plus ou moins vagues. — Il n'y a pas de loi sociale, fiscale, scolaire, religieuse, qui ne pourrait être écartée par des juges subtils pour le motif qu'elle supprime un principe fondamental du Droit français. L'aptitude et l'habileté des légistes à justifier toutes les solutions est un phénomène historique universel et bien connu. L'opération se ferait en deux temps : les légistes commenceraient par affirmer l'existence d'un principe soi-disant fondamental, auquel ils attacheraient du même coup le caractère constitutionnel ; 2° ils inviteraient ensuite les tribunaux à écarter la loi qui leur déplairait, sous prétexte qu'elle porte à ce principe une atteinte très grave ou même le fait disparaître (1).

Que l'on suppose, l'hypothèse n'est pas chimérique, des tribunaux ou même simplement une Cour suprême, animés d'un esprit hostile aux réformes démocratiques, sociales ou fiscales (2). Sous prétexte de contrôle de la constitutionnalité intrinsèque des lois, ces tribunaux, cette Cour auraient le pouvoir redoutable et souverain de mettre en sommeil, pour des arguties juridiques, toutes les lois réalisant des réformes de ce genre. Ce serait le gouvernement des juges, ou plutôt le gouvernement d'une Cour suprême, d'un corps inamovible et irresponsable, suspect, par ses origines et le milieu social où il est recruté, de se poser en défenseur des privilèges des classes possédantes. On recommencerait l'histoire lamentable du Parlement de Paris de l'Ancien régime.

Et pour quel résultat ? Le conflit entre un Parlement démocratique, soutenu par des collèges électoraux voulant des réformes sociales,

____

(1) HAURIOU, *Droit Const.*, 1923, p. 137 : « Il est devenu urgent de protéger nos libertés individuelles contre les entreprises de ce pouvoir (gouvernemental majoritaire) et il y a une deuxième Bastille à démolir qui est la croyance en la souveraineté du Parlement. Il ne faut pas compter en cette matière sur la modération du Parlement, ni sur son respect de la constitution. Le Parlement français n'a pas le sentiment que les libertés individuelles soient garanties par la Constitution et qu'une restriction ou même une suppression de liberté individuelle puisse motiver la question préalable d'inconstitutionnalité ».

. (2) Voyez, pour la Cour suprême des Etats-Unis, le livre du prof. LAMBERT, *Le gouvernement des juges et la lutte contre la législation sociale aux Etats-Unis*, 1921.

fiscales, etc. et une Cour suprême défendant égoïstement et scolastiquement des privilèges de classe avec toute l'étroitesse d'esprit et toute la sécheresse de cœur des juristes, aboutirait à un écrasement des juges, au discrédit des tribunaux, à une nouvelle diminution du prestige et de l'indépendance nécessaires des corps juridictionnels. Ce serait un désastre véritable. Que l'on évite aux tribunaux français ce pavé de l'ours !

Si le contrôle juridictionnel de la constitutionnalité *intrinsèque* des lois s'introduit jamais en France sous la forme de l'*exception* d'inconstitutionnalité, il faudra maintenir très *étroite* la notion de règle *constitutionnelle* au sens de règle dont l'observation par le Parlement est requise, à peine de paralysie de la loi pour cause d'inconstitutionnalité (1).

II. — *Contrôle juridictionnel de la constitutionnalité extrinsèque des lois.*

1. — A l'heure actuelle, il est généralement admis que les tribunaux de tout ordre, — qu'ils aient ou non compétence pour rechercher si la loi est intrinsèquement constitutionnelle et conforme au Droit, — ont le pouvoir de constater la violation de la constitution *écrite* sur les conditions requises pour la confection de la loi ; ils ont compétence pour vérifier l'*existence même* de la loi. « S'il arrivait, par impossible, que le gouvernement promulguât comme loi de l'Etat un texte adopté par une seule assemblée, ce texte ne serait pas une loi, et toute juridiction appelée à l'appliquer aurait le droit de constater son inexistence légale (2) ».

De même, la loi constitutionnelle du 16 juillet 1875 déclare (art. 4) : « Toute assemblée de l'une des deux Chambres qui serait tenue

---

(1) En sens contraire, Duguit, *Tr. Droit Const.*, 2ᵉ édition, III, 1923, p. 677 et s. ; — Hauriou, *Droit Const.*, 1923, p. 313 et s. Les arguments mêmes présentés par le professeur Hauriou pour démontrer que ce contrôle n'aurait aucun inconvénient en France ont renforcé ma conviction en sens contraire. Il suffit de méditer les exemples de lois qui sont ou seraient *intrinsèquement* inconstitutionnelles, d'après le professeur Hauriou : lois d'impôt sur le revenu sur la base du secret, loi établissant le monopole de l'enseignement, loi de 1905 sur la communication préalable du dossier aux fonctionnaires publics, etc. Quelque opinion que l'on ait sur l'*opportunité politique* de ces mesures, ce n'est pas aux tribunaux à imposer leur volonté.

(2) Laferrière, *Jur. adm. et rec. cont.*, 2ᵉ édit., II, p. 9.

hors du temps de la session commune est illicite et nulle de plein droit... ». Il faut dire que les tribunaux ont le pouvoir de tenir la main à l'exécution de cette disposition : l'interdiction formulée par la loi de 1790 ne s'y oppose pas.

II. — On peut citer des exemples de lois *extrinsèquement* inconstitutionnelles.

Le cas le plus certain est la loi du 5 août 1914 modifiant la loi du 14 décembre 1879 sur les crédits supplémentaires et extraordinaires à ouvrir pour les besoins de la défense nationale. Dans la hâte avec laquelle, le 4 août 1914, les Chambres avaient voté les lois de guerre, le texte approuvé par le Sénat n'était pas le même que celui adopté par la Chambre ; le Président de la République avait promulgué le texte approuvé par les députés (1). — Cette loi de 1914 a été abrogée par la loi du 30 novembre 1915.

Un cas plus douteux est celui des lois rectifiées par voie d'*erratum* au *Journal officiel* (2). Il est assez fréquent aujourd'hui qu'après avoir publié une loi promulguée par le président de la République, le *Journal officiel* publie, quelques jours plus tard, un *erratum* par lequel le texte de la loi promulguée est corrigé. Cette correction se produit sans formes solennelles. Le président de la République, dans l'acte de promulgation, avait affirmé *solennellement* que la teneur du texte adopté par les deux Chambres était la suivante. Dans l'*erratum*, le *Journal officiel* fait connaître, *sans aucune formule solennelle*, sans l'intervention d'un acte juridique formel, sans aucune signature d'une autorité responsable, que le texte publié n'est pas le texte correct. Le *Journal officiel* ne dit pas si l'erreur provient des imprimeurs du *Journal officiel*, ou de la présidence de la République qui a mal transcrit le texte de la loi adoptée par les Chambres, ou du président de l'Assemblée qui a transmis le texte à la présidence de la République.

Quelle est la valeur juridique de l'*erratum* ? Il est difficile de le dire. Il n'y a pas promulgation proprement dite de l'erratum : l'erratum ne porte aucune signature ; il ne fait connaître ni l'auteur de l'erreur corrigée, ni l'auteur de la correction. *Ce n'est pas un acte juridique régulier.*

(1) Pour la démonstration, voyez Gaston Jèze, *Une loi inexistante*, dans *R. D. P.*, 1915, p. 576 et s.

(2) Gaston Jèze, *De la rectification des lois par voie d'erratum*, dans *R. D. P.*, 1918, p. 394 et s.

Il est même arrivé que la procédure de l'erratum ait été employée *pour modifier le texte voté par les deux Chambres*. Ex. : loi du 7 mai 1907 (1). *Contrairement à la réalité des faits*, il a été affirmé, dans le *Journal officiel*, que le texte adopté par la Chambre était celui adopté par le Sénat. La loi ainsi corrigée est *extrinsèquement* inconstitutionnelle. Le devoir des tribunaux est de ne point l'appliquer (2).

Une question plus délicate encore est celle de savoir quelle est la valeur constitutionnelle d'une loi dont le titre, tel qu'il est formulé dans l'acte de *promulgation*, n'a pas été adopté par les Chambres. Ex. : la loi du 23 novembre 1916, relative aux déclarations en matière de mutations par décès (3), avait été promulguée avec un titre qui n'avait été voté que par le Sénat. Après coup, le décret de promulgation fut rapporté ; le texte de la loi a été soumis à nouveau à la Chambre avec le texte adopté par le Sénat ; après approbation par la Chambre, une nouvelle promulgation est intervenue le 18 décembre 1916. Si le gouvernement n'avait pas eu ce scrupule de légalité, quelle aurait été la valeur constitutionnelle de la loi ?

III. — Tout ceci prouve que *la promulgation faite par le président de la République* ne donne pas la certitude que les formes *constitutionnelles* ont été observées pour la confection de la loi. *Nonobstant l'affirmation solennelle faite par le président de la République*, dans l'acte de promulgation, que « le Sénat et la Chambre des députés ont adopté... la loi dont la teneur suit », les tribunaux ont le devoir de vérifier la constitutionnalité *extrinsèque* des lois avant de les appliquer (4). La promulgation ne couvre pas les irrégularités de forme *constitutionnelle* (5).

---

(1) Pour les détails sur cette loi, voyez Gaston Jèze, *De la rectification des lois par voie d'erratum*, R. D. P., 1918, p. 395 et s.

(2) Le procédé correct, au lieu de publier un erratum à l'*Officiel*, aurait été de revenir devant les Chambres. — C'est ce qui a été fait plusieurs fois. Ex. : projet de loi relatif aux baux à loyers (10 juillet-12 juillet 1918).

(3) Sur ce cas, voyez Gaston Jèze, *La promulgation des lois*, dans R. D. P., 1918, p. 388 et s.

(4) Gaston Jèze, *La promulgation des lois*, dans R. D. P., 1918, p. 378 et s. et surtout pages 385 et 386.

(5) Ceci permet de préciser la signification juridique de l'acte de promulgation (Gaston Jèze, *op. cit.*, R. D. P., 1918, p. 385) : La promulgation est une manifestation de volonté produisant des *effets juridiques*... C'est donc un *acte juridique* et non pas, comme on l'a dit, un fait. Ces effets juridiques sont les suivants : 1° La promulgation est nécessaire

IV. — D'ailleurs, il faut bien s'entendre. Les tribunaux de tout ordre sont compétents pour exercer un contrôle sur la régularité *extérieure* des lois, à la condition que ce contrôle soit limité à l'observation des *formes requises par les lois constitutionnelles proprement dites* (1) ; il ne peut s'exercer sur les formes prescrites par une loi ordinaire, par un règlement d'administration publique ou par le règlement intérieur des Chambres.

C'est en ce sens que s'est prononcée, voilà longtemps, la jurisprudence française : « La loi, disait en 1833 à la Cour de cassation l'avocat général Voysin de Gartempe, la loi ne pouvant avoir le caractère de loi qu'autant qu'elle est votée... conformément à la Charte, il est certain que si l'on nous apportait un acte décoré du titre de loi et qui n'eût pas été voté constitutionnellement, il n'y aurait pas véritablement de loi. Mais si l'on demande s'il peut y avoir des lois ou des dispositions inconstitutionnelles, en ce sens que ces lois ou ces dispositions seraient contraires à la Charte..., ce n'est pas aux tribunaux à juger l'œuvre du législateur ; car les tribunaux ont à appliquer les lois, fussent-elles mauvaises, tant qu'elles n'ont pas été changées » (2). Et la Cour de cassation décida : « La

pour qu'une loi *régulièrement* adoptée par les deux Chambres soit obligatoire. Faute de promulgation, la loi n'est pas *obligatoire*. D'ailleurs, la promulgation ne confère pas *force exécutoire* à la loi. Cette force, la loi la tient exclusivement de la volonté exprimée par les Chambres dans les formes constitutionnelles. Le président de la République n'y ajoute rien. Il peut théoriquement empêcher provisoirement cet effet par son veto ; mais quelle que soit son attitude, la loi ne tire aucun élément juridique de force, de la volonté du président et, en particulier, de la promulgation. Si la Constitution fait intervenir le président de la République *avant que la loi soit appliquée*, c'est surtout afin qu'il soit procédé à la vérification de l'*existence constitutionnelle de la loi*.

2° La promulgation ne couvre pas les *irrégularités de formes constitutionnelles* dont la loi, votée par les Chambres, peut être entachée. D'ailleurs, il est très probable que le Conseil d'Etat, s'il était saisi d'un recours en annulation pour excès de pouvoir contre un acte de promulgation, déclarerait le recours *irrecevable*, comme dirigé contre un acte de gouvernement se rattachant aux rapports de l'Exécutif et du Législatif. V. *infra*.

(1) Les lois constitutionnelles de 1875 sont d'ailleurs extrêmement laconiques à cet égard. Elles se bornent à exiger : 1° que la loi soit votée par les *deux* Chambres ; 2° que les lois soient votées par les deux Chambres siégeant dans des sessions *communes* ; 3° que les lois votées par les Chambres soient *promulguées* par le Président de la République ; 4° que les lois de finances soient *d'abord* votées par la Chambre des députés.

(2) Cassation, 11 mai 1833, S. 1833-1-357.

loi..., *délibérée et promulguée dans les formes constitutionnelles prescrites par la Charte*, fait la règle des tribunaux et ne peut être attaquée devant eux pour cause d'inconstitutionnalité » (1).

Si la loi avait été votée par les Chambres en violation des formes prescrites par *une loi ordinaire* ou par le *règlement intérieur* des Chambres, les tribunaux *n'auraient pas* le pouvoir de refuser d'appliquer la loi. Sans doute, les Chambres doivent obéir aux lois et respecter leur règlement intérieur, tant que ces lois, ce règlement n'ont pas été modifiés ; mais la jurisprudence est fixée en ce sens que la sanction n'en est pas confiée aux tribunaux (2). C'est ce qu'a formellement déclaré la Cour de cassation en 1903 : « *L'autorité judiciaire n'a pas à contrôler la procédure suivie par le Parlement (3)* ».

____

(1) Cpr. sur ce point G. Jèze, *Notions sur le contrôle des délibérations des assemblées délibérantes*, 1896, p. 10 et s. — Hauriou, *Droit constitutionnel*, 1923, p. 557.

(2) C'est au Président de la République, chargé de la promulgation de la loi, à vérifier, avant la promulgation, si la procédure a été régulière. C'est au président de chaque Chambre qu'il incombe de veiller à l'observation des règlements intérieurs. — Il faut reconnaître, d'ailleurs, que ce contrôle politique n'est pas efficace. Par exemple, ni les présidents des Chambres, ni le président de la République n'ont arrêté l'art. 1er § 2 *inconstitutionnel* de la loi du 22 mars 1924 (V, *supra*, p. 214). — Le prof. Hauriou (*Droit const.*, 1923, p. 138) constate aussi cette indifférence des présidents touchant l'inconstitutionnalité des lois.

(3) Cass. crim., 22 octobre 1903, *Rouaux et autres* (conclusions du procureur général Beaudoin, *Gazette Palais*, 1903, II, p. 420 et s. ; R. D. P. 1904, p. 111 et s. et *ma* note). Ce qui est remarquable, c'est que la Cour de cassation n'a pas rejeté la demande de contrôle, par une *fin de non recevoir*. Elle a examiné un à un tous les arguments et les a rejetés comme *non fondés* ; c'est la reconnaissance formelle du pouvoir des tribunaux de vérifier la constitutionnalité *extrinsèque* des lois. Voici l'arrêt : « Sur le moyen pris de la fausse application de l'art. 16 de la loi du 1er juillet 1901 et de la violation des art. 13 et 18 de la même loi, *ainsi que des règles constitutionnelles qui exigent le vote des deux Chambres et la promulgation par le gouvernement pour qu'un acte législatif existe légalement et s'impose à l'observation des citoyens*, en ce que l'arrêt attaqué a déclaré que les religieux capucins avaient commis le délit visé par l'art. 16 (participation à une congrégation religieuse formée sans autorisation) alors qu'ils étaient encore couverts par les demandes d'autorisation qu'ils avaient présentées conformément à l'article 18 § 1er et qu'ils n'ont reçu notification d'aucune décision du pouvoir législatif ayant statué sur la demande dans les conditions exigées par la loi du 1er juillet 1901 : La loi du 1er juillet 1901 pose, en principe, dans son art. 13, qu'aucune congrégation religieuse ne peut se former sans une

III. — *Contrôle juridictionnel de la constitutionnalité intrinsèque des lois sous la forme de l'action en indemnité.*

Le contrôle juridictionnel, sous *la forme de l'action en indemnité*, à raison du préjudice causé par l'exercice irrégulier du pou-

autorisation donnée par une loi qui déterminera les conditions de son fonctionnement. Les mêmes règles sont applicables, en vertu de l'art. 18, aux congrégations existant au moment de la promulgation de la loi du 1er juillet 1901 ; il est seulement accordé à ces derniers un délai de 3 mois pour justifier qu'elles ont fait les diligences nécessaires afin de se conformer aux prescriptions légales. N. et les autres demandeurs appartenant à la congrégation des capucins, laquelle existait sans autorisation au moment de la promulgation de la loi du 1er juillet 1901, ont formé une demande d'autorisation en vertu des articles susmentionnés. Un projet de loi portant, dans son dispositif, acceptation de cette demande des religieux capucins a été présenté par le gouvernement à la Chambre des députés. La Chambre des députés l'a repoussé. Le vote de la Chambre a entraîné le refus de l'autorisation, celle-ci ne pouvant être accordée que par une loi, et une loi ne pouvant se faire qu'avec le concours de la Chambre des députés. Le refus d'autorisation a été notifié aux intéressés conformément à l'art. 25 du règlement d'administration publique du 16 août 1901. Dès lors, aux termes de l'art. 18 de la loi, la congrégation était réputée dissoute et les capucins cessaient d'être couverts par la demande d'autorisation qu'ils avaient formée.

« Sur le deuxième moyen pris de la fausse application et violation des mêmes dispositions, en ce que l'arrêt attaqué a considéré comme constituant un rejet de la demande d'autorisation le vote par lequel la Chambre a refusé de passer à la discussion des différents articles du projet de loi dont elle était saisie, *alors que la demande formée par les religieux capucins faisant l'objet d'un des articles du projet n'a pu être examinée spécialement, comme le prescrirait la loi du 1er juillet 1901:* Il est constant, d'après l'exposé des motifs et les travaux préparatoires, que la demande d'autorisation des capucins a été soumise à une instruction spéciale, dont les résultats ont été consignés dans le projet de loi déposé par le gouvernement. Elle figurait dans un article distinct dans ce projet de loi, qui a été en totalité repoussé par la Chambre. *Il y a donc eu décision du pouvoir compétent.* Si cette décision a été prise par un vote d'ensemble concernant plusieurs congrégations, *l'autorité judiciaire n'a pas à contrôler la procédure suivie par le Parlement. Il lui suffit de rechercher si la Chambre, saisie conformément à la loi, s'est prononcée sur la demande d'autorisation.* Aucun doute ne saurait exister à cet égard... »

Voyez dans le même sens Cass., ch. crim., 26 novembre 1903, *Lahondès, R. D. P.,* 1904, p. 118.

Les arrêts précités visent des lois *formelles* (autorisation par le Parlement de congrégations religieuses) et non des lois *matérielles* (règles de

voir de légiférer, n'est pas davantage admis par la jurisprudence française actuelle. Et quoique l'on ait pu dire (1), il n'existe aucune décision de justice, ni aucunes conclusions ou rapports de magistrats, faisant prévoir un changement de la jurisprudence à cet égard (2).

droit générales et impersonnelles). Mais l'argumentation de la Cour de cassation serait la même pour les unes comme pour les autres.

(1) DUGUIT, *Les transformations du droit public*, 1913, p. 85 : « Les lois peuvent... engager la responsabilité de l'Etat... ». Pages 241 et s., le prof. DUGUIT s'attache à montrer qu'un mouvement se dessine en France, dans la jurisprudence, pour faire reconnaître la responsabilité de l'Etat à raison des lois votées par le Parlement. — Voyez aussi DUGUIT, *Tr. Droit Const.*, 2e édition, III, 1923, p. 515 et s.

Je ne suis pas convaincu par cette argumentation. Dans les cas cités, comme le reconnaît d'ailleurs le professeur DUGUIT, il existait un lien juridique entre l'Etat et le particulier lésé par la législation nouvelle : il s'agissait de demandes formées par un particulier ayant contracté avec l'Etat ou par un concessionnaire de service public, et qui soutenait que la législation nouvelle rendait plus onéreuse, pour lui, l'exécution du contrat ou l'exploitation du service concédé. Le Conseil d'Etat a, dans ces cas, admis le principe d'une indemnité. Mais qu'on le remarque bien, le raisonnement est le suivant : lorsque les conventions financières ont été établies entre le particulier et l'Etat, on avait pris pour base une certaine législation : la convention des parties ne vaut que pour le cas où les choses resteront en l'état, *rebus sic stantibus*. La convention n'a pas prévu un changement considérable bouleversant les conditions d'exécution du contrat, ou les conditions d'exploitation du service concédé. Le juge doit dire, dans ce cas, si la convention continue à régir les parties, ou s'il n'y a pas lieu de faire une modification. Nous sommes loin, à mon avis, quoiqu'en pense le prof. DUGUIT, de la théorie de la responsabilité de l'Etat à raison d'une loi. En tout cas, ce qui est certain, c'est que la jurisprudence n'a jamais, à l'occasion d'une action en responsabilité, prétendu contrôler la *régularité* d'une *loi*, sa conformité avec la *Constitution* ou le *Droit*.

(2) M. TEISSIER (*Resp. de la puiss. publique, op. cit.*, p. 15, nos 17 et 18), qui est l'un des membres du Conseil d'Etat ayant le plus récemment écrit sur cette question, est très catégorique : « Les lois... constituent.., au premier chef, des actes de souveraineté, et les dommages qu'elles causent aux particuliers ne peuvent, sauf disposition contraire, donner lieu à une action en responsabilité contre l'Etat, ni devant la juridiction administrative, ni devant l'autorité judiciaire. Certes, un législateur soucieux du bon renom et du crédit du pays, doit, autant qu'il le peut, éviter de porter, par les mesures qu'il édicte, une atteinte inutile aux intérêts privés, et, quand la chose publique exige le sacrifice de droits individuels, il a le plus souvent le *devoir moral* d'indemniser les victimes du nouvel état de choses, ou de leur accorder une équitable compen-

§ 2.

Décrets-lois en matière coloniale.

I. — L'absence de recours directs en annulation ou indirects en exclusion n'existe avec cette rigueur que pour l'*acte législatif émanant des Chambres législatives.*

Pour les actes législatifs accomplis, à titre exceptionnel, par un agent administratif, par exemple les *lois faites pour les colonies par le Président de la République*, la règle n'est pas la même. Sans doute, la jurisprudence n'a pas encore admis expressément le recours *direct* en annulation (1).

Mais cette jurisprudence paraît devoir changer. Le chef de l'Exécutif, à mesure que le caractère de gouvernant que voulait lui donner l'Assemblée Nationale de 1875 est davantage contredit par les faits, apparaît comme un simple agent administratif : il doit être soumis au contrôle juridictionnel, comme les autres.

D'autre part, la jurisprudence du Conseil d'Etat, juge naturel des recours en annulation, trouve une base solide pour étendre son contrôle sur les décrets-lois coloniaux, dans la loi du 24 mai 1872 qui lui attribue le jugement des « demandes d'annulation pour

sation ; *mais rien ne l'y oblige* ». — « Le législateur, dit M. Laferrière (*op. cit.*, II, p. 13), peut seul apprécier, d'après la nature et la gravité du dommage, d'après les nécessités et les ressources de l'Etat, s'il doit accorder cette compensation ; les juridictions ne peuvent pas l'allouer à sa place ; elles ne peuvent qu'en évaluer le montant d'après les bases et dans les formes prévues par la loi ». — On remarquera que M. Teissier raisonne dans le cas d'une loi parfaitement *régulière*. Il résout aussi très formellement la question de loi contraire à la Constitution ou au Droit en ces termes : « Les pouvoirs du Parlement, dans notre droit public, étant sans limites, les lois qu'il a votées ne sont susceptibles, quand elles ont été régulièrement promulguées, *d'aucune espèce de recours*, même pour violation de la Constitution ».

(1) Le dernier arrêt sur la question est déjà ancien. C. d'Et. 16 novembre 1894, *Conseil général de la Nouvelle-Calédonie, Rec.*, p. 593 : « Aux termes du sénatus-consulte du 3 mai 1854, les colonies autres que la Martinique, la Guadeloupe et la Réunion sont régies par *décrets...* Le décret attaqué portant modification au régime des mines en Nouvelle-Calédonie a été pris... dans l'exercice de la délégation législative donnée au gouvernement par l'article précité du sénatus-consulte de 1854. *Ce décret n'est, dès lors, pas de nature à être déféré au Conseil d'Etat par la voie du recours pour excès de pouvoir* ». Cpr. en ce sens Teissier, *Resp. de la puissance publique, op. cit.*, p. 18 et s.

excès de pouvoir formées *contre les actes des diverses autorités admi-nistratives* ». Il n'est pas lié par la règle impérative des lois de 1790 ; la loi faite par le Président de la République pour les colonies peut être considérée comme « un acte d'une autorité administrative ». C'est ce que le Conseil d'Etat a jugé en 1907 pour les règlements d'administration publique (1). Il me paraît certain que, à l'heure actuelle, depuis les arrêts de 1907, le Conseil d'Etat comprend les lois coloniales faites par le Président, parmi les actes contre lesquels une « demande en annulation pour excès de pouvoir » est recevable.

Dans le même sens, il faut enfin signaler la discussion qui s'est engagée devant la Chambre des députés, le 8 février 1924, à propos de la disposition qui est devenue l'art. 1er § 2 de la loi du 22 mars 1924 (*décrets-lois* pour la réalisation d'un milliard d'économies) (2). Un amendement avait été présenté, aux termes duquel « les décrets pris dans les conditions ci-dessus par le gouvernement pourront être attaqués par la voie du recours pour excès de pouvoir » (3). Le gouvernement l'a repoussé comme superflu, en affirmant que les décrets à intervenir pourraient être annulés pour violation de la loi ou violation des formes (4).

(1) V. *infra*, p. 235 et s.
(2) Voyez *supra*, p. 214 et s.
(3) Sur cette discussion voyez *J. O., Chambre, Débats*, p. 602 et s. — Rolland, *Le projet du 17 janvier 1924 et la question des décrets-lois, R. D. P.* 1924, p. 57 et suivantes.
(4) Le député Léon Blum, ancien maître des requêtes au Conseil d'Etat, demandait de voter l'amendement, « puisque nous sommes tous d'accord », « car, malgré tout, une question pourrait se poser, celle de savoir si les décrets qui seront pris en vertu de l'article 1er sont, *par leur nature juridique*, exactement assimilables à des règlements d'administration publique ». — Le président du Conseil, M. R. Poincaré, a répliqué : « Je ne vois pas du tout l'utilité d'une disposition additionnelle. *C'est le droit commun en matière de recours pour excès de pouvoir* qui permettra aux intéressés de saisir le Conseil d'Etat d'un pourvoi. *Ce recours pourra être exercé soit pour violation de la loi, soit pour violation des formes. Il ne paraît pas pouvoir y avoir le moindre doute à cet égard*, et on peut s'en rapporter au Conseil d'Etat, auquel nous sommes redevables de la jurisprudence libérale en matière de recours pour excès de pouvoir, du soin de sauvegarder les droits des fonctionnaires qui pourraient être mis en discussion. *Nous entendons, je le répète, rester dans le droit commun.* — M. Léon Blum : « Je ne vois pas pourquoi, dans ces conditions, M. le président du Conseil n'accepterait pas la disposition additionnelle ». — M. le président du Conseil : « Parce que je n'accepte pas les choses superflues ». — M. Léon Blum : « Ce n'est pas une chose superflue. Certains décrets modifieraient une disposition législative.. Ce

II. — Depuis longtemps, il est admis et des auteurs très considérables qui font autorité au Conseil d'Etat enseignent que, contre les lois coloniales faites par le Président de la République, le *recours indirect en exclusion* à l'américaine est possible (1).

III. — Le Conseil d'Etat n'a pas eu encore à statuer sur cette forme de contrôle juridictionnel qu'est l'*action en responsabilité pécuniaire*. Mais les auteurs mêmes qui admettent le recours indirect en exclusion repoussent très catégoriquement l'action en responsabilité (2).

qui n'est certainement pas le cas des règlements d'administration publique dans le cas normal. Pourquoi ne pas trancher la question ? Vous êtes d'accord avec l'auteur de l'amendement. Je vous affirme, et je crois qu'en cette matière ma parole peut avoir quelque crédit auprès de la Chambre, que vous allez poser devant la juridiction contentieuse un problème douteux quant à sa solution. Pourquoi ne pas fixer dès à présent la solution par voie législative ? » — M. le président du Conseil : « La juridiction contentieuse est faite pour statuer sur les litiges qui pourraient s'élever ».

(1) LAFERRIÈRE, *Jur. adm. et rec. cont.*, II, p. 8 et 9 : « On ne saurait refuser aux tribunaux, dans les matières où le pouvoir exécutif ne possède que des attributions législatives limitées, le droit de rechercher s'il a légiféré dans la mesure de la délégation qui lui est faite. *Si, par exemple, le gouvernement réglait, aux colonies, des matières réservées au législateur* (aux Chambres), *les tribunaux auraient le droit de tenir ses prescriptions pour non avenues.* En décidant ainsi, ils ne se mettraient pas en opposition avec la loi : ils en assureraient, au contraire, l'application, puisque c'est elle qui a limité la compétence législative du gouvernement. » On remarquera que le raisonnement présenté par LAFERRIÈRE est justement celui que l'on fait pour reconnaître aux tribunaux le pouvoir d'écarter les lois en contradiction avec la loi constitutionnelle. — Dans le même sens, TEISSIER, *op. cit.*, p. 18, note 3 : « Le tribunal qui aura à statuer au fond, pour appliquer ses décrets (législatifs coloniaux), pourra, *bien évidemment*, apprécier leur légalité et juger si oui ou non ils ont été pris dans la limite de la délégation législative du pouvoir exécutif ». M. TEISSIER cite en ce sens C. d'E. sur conflit, 4 sept. 1856, *La Caussade, Rec.*, p. 562.

(2) TEISSIER. *op. cit.*, p. 18, n° 21 : « Les dommages qu'ils (*les décrets législatifs coloniaux*) peuvent causer n'ouvrent pas de droits à une réparation à moins qu'ils n'aient expressément déclaré le contraire ». M. TEISSIER cite à tort, *par analogie*, C. d'E.. 15 février 1872, *Hurion, Rec.* p. 93. Il s'agissait de l'établissement de la régie et du monopole du tabac à la Guadeloupe par le conseil général de la Guadeloupe, agissant en vertu de l'art. 3, § 4 du S.-C. du 4 juillet 1866. Le recours en indemnité formé par un fabricant a été déclaré non-recevable comme présenté au ministre : il aurait dû être présenté au gouverneur. La question n'a donc pas été tranchée par le C. d'E.

§ 3.

Règlements.

Le *règlement* diffère de la loi proprement dite, non par son contenu juridique, mais par sa forme, par l'autorité de qui il émane. Une règle générale posée par les Chambres législatives est une loi proprement dite ; la même règle générale, si elle est formulée par une autre autorité publique, est un règlement. Nous avons vu que les raisons qui ont fait écarter le contrôle juridictionnel des lois sont d'ordre politique et non juridique ; ces raisons politiques n'existent pas pour le règlement : le règlement est donc soumis pleinement au contrôle juridictionnel.

Cette solution est aujourd'hui incontestée en France. Mais il fut un temps, — qui n'est pas très éloigné, — où, parmi les règlements, on faisait des distinctions suivant la qualité de leur auteur.

I. — De tout temps, on a admis que les règlements des autorités préfectorales ou municipales pouvaient être déférés aux tribunaux sous la forme, soit du recours direct en annulation, soit du recours indirect en exclusion ; l'action en responsabilité était exclue, mais c'était pour des raisons qui n'étaient pas particulières au règlement (1).

II. — Pendant longtemps, jusque vers 1845, le Conseil d'Etat n'a pas admis le recours *direct* en annulation pour excès de pouvoir contre les règlements faits par le *chef de l'Etat*. Cela s'expliquait par le caractère *politique* de l'Empereur ou du Roi. C'était incontestablement un *gouvernant*, au même titre que le Parlement ; il avait même un prestige politique plus considérable que le Parlement ; il possédait une force politique et sociale plus grande que celle des Chambres. On comprend donc que le régime juridique de contrôle juridictionnel, admis pour les règles posées par les Chambres, ait été appliqué aux règles formulées par le monarque (2).

(1) C'était l'application de la théorie des actes de puissance publique : qu'ils fussent généraux ou individuels, les actes de puissance publique, même irréguliers, ne pouvaient pas engager la responsabilité des patrimoines administratifs.

(2) Caractéristique à cet égard est la consultation de J. B. Sirey, insérée au Sirey 1823-2-60. Il se demande si une ordonnance royale peut neutraliser la loi. Non, dit-il ; il conseille donc de signaler l'illégalité au Conseil d'Etat. Mais il semble effrayé de sa propre audace : « Quoi ! dirait-on, vous professeriez cette doctrine qu'une ordonnance du roi puisse

Mais à partir de 1830, la situation politique du monarque est fortement ébranlée en France. La prépondérance politique du Parlement s'accuse. Dès lors, il était naturel que la soumission au contrôle juridictionnel des actes formulant des règles de droit commençât pour les règlements du chef de l'Etat (1). C'est en 1845 que parurent les premiers arrêts du Conseil d'Etat déclarant recevables les recours pour excès de pouvoir formés contre les règlements du chef de l'Etat (2).

Ce point une fois admis, les progrès furent rapides. Le second Empire s'attacha à développer le recours pour excès de pouvoir devant le Conseil d'Etat, corps non suspect, afin de ne pas donner au Corps législatif le droit d'interpellation ; les règlements de l'Empereur furent soumis au recours direct en annulation.

III. — Jusqu'en 1907, on faisait, parmi les règlements du chef de l'Exécutif, une place à part aux *règlements dits d'administration publique*. On entend par là les règlements faits par le Président de la République après délibération en assemblée générale du Conseil d'Etat et sur l'invitation adressée par les Chambres dans la loi même qui formule les principes généraux.

On disait : les règlements d'administration publique sont faits en vertu d'une *délégation du pouvoir législatif* ; ils sont donc semblables à la loi. Par conséquent, contre eux pas plus que contre la loi, le recours pour excès de pouvoir n'est recevable (3).

être dénoncée comme violant la loi ? » — Cpr. sur ce point Moreau, *le Règlement administratif*, 1902, p. 288.

(1) Cpr. sur ce point le livre du prof. Moreau, *le Règlement administratif*, 1902, p. 284 et s. — Cormenin, *Questions de droit administratif*, 5ᵉ édition, p. 64 et s., résumait ainsi la jurisprudence du Conseil d'Etat sous la Monarchie de juillet : « Le recours pour excès de pouvoir est *inadmissible* lorsque la matière n'est pas contentieuse,... lorsque le requérant se pourvoit : 1ᵉ *contre les décrets et ordonnances qui constituent règlement et* qui prescrivent des mesures d'administration publique... ou en rapport ou modification des lois, ordonnances royales, décrets, mesures et actes généraux ou réglementaires du gouvernement ». Cormenin cite de nombreux arrêts à l'appui de sa formule. Il ajoute que les intéressés n'ont d'autre moyen que la *pétition au roi*.

(2) C. d'E., 20 novembre 1845, *Rec.*, p. 497. — Naturellement, le recours n'est admis, à cette époque, qu'avec une grande timidité : pour incompétence, vice de forme.

(3) C. d'E., 20 décembre 1872, *Fresneau, Rec.*, p. 3 : « Le décret du 25 février 1868 a été rendu en vertu des *pouvoirs délégués* à l'adminis-

La raison *juridique* est sans valeur : le pouvoir de faire la loi, comme tout pouvoir fonctionnel, n'est pas susceptible de délégation. Par contre, on s'explique très bien cette exception à la règle, si l'on se rappelle l'attitude prudente et même timorée des tribunaux français vis-à-vis des assemblées législatives. Le Conseil d'Etat redoutait de se heurter au Parlement.

Quoi qu'il en soit, jusqu'en 1872, le Conseil d'Etat écartait, par une fin de non recevoir pure et simple *tirée de la prétendue nature législative de l'acte*, les recours directs en annulation.

Avec le temps, et à mesure que sa situation et son prestige s'affermissaient, l'attitude du Conseil d'Etat se modifia.

Le Conseil d'Etat a procédé très habilement.

Suivant un procédé qui lui est familier, le Conseil d'Etat a commencé par apporter à sa théorie primitive des tempéraments qui en ont adouci singulièrement la rigueur.

1° Tout d'abord, le Conseil d'Etat s'est reconnu le pouvoir de vérifier, *à l'occasion d'une affaire déterminée*, si, vraiment, le prétendu règlement d'administration publique était régulier *en la forme*; en particulier, s'il avait été rendu en assemblée générale du Conseil d'Etat (1).

2° Allant plus loin, il s'est aussi reconnu le pouvoir de vérifier, à l'occasion d'une affaire déterminée, si le règlement était régulier *au fond*, c'est-à-dire si le chef de l'Exécutif s'était bien cantonné dans la mission qu'il avait à remplir, à savoir assurer l'exécution de la loi ; s'il n'avait pas excédé ses pouvoirs en violant les principes posés par la loi même qui le chargeait de faire un règlement d'administration publique.

Les autres juridictions ont fait de même : Cour des Comptes (2), Cour de cassation.

tration par l'article 26 de la loi du 15 avril 1829. *Un acte de cette nature n'est pas susceptible d'être déféré au Conseil d'Etat* par application des dispositions de la loi des 7-14 octobre 1790 et de l'article 9 de la loi du 24 mai 1872 ».

(1) Conseil d'Etat, 6 janvier 1888, *Salle, Rec.*, p. 2 : « Il est établi que ledit décret (décret du 21 décembre 1886, modifiant le règlement d'administration publique du 20 mars 1873) n'a pas été rendu en Conseil d'Etat ; par suite, *nonobstant toute mention contraire*, il n'a pu valablement modifier le règlement du 20 mars 1873. »

(2) La Cour des comptes (15 et 25 janvier 1897, *Rec.*, p. 869 ; 16 novembre 1897, *Rec.*, p. 890) n'a pas hésité à rechercher si le règlement d'administration publique du 27 mars 1893, en soumettant les comptes des

Par là, on donnait aux administrés la garantie qui, pratiquement, leur était nécessaire. Qu'est-ce, en effet, qu'un règlement que l'on déclare inattaquable directement, mais dont toutes les mesures prises pour en assurer l'exécution peuvent être annulées à raison de l'illégalité dudit règlement ?

3° En 1892, le Conseil d'Etat a fait un nouveau pas en avant. Dans deux arrêts rendus sur des recours directs en annulation contre des règlements d'administration publique, non seulement il n'a pas opposé sèchement une fin de non-recevoir tirée de la nature *législative* de l'acte, mais il a pris soin d'indiquer aux requérants qu'ils pouvaient attaquer les *mesures d'exécution* du règlement (1).

trésoriers de fabriques à la juridiction administrative, avait statué conformément à la loi du 26 janvier 1892 (art. 78). Saisi d'un recours en cassation, le Conseil d'Etat (26 janvier 1900, *Malivert*, *Rec.*, p. 55) s'est approprié cette manière de voir : « L'article 78 de la loi du 26 janvier 1892 porte « qu'à partir du 1er janvier 1893, les comptes des fabriques et consistoires seront soumis à toutes les règles de la comptabilité des autres établissements publics » et « qu'un règlement d'administration publique déterminera les conditions d'application de cette mesure ». Le règlement d'administration publique du 27 mars 1893, en soumettant, par ses articles 26 et 27, les comptes des trésoriers de fabriques à la juridiction instituée pour le jugement des comptes des établissements publics, *a statué dans la limite de la délégation donnée par la loi ci-dessus rappelée.* Ainsi, c'est à bon droit, et par une exacte application de la loi et du règlement précités, que la Cour des comptes a affirmé sa compétence... »

Cette jurisprudence est déjà ancienne : Conseil d'Etat, sur conflit, 13 mai 1872, *Brac de la Perrière*, *Recueil*, p. 299 et s. (avec les conclusions du commissaire du gouvernement) : « Le décret du 10 août 1853 *n'a ni modifié, ni pu modifier* les principes consacrés à cet égard par la législation antérieure dont il avait simplement à coordonner les dispositions sous forme de règlement d'administration publique en vertu de la loi du 10 juillet 1851... » Cpr. aussi Conflits, 11 janvier 1873, *Coignet*, *Recueil*, *supplément*, p. 12.

Cassation, Req. 26 juillet 1905, *Valz*, R. D. P. 1906, p. 75 et s. (et les conclusions de M. Feuilloley) : « Le décret du 13 août 1889... ne saurait faire obstacle à l'application de l'alinéa 3 de l'art. 8 du Code civil... En effet... *le décret du 13 août 1889 n'a pas,* dans la partie dont il s'agit, *de valeur légale.* En effet, rendu en exécution de l'article 5 de la loi du 26 juin 1889, dans le but unique de déterminer « les formalités à remplir et les justifications à faire relativement à la naturalisation... », *il a manifestement excédé les pouvoirs que la loi du 26 juin 1889 avait délégués au pouvoir exécutif... et ainsi empiété sur le domaine réservé au pouvoir législatif* ».

(1) Conseil d'Etat, 1er avril 1892, *commune de Montreuil-sous-Bois*, *Recueil*, p. 328. Un recours pour excès de pouvoir avait été dirigé contre

4° Enfin, en 1907, le Conseil d'Etat a nettement admis la recevabilité du recours pour excès de pouvoir en annulation contre les règlements d'administration publique (1).

le décret portant règlement d'administration publique du 5 septembre 1890, rendu en exécution de la loi du 19 juillet 1889 (art. 12). Le Conseil d'Etat, en écartant le recours, n'emploie plus la formule sèche de l'arrêt *Fresneau* de 1872 (V. p. 232 note 3) : « Ledit article (art. 12 de la loi de 1889) dispose qu'un règlement d'administration publique dressera, pour chacune des communes du département de la Seine..., le tableau des indemnités de résidence (à allouer au personnel enseignant des écoles primaires publiques) ; le décret du 5 septembre 1890, qui a fixé le taux des indemnités de résidence, a été rendu par le gouvernement en Conseil d'Etat en vertu de la délégation résultant de l'article 12 de la loi du 19 juillet 1889, et la commune de Montreuil-sous-Bois n'est pas recevable à demander l'annulation de ce décret par la voie du recours pour excès de pouvoir, *sauf à la commune à se pourvoir par les voies de droit, si elle s'y croit fondée, contre les mesures qui seraient prises en exécution dudit règlement.* » — Conseil d'Etat, 8 juillet 1892, *ville de Chartres, Rec*. p. 607. La ville de Chartres avait formé un recours pour excès de pouvoir : 1° contre le règlement d'administration publique du 31 janvier 1890, rendu en exécution de la loi du 19 juillet 1889 (art. 12 et 48) ; 2° contre un arrêté préfectoral pris en exécution de ce règlement. C'est le cas prévu par l'arrêt précédent. Le Conseil d'Etat a décidé : « Le décret du 31 janvier 1890, relatif aux indemnités de résidence dues au personnel enseignant des écoles primaires publiques, a été rendu par le gouvernement en Conseil d'Etat en vertu de la délégation résultant des articles 12 et 48 de la loi du 19 juillet 1889, et la ville de Chartres n'est pas recevable à en demander l'annulation par la voie du recours pour excès de pouvoir, *sauf à la commune à se pourvoir contre les mesures d'exécution prises en vertu dudit décret* ». En ce qui touche l'arrêté préfectoral : « les dispositions des articles 4 et 12 de la loi du 19 juillet 1889, qui ont établi l'indemnité de résidence à la charge des communes, sont générales et ne distinguent pas... : cette indemnité constitue, dans tous les cas, pour les communes, une dépense obligatoire et, par suite, la ville de Chartres n'est pas fondée à refuser de la payer... ; ainsi ladite ville n'est pas fondée à demander l'annulation de l'arrêté d'inscription d'office pris par le préfet d'Eure-et-Loir... »

(1) C. d'E., 6 décembre 1907, *Compagnies de l'Est et autres, Rec.*, p. 913 (avec les conclusions du commissaire du gouvernement M. TARDIEU), et R. D. P. 1908, p. 38 et s. (et *ma* note). Voici les termes de l'arrêt : « Sur la fin de non recevoir opposée par le ministre des travaux publics et tirée de ce que le décret du 1er mars 1901 étant un règlement d'administration publique ne serait pas susceptible d'être attaqué par la voie du recours pour excès de pouvoir : Aux termes de l'art. 9 de la loi du 24 mai 1872, le recours en annulation pour excès de pouvoir est ouvert contre les actes des diverses autorités administratives. Si les actes du chef de l'Etat

Et depuis 1907, cette jurisprudence a été maintes fois confirmée (1).

Chose importante, le Conseil d'Etat, en admettant le recours direct en annulation, affirme que « les actes du chef de l'Etat portant règlement d'administration publique sont accomplis en vertu d'une *délégation législative* ». Si l'on rapproche cette argumentation de celle adoptée jusqu'ici pour les recours dirigés contre les *décrets législatifs coloniaux* (2), il est permis de dire qu'à l'heure actuelle le Conseil d'Etat déclarerait recevable un recours direct en annulation contre les décrets-lois coloniaux. Il dirait sans doute : « Si l'acte du chef de l'Etat, organisant tel régime dans telle colonie, a été accompli en vertu d'une délégation législative, il n'échappe pas néanmoins, *et à raison de ce qu'il émane d'une autorité administrative*, au recours prévu par l'article 9 de la loi du 24 mai 1872 ».

Enfin, il convient de remarquer que, par son argumentation même (3), le Conseil d'Etat affirme que si la loi échappe au recours direct en annulation, c'est non pas à raison de sa *nature juridique,* mais à raison de la qualité de l'auteur de l'acte. En effet, dit le Conseil d'Etat, le règlement d'administration publique a la même nature juridique que la loi : la seule différence est dans la qualité de l'*autorité de qui il émane.* Ces constatations sont de la plus grande importance au point de vue *théorique* et *pratique.*

portant règlement d'administration publique sont accomplis en vertu d'une délégation législative et comportent, en conséquence, l'exercice, dans toute leur plénitude, des pouvoirs qui ont été conférés par le législateur au gouvernement dans ce cas particulier, *ils n'échappent pas néanmoins, et à raison de ce qu'ils émanent d'une autorité administrative, au recours prévu par l'art. 9 précité.* Dès lors, il appartient au Conseil d'Etat, statuant au contentieux, d'examiner si les dispositions édictées par le règlement d'administration publique rentrent dans la limite de ses pouvoirs ».

(1) C. d'E. 7 avril 1911, *Massonié, Rec.,* p. 433 ; 7 juillet 1911, *Omer Decugis, Rec.,* p. 797 (V. p. 804 la partie des conclusions du commissaire du gouvernement M. BLUM relatives à cette question) ; 24 novembre 1911, *Seurin et Lenoir* (2 arrêts), *Rec.,* p. 1075, etc.

(2) C. d'E., 16 novembre 1894, *supra,* p. 228 note 1 : « Le décret attaqué... a été pris... dans l'exercice de la délégation législative donnée au gouvernement... Le décret n'est, dès lors, pas de nature à être déféré au C. d'E... ».

(3) D'ailleurs, cette argumentation est tout à fait critiquable La théorie de la *délégation du pouvoir législatif* me paraît être une erreur capitale. V. *ma* note R. D P. 1908, p. 38 et s — Dans le même sens, DUGUIT, *Tr. Dr. Const.,* 2ᵉ édition, II, 1923, p. 247 et s. et surtout p. 414 et s. ; — HAURIOU, *Droit public,* 2ᵉ édition 1916, p. 637 et s.

IV. — Enfin, le Conseil d'Etat estime que, lorsque le Parlement autorise le gouvernement à faire, sur certaines matières, *des règlements qui devront être soumis à la ratification des Chambres*, cette circonstance ne change pas la nature juridique des règlements ainsi faits par le président de la République. Ce sont des règlements soumis au contrôle juridictionnel (1).

Section III

Régime juridique des actes parlementaires au point de vue du contrôle juridictionnel.

Le droit positif français n'admet pas la possibilité de former des recours juridictionnels contre les actes des autorités parlementaires, *sous quelque forme que ce soit*. Cela tient non pas à la *nature juridique* de ces actes, mais à la *qualité* de l'auteur des actes.

I. — *Le recours direct en annulation* pour excès de pouvoir devant le Conseil d'Etat n'est pas possible :

1° contre les actes juridiques *non législatifs*, émanant *des deux Chambres* : déclaration d'utilité publique d'un travail ; décisions portant classement ou déclassement d'une place de guerre ; grandes naturalisations ; déclaration d'état de siège politique ; autorisations données à des congrégations religieuses ; élection du Président de la République ; décisions d'aliénation de certains immeubles domaniaux, etc., etc.

2° Il n'est pas non plus recevable contre les actes (*législatifs ou non législatifs*) émanant d'une *seule Chambre* : règlement intérieur, élection du président, du bureau, etc.

3° Il n'est pas non plus recevable contre les actes (*législatifs ou*

______

(1) C. d'Etat, 3 août 1918, *Compagnie des chargeurs d'Extrême-Orient, Rec.*, p. 814 : « La circonstance que le Parlement s'est réservé le droit de ratifier les décrets qu'il a autorisé le pouvoir exécutif à prendre *sur certaines matières par lui spécifiées* ne saurait avoir pour effet de changer le caractère des décrets rendus en vertu de cette délégation ; ceux-ci demeurent des actes administratifs soumis au contrôle de la juridiction administrative, laquelle, tant que le législateur n'a pas lui-même, par son intervention expresse, donné aux dits actes la valeur législative, a compétence par application de l'art. 9 de la loi du 4 mai 1872, pour examiner s'ils n'excèdent pas les limites de la délégation ».

non législatifs) accomplis par les *présidents* du Sénat ou de la Chambre des députés : sanctions disciplinaires, règlements ou mesures de police (1), etc.

4° Il ne l'est pas davantage contre les actes juridiques accomplis par des *commissions parlementaires* : commissions de comptabilité, etc.

L'impossibilité du recours *direct* en annulation devant le Conseil d'Etat est certaine. Le Conseil d'Etat se considère comme lié par les termes impératifs de l'article 9 de la loi du 24 mai 1872 : « demandes d'annulation formées contre les actes des *diverses autorités administratives* ». Il paraît improbable que le Conseil d'Etat considère jamais les Chambres législatives comme des « autorités administratives » contre les actes desquelles des demandes en annulation pour excès de pouvoir soient recevables. La prépondérance politique des Chambres est telle aujourd'hui qu'aucun tribunal — si haut placé soit-il — ne se hasardera, sans doute, à les soumettre à un contrôle juridictionnel. C'est très regrettable. Observons toutefois, qu'aucun obstacle juridique ne s'y opposerait, et la loi de 1790 pas davantage (1) : elle ne vise que les *lois*.

---

(1) Conseil d'Etat, 17 novembre 1882, *Merley, Rec.*, p. 952. « Les décisions par lesquelles les présidents du Sénat et de la Chambre des députés règlent l'admission du public ou de la presse aux séances de ces assemblées ne sont pas de nature à être déférées au Conseil d'Etat. » Cass. 30 janvier 1882, *Baudry d'Asson*, S. 1883-1-41 : « Une demande ainsi formulée (assignation des questeurs de la Chambre des députés en paiement des retenues pratiquées sur l'indemnité parlementaire, en suite de peines disciplinaires prononcées par le Président de la Chambre) tendait directement à mettre en question la force obligatoire du règlement de la Chambre des députés et à faire réviser, pdr les juges qui en étaient saisis, une mesure disciplinaire appliquée à de Baudry d'Asson, en sa qualité de député, dans les conditions déterminées par le règlement de la Chambre dont il est membre. L'autorité judiciaire ne pouvait, sans violer ouvertement le principe de la séparation des pouvoirs, entrer dans l'examen d'une pareille demande. La Chambre des députés fait partie des pouvoirs constitués dans lesquels réside la souveraineté. A ce titre, ses actes et notamment son règlement, délibéré et voté en séance publique, ne pouvaient tomber dans le domaine de l'appréciation des tribunaux. D'où il suit que l'arrêt attaqué a proclamé à bon droit l'incompétence de la Cour ».

(2) Laferrière (*Jur. adm. et rec. cont.* II. p. 18) se borne à rappeler aux Chambres que, si elles sont « obligées de se conformer aux règles de formes, elles doivent, à plus forte raison, observer les règles de fond. Ainsi, une déclaration d'utilité publique, qui serait prononcée en faveur

II. — Si le contrôle juridictionnel n'est pas admis contre les actes parlementaires eux-mêmes, il a été déclaré très nettement par le Tribunal des conflits que, lorsqu'un acte susceptible du contrôle juridictionnel a été provoqué ou approuvé par les Chambres, cela ne le transforme pas en acte des Chambres ; par suite, cela ne rend pas irrecevable le contrôle juridictionnel, sous quelque forme qu'il se présente (1). Cette solution a été possible parce qu'elle ne heurtait pas de front un acte exclusivement fait par l'autorité parlementaire.

III. — Le contrôle *juridictionnel* n'est pas non plus recevable lorsque le réclamant soutient qu'une décision ou un fait d'une autorité parlementaire lui a causé un préjudice qui, si l'acte eût émané de tous autres individus, lui aurait permis d'intenter une action en réparation. Parfois, la loi le déclare expressément. Ex. : injures, diffamation (2).

Il est incontestable que cette règle — dont l'utilité est, dans certains cas, au-dessus de toute discussion (3), — vient blesser parfois

d'une propriété ou d'une industrie privée, ne serait pas moins abusive si elle résultait d'une loi (des deux Chambres) que si elle résultait d'un décret ».

(1) Laferrière, *op. cit.*, II, p. 27 et s. La jurisprudence est très ferme en ce sens. Tribunal des conflits, 5 novembre 1880, *Marquigny* ; Conseil d'Etat, 20 mai 1887, *prince d'Orléans et prince Murat, Rec*, p. 409. Tribunal des conflits, 25 mai 1889, *Dufeuille, Rec.*, p. 144 : « La saisie (des lettres du comte de Paris) ne change pas de nature par ce fait qu'elle est ordonnée par le ministre de l'intérieur dans un but politique *et que la mesure a été approuvée par les Chambres* ». — Cpr. dans le même ordre d'idées, l'avis du Conseil d'Etat du 26 mai 1903 (*Revue d'adm.*, 1903, III, p. 171) : « Tous les marchés ou contrats passés par les départements sont soumis aux règles de la comptabilité publique ; ainsi *les dispositions spéciales d'un cahier des charges, annexé à une loi qui a déclaré d'utilité publique l'établissement d'un chemin de fer d'intérêt local, ne peuvent avoir ni pour objet, ni pour effet de déroger à ces règles générales* ; une telle dérogation ne pourrait y être apportée que *par une disposition expresse d'une loi ou d'un règlement d'administration publique* ». — C. d'Et. 18 novembre 1910, *Santini, Rec.*, p. 800 : « La circonstance que la convention passée entre la ville de Toulon et le sieur V. a été approuvée par une loi n'en change pas la nature, et elle n'a pas pour effet de donner valeur législative aux clauses qu'elle contient ».

(2) Loi constitutionnelle du 16 juillet 1875, article 13 : « Aucun membre de l'une ou l'autre Chambre ne peut être poursuivi ou recherché à l'occasion des opinions ou votes émis par lui dans l'exercice de ses fonctions. »

(3) Par exemple, immunité des discours et des manifestation d'opinions

les sentiments de justice, sans nécessité aucune. Aussi des efforts ont été faits par la jurisprudence pour concilier la règle traditionnelle avec la nécessité, plus impérieusement ressentie tous les jours, de soumettre les Chambres et les autorités parlementaires elles-mêmes au règne de la loi. Il faut constater, à la louange des Chambres, qu'elles se prêtent de bonne grâce à suivre les indications des tribunaux et à allouer des indemnités, que les autorités juridictionnelles ont refusé d'accorder en se plaçant au point de vue strict du droit positif et tout en regrettant la rigueur de la règle.

Voici quelques exemples empruntés à la jurisprudence du Conseil d'Etat.

1er *Exemple* (1). — En vertu d'une convention signée en 1874, le Ministre de l'Intérieur avait confié, pour une période de 20 années, à la *Société des publications périodiques*, l'impression et la publication du *Bulletin officiel des communes*. Aux termes de l'art. 8 de la convention, la Société devait verser chaque année au Trésor une somme de 6.000 francs pour la rémunération des rédacteurs du *Bulletin des communes*. Ce traité reçut son exécution pendant plusieurs années. Mais le Parlement, par la loi de finances de l'exercice 1885, décida la suppression du *Bulletin des communes*. Il refusa d'autoriser la recette de la somme de 6.000 francs stipulée pour subvenir aux frais de rédaction du *Bulletin des communes*. En conséquence, le ministre de l'Intérieur prononça la résiliation de la convention. Sur la demande en indemnité formée par la Société contre l'Etat, le ministre de l'Intérieur fit observer que « la résiliation était la conséquence forcée de la loi de finances de l'exercice 1885 », et que cette loi « rendait impossible l'exécution du traité dont la rupture résulte d'un fait équivalent à la force majeure ». Mais le Conseil d'Etat a jugé : 1o que le traité avait « créé au profit de la Société des droits auxquels il ne peut être porté atteinte qu'à charge d'indemniser la Société, si un dommage est résulté pour elle des mesures prises par l'autorité administrative » ; 2o que « à la suite du vote du Parlement refusant d'autoriser la perception de la somme de 6.000 francs que la Société devait verser au Trésor, en exécution

---

des Chambres, des commissions parlementaires, et même des sénateurs et députés ; absence de recours contre les sanctions disciplinaires prononcées par les autorités parlementaires contre les députés et sénateurs.

(1) C. d'Et., 12 février 1886, *Société des publications périodiques, Rec.*, p. 134 ; Cpr. C. d'E., 18 mai 1877, *Rec.*, p. 480.

de l'art. 8 du traité, le ministre de l'Intérieur a pu *valablement* rési-
lier le traité » ; 3° « *mais qu'il n'est pas fondé à dénier à la Société...
tout droit à une indemnité à raison du préjudice qu'elle prétend lui
avoir été causé par cette résiliation* ». En conséquence, a décidé le Conseil d'Etat, « il y a lieu, en l'état, de renvoyer la Société requérante
devant le Ministre de l'Intérieur pour y être statué ce qu'il appartiendra sur l'*existence*, la *nature* et l'*étendue du préjudice* que la
Société justifierait avoir éprouvé et sur l'indemnité à laquelle elle
peut avoir droit ».

On le voit, le Conseil d'Etat s'efforce de donner satisfaction à la
Société sans heurter de front le Parlement : la résiliation est *valable*, puisqu'elle a été prononcée en exécution de la volonté du Parlement manifestée dans la loi de finances ; mais la Société a droit à
une indemnité, si, du fait de cette résiliation, elle éprouve un préjudice. — Le Parlement s'est incliné.

2° *Exemple.* — Un acte parlementaire de 1892 *(loi formelle)*
ordonne, au mépris d'une convention de 1865, le remboursement anti-
cipé d'annuités dues par l'Etat à la Compagnie algérienne. Le ministre des finances, sollicité d'accorder une augmentation du capital de
remboursement et des dommages-intérêts, répond par un refus (décisions du 3 février et du 13 mai 1893). Sur le recours, le Conseil
d'Etat répond (1) : « La disposition législative de la loi du 26 décembre 1892 *ne peut pas être discutée par la voie contentieuse et il n'appartient pas au Conseil d'Etat de statuer sur la demande d'indemnité*
formée à raison de la privation des avantages qui résultaient du
mode de paiement par annuités, tel qu'il était prévu au contrat de
1865 ». — Il semblait que tout fût fini. Le commissaire du gouvernement a indiqué au Conseil d'Etat un moyen de sortir de la difficulté.
Il constate que « l'Etat, lié par la convention, ne pouvait, en droit,
se dégager des obligations qu'il avait librement et régulièrement
contractées ». Puis il ajoute : « Il convient maintenant de rechercher
ce que le législateur a fait, *ou, si sa pensée ne ressort pas clairement
du texte qu'il a voté*, ce qu'il a entendu faire. » Très habilement, il
montre que les travaux préparatoires de la loi de 1892 prouvent que
les crédits alloués par le Parlement à cette époque ne sont qu'*énon-
ciatifs*, et que le ministre des finances a eu tort de faire la liquida-

(1) Conseil d'Etat, 7 décembre 1894, *Compagnie algérienne, Rec.*,
p. 661 (les détails de l'affaire dans les conclusions du commissaire du
gouvernement Arrivière).

tion comme si le Parlement avait décidé *impérativement*. Conformément à ces conclusions, le Conseil d'Etat a annulé les deux décisions ministérielles. Et, afin que les Chambres sachent bien ce qu'il était conforme *à la convention de 1865* d'accorder aux réclamants, le Conseil d'Etat indique lui-même comment la liquidation devra être faite. Il affirme que « le capital remboursé à la Compagnie liquidataire de la Société générale algérienne ne saurait être considéré comme suffisant qu'à la condition de comprendre : 1°... ; 2°... ; 3°... Il y a donc lieu de renvoyer les requérants devant le Ministre des finances à l'effet de dresser ce compte ». Le Parlement s'est empressé de suivre les indications du Conseil d'Etat; il a inscrit dans la loi de finances du 28 décembre 1895 (art. 50) les mesures financières nécessaires.

3° *Exemple*. — En 1894, les Chambres refusent de voter le crédit nécessaire pour le paiement d'une allocation annuelle due au chapitre de Saint-Jean-de-Maurienne en échange de la remise de titres de rente appartenant audit chapitre, et cela au mépris d'une convention de 1860. Le ministre des cultes ayant refusé, faute de crédits, de payer les arrérages des anciens titres de rente appartenant au chapitre, ce dernier recourt au Conseil d'Etat. Celui-ci, très habilement, évite avec soin de mettre en cause l'acte parlementaire (1). Il ne doute pas un seul instant que la suppression du crédit est non pas un refus de payer, mais un refus de continuer l'*ancien mode de paiement*. Dès lors, il faut appliquer la convention de 1860. « Toute allocation ayant cessé de figurer au budget pour l'entretien du bas chœur, c'est à tort et par une inexacte interprétation de l'accord intervenu en 1860 entre le gouvernement français, l'évêque et le chapitre de la cathédrale de Saint-Jean-de-Maurienne, que le ministre des cultes a refusé de procéder à la liquidation des arrérages de la cartelle dont il s'agit en faveur de la fabrique de la cathédrale. Il y a donc lieu d'annuler de ce chef la décision attaquée et de renvoyer la fabrique devant le ministre pour y être procédé à ladite liquidation... » Le Parlement n'a pas hésité à s'incliner et à voter les crédits nécessaires (2).

---

(1) Conseil d'Etat, 8 août 1896 (*Fabrique de Saint-Jean-de Maurienne*, *Rec.*, p. 663). — Voyez une affaire identique jugée en 1904. C. d'E. 1er juillet 1904, *Fabrique d'Annecy, Rec.*, p. 533.

(2) Ch. des députés, séance du 22 décembre 1899, *Officiel*, 1899, Débats, Chambre, p. 23, 27 et s.

4° *Exemple*. — La Chambre des députés avait demandé à son architecte de dresser des plans et devis en vue de la construction d'une nouvelle salle des séances. Plus tard, l'architecte se voit refuser le paiement des honoraires dus à raison de ce travail, sous prétexte que ce travail rentrait dans les travaux ordinaires rémunérés par le traitement fixe payé à l'architecte. Sur le recours formé par l'architecte devant le conseil de préfecture de la Seine, la Chambre des députés fait exposer par ses questeurs en exercice la thèse suivante : « Les Chambres ne sont pas des administrations au sens de la loi du 28 pluviôse an VIII ; par suite, il n'appartient pas au conseil de préfecture et au Conseil d'Etat en appel de connaître des litiges qui peuvent s'élever sur le sens et la portée des marchés concernant les travaux qu'elles entreprennent. D'autre part, le débat soulevé par l'architecte porte exclusivement sur l'interprétation et l'exécution du règlement intérieur de la Chambre des députés dans celles de ses dispositions qui fixent la situation, les droits, les obligations de l'architecte ; la commission de comptabilité de la Chambre des députés, sous le contrôle de la Chambre elle-même, est seule compétente, à l'exclusion de toute autre juridiction, pour statuer sur les difficultés auxquelles peut donner lieu l'application dudit règlement. Le refus des questeurs d'allouer des honoraires spéciaux à l'architecte a été approuvé par la commission de comptabilité de la Chambre. Cette décision ne peut faire l'objet d'aucun recours contentieux. » En d'autres termes, la Chambre des députés prétendait être soustraite, pour *tous* ses actes, au contrôle des tribunaux du pays. Le conseil de préfecture avait admis cette thèse (arrêté du 21 janvier 1896). En appel, le Conseil d'Etat (1), très habilement, évite de mettre en cause les actes de la Chambre des députés et de ses questeurs. Il se déclare compétent pour connaître du fond de l'affaire : « Le palais Bourbon, affecté... à la Chambre des députés, c'est-à-dire à un service public, est une propriété de l'Etat et les travaux à effectuer dans ce palais, à l'aide des crédits inscrits sur le budget de l'Etat, ont essentiellement le caractère de travaux publics ; il suit de là qu'il appartenait au conseil de préfecture... de connaître des contestations soulevées par les héritiers de Joly .. »

IV. — La question se pose aussi de savoir si les décisions prises par les questeurs, par les bureaux ou par les commissions de comp-

(1) Conseil d'Etat, 3 février 1899, *héritiers de Joly*, *Rec.*, p. 83. En sens contraire, LAFERRIÈRE, *Jur. adm.*, 2ᵉ éd., II, p. 27.

tabilité de la Chambre des députés ou du Sénat en matière de pensions aux anciens députés, sénateurs, à leurs veuves et à leurs orphelins mineurs (1) doivent être considérées comme soustraites au contrôle *juridictionnel* en tant qu'émanant d'*autorités parlementaires*. Les caisses de pensions créées par la Chambre et par le Sénat sont-elles des *institutions publiques* relatives à la situation pécuniaire des membres des Chambres ? Ou bien sont-elles *uniquement* des caisses de secours mutuels, fondées par des *individus* députés et des *individus* sénateurs ?

On peut hésiter sur la solution à donner.

Pour la deuxième solution, on pourrait dire que si, *en fait*, tous les députés et tous les sénateurs font partie de ces caisses, c'est qu'ils le veulent bien ; ils n'y sont pas tenus *en droit*. Un député, un sénateur pourrait refuser de verser sa cotisation, en refusant d'entrer dans l'association de secours mutuels. Les *règlements* faits par les Chambres en cette matière ne seraient donc pas de la nature de celui qui a pour objet la discipline, la procédure parlementaire, etc., que l'on appelle le « règlement intérieur », auquel fait allusion l'art. 5 § 2 *in fine* de la lois constitutionnelle du 16 juillet 1875, et qui a, pour les membres de l'assemblée, le même caractère *obligatoire* qu'une loi. Les caisses de pensions des sénateurs et des députés *ne seraient donc pas des institutions publiques*. Dès lors, d'une part, la nature juridique des actes relatifs à la gestion de ces caisses ne répugnerait pas au contrôle juridictionnel. D'autre part, les questeurs qui les gèrent ne les administreraient pas en tant qu'autorités parlementaires, mais en tant qu'individus. La conclusion serait que le fonctionnement de ces caisses est soumis au contrôle des tribunaux *judiciaires* (2).

Malgré tout, la question est douteuse.

---

(1) Résolution de la Chambre des députés du 23 décembre 1904 ; résolution du Sénat du 28 janvier 1905. La loi du 9 février 1905 déclare les caisses de pensions créées par ces résolutions, capables de recevoir des dons et legs. Cpr. sur ce point DELPECH, *A propos des pensions et retraites des députés et sénateurs*, R. D. P. 1906, p. 515 et s.

(2) Les résolutions (Sénat, art. 15 ; Chambre, art. 15) décident que les difficultés seront réglées par le bureau du Sénat ou de la Chambre, au rapport des questeurs et de la Commission de comptabilité. Mais ceci n'exclut pas nécessairement le contrôle juridictionnel. A ma connaissance, les tribunaux n'ont pas encore été appelés à se prononcer sur cette question. — LAFERRIÈRE (*op. cit.*, II, p. 25 et 26) examine la question

Section IV

Régime juridique des « actes de gouvernement » au point de vue du contrôle juridictionnel

En France, il est des actes dits *actes de gouvernement*, de moins en moins nombreux, qu'une tradition séculaire soustrait à tout contrôle juridictionnel, sans qu'on puisse trouver, dans leur *nature juridique*, la justification de cette solution.

Les raisons de ce régime exorbitant sont *uniquement* des raisons d'*opportunité politique* (1).

pour les décisions en matière de pensions aux *employés des Chambres* ; il déclare ces décisions *soustraites* au contrôle juridictionnel.

(1) Le prof. Duguit (*Tr. Dr. Const.*, 2e édition. II, 1923, p. 245 et s. ; III, 1923, p. 685 et s.) affirme qu'il y a des *actes politiques*, distincts des autres *actes juridiques*. Il y aurait donc, dans la classification des actes juridiques, une catégorie spéciale, celle des *actes politiques*. Le criterium de l'acte politique, d'après le prof. Duguit, serait non pas leur *nature intrinsèque*, mais leur *forme*, ou plutôt la *qualité* de l'autorité publique de qui ils émanent : « Les *actes politiques*, écrit le prof. Duguit, peuvent être des actes législatifs ou des actes administratifs ; ils se caractérisent seulement au point de vue *formel*. Ce sont ceux que fait le gouvernement *en tant qu'organe politique* S'ils ne sont pas susceptibles de recours, ce n'est point parce qu'ils n'ont pas le caractère d'actes administratifs matériels : ils peuvent avoir et ont souvent en fait ce caractère. Si le recours est impossible, *c'est uniquement parce que la législation* du pays considéré, particulièrement la législation française *n'admet pas de recours contre les actes émanés des organes politiques*. Il y a donc lieu de rechercher dans chaque pays quel est le caractère attribué par le droit positif au gouvernement quand il fait tel ou tel acte. *S'il agit en qualité d'organe politique* son acte est, du point de vue formel, un acte politique, parce qu'il émane d'un organe politique, et cela quel que soit son caractère matériel ».

Le prof. Duguit procède par voie d'exemples (*op. cit.*, II, p. 247 et s.) : avant 1907, règlements d'administration publique ; — actes par lesquels le président de la République exerce les pouvoirs constitutionnels en ce qui concerne ses rapports avec les Chambres ; — acte de grâce ; — déclaration d'état de siège ; — actes diplomatiques.

Le prof. Duguit se trouve dans l'impossibilité de donner une définition précise de *l'acte politique*. Il est obligé de procéder par *énumération*, ce qui est le propre de l'*empirisme* et non du criterium scientifique. — D'autre part, la notion d'organe politique, donnée par le prof. Duguit, est aussi tout à fait empirique. A un certain moment, une autorité publi-

I. — *Existence des actes de gouvernement.*

I. — Les actes du gouvernement concernant les *rapports de l'Exécutif et du Législatif*, la *déclaration d'état de siège politique*, les décisions prises par les agents publics de tout ordre pour assurer l'exécution d'une *convention diplomatique*, les *actes du gouvernement concernant la conduite d'une guerre nationale*, tels sont « les actes de gouvernement » soustraits à tout recours juridictionnel.

La solution est certaine. Pourtant des juristes se sont ingéniés à montrer que, à proprement parler, il n'y avait pas là une théorie particulière. L'absence de recours juridictionnel, en ces cas, tiendrait au jeu normal des règles sur la *forme* des actes, sur leur *objet* ou sur la *qualité* du réclamant.

II. — Ce sont là des subtilités (1). Les actes dits de gouvernement n'ont pas une nature juridique spéciale (2). Il n'y a donc pas de

que, lorsqu'elle fait un certain acte, est considérée comme un organe *politique* ; quelques années plus tard, pour ce même acte, elle n'est plus considérée comme un organe politique. Ex. : les règlements d'administration publique, avant et depuis les arrêts de 1907 (V. *supra*, p. 232 et s.), ont changé de caractère. Avant 1907, ils étaient, d'après Duguit, des actes politiques ; depuis 1907, ils ne sont plus que des actes administratifs.

Le prof. Duguit n'est-il pas ainsi conduit à la construction *empirique*, la seule conforme aux faits, qui sera exposée plus loin : les actes qu'il appelle politiques sont ceux qui sont reconnus comme tels à un moment donné par la pratique, pour des motifs d'*opportunité politique* et non pour des raisons de *technique juridique*. Ceci, c'est la théorie des actes de gouvernement, qui est une théorie d'empirisme politique.

(1) On a fait le raisonnement suivant pour les actes de gouvernement de la première catégorie. On a dit, en ce qui concerne les décrets d'ajournement ou de dissolution des Chambres, que le recours en annulation devant le Conseil d'État est irrecevable d'abord parce que les requérants n'ont pas intérêt, ensuite parce que le Conseil d'État n'est pas compétent (Brémond, R. D. P. 1896, I, p. 23 et s. et surtout p. 37 et s.). — Mais ce sont là de pures affirmations. Des conseillers municipaux peuvent recourir en annulation contre un décret de dissolution du conseil municipal (Conseil d'État, 31 janvier 1902, *Grazietti*, *Rec.*, p. 55 ; 22 mars 1912, *Le Moign*, *Rec.*, p. 412), ce qui prouve que les membres d'une assemblée ont *intérêt*. D'autre part, les actes du chef de l'Exécutif sont des actes émanant d'une autorité administrative, au sens de la loi de 1872, lorsqu'il s'agit de dissoudre un conseil municipal. Pourquoi ne le sont-ils pas, lorsqu'il s'agit de la dissolution de la Chambre des députés ? — La véritable raison est une raison d'*opportunité politique*.

(2) Pourtant, M. Teissier, après Laferrière, écrivait encore en 1906 : « Le pouvoir exécutif est investi d'une mission double : il gouverne et il

raison *juridique* pour faire échec au système général du contrôle juridictionnel.

Mais cette solution, dictée par la logique (1), se heurte à des faits incontestables. Les faits sont absolument décisifs dans le sens de l'existence, en France, d'une théorie empirique des actes de gouvernement. Les arrêts des tribunaux font apparaître ce fait brutal : il est des actes qui, *uniquement pour des raisons d'opportunité politique*, échappent à tout contrôle juridictionnel : recours en annulation,

administre. Gouverner... c'est exclusivement, suivant nous, veiller au fonctionnement des pouvoirs publics dans les conditions prévues par la Constitution et assurer, comme il est dit à l'art. 8 de la loi constitutionnelle du 16 juillet 1875, les rapports de l'Etat français avec les puissances étrangères. Administrer, c'est assurer l'application journalière des lois, veiller aux rapports des citoyens avec la puissance publique et des diverses administrations entre elles. Le pouvoir exécutif accomplit sa mission gouvernementale sous le contrôle exclusif du Parlement composé des représentants de la nation. Les actes gouvernementaux échappent, *par conséquent*, à toute censure judiciaire » (*Resp. de la puiss. publique, op. cit* , p. 42, no 43).

Ce sont de pures affirmations, dénuées de preuve. Il est curieux que M. Teissier qui, avec une grande force, écarte successivement, pour la détermination des actes du gouvernement, tous les critériums proposés (*mobile politique*, p. 127 ; *forme extrinsèque* des actes, p. 128 ; *forme intrinsèque* de l'acte, p. 128 : *force majeure*, p. 129), se déclare satisfait par la distinction de la double fonction du pouvoir exécutif et voie là un criterium tiré *de la nature intrinsèque de l'acte* (p. 129).

(1) On démontre facilement qu'il n'y a pas une *autorité gouvernementale* distincte de l'*autorité administrative* (Berthélemy, *Droit adm.*, 10e éd. 1923, p. 114 et s., et surtout p 116 et s. ; Duguit, *Tr. Droit Const.*, 2e édit., III, 1923, p. 685 et s.). Mais faut-il en conclure que les actes de gouvernement, *qui ne devraient pas exister*, n'existent pas en réalité et que l'on peut former des recours ? « La vérité, écrit le prof. Berthélemy (*op. cit.* p. 117), c'est qu'il n'y a pas d'actes de gouvernement ». Voyez aussi Duguit, *op. et loc. cit.* : « Je repousse de toutes mes forces la conception des actes de gouvernement. Il faut bannir le mot et la chose du droit public de tout pays civilisé ». — Cette affirmation est contraire aux faits. Toutes les raisons qu'on invoque pour faire disparaître la théorie sont excellentes ; il n'en reste pas moins que le fait existe et qu'il ne sert à rien de le nier. Exposer le droit positif, c'est constater des faits, bons ou mauvais Le fait incontestable c'est que les tribunaux français appliquent la théorie des actes de gouvernement. Donc il y a, en droit public français actuel, des actes de gouvernement. Constatons-le pour en montrer les mauvais effets, combattre cette théorie et la faire disparaître. Mais constatons-la d'abord.

recours en indemnité (1). Quelque regrettable que cette lacune puisse paraître, quelque contraire qu'elle soit à l'esprit général de notre droit positif, il existe encore aujourd'hui des actes qui échappent à tout contrôle juridictionnel, pour lesquels certains agents publics se prétendent placés au-dessus des lois, des actes qu'ils réussissent à faire échapper à tout recours devant les autorités juridictionnelles, quelque illégaux et dommageables que ces actes puissent être pour les administrés.

Au premier abord, cette situation, en contradiction absolue avec les idées modernes, paraît un scandale intolérable, et l'on s'étonne qu'elle ait subsisté jusqu'à notre époque. A la vérité, elle est injustifiable : c'est la *raison d'Etat*, c'est-à-dire l'arbitraire, sous prétexte *d'opportunité politique*.

III. — Si la théorie a pu se maintenir, cela tient non seulement à la force de la tradition, à la crainte des tribunaux de gêner le gouvernement en certaines matières, mais aussi aux restrictions qui y ont été apportées, d'une manière continue, par la jurisprudence et qui ont fait disparaître les conséquences les plus choquantes, les plus intolérables de la raison d'Etat.

IV. — Sous la pression des idées modernes de droit et de justice, à partir de 1872, la jurisprudence, malgré les protestations des ministres, n'a pas cessé de soumettre au contrôle juridictionnel les actes les plus graves par lesquels l'arbitraire s'exerçait autrefois au nom de la raison d'Etat. Elle a estimé qu'il ne suffirait plus aux agents administratifs, pour échapper au contrôle, d'affirmer que leurs actes

---

(1) La jurisprudence appuie la théorie des actes de gouvernement sur la loi du 24 mai 1872, art. 26 : « Les ministres ont le droit de revendiquer devant le Tribunal des conflits les affaires portées devant la section du contentieux (du C. d'Et.) et *qui n'appartiendraient pas au contentieux administratif* ». Or cet article ne fait que reproduire l'art. 47 de la loi du 3 mai 1849, article que VIVIEN commentait ainsi dans son rapport : « Il est des droits dont la violation ne donne pas lieu à un recours par la voie contentieuse. Dans un gouvernement représentatif,... il est des circonstances où, en vue d'une grande nécessité publique, les ministres prennent des mesures qui blessent les droits privés. Ils en répondent devant le pouvoir politique. Les rendre justiciables du tribunal administratif, *ce serait paralyser une action qui s'exerce en vue de l'intérêt commun*. Les mesures de sûreté générale, l'application des actes diplomatiques ne rentrent pas *non plus* dans le contentieux administratif... On ne saurait sans danger les livrer à l'appréciation d'une juridiction quelconque ».

avaient été inspirés par des *mobiles politiques*, par la raison d'Etat.
Cette affirmation, considérée pendant longtemps comme décisive, ne
suffit plus aujourd'hui (1). Il faut désormais que l'acte dont s'agit
soit compris dans l'énumération — très brève aujourd'hui — d'actes

(1) Sur la théorie du mobile politique, voyez GASTON JÈZE, *Théorie générale sur les motifs déterminants des actes juridiques* dans *R. D. P.*
1922, p. 425 à 434. — Cpr., sur la nouvelle jurisprudence, les arrêts célèbres du Conseil d'Etat, 19 février 1875, *prince Napoléon*, S. 75-2-95, et
20 mai 1887, *duc d'Aumale et prince Joachim Murat, Recueil*, p. 409,
les décisions du Trib. des conflits du 20 novembre 1880 (S. 1881-3-85 avec
les conclusions de M. Ronjat); du 23 mars 1889. S. 90-3-32 (avec les
conclusions de M. Valabrèque et de M. Marguerie), etc. — Le 2 décembre
1902, devant le Tribunal des conflits, *préfet du Rhône contre Société
immobilière de Saint-Just, Rec.*, p. 716, le commissaire du gouvernement
ROMIEU proclamait nettement « l'abandon définitif de l'*ancienne* théorie
de l'acte de haute police ou de gouvernement ». — En 1911, devant le Tribunal des conflits, le commissaire du gouvernement CHARDENET affirmait
à nouveau catégoriquement l'abandon de *l'ancienne théorie* du mobile
politique. Conflits, 25 mai 1911, *Rouzier, Rec.*, p. 392, et *ma* note dans
R. D. P. 1911, p. 663 et s. : « Ce ne sont pas, disait M. Chardenet, les
motifs de la décision d'un fonctionnaire qui impriment à un acte son
caractère essentiel. Ce caractère résulte de la nature même de l'acte, de
son objet » (R. D. P. 1911, p. 674). — Cpr. TEISSIER, *Resp. de la puiss.
publ., op. cit*, p. 126 et s. — En 1923, devant le Conseil d'Etat (30 novembre 1923, *Couitéas, R. D. P.*, 1924, p. 86), le commissaire du gouvernement Rivet répudiait, une fois de plus, la vieille théorie du mobile politique. « Si cette question s'était posée il y a quelque 60 ans, sans doute, le
ministre compétent de l'époque ne lui eût-il pas donné la réponse que le
président du Conseil de 1912 a si nettement formulée. C'était alors le
moment où une jurisprudence, *avant tout soucieuse de n'apporter
aucune entrave à l'action de l'Exécutif*. classait les actes d'après les
mobiles qui les avaient inspirés, et refusait le contrôle du juge à tout
acte que son caractère quelque peu politique, ou, comme on disait alors,
de haute police, avait transformé d'acte administratif en « acte de gouvernement ». Mais depuis le second Empire, la ligne de vos arrêts s'est
nettement modifiée, et, vous attachant uniquement *aujourd'hui*, pour
déterminer dans quelle catégorie tel acte devra être rangé, à *la nature
intrinsèque de cet acte*, vous ne reconnaissez plus, en définitive, le
caractère d'actes véritablement gouvernementaux, insusceptibles de provoquer un contrôle ou d'engager une responsabilité ailleurs que devant
les Chambres, d'une part, qu'aux actes destinés à assurer le fonctionnement constitutionnel des pouvoirs publics par la collaboration du Gouvernement et du Parlement, d'autre part, aux actes concernant soit, pendant les dernières hostilités, la conduite de la guerre, soit, en tous temps,
les rapports de l'Etat français avec les Etats étrangers ».

auxquels la jurisprudence reconnaît encore, *uniquement pour des raisons d'opportunité politique*, le caractère d'actes de gouvernement (1).

V. — En fait, à l'heure actuelle, à la suite d'éliminations nombreuses, les actes de gouvernement sont devenus très rares. A raison de leur rareté, ils n'offrent plus autant de dangers pour les administrés : il n'existe plus, comme nous allons le voir, que les actes du président de la République relatifs aux *rapports de l'Exécutif et du Législatif*, la *déclaration d'état de siège*, les *actes diplomatiques*, certains *actes de police relatifs à la conduite d'une guerre nationale* (2).

---

(1) Comme le dit très bien le prof. Hauriou (*Droit adm.*, 10ᵉ édit., p. 78), lequel a calqué sa définition sur l'observation des faits, « l'acte de gouvernement est celui qui figure dans une certaine énumération d'actes politiques, dressée par la jurisprudence administrative sous l'autorité du Tribunal des conflits. » — M. Teissier (*Resp. de la Puiss. publique*, *op. cit.*, p. 124) défend le Conseil d'Etat d'avoir agi sans criterium logique. Ce serait trop grave, « puisqu'en restreignant la liste des actes gouvernementaux pour étendre celle des actes administratifs, le Conseil d'Etat pourrait s'arroger le droit d'annuler toutes les mesures prises par le pouvoir exécutif et d'engager la responsabilité de l'Etat, à raison des mesures qui, *par leur nature même*, confinent à la souveraineté et doivent échapper à tout contrôle autre que celui du Parlement ». Toutefois, M. Teissier est obligé de constater (p. 126) que, « pour donner la liste des actes de gouvernement, c'est en somme à la seule jurisprudence du Conseil d'Etat qu'il y a lieu de se référer ». Ajoutons : et à celle du Tribunal des conflits.

(2) Le progrès des idées a amené des éliminations importantes. En 1896, Laferrière, *Jur. adm. et rec. cont.*, 2ᵉ éd., II, p. 41 et s., rangeait parmi les actes de gouvernement : 1° les *mesures de police sanitaire* ; 2° les *faits de guerre*. M. Teissier, dès 1906, refusait de voir là des actes de gouvernement : « Nous nous refusons, contrairement à l'opinion soutenue par M. Laferrière, à reconnaître le caractère d'actes de gouvernement aux mesures prises pour défendre le pays contre l'invasion des épidémies et des épizooties, ou pour assurer l'alimentation en cas de famine. Ce sont là de purs actes administratifs, même dans le cas où le législateur a stipulé qu'ils ne pouvaient, à raison des préjudices par eux causés, donner lieu à des demandes d'indemnité contre l'Etat (l. 3 mars 1822, art. 7 et suiv. ; l. 21 juillet 1881, art. 18 et s.). Enfin, suivant nous, l'irresponsabilité de l'Etat, à raison des faits de guerre, ne doit point être rattachée à l'idée qu'on se trouve en présence de conséquences de l'action gouvernementale du pouvoir exécutif, mais uniquement à l'idée qu'on se trouve en présence de dommages imputables à la force majeure » (*Resp. de la P. publique*, *op. cit.*, p. 181, nᵒ 113 et p. 259, nᵒ 208). — Il me paraît certain que ce passage reflète l'opinion actuelle du Conseil d'Etat. On voit le chemin parcouru depuis 1896. — Cpr. aussi les conclusions de M. Chardenet, sous

II. — *Rapports du pouvoir exécutif avec les Chambres.*

Une première catégorie d'actes de gouvernement est formée par les actes par lesquels le Président de la République convoque ou ajourne les Chambres, prononce la clôture des sessions des Chambres, dissout la Chambre des députés, convoque les collèges électoraux pour l'élection des sénateurs ou des députés ; la décision d'un ministre refusant de présenter un projet de loi aux Chambres (1) ; la réponse d'un ministre au président de la Chambre des députés à la suite du renvoi d'une pétition adressée à la Chambre (2), etc.

Ces actes sont soustraits à tout contrôle juridictionnel. Cela ne tient pas à leur *nature juridique*. Cela tient à ce qu'ils concernent essentiellement les rapports du Gouvernement et des Chambres législatives. Depuis la Révolution de 1789, les tribunaux français s'abstiennent soigneusement d'intervenir dans ces rapports. Au temps où l'Exécutif était le plus fort, il ne l'aurait pas toléré. Aujourd'hui que les Assemblées sont prépondérantes, elles n'ont que faire de recours aux tribunaux ; elles sont assez puissantes pour se défendre. S'il n'y a pas de contrôle juridictionnel, c'est pour des raisons *politiques*.

En particulier, le Conseil d'Etat se refuse à examiner un recours pour excès de pouvoir formé contre les décisions de cette catégorie (3).

Confl. 25 mars 1911, *Rouzier, Rec.*, p. 394 ; et R. D. P. 1911, p. 663 et s. ; et de M. Rivet, sous Conseil d'Etat, 30 novembre 1923, *Couitéas, R. D. P.*, 1924, p. 86, *supra*, p 249, note 41).

(1) C. d'E., 17 février 1888, *Prévost, Rec.*, p. 149 (avec les conclusions de M. Levavasseur de Précourt) : « Par la décision attaquée, le ministre de l'Intérieur s'est borné à faire connaître aux requérants, qui sollicitaient l'érection en commune distincte des sections de Bellevue et du Bas-Meudon le refus du Gouvernement de donner suite à leur demande, en présentant à cet effet un projet de loi, le Conseil d'Etat entendu. Les actes du pouvoir exécutif concernant ses rapports avec le Parlement ne sont pas de nature à faire l'objet d'un débat par la voie contentieuse. Dès lors, la requête... doit être rejetée comme non recevable ». — Sur tous ces points voyez Teissier, *Resp. de la Puiss. publique, op. cit.*, p. 131 et s., nos 114 et s.

(2) C. d'E., 13 juin 1902, *Parquet, Rec.*, p. 454 : « La réponse faite... par le ministre de la Marine au président de la Chambre des députés, à la suite du renvoi ordonné par la 4e commission des pétitions, n'est pas un acte susceptible d'être déféré au Conseil d'Etat par la voie contentieuse... »

(3) C. d'E., 6 août 1912, *Mattre, Rec.*, p. 982 : Un conseiller général

III. — *Déclaration de l'état de siège politique.*

Pour *l'acte déclarant l'état de siège politique*, auquel on a maintenu le caractère d'acte de gouvernement, la jurisprudence a affirmé que les décisions d'exécution étaient soumises au contrôle juridictionnel, ce qui, pratiquement, est une garantie précieuse pour les administrés. Ainsi le Conseil d'Etat n'admet pas de recours direct en annulation contre la déclaration de l'état de siège politique ; mais sont recevables tous les recours juridictionnels ordinaires contre les *décisions prises par les autorités chargées d'appliquer le régime de l'état de siège* (1).

avait attaqué devant le Conseil d'Etat un décret du 2 avril 1912, fixant au 19 mai l'élection d'un sénateur dans le territoire de Belfort. Le C. d'Et. décide: « Les assemblées législatives, à qui appartient la vérification des pouvoirs de leurs membres, sont seules compétentes, à moins d'un texte contraire, pour apprécier la légalité des actes qui constituent le préliminaire des opérations électorales. Ainsi le décret, pris par le Président de la République en vertu des pouvoirs qu'il tient des art. 1er et 23 de la loi du 2 août 1875 pour fixer la date d'une élection sénatoriale et le jour où doivent être choisis les délégués des conseils municipaux, *ne rentre pas dans la catégorie des actes susceptibles d'être déférés* au C. d'E. par application de l'art. 9 de la loi du 24 mai 1872 ». On remarquera que le C. d'E. invoque le fait que les Chambres sont *juges* des élections de leurs membres. Ce n'est pas la raison véritable de la non recevabilité du recours. En effet, le fait que les conseils de préfecture sont juge des élections municipales n'empêche plus le C. d'E. de statuer sur les décisions des conseils généraux en matière de sectionnement électoral, bien que le sectionnement électoral soit « le préliminaire des opérations électorales ». La véritable raison est une raison politique : il s'agit d'un acte intéressant les rapports du Gouvernement et des Chambres. Ceci est si vrai que le C. d'E., 26 janvier 1912, *dame Marguerite Durand, Rec.*, p. 108, n'a pas opposé la même fin de non recevoir au recours pour excès de pouvoir dirigé contre la décision par laquelle le préfet de la Seine avait refusé à la requérante de lui délivrer un récépissé de la déclaration de candidature par elle faite en vue des élections législatives. Le C. d'E. n'a pas dit : « Les Assemblées législatives à qui il appartient de vérifier les pouvoirs de leurs membres sont seules compétentes ». Il a statué au fond et rejeté la requête : « Les dispositions législatives qui régissent la composition de la Chambre des députés sont, dans leur ensemble, sans application au regard des personnes du sexe féminin... La dame M. D n'est pas fondée à prétendre que le préfet de la Seine... a statué sur une question d'éligibilité dont la solution aurait appartenu à la Chambre des députés elle-même ».

(1) Conflits, 26 juillet 1873, *Pelletier, Rec.*, 1er supplément, p. 117 ; C. d'E., 5 juin 1874, *Chéron, Rec.*, p. 515 ; 24 décembre 1875, *Mémorial*

C'est ainsi que le décret du 2 août 1914, par lequel le gouvernement français a « déclaré en état de siège » « les 86 départements français et le territoire de Belfort, ainsi que les trois départements d'Algérie », n'était pas critiquable par le recours pour excès de pouvoir (1). Mais le Conseil d'Etat a *examiné au fond* les recours en annulation dirigés contre des actes pris par les autorités administratives en vertu de leurs pouvoirs d'état de siège. Il n'a pas écarté les recours par une fin de non recevoir tirée du caractère d'actes de gouvernement (2).

Cette distinction entre la déclaration d'état de siège et les actes accomplis en vertu de l'état de siège est très habile (3).

des Vosges, Rec., p. 1060. — LAFERRIÈRE expose très bien cette jurisprudence. *Jur. adm. et rec, cont.*, 2ᵉ édit., II, p. 36 et 37. L'argumentation de Laferrière est reproduite par M. TEISSIER, *op. cit.*, p. 134 et s., nᵒ 118..

(1) Au surplus, ce décret fut ratifié *immédiatement* par la loi du 5 août 1914 : « L'état de siège déclaré par le décret du 2 août 1914 est. maintenu pendant toute la durée de la guerre ».

(2) C. d'E , 6 août 1915, *Delmotte, Rec.*, p. 275 (avec les conclusions de M. CORNEILLE), *R. D. P.*, 1915, p. 703. — Cass., 20 avril 1916, *Malherbe, R. D. P.*, 1916, p. 407. — Dans ces arrêts, les tribunaux recherchent l'étendue des pouvoirs de police des autorités publiques sous le régime de l'état de siège en vertu de la loi du 9 août 1849. Après cette détermination, le C. d'E. (affaire *Delmotte*) déclare qu'il n'y a pas eu excès de pouvoir. Voici l'arrêt *Delmotte* : « L'article 9 § 4 de la loi du 9 août 1849 a pour but de donner à l'autorité militaire, chargée d'assurer la sécurité publique dans les territoires déclarés en état de siège, le pouvoir d'empêcher les réunions de toute espèce qui seraient de nature à exciter ou à entretenir le désordre ; il vise en conséquence non seulement les réunions concertées ou organisées en vue de la defense d'idées ou d'intérèts..., mais encore les rassemblements de fait, même accidentels, des citoyens dans tous les lieux ouverts au public, tels que cafés, débits de boissons, etc... En prononçant, dans le but de faire cesser une cause de désordre, la fermeture du débit de boissons du sieur D., pour un temps qui ne devrait pas excéder la durée des hostilités, le commandant d'armes de la place d'Arras *n'a fait qu'user des pouvoirs* qu'il tient de l'art. 9 de la loi du 9 août 1849 ».

(3) Pour justifier la distinction entre la déclaration d'état de siège et les mesures d'exécution, LAFERRIÈRE développe l'argumentation suivante : « Si la déclaration d'état de siège constitue un acte de souveraineté, elle ne communique pas ce caractère à tous les actes faits pour y donner suite ; les autorités qui sont chargées de ces actes sont tenues de se renfermer dans les termes de la déclaration et des lois générales sur l'état de siège, et les excès de pouvoir qu'elles pourraient commettre pourraient être déférés à la juridiction compétente. » — La deuxième partie du raisonnement est excellente ; mais qui pourrait se contenter de l'explication verbale de

IV. — *Actes diplomatiques.*

Touchant les actes concernant la sûreté extérieure et les rapports internationaux (actes diplomatiques), on peut constater le même effort de la jurisprudence pour réduire le nombre des actes de gouvernement (1).

I. — Il faut d'abord constater que les tribunaux déclarent nettement soustraits au contrôle juridictionnel un certain nombre d'actes concernant la sûreté extérieure et les rapports internationaux (2). Tels sont les actes suivants : conclusion d'un traité (3) ; exécution d'une convention internationale (4), actes du gouvernement faisant obstacle à l'accomplissement d'engagements diplomatiques pris par un pays étranger (5) ; décisions et mesures prises pour assurer l'exé-

« *l'acte de souveraineté* » ? En réalité, la jurisprudence cède à la pression du sentiment de justice qui exige que l'arbitraire disparaisse. Lorsqu'il ne peut pas attaquer franchement et ouvertement l'acte de gouvernement, le Conseil d'État s'efforce de le rendre pratiquement inoffensif en admettant les recours contre les mesures d'exécution. C'est de l'excellente diplomatie juridique.

(1) Sur cette jurisprudence, voyez surtout Teissier, *Resp. de la Puiss. publique, op. cit.*, p. 136 et s., nos 119 et s.

(2) M. Teissier, *op. cit.*, p. 136 et s., essaie de justifier ces solutions de la manière suivante: « Il est d'*évidence* que les décisions prises par le *pouvoir exécutif lui-même* en vertu de ses attributions diplomatiques, que les actes auxquels il participe à ce titre, dérivent essentiellement de sa fonction gouvernementale et qu'ils se rattachent à son pouvoir souverain. Ce ne sont pas, par suite, de simples actes d'administration, ce sont des actes de gouvernement qui ne peuvent donner lieu à un recours en annulation et au sujet desquels il n'existe aucune action en responsabilité contre l'État. Quant aux actes des *représentants de l'État* au dehors, ils ont, *en principe*, le même caractère juridique, en tant du moins qu'ils concernent l'action proprement diplomatique » (p. 137).

(3) C. d'E., 5 décembre 1884, *Société anonyme belge des chemins de fer, Rec.*, p. 885 : « Le dommage qui résulte, pour un particulier, de la signature d'un traité diplomatique (dans l'espèce, du traité de Francfort) ne peut servir de base à une demande d'indemnité contre l'État *par la voie d'un recours juridictionnel* ».

(4) C. d'Et., 14 novembre 1884, *Szaniawski, Rec.*, p. 779 : La juridiction administrative n'est pas compétente pour connaître d'une réclamation formée par un étranger contre l'État et fondée sur des engagements qu'on prétend résulter de conventions diplomatiques.

(5) C. d'E., 10 novembre 1869, *Jecker, Rec.*, p. 890 : « Les actes que le sieur J. prétend lui avoir causé un préjudice et à raison desquels il réclame une indemnité, sont intervenus entre le gouvernement français et le gouvernement mexicain, et constituent des actes diplomatiques qui ne sont

cution de traités ou accords internationaux (1), quelle que soit l'autorité qui les a prises.

II. — Rentrent dans la catégorie des actes diplomatiques soustraits au contrôle juridictionnel, d'après la jurisprudence : les traités de protectorat (2) : les actes prononçant l'annexion à la France de territoires conquis, sans qu'il y ait traité (3) ; le refus opposé par le gouvernement français de réclamer à un Etat étranger, pour un national français, la réparation du préjudice par lui subi dans cet Etat (4) ; les décisions par lesquelles est répartie entre des individus

pas susceptibles de nous être déférés en notre C. d'E. statuant au contentieux ».

(1) Jurisprudence constante. Ex. : C. d'E.. 23 juillet 1875, *Villebrun*, *Rec.*, p. 717. Conflits, 30 juin 1877, *Villebrun, Rec.*, p. 661 (et la note). Il s'agissait d'une réclamation en dommages-intérêts portée devant le C. d'E , puis devant les tribunaux *judiciaires*, à raison du préjudice causé par l'occupation, par les troupes allemandes, d'un immeuble appartenant au requérant, occupation ayant eu lieu en vertu d'une convention diplomatique.

(2) C. d'E., 18 décembre 1891, *Vandelet, Rec.*, p. 764 (avec les conclusions de M. Le Vavasseur de Précourt). Suppression par le roi du Cambodge, sur la demande du gouvernement français, du jeu des 36 bêtes. Rejet par le C. d'E. (*fin de non recevoir*) de la demande d'indemnité. formée par les concessionnaires de ce jeu.

(3) C. d'E , 5 août 1904, *Ravero, Rec.*, p. 662 ; R. D P. 1905, p. 90 et s (et *ma* note). Un particulier avait, en 1885 et en 1894, prêté de l'argent au gouvernement malgache. Avant le remboursement intégral, l'île de Madagascar est annexée à la France. Le créancier réclame au gouvernement français le paiement de la dette. Le C. d'E. a rejeté : « La question soulevée par cette demande se rattache à l'exercice des droits de souveraineté résultant pour la France de la prise de possession de l'île de Madagascar et de ses dépendances. Ce n'est pas au Conseil d'Etat qu'il appartient d'apprécier si, par suite de cette prise de possession, l'Etat français est tenu des dettes de l'Etat malgache ». — C. d'E., 3 mars 1905, *Mante, Rec.*, p 226. Même question ; il s'agissait ici d'une créance contre l'ancien gouvernement du Dahomey annexé à la France. Même réponse.

(4) C. d'E., 12 janvier 1876, *Dupuy, Rec.*, p. 47 : « La requête soulève des questions relatives à… l'obligation qui existerait pour le gouvernement français de réclamer auprès des gouvernements étrangers la réparation du préjudice causé à des résidents français par les agents ou les sujets de ces gouvernements. Ces questions se rattachent à l'exercice du pouvoir souverain dans les matières du gouvernement et dans les relations internationales et ne sont pas de nature à être portées devant le C. d'E. par la voie contentieuse ». Cpr. dans le même sens et avec des termes identiques C. d'E., 23 décembre 1904, *Poujade, Rec* , p. 873, et R. D. P. 1905, p. 97 et s. (et *ma* note).

l'indemnité *globale* obtenue par le gouvernement français d'un État étranger pour la réparation du préjudice à eux causé (1) ; l'expulsion par un consul français d'un *national* français séjournant à l'étranger (art. 82, édit de juin 1778 ; et loi du 28 mai 1836) (2), ou d'un *sujet* (3) ou d'un *protégé* français (4).

(1) Jurisprudence constante (Teissier, *op. cit.*, p. 148, note 1). C. d'E. 22 juillet 1922, *Auter*, *Rec.*, p. 727 : « Par l'arrangement de Baden-Baden, l'Allemagne s'est engagée à mettre à la disposition du gouvernement français une somme de 25 millions de francs, à l'effet d'indemniser les Alsaciens-Lorrains, qui, pour faits ou opinions politiques, ont été, au cours de la guerre, arrêtés, internés, expulsés ou condamnés à une peine autre que l'amende. Le sieur H. demande l'annulation de la décision par laquelle la Commission, chargée, *en exécution de la convention diplomatique précitée*, de la répartition de l'indemnité entre les intéressés, a refusé de la comprendre parmi les bénéficiaires de la dite indemnité. Une telle décision, *à raison de sa nature*, n'est pas susceptible d'être déférée au C. d'E. statuant au contentieux ; la requête susvisée n'est donc *pas recevable* ».

Laferrière dit qu'il y a acte de gouvernement diplomatique (*op. cit.*, 2e éd., II, p. 49).

M. Teissier (*op. cit.*, p. 146 et 147, no 127) dit que l'acte diplomatique est achevé lorsque l'indemnité globale a été effectivement versée aux mains des autorités françaises ; mais la répartition de l'indemnité *globale* est un acte distinct, acte de gouvernement, non susceptible de recours. La précision est importante, déclare M. Teissier. Supposons qu'il s'agisse non d'une indemnité globale, mais d'une indemnité *individuelle* : il n'y a plus acte de gouvernement. Dès lors, l'ayant droit à indemnité peut déférer la décision aux tribunaux compétents, dans l'espèce au Conseil d'État. En ce sens, M. Teissier cite l'arrêt du C. d'E. 23 décembre 1904, *Poujade*, *Rec.*, p. 873 (et R. D. P., 1905, p. 99 et s. et *ma* note). Le C d'E, pour repousser l'allocation d'une indemnité, déclare : « Jamais le Gouvernement français n'a obtenu, ni même réclamé, du Gouvernement ottoman aucune indemnité ». M. Teissier, — qui est bien placé pour connaître la pensée du C. d'E. sur cette affaire, puisque c'est sur ses conclusions que l'arrêt de 1904 fut rendu, — affirme que le C. d'E. n'a pas écarté la requête par une fin de non recevoir tirée du caractère diplomatique ou gouvernemental de la décision de refus du ministre ; il a statué au fond ; et s'il a rejeté la requête, c'est uniquement parce que le Gouvernement n'avait pas touché d'indemnité. Si le Gouvernement en avait reçu une, le C. d'E. aurait condamné l'État à la payer. Cpr. *infra*, p. 258.

(2) C. d'E., 8 décembre 1882, *Laffon*, *Rec.*, p. 983 ; C. d'E., 8 novembre 1888, *Richard*, *Rec.*, p. 725 : « L'arrêté du... qui a expulsé le sieur R. des territoires de l'Annam et du Tonkin a été pris dans l'exercice des pouvoirs que le résident général tient de... l'édit de... 1778, de la loi du 28 mai 1836 .., et la discussion des motifs qui ont déterminé cette mesure n'est pas de nature à être portée devant la juridiction contentieuse ».

(3) Trib. de la Seine, 8 mars 1904, *le Droit*, 8 avril 1904. Expulsion du Maroc, par décision du ministre français à Tanger, d'un *sujet* algérien.

(4) C. d'E., 12 février 1904, *Bachatori*, *Rec.*, p. 105 (et R. D. P. 1904,

Certaines de ces décisions de la jurisprudence méritent des critiques. Le Conseil d'Etat aurait dû, dans certains cas, ne pas opposer la fin de non recevoir tirée de la qualité d'acte de gouvernement (1).

Néanmoins, il faut reconnaître les louables efforts qu'il ne cesse de faire pour réfréner les abus de pouvoir des agents consulaires et diplomatiques. C'est là une tâche nécessaire, mais difficile. Trop souvent, dans tous les temps et dans tous les pays, on s'est plaint (2) que la diplomatie n'ait pas toujours su respecter le droit, qu'elle n'ait pas toujours été franche et loyale, qu'elle ait en maintes circonstances hésité à secourir les faibles et à résister aux forts. Il est à craindre que, dans tous les pays, les actes diplomatiques ne donnent de la besogne aux tribunaux, le jour où le contrôle *juridictionnel* s'exercera sur eux.

En France, ce contrôle n'en est qu'à ses débuts. Mais il a commencé à s'exercer.

III. — Malgré les protestations du ministère des affaires étrangères, la jurisprudence française a décidé qu'un acte n'a pas le caractère diplomatique par cela seul qu'il émane d'un agent diplomatique ou consulaire. Il faut rechercher en quelle qualité l'agent a fait l'acte, s'il a agi comme agent diplomatique ou, au contraire, comme *juge*, comme *arbitre*, comme *officier de l'état civil*, comme *huissier*, comme *notaire*. On appliquera à ces actes non pas le régime juridique des actes diplomatiques, mais le régime juridique établi pour les jugements, les arbitrages, les actes de l'état civil, etc. En tant

p. 78 et s. et *ma* note). Il s'agissait d'un individu ayant obtenu, au xviiie siècle de l'autorité royale, « pour sa famille et sa postérité » une patente de protection « à toujours ». Les décisions de révocation, par le consul général de France et par le ministre des affaires étrangères, de cette protection ont été déclarées actes de gouvernement : « Les actes attaqués se rattachent à l'exercice des pouvoirs reconnus à la France par les traités et conventions internationales ; ils ne sont pas des actes administratifs et ne peuvent, comme ces derniers, donner ouverture à un recours devant le Conseil d'Etat par la voie contentieuse ».

(1) Voyez en particulier les arrêts du 12 février 1904, *Bachatori, Rec.*, p. 105 ; R. D.P. 1904, p. 78 et s. (et *ma* note) ; du 5 août 1904, *Ravero* (*Rec.*, p. 663 ; R. D. P. 1905, p. 90 et s. et *ma* note).

(2) Sur l'emploi actuel de la théorie des actes du gouvernement par les agents du Ministère des affaires étrangères, voyez *ma* note R. D. P. 1911, p. 663 et s. Voyez aussi le rapport du député MARIN, sur les comptes du Ministre des affaires étrangères pour l'exercice 1907, 11 juillet 1911, Chambre, 1911, annexe n° 1170. Cpr. *Revue de Sc. et de lég. fin.*, 1913, p. 91 et s.

qu'huissiers, que notaires, les agents diplomatiques sont soumis au contrôle juridictionnel des tribunaux *judiciaires* (1). De même, en tant qu'*officiers de l'état civil célébrant des mariages*, ils sont soumis au contrôle juridictionnel des tribunaux *judiciaires* (2).

IV. — D'autre part, lorsque le Gouvernement a reçu d'un Etat étranger, pour un particulier déterminé, une indemnité *individuelle*, à titre de réparation d'un préjudice causé par l'Etat étranger, la décision de refus opposé par le Ministre de verser cette allocation n'est plus un acte diplomatique. La fonction diplomatique a pris fin lorsque l'indemnité a été versée par l'Etat étranger au gouvernement français (3). Le recours juridictionnel est possible.

V. — *Mesures de police prises, au cours d'une guerre nationale, contre des étrangers* (4).

La guerre de 1914 a fait apparaître un nouveau cas d'acte de gouvernement. Ce sont les *mesures de police prises, au cours d'une guerre nationale, contre des étrangers*.

Ici il est impossible de nier que l'opportunité politique, la raison

---

(1) Conflits, 6 avril 1889, *ville de Châteaubriant, Rec.*, p. 483 : « Les chanceliers de consulat ou les chanceliers de légation et d'ambassade..., lorsqu'ils reçoivent le testament d'un Français à l'étranger..., accomplissent un acte qui, par ses formes et par son objet d'ordre purement privé, n'a aucun caractère administratif et rentre exclusivement dans les attributions *notariales*... Par suite, en admettant qu'ils puissent encourir une responsabilité civile à raison de l'inobservation des formes prescrites pour la validité du testament, cette question de responsabilité ne peut être appréciée que par l'autorité *judiciaire* ».

(2) Conflits, 25 mars 1911, *Rouzier, Rec.*, p. 392 (et les conclusions de M. Chardenet; R. D. P. 1911, p. 663 et s. (et *ma* note) ; Sirey, 1911-3-105 (avec la note du professeur Hauriou) : « Dans le cas prévu par l'art. 48 du Code civil, a déclaré le Tribunal des Conflits, les agents diplomatiques agissent comme officiers de l'état civil... En admettant que l'agent civil eût pu encourir une responsabilité, cette responsabilité ne peut être appréciée que par l'autorité *judiciaire* ». — Pourtant, il s'est trouvé quelques juristes, — pour s'élever contre la décision du Tribunal des Conflits : le prof. Mérignhac, note dans Dalloz, 1912-3-1 ; voyez aussi la note anonyme dans la *Rev. de Droit int. privé et de droit pén. internat.*, 1911, p. 93 et s.

(3) C. d'E. 23 décembre 1904, *Poujade, Rec.*, p. 873 et les observations de M. Teissier, *op. cit.*, p. 148 et 149 ; voyez *supra*, p. 256 note 1.

(4) Gaston Jèze, *Les actes du gouvernement*, dans *R. D. P.* 1918, p. 242 et s.

d'Etat, soit la seule explication possible du refus du contrôle juridictionnel. La nature de l'acte n'est pas douteuse ; c'est une mesure
administrative de police. Prise contre un *national*, elle est soumise au contrôle juridictionnel. Le fait que la mesure est dirigée
contre un étranger n'en change pas la nature. C'est évident. La
jurisprudence du Conseil d'Etat s'explique donc *uniquement* par la
volonté de ne gêner, en aucune manière, la liberté d'action du gouvernement pour la conduite d'une guerre nationale (1).

Cette préoccupation du Conseil d'Etat l'a conduit à deux solutions :

I. — *Vis-à-vis des nationaux*, les pouvoirs de police du gouvernement en temps de guerre ont été élargis considérablement ;
une mesure qui, *en temps de paix*, serait *illégale*, a été considérée
comme *légale en temps de guerre*. C'est la théorie des *pouvoirs de
guerre* (2) ; ce *n'est pas* la théorie des actes de gouvernement.

Ces *pouvoirs de guerre* existent non seulement pour les mesures
individuelles, mais encore pour les actes *réglementaires (règlements
de nécessité)* (3).

(1) Conclusions de M. Rivet, dans l'affaire *Couitéas*, C. d'E.
30 novembre 1923, *R. D. P.* 1924, p. 91 : « Si vous avez cru pouvoir, dans
ces différentes hypothèses, disculper l'autorité administrative du grief
d'excès de pouvoir qui était formulé contre elle, c'est qu'il vous est apparu
que, si essentiels que fussent les principes dont on invoquait la violation,
il en était un qui, par son importance, devait les primer tous, à savoir *la
nécessité pour la société de vivre et le devoir, pour le gouvernement,*
chargé par la Constitution d'assurer, en tous temps, la marche de la machine
administrative, de recourir, à l'occasion, aux moyens exceptionnels qui,
seuls, peuvent en empêcher l'arrêt. [C'est] *ce que vous avez déclaré
maintes fois dans les décisions constitutives de ce que l'on a appelé
votre jurisprudence de guerre…* ».

(2) Conclusions de M. Rivet dans l'affaire *Couitéas*, C. d'E. 30 novembre 1923, *R. D. P.* 1924, p. 91 : « Si les motifs, qui ont inspiré le refus
opposé au sieur C. sont bien tels que vous les indique la défense (moyens de
défense tirés des *nécessités vitales du pays*), vous n'aurez, *vous inspirant
des raisons supérieures qui vous ont dicté vos arrêts de guerre*, qu'à
déclarer *légale* la décision intervenue. Votre tâche se résume donc… à
exercer votre contrôle de juge de l'excès de pouvoir *vis-à-vis des motifs*
que l'on vous a donnés ».

(3) C. d'E. 28 juin 1918, *Heyriès. Rec.*, p. 651 : « Par l'article 3 de la
loi constitutionnelle du 25 février 1875, le président de la République est
placé à la tête de l'administration française et chargé d'assurer l'exécution des lois ; il lui incombe, dès lors, de veiller à ce qu'à toutes époques les services publics institués par les lois et règlements soient en

Mais quelque larges que soient les pouvoirs de police du gouvernement en temps de guerre, vis-à-vis des nationaux, le Conseil d'Etat en soumet l'exercice au contrôle juridictionnel. Les tribunaux

état de fonctionner et *à ce que les difficultés résultant de la guerre n'en paralysent pas la marche*. Il lui appartenait, *à la date du 10 septembre 1914*, à laquelle est intervenu le décret dont la légalité est contestée, d'apprécier que la communication (du dossier), prescrite par l'article 65 de la loi du 22 avril 1905 ... était, *pendant la période des hostilités*, de nature à empêcher, dans un grand nombre de cas, l'action disciplinaire de s'exercer et d'entraver le fonctionnement des diverses administrations nécessaires à la vie nationale. A raison des conditions dans lesquelles s'exercent en fait, à cette époque, les pouvoirs publics, il avait la mission d'édicter lui-même les mesures indispensables pour l'exécution des services publics placés sous son autorité. En décidant, par le décret pris à la date sus-indiquée, que l'application de l'article 65 serait suspendue provisoirement pendant la durée de la guerre, avec faculté pour les intéressés de se pourvoir, après la cessation des hostilités, en révision des décisions qui auraient été ainsi prises à leur égard, le président de la République n'a fait qu'user *légalement* des pouvoirs qu'il tient de l'article 3 de la loi constitutionnelle du 25 février 1875 ... » — Dans le même sens, C. d'E. 16 janvier 1920, *Fabre, Rec.*, p. 38.

C. d'E. 14 mai 1920, *Syndicat patronal de la Boulangerie de Paris, Rec.*, p. 499 : « Aux termes de l'article 3 de la loi constitutionnelle du 25 février 1875, le président de la République surveille et assure l'exécution des lois. Il lui incombe, dès lors, d'édicter à toute époque les prescriptions indispensables que comporte cette exécution, *selon les nécessités* résultant des circonstances et conformément au but que s'est proposé le législateur. *A la date où le décret a été pris*, le déficit de la production en céréales et les difficultés croissantes des transports imposaient au gouvernement, chargé par les diverses lois susvisées de pourvoir au ravitaillement militaire et civil, l'obligation de prendre des mesures exceptionnelles pour assurer ce service, *dont la marche régulière était intimement liée à la défense nationale*. Spécialement, la limitation des disponibilités en farines panifiables rendait indispensable une *réglementation* plus stricte en vue d'en éviter le gaspillage. Les boulangers, à raison même du fait qu'ils étaient détenteurs de ces farines, devaient être l'objet de dispositions particulièrement sévères et de nature à les empêcher d'affecter des denrées panifiables à un emploi autre que la fabrication du pain. C'est dans ce but qu'interdiction leur a été faite, par le décret attaqué du 30 novembre 1917, de fabriquer, mettre en vente ou vendre de la pâtisserie, biscuiterie ou confiserie ; ainsi cette interdiction rentrait dans l'exercice des pouvoirs conférés au chef de l'Etat par la loi précitée du 25 février 1875. Si c'est seulement le 10 février 1918 que l'autorité législative, en confirmant les règles posées par ledit décret leur a donné *pour l'avenir la sanction des pénalités* spéciales qu'elle a édictées, il n'en résulte pas que ladite réglementation fût, antérieurement à cette dernière date, entachée d'excès de pouvoir ».

ont à rechercher les *motifs politiques de défense nationale* invoqués par le gouvernement ; ils ont aussi à fixer la *limite* de ces pouvoirs élargis. Le Conseil d'Etat exerce ce contrôle à l'occasion du recours pour excès de pouvoir ; les tribunaux judiciaires (Cour de Cassation) l'exercent à l'occasion de la sanction répressive qui leur est demandée.

II. — Vis-à-vis des *étrangers*, qu'ils soient ressortissants d'Etats *neutres*, d'Etats *alliés* ou d'Etats *ennemis*, le Conseil d'Etat affirme non seulement que le gouvernement a, en vue de la défense nationale, des pouvoirs élargis, mais encore que l'exercice de ces larges pouvoirs échappe au contrôle juridictionnel. Il y a là *acte de gouvernement*.

1º En ce qui concerne les ressortissants d'Etats *ennemis*, la solution du Conseil d'Etat peut être considérée comme l'application de la vieille théorie des actes de gouvernement *diplomatiques*. — On peut, d'ailleurs, considérer aujourd'hui comme encore consacrés par le Droit international public, les pouvoirs d'internement d'un gouvernement vis-à-vis de particuliers ressortissants d'Etats *ennemis* (1).

2º Pour les ressortissants d'Etats *neutres* et *a fortiori* pour les ressortissants d'Etats *alliés*, la théorie des actes de gouvernement *diplomatiques* n'est pas toujours applicable.

a) En *temps de paix*, le gouvernement français n'a, vis-à-vis des étrangers en général, que le pouvoir d'*expulsion* par la voie *administrative*. Il ne peut procéder à un *internement* par mesure de police ; il lui faut un jugement d'un tribunal répressif. En *temps de guerre*, en l'absence d'une loi, le gouvernement a-t-il le pouvoir *d'internement par mesure de police*, à l'encontre des *étrangers suspects ?*

Le Conseil d'Etat semble avoir voulu esquiver de répondre directement à cette question précise (2).

(1) Au début du xxᵉ siècle, l'on s'orientait vers la solution contraire, par application de l'idée considérée comme fondamentale de la distinction des combattants et des non combattants, des forces publiques et des particuliers. La guerre de 1914 a fait évanouir cette conception. La guerre de 1914 n'a pas été seulement une relation d'Etat à Etat, une lutte de forces publiques. Il est probable qu'il en sera de même à l'avenir.

(2) C. d'Etat, 4 janvier 1918, *du Graty, Rec.*, p. 5 (*R. D. P.* 1918, p. 212 et s.) : « Par la décision attaquée, le ministre de l'Intérieur a prescrit l'internement dans un dépôt spécial, pendant la durée des hostili-

D'une part, il n'a pas dit que le gouvernement avait ce pouvoir. D'autre part, il n'a pas voulu censurer le gouvernement qui avait prononcé, par mesure de police, l'internement d'un ressortissant d'Etat *allié* ; à vrai dire, les circonstances de fait étaient très défavorables à l'étranger interné (repris de justice, déjà frappé d'expulsion avant la guerre, impossibilité matérielle d'expulser cet individu pendant la guerre à raison de l'occupation du territoire belge par les armées allemandes).

Le Conseil d'Etat a adopté une solution qu'il a jugée plus habile. Il a refusé d'examiner le recours formé par l'étranger contre la décision d'internement. Il a opposé au requérant une *fin de recevoir* tirée de la théorie des actes de gouvernement. Il a déclaré que la décision d'internement d'un étranger en temps de guerre était un acte de gouvernement soustrait au contrôle juridictionnel.

La solution adoptée est-elle la plus habile ? Déclarer que la décision d'internement d'un étranger *sans jugement* est un acte de gouvernement, soustrait au contrôle juridictionnel, cela revient *pratiquement* à dire que le gouvernement a le *pouvoir d'internement*, puisque l'étranger frappé n'a pas de recours en justice pour se défendre. Ceci est contraire au Droit public *interne* et au Droit public *international*.

L'attitude du gouvernement et celle du Conseil d'Etat *s'expliquent* très bien. Seuls les principes *juridiques* sont sacrifiés, et l'esprit de légalité, dans notre pays, n'en est pas renforcé (1).

b) Pendant la guerre, la *saisie* et le *déroutement* d'un navire *neutre*, la saisie de *marchandises neutres* sont des actes de gouverne-

---

tés, du sieur G., sujet belge, ayant subi en France plusieurs condamnations pénales et ayant été, avant la guerre, l'objet d'un arrêté d'expulsion du territoire français *dont les circonstances actuelles* (occupation du territoire belge par les armées allemandes) *ont rendu impossible l'exécution*. Cette décision relève de l'exercice du *pouvoir qui appartient au gouvernement, chargé de veiller à la sécurité du territoire de la France et d'assurer la défense nationale, de prendre, en temps de guerre, à l'égard des étrangers, les mesures de police qu'il juge nécessaires à cette fin*. Elle n'est pas de la *nature* des actes qui peuvent être déférés au C. d'E. pour excès du pouvoir... ».

(1) C'est pourquoi l'arrêt du Conseil d'Etat de 1918 a été vivement critiqué par le prof. Duguit (*Tr. Dr. Const.*, 2ᵉ édit., III, 1923, p. 695) : « Si la plus haute juridiction du pays ouvre ainsi une brèche dans le principe de légalité matérielle, on ne sait pas jusqu'où cela peut conduire ».

ment. Le Conseil d'Etat a opposé une *fin de non-recevoir* à l'action en indemnité intentée par le propriétaire du navire contre l'Etat (1). Ici le Droit *international* confère au gouvernement le pouvoir de saisie et de déroutement.

VI. — *Conclusion.*

I. — En résumé, si la théorie *empirique* des actes de gouvernement n'a pas complètement disparu de notre droit positif, la jurisprudence s'est efforcée et a réussi, en partie, à la rendre moins dangereuse.

II. — On a invité la jurisprudence à poursuivre son évolution et à limiter la théorie de l'acte de gouvernement à la simple négation du recours direct en annulation (2). La victime d'un acte de gouvernement, — par exemple, la victime d'une décision prise en exécution d'une convention diplomatique, — ne pourrait pas faire annuler l'acte, mais pourrait obtenir des tribunaux — administratifs ou judiciaires — une indemnité, au moyen d'un recours contentieux.

Rien dans la loi ne s'oppose à cette évolution. Bien mieux, cela donnerait satisfaction aux idées modernes de justice, et l'indemnité serait conforme à la notion de patrimoine administratif. La théorie des actes de gouvernement, en effet, est l'affirmation que les gouvernants et les agents peuvent, dans certains cas, causer, par leurs actes, des *dommages pour cause d'utilité publique*. Les idées modernes sur le service public veulent que les victimes de ces dommages aient le pouvoir de se faire allouer des indemnités. D'autre part, les patrimoines administratifs sont organisés en vue de four-

______

(1) C. d'Etat 5 juillet 1919, *Albyn Line, Rec.*, p. 594 ; 17 juin 1921, *Société de navigation maritime Romania, Rec.*, p. 583 : « Les difficultés qui ont donné lieu au pourvoi de la Société ... sont exclusivement relatives à l'*exercice, par le gouvernement, des pouvoirs qui lui appartiennent, de prendre, pendant la durée des hostilités, à l'égard des navires neutres, les mesures de police qu'il juge nécessaires à la défense nationale.* Elles se rattachent donc tout à la fois *à la conduite de la guerre* et aux rapports internationaux de l'Etat français avec les autres puissances, et, à ce *double titre,* elles échappent à la *compétence* du Conseil d'Etat statuant au contentieux ».

Même formule dans l'arrêt du C. d'E. 3 mars 1922, *Cie Van den Berghe Limited, Rec.*, p. 189 (saisie de marchandises à bord de navires *neutres*).

(2) Aucoc, conclusions sous Conseil d'Etat, 9 mai 1867. S. 67-2-124.

nir les ressources nécessaires pour payer les dépenses d'utilité
publique. Les tribunaux sont donc parfaitement fondés, en l'absence
de toute loi contraire, à prononcer des réparations pécuniaires (1).

III. — La jurisprudence du Conseil d'Etat me paraît s'être engagée
dans cette voie par son arrêt *Couitéas* du 30 novembre 1923. *Il ne
s'agit pas d'acte de gouvernement*, mais l'affaire s'en rapproche beaucoup (2). Le Conseil d'Etat a proclamé que, dans certaines circonstances exceptionnelles, où le gouvernement a, pour des raisons de
salut public, le *devoir* de prendre une mesure infligeant à un individu
un préjudice anormal, la victime est fondée à réclamer une indemnité (3). Le préjudice ainsi causé « ne saurait être regardé comme
une charge incombant *normalement* à l'intéressé, et il appartient au

---

(1) Le prof. Hauriou, *Droit adm.*, 9e éd., 1919, p. 490, propose, plus
modestement, de n'accorder des indemnités qu'au cas *de dépossession
définitive* d'une propriété privée à la suite d'un acte de gouvernement.
Pourquoi cette restriction, alors que nous sommes dans le domaine des
desiderata ? Je comprends que l'on dise que le premier pas à faire ou qui
sera probablement fait dans l'évolution de jurisprudence que l'on encou-
rage devra être ou sera l'allocation d'une indemnité pour le cas de dommage le plus grave ; c'est encore plus probable depuis l'arrêt *Couitéas*
du 30 novembre 1923. Je ne vois aucune raison pour limiter à ce résultat
les efforts futurs de la jurisprudence.

(2) Voyez les circonstances de l'affaire *Couitéas, supra*, p. 131, note 2.

(3) Les conclusions du commissaire du gouvernement M. Rivet sont à
reproduire, tellement elles conviennent à notre matière (*R. D. P.*, 1924,
p. 93) : M. Rivet proposait au Conseil d'Etat « d'élargir quelque peu la
notion de responsabilité de la puissance publique ». « Nous croyons,
disait-il, que cette extension — à condition que vous en fixiez et déli-
mitiez nettement l'importance — ne peut constituer, dans l'acception
intégrale du mot, qu'un *progrès* véritable, et qu'elle est, au surplus,
l'aboutissement logique des diverses tendances que nous avons été
amené à vous rappeler. Du côté du législateur, volonté manifeste de se
rallier de plus en plus à la formule du *risque social*, exclusive du sacrifice trop lourd imposé à l'individu dans l'intérêt de tous, sans allocation
d'un droit compensateur. Du côté du juge, exception générale à la règle de
l'irresponsabilité en faveur des personnes en possession d'un contrat
auquel l'acte dommageable aura porté atteinte, tendance, d'autre
part, sous l'inspiration des mêmes directives que le législateur, à reconnaître la possibilité d'une indemnisation, sinon sans doute par un empié-
tement sur le domaine de la loi, dans tous les cas d'inégalité accusée,
mais dans ce cas, tout au moins, véritablement exceptionnel, de
l'individu, à qui ne peut être opposé ni la communauté de risque, ni
l'existence d'une contrepartie avantageuse, et qui invoque l'un de ces
préjudices qu'un voisinage normal ne peut causer, et qui apparaissent

juge de d terminer la limite à partir de laquelle il doit être *supporté par la collectivité* ». Le Conseil d'Etat a affirmé que « la privation de jouissance totale et sans limite de durée résultant, pour le requérant, de la mesure prise à son égard, lui a imposé, *dans l'intérêt général,* un préjudice pour lequel il est fondé à demander une réparation pécuniaire ».

IV. — Cette jurisprudence trouverait à s'appliquer surtout aux actes de gouvernement *diplomatiques.* Il conviendrait d'adopter la politique prudente du Conseil d'Etat. Ce dernier — seul compétent en cette matière, — constaterait simplement que le gouvernement a imposé, à un individu, dans l'*intérêt général,* un préjudice pour lequel une réparation pécuniaire est due. Il déclarerait que c'est à tort que le ministre compétent a dénié tout droit à indemnité, et « qu'il y a lieu de renvoyer la victime devant ledit ministre pour y être procédé, *à défaut d'accord amiable, et en tenant compte de toutes les circonstances de droit et de fait,* à la fixation des dommages et intérêts qui sont dus » (1).

comme la conséquence fatale de l'usage des procédés exorbitants du droit commun auxquels l'Etat seul peut avoir recours ».

On pourrait dire, en changeant à peine quelques mots dans l'argumentation de M. Rivet : « Il est indéniable que s'il peut, dans des cas analogues à ceux de l'espèce présente, ne pas constituer un abus de pouvoir, *l'acte de gouvernement* apparaît comme la manifestation, de la part de l'autorité supérieure, d'un droit tout à fait exceptionnel qui crée à l'individu qui en est la victime une situation spéciale, et rompt nettement à son préjudice cet équilibre des charges, dont toute société bien organisée doit faire l'idée inspiratrice de ses statuts ».

(1) Ce sont les termes mêmes de l'arrêt *Couitéas.*

CHAPITRE IV

LE SERVICE PUBLIC

Dans tous les pays civilisés, l'administration a pour mission de satisfaire aux besoins d'intérêt général. D'ailleurs, elle ne satisfait pas à *tous* les besoins d'intérêt général : l'alimentation, par exemple, n'est pas, à l'heure actuelle, sauf le cas de crise, de son ressort : les soins mé licaux, la fourniture des médicaments, etc., tout cela est aussi abandonné, *pour le moment*, sauf les cas exceptionnels, à l'activité des simples particuliers.

D'autre part, il est des besoins d'intérêt général auxquels l'administration est seule chargée de satisfaire à *l'exclusion des particuliers* : justice, police, communications télégraphiques, téléphoniques, transport des lettres, etc. Il y a *monopole*.

Il en est d'autres enfin qui sont satisfaits *concurremment* par l'administration et par les particuliers : par exemple, en France, enseignement, théâtres, service de désinfection, assistance, caisses d'épargne, transport des colis postaux, etc.

Considérons les besoins d'intérêt général dont l'administration assume, *à un moment donné*, la satisfaction, soit seule (*monopole*), soit concurremment avec les particuliers.

On constate que deux procédés sont employés à cet effet :

1º le *procédé du droit privé*, celui dont usent les simples particuliers lorsqu'ils donnent satisfaction aux besoins d'intérêt général ;

2º le *procédé du service public*.

Qu'est-ce que le procédé du service public (1) ?

(1) Voyez *ma* note dans R. D. P., 1913, p. 503 et s.

I

Le procédé du service public.

I. — *Dire que, dans telle hypothèse, il y a service public, c'est dire que, pour donner satisfaction régulière et continue à telle catégorie de besoins d'intérêt général, il y a un régime juridique spécial et que ce régime peut être modifié à tout instant par les lois et règlements.*

Toutes les fois qu'on est en présence d'un service public proprement dit, on constate l'existence de *règles juridiques spéciales*, de *théories juridiques spéciales, qui, toutes, ont pour objet de faciliter le fonctionnement régulier et continu du service public, de donner le plus rapidement et le plus complètement possible satisfaction aux besoins d'intérêt général* (1) ;

(1) Telles sont les idées en faveur au Conseil d'Etat. COLSON (conseiller d'Etat). *Traité d'Economie politique*, II, p. 385 : « C'est uniquement parce que ces services (police, poste, transports par chemins de fer, éclairage ou alimentation en eau des villes) ne peuvent être assurés par l'initiative privée, parce qu'ils font nécessairement l'objet d'une organisation d'ensemble qu'un désordre local sérieux trouble tout entière, que l'Etat ou les communes s'en réservent le monopole ; les raisons qui justifient ce monopole sont précisément celles qui justifient aussi des restrictions au droit commun ». — TARDIEU (commissaire du Gouvernement, conclusions dans l'affaire *Winkel*, Conseil d'Etat, 7 août 1909, *Rec.*, p. 1302) : « Quand l'Etat, les départements ou les communes se substituent à la libre initiative des particuliers pour organiser un service public, c'est le plus souvent afin de procurer à tous les habitants de la France, sur les points les plus reculés du territoire, la satisfaction de besoins généraux auxquels l'initiative privée ne pourrait assurer qu'une satisfaction incomplète et intermittente... La continuité est... de l'essence du service public ». — CHARDON (conseiller d'Etat), *le Pouvoir administratif*, 1910, p. 205 : « La nation érige en services publics certains services qu'elle aurait pu laisser à l'initiative privée, pourquoi ? C'est parce qu'elle les considère comme indispensables à la vie de chaque citoyen ». P. 47 et s. : « Si la nation ou les municipalités faisaient de la boulangerie un service public, c'est qu'elles jugeraient nécessaire de garantir aux citoyens la fourniture régulière de pain propre et à bon marché ». P. 45 : « La limite entre les services publics et les services qui ne sont pas publics devient très nette. Tout homme qui entre dans un service public, par le fait seul qu'il entre au service de la nation, se décide et s'engage à faire passer toujours l'intérêt de la nation avant son intérêt personnel ». — HELBRONNER (commissaire du Gouvernement), conclusions dans l'affaire *Syndicat national des chemins de fer*, 18 juillet 1913, *Rec.*, p. 875 (R. D. P. 1913, p. 506, note 1) : « Lorsque l'Etat, le département ou la com-

et ces règles, pour ces raisons mêmes, sont susceptibles d'être modifiées à tout instant (1).

II. — Parfois, des textes ont expressément résolu la question en décidant que telles ou telles règles, telles ou telles théories spéciales régiront tel service. Mais il est très rare qu'il en soit ainsi : c'est la grande exception. Le plus souvent, il n'y a pas de texte précis.

En l'absence de texte, le juriste doit rechercher si la tâche dont s'occupe l'administration constitue bien un service public (2), auquel

mune organise un service public, soit qu'ils en assument directement le fonctionnement et l'exploitation, soit qu'ils les concèdent à des tiers, c'est pour procurer à la collectivité, la satisfaction de besoins généraux, auxquels l'initiative privée ne pourrait assurer qu'une satisfaction imparfaite et intermittente ». — Conseil d'Etat. 18 juillet 1913. *Syndicat national des chemins de fer, Rec.*, p. 875 : « Le fonctionnement régulier et ininterrompu (du service des chemins de fer) est, à toute époque, indispensable à la sécurité du territoire et à la défense nationale ». — Corneille (commissaire du gouvernement), conclusions dans l'affaire *Société d'éclairage de Poissy* (R. D. P., 1918, p. 246) : « Le service public est fait pour donner *satisfaction régulière et continue à des besoins collectifs* ; ... la continuité est de l'essence du service public », etc.

Ces idées sont aussi celles qui prédominent chez les auteurs contemporains : Hauriou, *Droit adm.*, 9e éd., p. 44 : « On peut définir le service public un service technique rendu au public d'une façon régulière et continue pour la satisfaction d'un besoin public et par une organisation publique ». — Duguit, *Droit Const.*, 1re édition, 1911, I, p. 98 et s.

(1) Romieu, conclusions sous C. d'Etat 22 mai 1903, *Caisse des Ecoles, Rec.*, p. 395 : « Si ces caisses (des écoles)... étaient... un établissement public,... elles étaient une branche d'une administration publique, un des rouages d'un service public ; *donc, les modifications du régime du service public,* dont elles font partie intégrante, *entraîneront* nécessairement *une modification correspondante dans leur organisation propre*... Les statuts ne sauraient dans aucun cas prévaloir contre la loi... ». C. d'E. 22 mai 1903, 1re espèce, p. 400 : « Il n'est pas permis de tenir compte des dispositions de leurs statuts (*des Caisses des Ecoles*) qui, bien que régulièrement approuvés sous la législation en vigueur avant le 30 octobre 1886, sont inconciliables avec le régime établi à cette date *et, comme telles, non avenues...* » — C. d'Etat, 27 juin 1913, *Cornus, Rec.*, p. 764 : « Les droits et avantages, résultant pour les fonctionnaires d'une réglementation, sont subordonnés au maintien de cette réglementation, et ils ne sauraient *en aucun cas* faire obstacle au *droit de l'administration de procéder à une réorganisation des services* ».

(2) Y a-t-il des tâches qui répugnent, *par leur nature même*, à la constitution d'un service public ? On l'a soutenu, à propos des théâtres. Hauriou, note sous C. d'E., 7 avril 1916, *Astruc*, Sirey. 1916-3-49 (*infra*, 274 note 3).

il faut appliquer les théories spéciales du service public, ou bien s'il n'y a pas service public, et, par suite, s'il faut appliquer non pas les théories spéciales, mais les règles et les théories du droit privé.

a) On l'a bien vu en France, en octobre 1910, lorsqu'a éclaté la grève des chemins de fer. La question capitale que le Gouvernement eut à résoudre fut celle de savoir si l'exploitation des chemins de fer — même par des compagnies concessionnaires — était ou non un service public. Et c'est seulement après l'avoir résolue, par l'affirmative, qu'il appliqua des théories spéciales. qu'il prit certaines mesures (1) qui auraient été manifestement illégales et juridiquement injustifiables si les transports par chemins de fer n'avaient pas été considérés comme un service public (2).

b) De même encore, la *situation juridique des individus* employés par l'administration n'est pas la même suivant qu'ils sont affectés à un service public proprement dit, ou qu'ils consacrent leur activité à l'accomplissement de tâches qui ne sont pas des services publics proprement dits.

. Prenons un exemple.

L'exploitation de la manufacture de porcelaines de Sèvres, ou celle de la manufacture de tapisseries des Gobelins constitue-t-elle un service public? On répond négativement d'une manière unanime. Et tout le monde est d'accord pour décider que les individus employés à ces services ne sont pas des agents au service public proprement dits. Sans contestation, on admet que ce sont des

---

(1) En particulier, la militarisation des agents des chemins de fer, ou même la substitution de soldats aux employés de chemins de fer pour assurer le fonctionnement du service. Cpr. sur ce point, ROLLAND, *La grève des cheminots*, dans la *Revue du Droit public*, 1910, p. 740 et s.

Le Conseil d'Etat, dans l'affaire jugée par lui le 18 juillet 1913, *Syndicat national des chemins de fer*, *Rec.*, p. 875, rendu sur les conclusions conformes de M. Helbronner, a commencé par rechercher s'il y avait service public. Après avoir répondu affirmativement, le Conseil d'Etat ajoute : « Ainsi la décision attaquée (convocation des employés et agents des chemins de fer pour une période de service de 21 jours à accomplir sous le régime militaire) a été prise pour la sauvegarde des intérêts dont le ministre a la charge ». Cpr. *R. D. P.*, 1913, p. 506, note 1.

(2) Dans ses conclusions, M. HELBRONNER avait bien affirmé : « Il ne vous appartiendrait pas, pas plus qu'il n'appartient au ministre de la guerre, d'intervenir dans les conflits économiques qui peuvent surgir entre les agents et ouvriers des chemins de fer et les compagnies qui les emploient. Vous n'avez pas à examiner ici l'étendue de ce que l'on est convenu d'appeler le droit de grève ».

individus soumis au régime juridique du louage de services, identique à celui qui régit les ouvriers et employés d'un particulier. Le régime juridique applicable est le régime du louage de services du droit privé. Au contraire, la caractéristique du régime juridique *du personnel* des agents publics proprement dits, est que les agents publics font leur devoir, *non pas pour contenter leurs chefs, mais pour assurer le fonctionnement régulier et continu du service public*. Le fonctionnement régulier et continu du service public, voilà l'idée qui doit inspirer toute l'activité des agents publics (1).

c) L'idée qu'il y a ou non, dans tel cas, *service public* domine aussi la condition juridique des *choses* mises à la disposition des agents de l'administration pour la satisfaction des intérêts généraux. C'est l'idée de service public qui sert à classer les dépendances du *domaine* de l'administration en *dépendances du domaine public* et *dépendances du domaine privé*. Un point certain est qu'il ne peut y avoir dépendance du domaine public que si *la chose est affectée à un service public* (2).

(1) Ce point de vue est très bien développé par M. Chardon, *le Pouvoir administratif*, 1910, p. 45 : « On ne peut pas proposer sérieusement au fonctionnaire, quel qu'il soit, comme principal mobile de ses actes, un témoignage de satisfaction du ministre ou du directeur. Sans doute, ces témoignages gardent leur valeur ; mais ils ne sont que la constatation que le devoir a été rempli envers la nation, et *c'est dans le sentiment de ce devoir que réside toute la notion du service public*. De ce point de vue, la limite entre les services publics et les services qui ne sont pas publics devient très nette. Tout homme qui entre dans un service public, par le fait seul qu'il entre au service de la nation, se décide et s'engage à faire passer toujours l'intérêt de la nation avant son intérêt personnel et, par là-même, il prend une valeur morale supérieure. Le jour où il perd cette notion, il démontre qu'il n'a plus la qualité essentielle pour rester un agent de la nation : il n'a plus qu'à s'en aller immédiatement ». — Cpr. des idées analogues développées par M. Helbronner, dans ses conclusions sous C. d'E. 18 juillet 1913, *Syndicat des chemins de fer, Rec.*, p. 875 : « Dans les sociétés organisées, dans les États civilisés, au-dessus des intérêts individuels les plus respectables, au-dessus des intérêts collectifs les plus sérieux et les plus justifiés, il y a l'intérêt général, le droit supérieur, pour une société, pour une nation, d'assurer son existence et de défendre son indépendance et sa sécurité. Et les démocraties, dont les gouvernements ont pour enseigne et devise *Res publica*, doivent, plus que toutes autres, être jalouses de maintenir intacts les droits de la collectivité nationale... Le service des chemins de fer n'est pas seulement un service public, c'est un service militaire dont la permanence et la continuité importent au plus haut point à la défense nationale... ».

(2) C'est pourquoi les *églises* ne font pas partie du domaine public.

D'autre part, l'idée de service public est à la base de toutes les règles du régime juridique que l'on appelle le *régime du domaine public* et qui diffère du régime juridique de la propriété privée.

d) Ces règles spéciales, nous les rencontrons encore touchant la condition juridique des *deniers* affectés au fonctionnement des services publics. Ces deniers constituent, au sens technique du mot, des *deniers publics*. Et la notion de deniers publics implique l'application de règles spéciales (comptabilité publique) (1).

e) Lorsque l'administration, pour un service public, fait un travail sur un immeuble, des théories spéciales s'appliquent afin de faciliter l'exécution du travail. C'est la *théorie des travaux publics* (2). En particulier, pour se procurer les terrains nécessaires pour un service public, l'administration a le *pouvoir d'occuper temporairement* les terrains appartenant à des particuliers, de les *exproprier* pour cause d'utilité publique (3).

f) Les actes juridiques accomplis par les individus préposés à un service public proprement dit sont des *actes administratifs*, et, s'il s'agit d'actes *unilatéraux*, ils sont en principe susceptibles du recours pour excès de pouvoir (4).

(1) Conseil d'Etat, 20 juin 1919, *Brincat (R. D. P.*, 1920, p. 80). Les monts de piété « sont des établissements publics... Les deniers (des monts de piété)... sont des deniers publics, auxquels s'appliquent les règles de la comptabilité publique et pour la gestion desquels les comptables sont soumis à la juridiction du juge des comptes ». Voyez *ma* note, *R. D. P.*, 1920, p. 80 et s.

(2) C. d'Etat, 7 avril 1916, *Astruc (R. D. P.*, 1916, p. 374), conclusions de M. Corneille : « Dans toute constitution de service public, ce sont les besoins du service public qui doivent l'emporter sur toute autre considération, et notamment sur toute considération d'intérêt financier... Et l'on ne saurait donc reconnaître le caractère de *travaux de service public, de travaux publics*, à des travaux entrepris dans un pur intérêt de gain, dans l'intérêt unique d'une société commerciale, dans un intérêt privé ... La théorie particulière du travail public est... un *dérivé de la théorie plus générale du service public*. Il y a marché de travail public quand il y a *marché impliquant l'idée de constructions à faire et ayant pour cause un service public* ». — Le C. d'E. a jugé : « Le Palais dont s'agit (Palais philharmonique) n'était pas destiné à *assurer un service public* ni à pourvoir à un objet d'utilité publique ...C'est donc à tort que le conseil de préfecture, *assimilant l'affaire à un débat sur une concession de travaux publics*, en a retenu la connaissance ».

(3) Conclusions de M. Blum, C. d'E., 27 avril 1917, *Badin, Rec.*, p. 335 (*R. D. P.* 1919, p. 544).

(4) C. d'E. 28 juin 1912, *Coutton, Rec.*, p. 739 : « La caisse d'épargne

g) **La responsabilité du patrimoine de l'établissement et celle des
agents préposés à la gestion sont régies par des règles spéciales, s'il
s'agit d'un service public proprement dit (1).**

h) Seuls les contrats intéressant le fonctionnement même des *services publics*, et passés pour une certaine durée, comportent l'application de la *théorie de l'imprévision*, au cas de circonstances exceptionnelles bouleversant absolument l'économie du contrat (2).

i) L'idée que le procédé du service public implique l'application de règles juridiques spéciales, de théories spéciales, a poussé la jurisprudence du Conseil d'Etat et du Tribunal des conflits à faire reconnaître la compétence des tribunaux administratifs pour les litiges pécuniaires soulevés par le fonctionnement des services publics (3).

de B. n'est pas un établissement public. Ainsi le Conseil d'administration de cette caisse n'est pas au nombre des autorités administratives dont les actes peuvent être déférés au C. d'E... ».

(1) Conclusions du procureur général Laferrière sous Cassation civ. 12 juin 1901 (S. 1906-1-41 avec la note du prof. Ferron). La Cour de cassation déclare : « En droit, l'Etat considéré comme propriétaire des biens qui composent son domaine privé, est soumis, dans ses rapports avec les particuliers, aux règles du droit civil, et, au point de vue de la responsabilité des fautes qu'il peut commettre, il est justiciable des tribunaux de l'ordre judiciaire. L'exploitation d'un théâtre (Opéra-Comique) constitue une entreprise privée. Les subventions qui lui sont accordées par l'Etat ... ne sauraient avoir pour effet... de le transformer en un service public. Ainsi l'action... n'est point dirigée contre l'Etat... à raison de la mauvaise gestion des *services publics*... ».

(2) C. d'E. 30 mars 1916, *Cie du gaz de Bordeaux. Rec.*, p. 125, avec les conclusions de M. Chardenet (*R. D. P.*, 1916, p. 219 et *ma* note) ; 8 février 1918, *Société d'éclairage de Poissy, Rec.*, p. 124 (*R. D. P.*, 1918, p. 219 et s. et *ma* note). Dans cette affaire, M. Corneille, commissaire du gouvernement, disait : « C'est sur la notion du *service public*, sur la nécessité de son maintien qu'a été motivée la solution par vous admise dans votre arrêt de 1916. C'est une solution analogue appuyée sur des motifs identiques, qui doit s'appliquer à tous les marchés... *du moment qu'il s'agit bien de marchés intéressant le fonctionnement même des services publics* ».

(3) C'est, très souvent, à l'occasion de ces questions de compétence que se pose et qu'est résolue, en jurisprudence, la question de savoir si tel établissement, telle institution, tel organisme est ou n'est pas un service public. Un exemple remarquable est l'affaire *Pichot*, jugée par le C. d'E., le 24 juin 1912, sur les conclusions du commissaire du gouvernement M. Léon Blum (*Rec.*, p. 712 et s.). Rapprocher les conclusions de M. Romieu dans l'affaire *Caisse des Ecoles*, C. d'E. 22 mai 1903 (*Rec.*, p. 390 et s.). — Voyez aussi conclusions de M. Blum, sous C. d'E. 13 juin 1913, d'*Azincourt, Asselineau* (2 arrêts). *R. D. P.* 1913, p. 503 et s. et *ma*

Tel est le sens, à l'heure actuelle, de la règle fameuse de la séparation des autorités administrative et judiciaire (1).

j) Toutes ces règles spéciales, toutes ces théories applicables aux services publics sont, à tout instant, modifiables par les lois et règlements (2).

En somme, le service public est un *procédé* — et non pas le seul procédé — pour donner satisfaction à des besoins d'intérêt général. Dire que, dans tel cas, il y a service public, cela signifie que des théories spéciales, des règles spéciales sont applicables, qu'il y a un régime juridique spécial : *ce régime est légal et réglementaire.*

II

A quoi reconnaît-on qu'il y a service public ?

Ceci posé, la question de savoir si, dans tel cas donné, le procédé du service public est effectivement employé, est manifestement de la plus haute importance. A quel criterium faut-il s'attacher ?

I. — A mon avis, il faut rechercher *uniquement l'intention des*

note : C. d'E. 7 avril 1916, *Astruc*, *Rec.*, p. 164 (*R. D. P.* 1916, p. 374) avec les conclusions de M. CORNEILLE.

(1) Conseil d'Etat, 4 mars 1910, *Thérond* (*Rec.*, p. 197) : « La ville de M... a eu... pour but d'assurer un *service public*. Ainsi les difficultés pouvant résulter de l'inexécution ou de la mauvaise exécution de ce service sont, à défaut d'un texte en attribuant la connaissance à une autre juridiction, de la compétence du Conseil d'Etat. » Sur cet arrêt, voyez *ma* note, dans la *Revue du Droit public*, 1910, p. 249 et suivants. — C. d'E. 31 juillet 1912, *Société des granits*, *Rec.*, p. 912. Dans cette affaire, M. BLUM définit le contrat administratif (de la compétence des tribunaux administratifs) « celui qui reste influencé et teinté en quelque sorte par *le service public* en vue duquel il est conclu ».

(2) Conclusions de M. BLUM, dans l'affaire *Pichot*, C. d'E., 21 juin 1912 (*Rec.*, p. 718) : « L'établissement d'utilité publique reste *indéfiniment* régi par l'acte qui lui a donné la vie civile, c'est-à-dire par ses statuts approuvés. Au lieu que l'établissement public, au contraire, étant une création de la loi, demeure, vis-à-vis de la loi qui l'a créé, *dans un état de complète dépendance.* Les statuts, par conséquent, ne sauraient, en aucun cas, prévaloir contre les règlements généraux pris par l'administration en vertu de son droit de tutelle, *et ainsi sa constitution n'est pas fixée, mais elle se modifie suivant les règles générales applicables aux établissements de même nature parmi lesquels il se trouve classé ».*

gouvernants (1) touchant l'activité administrative considérée (2).

Sont uniquement, exclusivement, services publics les besoins d'intérêt général que les gouvernants, dans un pays donné, à une époque donnée, ont décidé de satisfaire par le procédé du service public. L'intention des gouvernants est seule à considérer. L'opinion de tels ou tels écrivains est sans aucune espèce d'importance. L'avis personnel du juriste qui résoud la difficulté est indifférente (3). Le juriste peut bien dire qu'à son avis les gouvernants ont eu tort ou raison de décider qu'il y aurait service public. La question principale n'est pas là. Il se peut que le juriste découvre d'excellentes raisons politiques, économiques, sociales, pour ne pas satisfaire à tel besoin d'intérêt général par le procédé du service public (4).

(1) Quelle est l'autorité compétente pour décider que, dans tel cas, il y aura service public ? Le Parlement, la jurisprudence.

(2) J'étudie ici la question du seul point de vue *juridique*. Le prof. Duguit (*les Transformations du droit public*, 1913, p. 47 et s.) montre bien, au point de vue *sociologique*, la tendance moderne vers l'extension des services publics et indique les raisons de ce développement. Il ne dégage pas le *criterium juridique* permettant de reconnaître si le *procédé juridique du service public* a été voulu dans tel cas donné.

(3) Le prof. Hauriou (note dans Sirey 1916-3-49 sous C. d'E. 7 avril 1916, *Astruc*) affirme que, « *à raison de leur objet* », il est des entreprises qui ne peuvent pas être érigées en services publics. Tel serait le cas des entreprises de spectacles. Il suffit, pour que les spectacles, les théâtres, les amusements publics ne doivent pas être érigés en services publics, que ces choses ne soient pas absolument bonnes. On peut, en effet, poser en principe que les services publics doivent être des entreprises complètement bonnes et utiles pour la vie sociale, à moins qu'elles ne soient tellement nécessaires que cette nécessité même fasse passer par dessus leurs inconvénients. Dans l'organisation de services publics de théâtre, il n'y aurait pas cette nécessité qui forcerait de passer par dessus les inconvénients. — D'après le prof. Hauriou, la définition du service public par l'intention subjective de l'administration qui organise l'entreprise serait dangereuse, s'il devait en résulter le pouvoir, pour l'administration, d'ériger en service public toutes sortes d'entreprises. *Il y a, dans la nature même des entreprises, des obstacles, des résistances, des limites objectives.* L'entreprise de spectacles, dont l'exploitation renferme tant d'éléments de démoralisation, répugne par elle-même au service public. Dans la définition du service public il faut donc ajouter « pourvu que la satisfaction du besoin public n'ait rien de contraire aux bonnes mœurs » — C'est une vue personnelle, formellement repoussée par le Conseil d'État, 27 juillet 1923, *Gheusi, R. D. P.* 1923, p. 566 (avec les conclusions de M. Mazerat).

(4) Sur ces raisons, voyez les développements du prof. Hauriou, *Droit adm.*, 9ᵉ éd., p. 44 et s. et note dans Sirey 1916-3-49.

Dans ce cas, il dira qu'il est *regrettable* que le procédé du service public ait été prescrit par les gouvernants. Mais encore une fois, quelque intérêt qu'il puisse y avoir à savoir si M. X, juriste de renom, est content ou non, si les gouvernants ont eu raison ou tort, là n'est pas la question *juridique* (1).

Par exemple, en France, à une certaine époque, la religion a été un service public : en d'autres termes, il était satisfait aux besoins religieux de la population par le procédé du service public. Il y avait des théories spéciales, un régime juridique spécial. Certains considèrent regrettable qu'on ait, en 1905, abandonné le procédé du service public. D'autres s'en félicitent. Cela n'a pas d'importance *au point de vue juridique*. Ce que nul juriste ne doit contester, c'est qu'à l'heure actuelle les besoins religieux de la population française ne sont plus satisfaits par le procédé du service public (2). Et pourquoi en est-il ainsi ? Parce que la loi du 9 dé-

(1) C'est la solution que, avec une terminologie différente, proposait le professeur Michoud, *Personnalité morale*, I, 1906, p. 226 : « Pour savoir si le groupement appartient au droit public, l'interprète n'a donc pas à se demander si, *en lui-même*, le but est d'intérêt général ; cette appréciation purement subjective serait des plus incertaines ; *il a seulement à se demander si l'Etat l'a considéré comme tel*, ce qui équivaut à dire que c'est dans l'organisation donnée aux groupes, dans l'ensemble des règles que l'Etat a jugé à propos de lui appliquer, que le criterium doit être recherché ». — C'est aussi en ce sens que s'est prononcé le commissaire du gouvernement M. Corneille, dans l'affaire *Astruc*, C. d'E. 7 avril 1916, *Rec.*, p. 164 (*R. D. P.* 1916, p. 373) : « Qu'est-ce donc qu'un service public ?... La doctrine a essayé de donner une définition concrète du service public... L'énumération des *services publics* ne peut être donnée *ex cathedra*, et de façon absolument précise ;... la notion ne comporte point un critérium fixe et immuable. Et alors de déduction en déduction, on en arrive à une conception (qui est celle de M. le prof. Jèze, dans ses *Principes du Droit administratif*, 2ᵉ édition, p. 242 et s.). La notion du service public est *une notion en quelque sorte subjective ; elle dépend, pour la plus grande part, de l'intention de l'autorité chargée d'organiser le service*. Voyez d'ailleurs l'arrêt *Thérond* (4 mai 1910, *Rec.*, p. 497) : le Conseil d'Etat s'est déclaré compétent parce que la ville (en cause) avait eu, en traitant avec le sieur Thérond, *pour but* d'assurer un service public. *Ce que l'arrêt met en relief*, c'est l'*intention* de la ville ».

(2) C'est ainsi que, d'après l'*avis* du Conseil d'Etat, du 23 février 1921 (section de l'Intérieur), si l'expropriation pour cause d'utilité peut être employée pour la reconstruction des édifices civils ou cultuels *dans les régions libérées*, c'est *uniquement* par application des lois spéciales sur le remploi des indemnités pour dommages de guerre (loi du 14 mars 1919, art. 2 ; loi du 17 avril 1919, art. 12). En conséquence, « le législa-

cembre 1905, article 2, proclame solennellement la volonté des gouvernants qu'il n'y ait plus là un service public : « La République ne reconnaît, ne salarie, ni ne subventionne aucun culte ». Les motifs qui ont amené les gouvernants à adopter cette solution ne sont pas d'*ordre juridique*.

Il est des besoins d'intérêt général pour la satisfaction desquels le procédé employé par l'administration est très certainement le procédé du service public. Tels sont les services de justice, de police, de défense du territoire, de la diplomatie, des consulats, etc. Pour ces services, il n'y a pas de difficulté.

De même encore, aujourd'hui, les établissements *créés* par l'Etat, les départements, les communes touchant l'instruction publique, l'assistance publique, l'hygiène publique, les postes, télégraphes et téléphones sont certainement des services publics, bien que, à certaines époques, il n'en ait pas été ainsi pour certains d'entre eux.

Après hésitation, on reconnaît pleinement aujourd'hui que le service des transports par chemins de fer est un service public (1), *même pour les chemins de fer concédés à une compagnie* (2).

II. — A quoi reconnaît-on que la volonté des gouvernants a été de satisfaire à un besoin d'intérêt général par le procédé du service public ?

Il est impossible de donner un critérium unique. Cela résulte d'un

---

teur a entendu *restreindre* l'étendue de la reconstruction à des édifices présentant le *même caractère*, ayant la *même importance* et la *même destination* que l'édifice démoli (du fait de la guerre) ; par suite, le recours à l'expropriation, pour la reconstruction des édifices civils ou cultuels ne peut être reconnu, *par application de la disposition de loi précitée* (art. 2, loi du 14 mars 1919), *que* dans la limite fixée par le législateur pour le droit à indemnité ». — Cpr. CORNEILLE, conclusions sous C. d'E., 19 juin 1914. *Héron, Rec.*, p. 720.

(1) Conseil d'Etat, 10 juillet 1885, *Charvet* (*Rec.*, p. 664). Dans cette affaire, le commissaire du Gouvernement MARGUERIE a déclaré : « L'administration des chemins de fer de l'Etat gère un service public ». Cpr. Conseil d'Etat 31 mars 1905, *Fournier* (*Rec.*, p. 325). Cassation, 18 novembre 1895, Sirey, 98-1-385 et la note du professeur CHAVEGRIN ; 22 mars 1889, S., 1903-1-420). — Si en 1885, on a pu discuter, aujourd'hui il n'y a plus de discussion.

(2) C. d'E. 18 juillet 1913, *Syndicat national des chemins de fer* et les conclusions de M. HELBRONNER, *Rec.*, p. 875 (*R. P. D.* 1913, p. 503, note 1).

ensemble de circonstances (1), dont chacune n'est pas, à elle seule, suffisante, mais qui, par leur groupement, font apparaître la volonté d'organiser un service public (2).

Voici les *principales* de ces circonstances.

En premier lieu, il faut citer l'*établissement de règles spéciales* destinées à assurer le fonctionnement du service, en particulier l'*organisation de charges* pesant sur les individus : charges publiques pesant sur les riverains des voies ferrées, des voies publiques. Signalons encore l'organisation du *pouvoir de lever des impôts ou des taxes proprement dites*, pour assurer le fonctionnement du service. Ce dernier pouvoir est *le signe le plus certain*.

La création d'un *monopole d'exploitation* est encore un signe très précieux (3). Très certainement, la fabrication des poudres, celle du tabac, des allumettes constituent des services publics.

L'*origine* de l'établissement considéré est de la plus haute importance : qui a eu l'*initiative* du service ?

Par contre, il peut y avoir *service public* alors que la satisfaction du besoin d'intérêt général est obtenue par l'activité d'individus non choisis par l'administration ; il peut y avoir service public proprement dit, bien que le besoin d'intérêt général soit satisfait par un *concessionnaire* (4), par un *fermier*. Tel est le cas pour les chemins de

---

(1) Duguit, *Droit Const.*, 1re édition, 1911, p. 98 et s. ; — Rolland, *La grève des agents d'un service public concédé*, dans la *Revue du Droit public*, 1910, p. 504 et s.

(2) Conclusions du commissaire du Gouvernement, M. Corneille, sous C. d'E., 7 avril 1916, *Astruc*, *Rec.*, p. 164 (*R. D. P.*, 1916, p. 373) : « A quels signes va se reconnaître cette intention (de l'administration) qui caractérise le service (public) ? Elle va se reconnaître aux *mesures prises par l'autorité chargée des intérêts collectifs en cause, pour assurer la création du service indispensable aux membres de la collectivité, pour en assurer la durée, pour en réglementer le fonctionnement*. Puisqu'il faut que le service se fasse, il faut bien qu'il se crée, qu'il fonctionne et qu'il dure. Spécialement, pour en assurer la durée, l'autorité établira parfois un *monopole*, toujours des *charges pesant sur les usagers* ; elle déterminera, avant tout, les *moyens financiers* et les *taxes* à recouvrer sur le public. Si le service public, dont l'autorité a eu l'*initiative*, est confié à l'intermédiaire d'un particulier, il doit y avoir, dans le contrat, une *réglementation à la base, qui se concrétise dans le cahier des charges* et dans le maximum des taxes à percevoir ».

(3) Hauriou, *Droit adm.*, 9e éd., p. 44 : Bien qu'*en général*, « *un service public constitue un monopole*, cette condition n'est pas essentielle ».

(4) La jurisprudence du Conseil d'Etat est aujourd'hui bien fixée en ce

fer concédés, pour le recouvrement de l'impôt communal appelé *octroi* dans les communes qui font appel à un fermier.

En somme, pour savoir s'il y a service public proprement dit, il faut rechercher si telle a été la volonté des gouvernants. Et cette volonté se reconnaît non pas à telle caractéristique particulière essentielle, mais à un ensemble de signes.

Enfin, le procédé du service public n'est pas employé à toutes les époques pour un même besoin. Il y a des besoins pour la satisfaction desquels on a abandonné le procédé du service public après l'avoir employé ; inversement, il en est d'autres pour lesquels on recourt aujourd'hui à ce procédé, alors qu'on n'en usait pas autrefois.

Il faut se garder de considérer comme décisifs les criteriums suivants (1) :

a) L'intervention d'un acte de l'autorité publique pour la *fondation d'un établissement* n'est pas un criterium satisfaisant. En effet, cet acte aussi est nécessaire pour la *reconnaissance d'utilité publique* (2).

---

sens. Dans ses conclusions sur l'affaire *Société d'éclairage de Poissy*, C. d'E., 8 février 1918 (*R. D. P.*, 1918, p. 247), le commissaire du Gouvernement, M. Corneille, l'a déclaré très nettement en rappelant l'état de la jurisprudence : « Comme l'a dit un auteur moderne de droit administratif (Gaston Jèze, *Principes généraux du droit administratif*, 2e édition, p. 284), la concession ne change pas la nature juridique du service concédé, il reste un service public. De cette idée vous avez, dans des arrêts récents, déjà déduit cette conséquence capitale que l'organisation du service est faite exclusivement par l'administration, que l'organisation du service n'est pas de la compétence du concessionnaire (C. d'E., 11 mars 1910, *Compagnie générale des tramways*) ; que, par suite, cette organisation pourra être modifiée à tout instant, suivant les besoins sociaux, économiques du moment. Si le fait qu'il y a concession, c'est-à-dire rémunération par les usagers mêmes, ne change pas la nature du service public, il en résulte que les mêmes principes doivent s'appliquer aux services publics concédés ou non concédés, du moment où ces principes dérivent de la notion du service public ». C'est la solution consacrée par l'arrêt du C. d'Et., 8 février 1918 (*R. D. P.*, 1918, p. 248) : « Il importe de rechercher, pour mettre fin aux difficultés existantes, une solution qui tienne compte tout à la fois de l'*intérêt du service public* dont le ministre exigeait la continuation, et des conditions spéciales qui ne permettent pas au contrat de recevoir son application normale ».

(1) Conclusions de M. Blum, dans l'affaire *Pichot*, C. d'E., 21 juin 1912, *Rec.*, p. 720.

(2) Voyez *infra*, p. 280 et s.

b) De même, le fait que les *règlements pour le régime et pour le service intérieur d'un établissement doivent être approuvés par un agent public* (préfet, ministre, etc.) n'est pas décisif. Par exemple, les statuts des caisses d'épargne ordinaires, les statuts des sociétés de secours mutuels sont soumis à l'approbation des agents administratifs ; pourtant, ces établissements sont, sans aucune contestation, des établissements d'utilité publique et non des services publics.

c) De même encore, *la nomination, par le gouvernement, de certains administrateurs d'un établissement* ne fournit pas nécessairement la preuve que les gouvernants ont voulu adopter le procédé du service public. Par exemple, le gouverneur du Crédit foncier est nommé par le Gouvernement ; pourtant, le Crédit foncier n'est pas un *service public* proprement dit (1).

d) Bien plus, la *nécessité d'une approbation administrative pour tous les actes ou pour certains actes d'administration* accomplis par un établissement n'est pas une preuve décisive (2).

e) Enfin, le fait que la *comptabilité d'un établissement est soumise au contrôle de l'inspection générale des finances ou de la Cour des Comptes* n'est pas non plus absolument décisif. Pour l'inspection des finances, la chose n'est pas douteuse. Il faut en dire de même pour le contrôle de la Cour des Comptes. Sans doute, *aujourd'hui*, d'après la jurisprudence de la Cour des Comptes, le contrôle de cette Cour n'existe que s'il y a *service public proprement dit*, et si un *texte de loi ou de règlement* a spécifié que la comptabilité de cet établissement sera soumise au contrôle de la Cour des Comptes (3). Mais cette solution très nette — et, d'ailleurs, tout à fait correcte, — n'a pas toujours été adoptée. Et, tout récemment, encore, un établissement hospita-

---

(1) Il en était sûrement de même pour la *Banque de France*, avant la guerre. Mais, depuis la guerre, la chose est plus douteuse, depuis le développement formidable des avances à l'État, du papier-monnaie et de la loi du 20 décembre 1918 portant renouvellement du privilège de la Banque de France.

(2) C'est ce qu'a jugé le C. d'E., 18 février 1910, *Perfetti, Rec.*, p. 133, dans l'affaire de la *Caisse du Gendarme*, société dans laquelle chaque décision du conseil d'administration était soumise à l'approbation du ministre de la guerre et ne devenait exécutoire qu'après cette approbation. Cpr. les conclusions précitées de M. Blum sous C. d'E., 21 juin 1912, *Pichot, Rec.*, p. 716.

(3) Jèze, *Cours élém. de Sc. des finances*, 5ᵉ éd., 1912, p. 350. Cpr. en ce sens les conclusions de M. Blum, sous C. d'E. 21 juin 1912, *Pichot, Rec.*, p. 717.

lier ancien (fondé en 1804), dont la comptabilité était soumise en vertu de son *règlement intérieur* à la Cour des Comptes (1), n'a pas été considéré par le Conseil d'Etat comme un établissement public (2).

III

Les établissements publics.

Lorsqu'un besoin général est satisfait par le procédé du service public, un autre problème se pose : avec quelles ressources le ser-

(1) Il s'agit de l'établissement hospitalier *la Providence*. C. d'E. 8 janvier 1836 ; 21 juin 1912, *Pichot, Rec.*, p. 720. V. *infra* pages 298 et s.

(2) Toutes ces constatations sont dégagées en termes très nets par un arrêt du Conseil d'Etat du 21 juin 1912, *Pichot (Rec.*, p. 722), rendu sur les conclusions conformes du commissaire du gouvernement M. Léon Blum. Même solution Conflits 31 mai 1913, *Rec.*, p. 605, *Pichot*. — C. d'E 21 juin 1912, *Pichot, Rec.*, p. 722 : « L'asile de la Providence a été créé en 1804 par le sieur et la dame M. de L. V. Si une *ordonnance* du 24 décembre 1817 *a approuvé ledit établissement*, elle a eu uniquement pour but d'assurer la perpétuité de cette fondation et de lui conférer une existence légale. L'ordonnance précitée prévoit, il est vrai, l'intervention de l'administration supérieure dans le fonctionnement de l'asile et dans la désignation de certains pensionnaires. Mais l'ordonnance du 24 décembre 1817, en imposant, dans l'intérêt public, certaines obligations comme conditions de *la reconnaissance, n'a pas modifié le caractère privé que l'établissement tenait de son origine* et ne permet pas de le comprendre au nombre des établissements publics. La circonstance que le règlement intérieur, approuvé par le ministre en exécution de l'ordonnance du 24 décembre 1817, a déterminé les conditions dans lesquelles la comptabilité de l'asile est *soumise à la Cour des comptes*, n'a pu légalement faire de cet établissement un établissement public. Dès lors, les contestations qui s'élèvent entre l'asile de La Providence et ses pensionnaires ne ressortissent pas à la juridiction administrative et, par suite, le Conseil d'Etat n'est pas compétent ». — Dans sa décision du 31 mai 1913, *Pichot* (*Rec.*, p. 605), le Tribunal des Conflits développe des arguments de même ordre : « L'Asile de la Providence a été *créé* en 1804, par le sieur et la dame M., qui ont cédé à cet établissement les bâtiments où fonctionne l'asile ; les *ressources* proviennent principalement des *pensions* que paient la plupart des vieillards admis dans l'asile et des *subventions* que fournit la société de la Providence ; l'ordonnance du 24 décembre 1817, qui a approuvé le dit établissement, a eu pour but d'assurer la perpétuité de cette fondation et de lui conférer une existence légale, mais en imposant, dans l'intérêt public, certaines obligations comme conditions de

vice public est-il géré? Quel est le patrimoine administratif auquel tel service public se rattache?

I. — Il y a, en France, quatre grandes catégories de patrimoines administratifs *généraux* : celui de l'*Etat*, les patrimoines des *départements*, les patrimoines *communaux*, les patrimoines des *colonies*. Lorsqu'un service public est organisé, on le rattache ordinairement à l'un de ces patrimoines généraux : cela veut dire que les dépenses de gestion de ce service seront acquittées avec les ressources de ce patrimoine général.

Pour les services publics rattachés à l'une ou l'autre des quatre grandes catégories de patrimoines généraux : Etat, départements, communes, colonies, la règle fondamentale est la suivante : les dépenses des différents services publics rattachés à un même patrimoine général sont payées avec les ressources *générales* de ce patrimoine ; les dépenses de tous les services forment une *seule masse* qui pèse sur *l'ensemble des ressources du patrimoine général*. C'est le *principe de la non affectation des recettes*, de la *non assignation des revenus*. En d'autres termes, on ne distingue pas suivant les services publics ; on ne leur affecte pas des ressources propres. Les dettes nées à raison des différents services publics sont dettes du patrimoine général, *sans ordre, ni préférence* ; inversement, toutes les créances nées à l'occasion des différents services publics sont créances du patrimoine général, *sans ordre ni préférence* (1).

Considérons, par exemple, les services publics de justice, diplomatie, postes et télégraphes. Ces différents services publics sont rattachés au patrimoine administratif général de l'Etat. Les dettes nées à l'occasion du service de justice, du service de diplomatie, du service des postes et télégraphes, sont dettes de l'Etat; elles forment une masse ; entre elles, il n'y a aucune distinction, aucun ordre, aucune préférence. A l'inverse, les recettes provenant de ces services (frais de justice, taxes et redevances de chancellerie, taxes et redevances postales et télégraphiques) sont confondues en une seule masse, — les revenus généraux de l'Etat, — dans laquelle les agents publics puisent, *sans distinction d'origine*, pour acquitter les dettes occasionnées par la gestion des différents services publics.

la reconnaissance, ladite ordonnance n'a pas eu pour effet de modifier le caractère privé que cet établissement tenait de son *origine* et ne permet pas de le comprendre au nombre des établissements publics ».

(1) Jèze, *Le Budget*, p. 285 et s.

II. — Voilà la règle fondamentale.

A cette règle, il y a des exceptions :

1º Parfois, on décide que telle ou telle recette déterminée provenant d'un impôt, d'une taxe, d'une redevance, perçus à l'occasion du service même ou d'un autre service public, sera affectée à telle catégorie de dépenses d'un service public. Il y a alors *affectation* pure et simple *de recettes*. La dépense du service public affectataire reste *dette du patrimoine général*; la recette assignée reste, elle aussi, *ressource du patrimoine général*. L'affectation est un moyen de limiter la dépense à faire au montant de la recette affectée, ou inversement de limiter la recette à recouvrer au montant de la dépense à payer. C'est un procédé essentiellement financier. — Il a aussi parfois des conséquences juridiques, en ce sens que la validité juridique de la recette peut être subordonnée à la dépense (1). Le cas est fréquent dans les finances *locales* : départementales, communales. Exemple : pour le service de voirie, des centimes additionnels sont affectés à l'entretien de telle ou telle catégorie de voies publiques. Un autre exemple des plus caractéristiques est celui du service public national des enfants assistés, organisé par la loi du 27 juin 1904, art. 29 et s. Il y a des affectations nombreuses de recettes (art. 45, 49, etc.). Néanmoins, c'est un service public national, rattaché au patrimoine général de l'Etat. De même, les asiles départementaux d'aliénés sont des services publics départementaux, avec des affectations de recettes (2).

2º Parfois, on décide que les dettes nées à l'occasion de tel service public ne grèveront pas un patrimoine administratif *général* (Etat, département, commune, colonie) : que les recettes provenant de tel service ne rentreront pas dans la masse d'un patrimoine adminis-

---

(1) Jèze, *Le Budget*, p. 303 et s. ; *Cours de Sc. des finances*, 6e édition, 1921, p. 95 et s.

(2) Jurisprudence constante. La jurisprudence du Conseil d'Etat distingue les asiles « *autonomes* » reconnus comme établissements publics autonomes *et indépendants du département,* et les *asiles départementaux* : ces derniers ne sont pas des *établissements publics* : les asiles d'aliénés constituent un *service public départemental* (C. d'E., 3 décembre 1886, *asile d'Armentières, Rec.,* p. 842 et la note où est donnée la liste des asiles autonomes : 11 juillet 1890. *asile d'aliénés de Bassens, Rec.,* p. 661). En sens contraire, Michoud, *Personnalité morale*, I, p. 366 et s. qui ne distingue pas assez nettement, à mon avis, les services publics avec affectation de recettes; Hauriou, *Droit adm.*, 9e édition, 1919, p. 393.

tratif *général*. Ces dettes, ces recettes seront séparées. Non seulement les recettes seront affectées aux dépenses du service, non seulement on s'arrangera pour que des revenus *permanents*, se reproduisant *périodiquement* en assez grande quantité, soient à la disposition des agents publics pour acquitter les dépenses du service ; mais encore, on organisera, *à titre permanent*, un nouveau patrimoine administratif, distinct des patrimoines généraux (Etat, départements, communes, colonies). Sur ce patrimoine *spécial* pèseront les dettes occasionnées par la gestion du service public ; à ce patrimoine appartiendront en propre les revenus qui lui seront ainsi assignés. L'excédent des recettes, *en principe*, ira grossir le patrimoine administratif spécial ; d'ordinaire, il ne figurera pas dans les recettes d'un patrimoine général. On dit alors qu'il y a *établissement public* ; ou encore, on dit que tel service public a été *personnifié* (1). La personnification d'un service public déterminé est donc un procédé juridique consistant dans *l'affectation de recettes à l'ensemble des dépenses d'un service public, affectation générale et permanente, affectation accompagnée de séparation d'un patrimoine général* (2).

Ce caractère général et permanent de l'affectation se manifeste *nécessairement* sous la forme de pouvoirs généraux accordés à certains agents publics : soit le pouvoir de lever certains impôts ou certaines taxes sur les individus ; soit le pouvoir de recevoir des libéralités pour le fonctionnement du service, etc. Il est bien entendu que ces ressources ne font pas partie d'un patrimoine général ; elles sont affectées spécialement et exclusivement aux dépenses nées à l'occasion du service public personnifié. *En principe*, l'excédent n'est pas versé à un des patrimoines généraux (Etat, départements, communes, colonies) : il est mis en réserve pour les besoins ultérieurs de l'établissement public, du service public personnifié.

Les agents publics préposés à la gestion de ce patrimoine spécial ont naturellement compétence pour appliquer aux dépenses du service, les recettes ainsi assignées. Ils ont aussi les pouvoirs juridiques qui sont le corollaire nécessaire de ces pouvoirs financiers, à savoir la compétence pour ester en justice, pour prendre des mesures conservatoires, etc. ; en un mot pour accomplir tous les

____

(1) Jèze, *Le Budget*, p. 321 et s.

(2) Romieu, conclusions sous C. d'Etat, 22 mai 1903, *Caisse des Ecoles, Rec.*, p. 396 : « Ce qui caractérise l'établissement public, c'est d'être une *personne morale* créée pour la gestion d'un *service public* ».

actes juridiques nécessaires à la bonne gestion d'une masse de biens, d'un patrimoine. *Voilà la caractéristique essentielle.*

Dès lors, on reconnaît l'établissement public à un double caractère : 1° il y a un *service public* ; 2° il y a un *patrimoine propre* affecté aux dépenses de ce service. C'est le fait qu'il y a *service public*, et non le fait du patrimoine propre, qui explique pourquoi les agents de l'établissement public ont, pour assurer le fonctionnement régulier et continu du service, tout ou partie des pouvoirs organisés par la loi pour la bonne marche des services publics en général. Ex. : droit d'occupation temporaire de terrains pour travaux publics, etc. (1).

En France, le *status d'établissement public*, au point de vue des pouvoirs juridiques relatifs à la gestion du patrimoine affecté, n'est pas absolument uniforme. Néanmoins, il y a beaucoup de traits communs ; le modèle est fourni par le status imaginé pour les patrimoines administratifs généraux des *communes*. C'est ce régime que la jurisprudence applique aux établissements publics (2).

Ainsi, le *procédé de l'établissement public proprement dit* n'est que l'une des trois modalités du procédé du service public ; les deux autres modalités sont : 1° *le procédé du service public pur et simple rattaché à un patrimoine général* ; 2° *le procédé du service public bénéficiaire d'une affectation de recettes.*

III. — Pour savoir s'il y a établissement public proprement dit, il faut s'attacher à la *volonté du législateur*. C'est le Parlement *seul* qui,

(1) Certains auteurs considèrent ces pouvoirs des agents publics préposés au service public comme des *droits* de l'établissement public (Michoud, *Personnalité morale*, I, p. 211, n° 85). C'est une conception qui me paraît inacceptable et une complication bien inutile. La notion de service public implique des compétences au profit des agents préposés au service public, — que ce service soit ou non doté d'un patrimoine. Pour une réfutation de la théorie de Michoud, voyez surtout Duguit, *Droit Const.*, 2e édition, 1921, I, p. 346 et s.

(2) C. d'Etat, 20 novembre 1908, *Chambre de commerce de Rennes*, *Rec.*, p. 941 : « Les Chambres de commerce, quelle que soit l'indépendance que la législation a entendu leur reconnaître pour la gestion des intérêts qu'elles représentent, sont, *comme tous les établissements publics*, soumises au contrôle supérieur du gouvernement, *dont l'exercice n'est pas limité au droit conféré spécialement au ministre du commerce* par l'art. 26 de la loi du 9 avril 1898, pour l'approbation des budgets et comptes ».

en France, a la compétence pour créer ainsi un patrimoine spécialement affecté à un service public (1).

Le Parlement manifeste de plusieurs façons sa volonté d'adopter le *procédé* de l'établissement public :

1° Il peut le déclarer expressément en disant que tel service public est un « établissement public » ou est « investi de la personnalité civile » (2). Exemples : Loi du 22 mars 1890, art. 170 : « Les syndicats de communes sont des établissements publics investis de la personnalité civile ». Loi du 9 avril 1898, art. 1er § 2 : « Les Chambres de commerce... sont des établissements publics ». Loi du 18 février 1904, art. 1er § 1 : « L'Office colonial, créé par décret du 14 mars 1899, est investi de la personnalité civile ». Loi du 27 février 1912, art. 67 § 4 : « L'Office national de la navigation est investi de la personnalité civile et de l'autonomie financière ». Loi du 31 juillet 1920, art. 92 : « L'établissement dénommé *Bibliothèque et musée de la guerre* est investi de la personnalité civile ».

Ces formules sont très fréquemment employées aujourd'hui (3).

2° Le Parlement peut manifester sa volonté d'employer le procédé de l'*établissement public*, non pas en affirmant qu'il y a établissement public ou personnalité civile, mais en organisant, pour un service public, un patrimoine spécial qui sera affecté au service. Ex. : La loi du 15 juillet 1893 organise dans toutes les communes le service public de l'assistance médicale gratuite des indigents ; elle décide, art. 10, que « dans chaque commune, un bureau d'assistance assure le service de l'assistance médicale ». Pour bien marquer que c'est le procédé de l'établissement public qui est adopté, la loi s'occupe tout de suite du patrimoine spécial qui sera affecté aux dépenses du

(1) Voyez *infra*, chapitre III. C'est l'opinion généralement admise. Michoud, *Personnalité morale*, I, p. 337 et s. : « Si un établissement ne peut invoquer, en faveur de sa personnalité, aucune loi générale ou spéciale, on devra, suivant les cas, le considérer comme un simple établissement privé (qui aura pu, du reste, être reconnu d'utilité publique par un décret), ou comme une dépendance directe de l'administration générale, départementale ou communale ».

(2) Il semble que l'expression : « investi de la personnalité civile » ait été employée par le Parlement français, pour la première fois, en 1884 ; loi du 5 avril 1884, art. 111 § 2 ; donation ou legs fait « à un hameau ou quartier d'une commune qui n'est pas encore à l'état de section *ayant la personnalité civile* ».

(3) Rolland, *La personnification des services publics (création d'offices dans les administrations centrales)*, dans *Revue du Droit public* 1912, p. 480 et s.

service. Art. 11 : « Le président du bureau d'assistance a le droit d'accepter, à titre conservatoire, les *dons et legs*... Le bureau d'assistance est *représenté en justice* et dans tous les *actes de la vie civile* par un de ses membres ».

Dans ces deux premières séries d'hypothèses, il n'y a pas de difficulté ; quelles que soient les formules employées par le Parlement, le doute n'est pas possible sur sa volonté.

3° Parfois, la volonté du Parlement d'adopter le procédé de l'établissement public est très difficile à dégager parce qu'aucun *texte* ne règle *explicitement* la question (1). Dans ce cas, pour savoir s'il y a établissement public, il faut revenir à la notion essentielle de l'établissement public ; en d'autres termes, rechercher si les deux conditions essentielles sont réunies, à savoir : *a*) la volonté des gouvernants qu'il y ait *service public* ; *b*) la volonté du législateur qu'il y ait *patrimoine spécialement affecté* à la gestion de ce service (2).

Si la volonté du législateur est essentielle, elle n'a pas besoin de se manifester explicitement. C'est au juge à rechercher si cette volonté existe. Il n'est pas douteux que, en fait, le pouvoir d'appréciation des tribunaux est considérable, comme cela arrive toutes les fois qu'il appartient au juge de dire quelle a été, dans telle circonstance où elle ne s'est pas manifestée nettement, la volonté des gouvernants, du législateur (3). Un exemple remarquable est celui des *monts-de-Piété*. On a beaucoup discuté sur le caractère de cet

----

(1) Cpr. Michoud, *Personnalité morale*, I, p. 341 et s. : p. 346 et s.

(2) Il ne faut pas confondre « *patrimoine* » et « autonomie financière » ou « individualité financière », bien que les deux choses aillent très ordinairement ensemble. Par exemple, le *service des enfants assistés* a une certaine individualité financière d'après la loi de 1894 ; il n'a pas de patrimoine affecté en propre. De même, le *service des poudres et salpêtres*, d'après la loi du 13 juillet 1911, art. 32 et s., a une certaine individualité financière ; il n'a pas de patrimoine affecté en propre. — Inversement, l'art. 46 de la loi du 26 décembre 1908 avait donné un patrimoine propre à l'*Office de législation étrangère* sans lui reconnaître l'individualité financière. Les dépenses de l'Office devaient être inscrites au budget de l'Etat ainsi que ses recettes. La loi du 27 février 1912 art. 36 a fait cesser cette situation en conférant à l'Office l'autonomie financière.

(3) Pour déterminer si le législateur a *voulu* adopter le procédé de l'établissement public proprement dit, il ne faut pas s'attacher exclusivement aux formules employées par lui, *lorsque les textes sont anciens ;* en effet, jusque vers le dernier tiers du XIXe siècle, la terminologie officielle a été imprécise. Comme le remarque le professeur Michoud (*Personnalité morale, op. cit.*, I, p. 346 note 1), « dans certains textes anciens, on trouve le mot d'*établissement d'utilité publique* appliqué à de véri-

établissement. Le Conseil d'Etat a fini par reconnaître qu'il s'agissait bien d'un *établissement public* (1).

IV. — On a prétendu que certaines branches de l'administration ne doivent point être regardées comme des établissements publics « parce qu'elles y répugnent par *leur nature même* ». « Ce sont, a-t-on

tables établissements publics : ainsi dans l'art. 19 du décret du 3 septembre 1851, lequel réglait, avant la loi de 1898, l'organisation des Chambres de commerce ; ainsi encore, dans l'art. 10 du décret du 25 mars 1852, sur les Chambres consultatives d'agriculture, et dans l'art. 1 de la loi du 24 juin 1851 sur les monts de piété. Cela tient, déclare le professeur Michoud, à ce que la distinction entre les deux catégories n'était pas encore précisée à l'époque de ces lois ». — C'est ce qu'a jugé le C. d'Etat, 20 juin 1919. *Brincat* (*R. D. P.* 1920, p. 80 et *ma* note) : « La qualification d'établissements d'utilité publique qui leur a été donnée (*aux monts de piété*) par l'article 1er de la loi du 24 juin 1851, à une époque où la distinction entre ces deux sortes d'établissements (*établissements publics et établissements d'utilité publique*) n'était pas encore nettement précisée, ne saurait faire obstacle à cette interprétation ». — D'ailleurs, il ne faut pas exagérer cette manière d'argumenter. En principe, lorsque le législateur a employé une formule précise, l'interprète ne doit pas y substituer une autre formule qui lui semble convenir mieux à la *nature*(?) des choses. N'oublions pas qu'il s'agit de déterminer quel *procédé juridique* le législateur a entendu adopter pour donner satisfaction à un besoin d'intérêt général. Lorsqu'il a dit « établissement d'utilité publique », il faut, en principe, *et sauf erreur manifeste commise par le Parlement*, en conclure que le législateur a voulu exclure le procédé du service public, sous une modalité quelconque.

(1) C. d'Etat, 20 juin 1919, *Brincat* (*R. D. P.*, 1920, p. 80 et *ma* note). Pour reconnaître aux monts de piété le caractère d'établissements publics, le Conseil d'Etat s'attache à leur *origine légale*, au fait qu'ils ont un *monopole*, qu'ils sont *institués* dans une localité déterminée par *l'autorité publique* : « D'après les art. 1, 2 et 3 de la loi du 24 juin 1851, les monts de piété ont été organisés pour l'exercice du monopole établi par la loi du 16 pluviôse an XIII et sanctionné par l'art. 411 du Code pénal (*monopole des prêts sur gage mobilier*). Ils sont institués par décret avec l'assentiment des conseils municipaux, et leurs conseils d'administration sont nommés, à Paris, par le ministre de l'intérieur et, dans les départements, par le préfet et présidés par le maire. *Dans ces conditions*, ils constituent des *établissements publics* ». — En doctrine, les avis sont partagés. Le prof. Duguit (*Les Monts de Piété*, R. D. P. 1911, p. 566 et s.) estime qu'ils ne sont pas des services publics ; de même, le prof. Hauriou (*Droit adm.*, 9e édition, 1919, p. 388 note). On invoque une décision du Trib. des Conflits, 5 mai 1900, *Duval, Rec.*, p. 326 ; mais cette décision n'est pas très claire sur la question. — En sens contraire, Michoud (*Personnalité morale, op. cit.*, I, p. 229).

dit (1), toutes celles qui représentent des services d'intérêt général ne correspondant à aucun groupement distinct du groupement national ou territorial... Si le législateur confère à ces services la personnalité, ce ne peut être qu'une pure fiction ; et cette fiction ne doit jamais se présumer, alors même que le service aurait une administration autonome et une individualité financière incontestables. Les armées de terre et de mer, les cours et tribunaux, le Sénat et la Chambre des députés, le Conseil d'Etat, les départements ministériels nous offrent des exemples de services de cette nature... Il en est de même de la Caisse des dépôts et consignations, dont le service est d'un intérêt si général qu'il serait impossible de trouver à sa personnalité un substratum distinct » (2). On cite encore la *Caisse nationale d'épargne* (3).

Cette thèse des services qui, par leur *nature même*, répugnent à être des établissements publics me paraît inadmissible. Elle est en contradiction certaine avec la notion même d'établissement public : il s'agit purement et simplement d'un *procédé juridique*. Ce procédé peut être ou ne pas être employé par le législateur suivant qu'il estime ou non que, par ce procédé, le service public sera bien géré Le législateur peut se tromper ; mais il ne faut pas dire qu'il existe des services publics qui, *par leur nature même*, répugnent à ce procédé. Cela dépend des époques, du milieu, des conditions économiques, sociales, politiques.

La jurisprudence administrative s'attache à la volonté du législateur (4). C'est ainsi que le Conseil d'Etat avait décidé, par arrêt du 20 janvier 1905, *Paternoster* (5), que l'administration des chemins de

____

(1) Michoud, *Personnalité morale*, I, p. 360.

(2) Le prof. Hauriou (Sirey, 1916-3-49) invoque des *motifs de moralité*. en ce qui concerne les *spectacles, les théâtres, les amusements publics* : il suffit, pour qu'ils ne doivent pas être érigés en service public, que ces choses ne soient pas absolument bonnes. — C'est confondre le point de vue *juridique* et le point de vue *politique* (V. *supra*, p. 274).

(3) Dans le sens de l'établissement public, Tissier, *Dons et legs*, n° 3165 : Hauriou, *Droit adm.*, 9ᵉ éd. 1919, p. 392.

(4) Voyez *supra*, p. 277, les conclusions de M. Corneille dans l'affaire *Astruc*. C. d'Et., 7 avril 1916, *Rec.*, p. 164 : *R. D P.*, 1916, p. 363 et s.

(5) *R. D. P.* 1906, p. 67 et s. et *ma* note. Le Conseil d'Etat déclare dans l'arrêt du 20 janvier 1905 : « L'administration des chemins de fer de l'Etat est investie d'une personnalité juridique distincte de celle de l'Etat ». Rapprochez Conseil d'Etat 10 décembre 1897, *Vergnioux*, *Rec.*, p. 778 : « L'administration des chemins de fer de l'Etat... a une personnalité juridique distincte de celle de l'Etat ». — Pour l'appréciation d'un arrêt du

fer de l'Etat constituait un établissement public ; cette solution est aujourd'hui consacrée expressément par la loi du 13 juillet 1911 (1). De même, le Conseil d'Etat a reconnu que la Caisse des dépôts et consignations (2) constitue un établissement public (3).

IV

Classification des établissements publics en établissements nationaux, départementaux, communaux, coloniaux.

Le droit positif français complète l'organisation du régime des services publics avec patrimoine propre, par une classification des établissements publics en *nationaux, départementaux, communaux, coloniaux.*

Il n'y a pas là une simple question de terminologie et d'exposé doctrinal. La loi française attache à cette classification une importance juridique : la loi du 4 février 1901, *sur la tutelle administrative en matière de dons et legs*, détermine les autorités compétentes pour autoriser les dons et legs faits aux établissements publics ; elle distingue « les services nationaux pourvus de la personnalité civile » (art. 1), qu'elle appelle encore « établissements ayant le caractère national » (art. 4 § 2) ; et les « établissements ayant le caractère communal ou départemental » (art. 4 § 2).

A quoi reconnaît-on le caractère *national, départemental* ou *communal* d'un établissement public ?

C. d'Et. du 13 juillet 1900, *Compagnie d'Orléans, Rec.*, p. 483, invoqué à tort par le prof. Michoud, voyez *ma* note *R. D. P.* 1906, p. 67 et s.

(1) Loi de finances du 13 juillet 1911, art. 41 : « L'ensemble des lignes qui constituent le réseau des chemins de fer de l'Etat... est exploité, au compte de l'Etat, par une administration unique placée sous l'autorité du ministre des travaux publics, et *dotée de la personnalité civile* ».

(2) C. d'E. 29 juin 1906, *Lurton, Rec.*, p. 585 : « *Il résulte des textes de lois et de règlements* ci dessus visés que cette Caisse constitue un établissement spécial, ayant une personnalité distincte de celle de l'Etat... » La jurisprudence est fixée en ce sens. C. d'E. 18 déc. 1862, *Bergerat, Rec.*, p. 814 et les conclusions de M. de Belbeuf ; Cassation 4 janvier 1865, *Bergerat*, Sirey 65-1-179 ; Cass. 22 février 1893, *Caisse des dépôts et consignations*, Sirey 1893-1-529.

(3) En ce qui concerne la *Caisse nationale d'épargne*, le Conseil d'Etat appelé en 1909 et 1918 à juger des affaires où la question pouvait se poser, n'a pas résolu la difficulté (C. d'E., 24 décembre 1909, *Coste, Rec.*, p. 1030 ; 26 juillet 1918, *Hauret, Rec.*, p. 756).

Il est manifeste que cette classification est artificielle et que, seule, la volonté exprimée ou présumée du législateur peut être prise en considération.

On doit s'attacher, a-t-on dit, à la *nature du service géré*, suivant que c'est un service d'Etat, de département, ou de commune (1).

Le législateur de 1901 a d'ailleurs négligé de dire à quoi l'on reconnaît qu'un service public, *par sa nature*, est de l'Etat, du département ou de la commune.

En pratique, ce qui aidera beaucoup à résoudre cette question, c'est l'*origine* de l'établissement public. Toutes les fois que, avant d'être érigé en établissement public, le service existait comme *service public* pur et simple ou bénéficiaire d'une affectation de recettes, on le qualifiera de *national*, de *départemental*, de *communal*, suivant que ses dépenses étaient payées, en principe (2), sur le patrimoine général de l'Etat, du département ou de la commune (3). Dans les cas où un service public est constitué *tout de suite* en établissement public, la difficulté sera plus grande. Il faudra toujours s'attacher à la volonté exprimée ou présumée du législateur. Encore ici, le pouvoir d'appréciation du juge est considérable (4).

---

(1) Dans le rapport présenté à la Ch. des députés par M. Bienvenu Martin, il est dit : « Nous prenons le mot établissements publics dans le sens que lui a donné la définition de M. Aucoc (*Conférences sur le droit administratif*, 3ᵉ éd., tome Iᵉʳ, nᵒ 208), c'est-à-dire qu'il comprend les *personnes morales* qui, distinctes de l'Etat, des départements ou des communes, ont été créées pour la *gestion des services publics*... Les établissements publics, considérés au point de vue de leur sphère d'action, sont communaux ou nationaux *suivant que le service auquel ils sont destinés est un service de l'Etat ou de la commune* ».

(2) *En principe*. Il arrive très souvent que telles ou telles dépenses d'un service public non érigé en établissement public soient mises à la charge de plusieurs patrimoines administratifs généraux. Cela n'empêche pas que, pour les dépenses non énumérées, il y ait un patrimoine administratif général qui doive les supporter. C'est ce patrimoine administratif général qu'il faut considérer pour déterminer le caractère national, départemental, communal ou colonial du service public.

(3) Par exemple, les asiles publics d'aliénés sont actuellement, *en principe*, des services publics *départementaux* (C. d'E. 1ᵉʳ mai 1914, *Michol, Rec.*, p. 520). Si ces services étaient constitués en établissements publics, ce seraient des établissements publics départementaux.

(4) Pour une classification des établissements publics, voyez Hauriou, *Droit administratif*, 9ᵉ édition, p. 390 et s. Cet auteur, pour faire sa classification, s'attache au critérium suivant : « Les établissements publics peuvent être rattachés soit à l'Etat, soit aux départements, soit aux com-

munes, en ce sens que, s'ils étaient supprimés, les services qu'ils gèrent retomberaient à la charge tantôt de l'Etat, tantôt des départements, tantôt des communes. Mais il y a aussi des établissements publics subordonnés à d'autres établissements publics ». — Cet auteur néglige de nous dire à quoi il faut s'attacher pour décider que, si l'établissement était supprimé, les services qu'il gère tomberaient à la charge de l'Etat, des départements ou des communes. A mon avis, c'est la volonté exprimée ou présumée du législateur qu'il faut rechercher. Le pouvoir d'appréciation du juge sera, en fait, très large à cet égard.

CHAPITRE II

LES ÉTABLISSEMENTS PRIVÉS AUXILIAIRES DES SERVICES PUBLICS.
LES ÉTABLISSEMENTS D'UTILITÉ PUBLIQUE

Il n'y a pas que l'administration qui soit chargée de la satisfaction de besoins d'intérêt général. En fait, il arrive très souvent qu'un particulier, une association d'individus consacrent leur activité à rendre certains services au public. C'est surtout en matière d'œuvres charitables ou sociales, que l'on peut constater ce fait.

Ainsi, en France, à côté de la Caisse *nationale* d'épargne qui est un service public, il existe des caisses d'épargne *ordinaires* (1) qui ne sont pas des établissements publics. L'une et les autres poursuivent cependant le même but d'intérêt général : faciliter la constitution d'un petit capital.

De même, à côté de l'Assistance publique et des établissements d'assistance publique (bureaux de bienfaisance, bureaux d'assistance, hospices, hôpitaux, etc.) constitués en *services publics généraux* ou en *établissements publics*, c'est-à-dire sans ou avec patrimoine propre, nous rencontrons des *fondations privées* (hôpitaux privés, hospices privés, etc.).

Je citerai encore l'instruction : à côté des établissements d'instruction publique constitués en services publics personnifiés ou non personnifiés (universités, facultés, lycées, collèges, écoles, etc.), il existe des établissements privés, fondés et dirigés par des particuliers (Facultés catholiques, École des sciences politiques, etc.).

Parfois, la satisfaction du besoin d'intérêt général est laissée à

---

(1) C. d'E. 28 juin 1912, *Coutton, Rec.*, p. 739 : « La caisse d'épargne de B. n'est pas un établissement public. »

l'initiative des particuliers : il n'y a pas de service public parallèle. Tel était le cas, jusqu'à la loi du 5 avril 1910, pour *les retraites de vieillesse*. Il existe aujourd'hui, pour la constitution de retraites pour la vieillesse, des *associations de secours mutuels*, établissements privés ; mais, en même temps, depuis la loi du 5 avril 1910, la constitution de pensions de retraite, pour toute une catégorie d'individus (ouvriers, employés, salariés dont les salaires sont inférieurs à une certaine somme), a été érigée en *service public* (1).

Lorsque la satisfaction d'un besoin d'intérêt général n'est pas assurée par le procédé du service public et que l'autorité publique compétente, dans les conditions et formes légales, accepte la collaboration de particuliers avec un *patrimoine privé spécial* constitué à cet effet, on dit qu'il y a *établissement d'utilité publique*.

(1) D'ailleurs, il n'y a *service public* que pour les *allocations, bonifications, majorations de l'Etat*, et non pour les pensions de retraites constituées par les versements des assurés et des employeurs. Les *allocations, bonifications, majorations* de l'Etat s'ajoutent à ces pensions non pas comme une subvention, mais comme une *pension distincte*, concédée par l'Etat et liquidée sur les fonds publics. La loi de 1910 organise donc bien un *service public* de pensions. En ce sens, C. d'E. 13 juin 1913, *d'Azincourt, Asselineau* (2 arrêts) et les conclusions de M. Léon Blum, *Rec.*, p. 678 et s. (*R. D. P.* 1913, p. 516 et s.) : « Le système adopté en fait par la loi de 1910 est un système mixte, transactionnel, résultant de négociations entre le gouvernement et les deux assemblées... Le législateur a voulu laisser subsister tous les organes déjà existants et notamment les sociétés de secours mutuels... Il a voulu que ces caisses... demeurassent, dans leurs rapports avec les assurés, des *personnes de droit privé*. Une partie de la pension de retraite est ainsi constituée par des versements de l'assuré, versements administrés et capitalisés par une caisse librement désignée et qui, *bien que placée sous le contrôle de l'Etat, demeure cependant un organisme autonome*... Mais pourtant, le législateur .. a voulu qu'à la retraite obtenue par la capitalisation des versements de l'assuré et automatiquement liquidée par une caisse autonome vînt s'ajouter, non pas à proprement parler une subvention, *mais une pension distincte, concédée par l'Etat et liquidée sur les fonds publics*... En principe, tout ce qui touche les versements obligatoires ou facultatifs des assurés ou des employeurs, c'est-à-dire la portion privée de la retraite, versée à ses caisses autonomes, gérée et capitalisée par elles, *et qui correspond ainsi à l'exécution d'un contrat de droit privé*, doit être de la compétence judiciaire. Tout ce qui touche les allocations de l'Etat, concédées sur les fonds du Trésor par actes administratifs, c'est-à-dire tout ce qui correspond à l'exécution de décisions administratives et à la liquidation de dettes de l'Etat, doit être de la compétence administrative »,

L'établissement d'utilité publique ne doit pas être confondu avec *l'établissement public.*

Section I

Distinction entre les établissements d'utilité publique et les services publics (1).

Il ne faut pas confondre les établissements privés poursuivant un but d'intérêt général, avec les services publics.

I. — Par cela même que les gouvernants n'ont pas voulu employer le procédé du service public, il faut écarter les règles spéciales qui existent pour le fonctionnement des services publics. En principe, c'est le régime juridique que l'on qualifie régime de *droit privé* qui sera appliqué. — Le fonctionnement de ces établissements est réglé par leurs *statuts*, et les changements de la législation sur le service public dont ils peuvent être les auxiliaires *ne modifient pas de plein droit* ces statuts (2). — Les *individus employés* par ces établissements ne sont pas des *agents publics*; leur situation juridique est donc, en principe, celle des employés de l'industrie privée. — Les *deniers*

---

(1) Sur cette distinction et les origines historiques de cette terminologie, voyez surtout Michoud, *La théorie de la personnalité morale et son application au droit français,* I. p. 205 et s., p. 386 et s.

(2) Romieu, conclusions sous C. d'E., 22 mai 1903, *Caisse des Écoles, Rec.,* p. 390 et s. : Si les Caisses des écoles « étaient, lors de leur fondation, un *établissement public,* elles n'étaient pas une personne privée, elles étaient une branche d'une administration publique, *un des rouages d'un service public;* donc les modifications du régime du service public, dont elles font partie intégrante, entraîneront *nécessairement* une modification correspondante dans leur organisation propre... Si, au contraire, les caisses des écoles sont un *établissement d'utilité publique,* elles constituent une *personne privée,* distincte du service public, qui peut lui être utile, mais qui n'en dépend pas ; elles sont *uniquement* régies par l'acte qui leur a donné la vie civile conformément à la législation *en vigueur lors de leur création,* c'est-à-dire par leurs statuts. Les modifications apportées au service public dont elles sont l'*auxiliaire privé* et indépendant ne peuvent rétroagir sur leurs statuts, ou du moins ne peuvent être réputées rétroagir sur ces statuts, à moins d'une disposition formelle de la loi ».

de ces établissements ne sont pas des deniers publics ; leur condition juridique est celle des deniers des particuliers. — Les *biens* possédés par ces établissements sont soumis au régime juridique de la propriété privée. — Les *travaux* effectués par ces établissements ne sont pas des *travaux publics ;* ce sont des travaux de particuliers. — L'*expropriation* pour cause d'utilité publique n'est pas, en principe, *même indirectement*, à la disposition des individus qui gèrent ces établissements. — Les *procès* qui peuvent être soulevés par le fonctionnement de ces établissements ne sont pas des litiges relatifs au fonctionnement d'un service public ; ils sont de la compétence non des tribunaux administratifs, mais des tribunaux judiciaires, etc.

Le point capital qui marque la différence entre l'établissement public et l'établissement d'utilité publique, c'est que l'établissement public est une modalité du procédé du *service public* ; l'établissement d'utilité publique est une modalité du procédé du *service privé* (1).

II. — Il semblerait, au premier abord, qu'il est toujours très facile de faire la distinction. Il n'en est rien.

Parfois, la distinction est très délicate à faire, non seulement parce que, dans les deux cas (établissement public et établissement d'utilité publique), il y a un patrimoine affecté au service, mais encore parce que l'établissement d'utilité publique doit toujours être reconnu par un acte de l'autorité publique comme poursuivant un but d'intérêt général (acte de reconnaissance de l'utilité publique) ; *c'est là ce qui le sépare nettement des autres établissements privés*. Dès lors, on hésite parfois ; il est des cas où les deux conditions de l'établissement public paraissent être remplies : service public, patrimoine propre.

Une nouvelle cause de confusion, c'est que les lois et règlements prennent en considération le fait que les établissements d'utilité publique pourvoient à des intérêts généraux, sont les auxiliaires des services publics. En conséquence, les lois et règlements organisent un régime de surveillance, de contrôle administratif, qui rapproche beaucoup les établissements d'utilité publique des établissements publics et semblent manifester la volonté du législateur d'organiser un établissement public (2).

______

(1) ROMIEU, conclusions sous C. d'Et., 22 mai 1903, *Caisse des Ecoles, Rec.*, p. 396 : « Ce qui caractérise l'établissement public, c'est d'être une personne morale créée pour la gestion d'un service public ».
(2) V. *supra*, p. 278 et s.

Il n'y a pas de critérium fixe révélant, *à coup sûr*, la volonté du législateur. Toutefois, il est un signe qui peut faire apparaître immédiatement si un établissement est *d'utilité publique* et non pas un établissement public : c'est son *origine* : si, à l'origine, il a été créé par l'*initiative privée*, ce n'est sûrement pas un établissement public, à moins que la loi ait dit *formellement* le contraire (1).

III. — Deux affaires empruntées à la jurisprudence récente du Conseil d'Etat vont nous permettre de mettre en relief à la fois les difficultés et le critérium de la distinction. La première affaire met en lumière le caractère capital d'*établissement public* ; la deuxième fait apparaître l'idée essentielle de l'*établissement privé*.

1er *Exemple. Caisses des Ecoles* (Conseil d'Etat, 22 mai 1903, *Rec.*, p. 390 et s.) (2). — Les caisses des écoles ont été créées par la loi du 10 avril 1867, pour *encourager la fréquentation des écoles primaires*. D'une manière plus précise, ce sont des établissements de bienfaisance scolaires, alimentés par des cotisations volontaires et des subventions des communes, des départements ou de l'Etat, et destinés à encourager la fréquentation de l'école par des récompenses aux élèves assidus et par des secours aux élèves indigents. Ces caisses présentent deux caractères certains : 1° elles ont un patrimoine propre, spécialement affecté à la poursuite d'un but d'intérêt général ; 2° les caisses des écoles collaborent à un service public : le service d'instruction primaire : ce sont des auxiliaires de l'école.

Le point délicat est celui de la nature de ces établissements. Les Caisses des écoles sont-elles purement et simplement une *annexe du*

----

(1) ROMIEU, sous C. d'E., 22 mai 1903, *Caisse des Ecoles, Rec.*, p. 396 : « Le service public peut exister dans des conditions très diverses : avec des ressources d'origines très diverses (taxes, cotisations volontaires, dons et legs, subventions des personnes publiques), avec ou sans individualité financière et comptabilité propre (section de commune, pauvres de la commune), avec une organisation plus ou moins bien définie et contrôlée, avec ou sans mode de coercition explicitement déterminé par la loi (Chambres de commerce et autrefois fabriques), avec une indépendance presque complète vis-à-vis de l'administration (Caisses de secours des prêtres âgés ou infirmes). *Il y a donc un grand nombre de critériums différents pour reconnaître un établissement public* et il n'est pas nécessaire qu'ils se trouvent *tous réunis* ; mais il nous paraît qu'il y a une condition *essentielle pour qu'il y ait établissement d'utilité publique*, c'est que la *création* en appartienne à l'*initiative privée* ».

(2) Sur cette affaire, voyez surtout les conclusions de M. ROMIEU. Rapprochez la note de M. ATTHALIN, auditeur au Conseil d'Etat, *Rev. gén. d'adm.*, 1904, I, p. 39 et s.

service public de l'enseignement, un rouage du service public ; en d'autres termes, des *établissements publics* ? Ou bien, au contraire, sont-ce simplement des établissements privés, auxiliaires du service, des *établissements d'utilité publique* ?

Dans les affaires jugées par le Conseil d'Etat le 22 mai 1903, à propos de la Caisse des Ecoles du VIe arrondissement de Paris, l'un des intérêts pratiques de la question était celui de savoir si le régime des Caisses des Ecoles était celui prévu par leurs statuts, ou bien s'il avait été modifié implicitement par la loi du 30 octobre 1886 sur le service public de l'enseignement primaire : depuis 1886, peuvent-elles continuer à employer leurs ressources en faveur de *toutes* les écoles primaires de la commune, écoles *publiques* ou écoles *privées ?* En effet, la loi du 30 octobre 1886 a exclu du *service public* de l'enseignement primaire les *écoles privées*, c'est-à-dire les *écoles fondées et entretenues par des particuliers ou des associations.* Cette modification radicale apportée par la loi de 1886 à l'organisation du service public d'enseignement primaire a-t-elle eu son contrecoup sur le fonctionnement des caisses des écoles en ce sens que, désormais, les caisses ne pourront plus employer leurs ressources au profit des écoles privées ? L'affirmative s'impose si les caisses des écoles sont des établissements publics, annexes du service public de l'enseignement primaire. Une des caractéristiques du service public est, en effet, la modification toujours possible du régime par les lois et règlements (*supra*, p. 71). Si, au contraire, les caisses des écoles sont des établissements privés, des établissements d'utilité publique, simples auxiliaires d'un service public, la législation de 1886 n'a pas pu modifier de plein droit les statuts des caisses des écoles régulièrement approuvés sous la législation antérieure et qui autorisent expressément les dites caisses à disposer de leurs ressources en faveur des écoles publiques et des écoles *privées.*

Le Conseil d'Etat, par les arrêts du 22 mai 1903, a affirmé le caractère d'établissement public des caisses des écoles : « Les caisses des écoles ont été instituées comme *des établissements publics*, facultatifs à l'origine pour les communes, autorisées à les créer dans le but d'encourager et de faciliter la fréquentation des écoles primaires. Leur fonction consistant à distribuer soit des récompenses, soit des secours aux élèves indigents, ces distributions ne sont que le moyen d'assurer la fréquentation de l'école, but unique de leur constitution. A ce titre, elles sont, non des établissements de bienfaisance, mais des établissements scolaires annexes. Si, antérieurement à la loi du 30 octobre 1886, elles pouvaient employer leurs ressources en faveur de *toutes* les écoles primaires de la commune indistinctement, il ne doit plus en être ainsi depuis la promulgation de cette loi. En effet, celle-ci, en rendant obligatoire pour les communes la création d'écoles publiques, et en abrogeant les deux premiers titres de la loi du 15 mars 1850 et celle du 10 avril 1867, a, par cela même, exclu du service public de l'enseignement primaire, les écoles fondées et entretenues par des particuliers ou des associations. Ainsi, les caisses des écoles, rendues obligatoires pour toutes les communes aux termes de l'art. 17 § 1 de la loi du 28 mars 1882, ne peuvent plus, comme établissements publics scolaires, concourir qu'au service de l'enseignement primaire public, et il n'est pas permis de tenir compte des dispositions de leurs statuts qui, bien que régulièrement approuvées sous la législation en vigueur avant le 30 octobre 1886, sont inconciliables avec le régime établi à cette date et, comme telles, non avenues (1) ».

On le voit, le Conseil d'Etat s'attache, pour reconnaître aux caisses des écoles le caractère d'établissements publics, à la *volonté présumée* du législateur de faire de ces caisses des *annexes* d'un service public de l'enseignement primaire. Cette volonté apparaît dans le *but* poursuivi par le législateur. D'autre part, la création des caisses des écoles *n'est pas* de l'initiative privée : c'est *la loi* qui les a créées pour la première fois. Ceci posé, le Conseil d'Etat tire cette conséquence que le régime de ces caisses peut être *à tout instant* modifié par les lois et règlements, quels que soient leurs statuts primitifs.

2e Exemple. Etablissements hospitaliers (C. d'Et. 21 juin 1912, *Pichot, Rec.*, p. 712 ; Tribunal des Conflits, 31 mai 1913, *Pichot, Rec.*, p. 605) (2). — En 1804, les époux Micaud de La Vieuville, qui avaient perdu leurs enfants au cours de la Révolution, transformèrent en asile pour les vieillards des deux sexes, la maison qu'ils possédaient dans le faubourg Montmartre. Jusqu'en 1817, l'asile fonctionna à titre privé, avec des ressources purement privées (deniers des fondateurs, cotisations de bienfaiteurs). En 1817, une ordonnance royale du 24 décembre, reconnaissant que cet établissement « présentait un but utile », « consolida », « approuva » l'établissement

---

(1) C. d'E. 22 mai 1903, 1re *espèce, Rec.*, p. 400.

(2) R. D. P. 1913, p. 540 et s. Cpr. les conclusions de M. Léon Blum. *Rec.*, 1912, p. 712 et s.

fondé à Paris sous le nom d'*Asile royal de la Providence* et lui
« donna une existence légale ». Elle conférait au Ministre de l'Intérieur
la nomination à deux places gratuites, et au Ministre de la Maison
du Roi la disposition de dix places fondées par le Roi sur la liste
civile. Les art. 10 et 11 de l'ordonnance ajoutent : « L'Asile royal de
la Providence sera dirigé par un administrateur en chef, sous la
surveillance d'un conseil d'administration et sous l'autorité de notre
ministre de l'Intérieur. Le Conseil d'administration sera composé
de l'administrateur en chef, de quatre autres membres dont l'un
sera nommé par notre ministre, secrétaire d'Etat à l'Intérieur, l'un
par le Ministre de notre Maison, et les deux autres par la Société de
la Providence ». De plus, le règlement intérieur de l'Asile, approuvé
par le ministre de l'Intérieur, prévoit l'intervention fréquente du
Ministre de l'Intérieur dans l'administration de l'Asile (art. 12).
D'après l'art. 10 § 2 de l'ordonnance de 1817, « l'asile sera régi conformément aux lois et règlements concernant les établissements de
charité ». Enfin, les fonctions de comptable de l'Asile sont exercées
par un agent comptable nommé par le ministre ; le budget qu'il pré-
pare est soumis à l'approbation du ministre et les comptes annuels
de gestion de cet agent sont soumis à la Cour des Comptes. Lorsque
les fonctions de l'agent comptable ont cessé, le cautionnement qu'il est
tenu de déposer ne lui est restitué qu'après que la Cour des Comptes
l'a, par arrêt, déclaré quitte et définitivement déchargé de sa gestion.

Ceci posé, la question s'est posée devant les tribunaux judiciaires
d'abord, devant les tribunaux administratifs ensuite, devant le Tribunal des conflits enfin, de savoir quelle était la nature de l'Asile
national de la Providence. Le problème a été soulevé à l'occasion
d'une action en dommages-intérêts formée contre l'administration
de l'établissement par une pensionnaire hospitalisée à titre payant
et renvoyée de l'Asile à raison des plaintes et réclamations inces-
santes formulées par elle touchant la qualité de la nourriture ou
l'humidité des chambres mises successivement à sa disposition.

L'action en dommages-intérêts avait d'abord été portée devant
les tribunaux judiciaires (juge de paix ; en appel, tribunal civil ;
enfin pourvoi en cassation). La Cour de cassation, Chambre des
Requêtes, par arrêt du 17 février 1909, affirma que « l'Asile national de la Providence fait partie de l'organisation administrative et
constitue un *établissement public* ». En conséquence, les tribunaux
judiciaires furent déclarés incompétents pour connaître de l'action
en responsabilité.

La juridiction administrative, saisie à son tour (1), affirma que l'Asile national de la Providence ne pouvait pas être compris « au nombre des établissements publics ». « Dès lors, les contestations qui s'élèvent entre l'Asile et ses pensionnaires ne ressortissent pas à la juridiction administrative, et, par suite, le Conseil d'Etat n'est pas compétent pour en connaître ». Telle est la solution consacrée par l'arrêt du Conseil d'Etat du 21 juin 1912, *Pichot.* — C'est la décision qui, finalement, fut adoptée par le tribunal des conflits, 31 mai 1913, *Pichot.*

Les arguments invoqués par la Cour de cassation en faveur du caractère d'établissement public de l'Asile étaient tous tirés de l'intervention des agents administratifs dans le fonctionnement de l'Asile. — D'après le Conseil d'Etat, ce ne sont pas là des arguments décisifs, non pas même le fait — non relevé par la Cour de cassation, mais signalé par le commissaire du gouvernement près le Conseil d'Etat, — que la comptabilité de l'Asile est soumise à la Cour des Comptes. Ce qu'il faut considérer avant tout, affirment le Conseil d'Etat et le Tribunal des conflits, c'est « *l'origine* » de l'établissement. L'Asile a été créé en 1804 par *l'initiative privée*, par des particuliers ; c'était un *établissement privé.* L'ordonnance du 24 décembre 1817, qui a approuvé ledit établissement, déclare le Conseil d'Etat, « a eu uniquement pour but d'assurer la perpétuité de cette fondation et de lui conférer une existence légale. L'ordonnance prévoit, il est vrai, l'intervention de l'administration supérieure dans le fonctionnement de l'Asile et dans la désignation de certains pensionnaires. Mais l'ordonnance du 24 décembre 1817, en imposant, dans l'intérêt public, certaines obligations comme conditions de la reconnaissance, *n'a pas modifié le caractère privé que l'établissement tenait de son origine* et ne permet pas de le comprendre au nombre des établissements publics. La circonstance que le règlement intérieur, approuvé par le ministre en exécution de l'ordonnance du 24 décembre 1817, a déterminé les conditions dans lesquelles la comptabilité de l'Asile est soumise à la Cour des Comptes, n'a pu légalement faire de cet établissement un établissement public » (2).

(1) Le conseil de préfecture avait d'abord été saisi ; il se déclara incompétent ; en effet, il n'est pas juge de droit commun en matière administrative. Le Conseil d'Etat seul a cette qualité.

(2) Dans le même sens, conclusions de M. Léon Blum dans cette affaire *Pichot, Rec.*, p. 712 et s. : « En thèse générale,... c'est le caractère de la *fondation* qui nous semble devoir prédominer. Les établissements publics

Le Tribunal des conflits a repris mot pour mot (1) cette argumentation (2).

sont, en principe, ou bien des démembrements de l'Etat, des émanations d'un service public ou d'une autorité publique, ou bien, ce qui revient au même, des créations de l'Etat... De même que la condition essentielle pour qu'il y ait société d'utilité publique, c'est que *la création en appartienne à l'initiative privée*, de même la condition essentielle pour qu'il y ait établissement public, c'est que *la création en appartienne à l'initiative de l'Etat...* C'est là une... constatation *essentielle* contre laquelle nous estimons *a priori* que les conditions de son fonctionnement ne sauraient, *en aucun cas*, prévaloir... Dans des cas comme celui-ci, et dans la majorité des cas litigieux, il faut se placer au point de vue... de *l'origine*, au point de vue du *caractère de la fondation*. On *naît* établissement public, on ne le devient pas. En thèse générale, et sauf création d'une classe d'établissements par la loi, les établissements publics ne se forment que par dissociation, par démembrement de la puissance publique. Ce sont des organes qui se sont détachés du corps central grâce à l'autonomie croissante conférée aux agents qui les gèrent. Ce sont des rouages, autrefois liés indissolublement au pouvoir central — laïque ou ecclésiastique — et auxquels la société moderne laisse plus de jeu. Mais ils proviennent toujours d'une décentralisation, d'un mouvement du centre vers la circonférence. *Et le mouvement contraire est impossible.* Sauf volonté expresse de la loi, on ne devient pas établissement public par mouvement vers le centre, par accession ou incorporation au corps social. Dans des cas d'établissements assez voisins, par leur volume et leur rôle, de l'établissement litigieux, cette condition essentielle se retrouve. Le Conseil d'Etat a expressément classé comme établissements nationaux un asile Defresne (23 octobre 1907) et un asile Kœnigswarter (1er juillet 1908). Mais dans l'un et l'autre cas, l'Etat légataire avait commencé par recueillir l'émolument, *et c'est lui, Etat, qui fondait, avec des deniers devenus publics par leur passage dans les caisses du Trésor, l'établissement charitable.* Ici ce caractère public de la *fondation*, indispensable à notre avis, fait totalement défaut, et c'est ce qui nous détermine. »

(1) Le Tribunal des conflits, toutefois, souligne le fait que « les ressources (*de l'établissement*) proviennent principalement des pensions que paient la plupart des vieillards admis dans l'asile et des subventions que fournit la société de la Providence ».

(2) On remarquera, en passant, que le procès a commencé en 1907 et que, une fois rendue en 1913 la décision du tribunal des conflits, seule la question de savoir quel est le tribunal compétent pour connaître du procès a été réglée. Il a donc fallu *six ans* de procédure, rien que pour arriver à connaître le juge. Cette simple constatation vaut de longs commentaires sur les lacunes de l'organisation du service de justice.